Andreas Köhnemann

Liebe in alle Richtungen

Danksagung

Bei dem vorliegenden Buch handelt es sich um eine erweiterte Form meiner Magisterarbeit, die ich am 24. Oktober 2012 beim Fachbereich Sozialwissenschaften, Medien und Sport der Johannes Gutenberg-Universität Mainz eingereicht habe.

Ich möchte mich an dieser Stelle aufrichtig bei meinem Dozenten Dr. Bernd Kiefer bedanken, der mir als Betreuer der Magisterarbeit stets hilfreich zur Seite stand. Ebenso danke ich Dr. Norbert Grob für die Zweitkorrektur.

Ein herzliches Dankeschön geht überdies an meinen Verleger Harald Mühlbeyer für seine guten Ratschläge und für sein Vertrauen in diese Arbeit sowie an Simone, Barbara, Delia und Marina sowohl fürs Korrekturlesen als auch für ihre Ermutigung und – vor allem – ihre Freundschaft.

Der innigste Dank gebührt meiner Familie, insbesondere meinen Eltern sowie meiner Schwester, meinem Schwager und meinen zwei wundervollen Nichten. Die Intensität eurer Unterstützung lässt sich nicht in Worte fassen.

Andreas Köhnemann

Andreas Köhnemann

Liebe in alle Richtungen

Sexuell ambivalente Dreiecksbeziehungen im Film

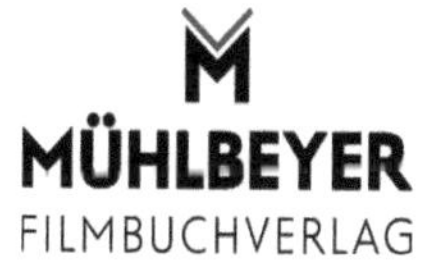

Bibliografische Information der Deutschen Nationalbibliothek:
Die Deutsche Nationalbibliothek verzeichnet diese Publikation in der Deutschen Nationalbibliografie; detaillierte bibliografische Daten sind im Internet über http://dnb.d-nb.de abrufbar.

Inh. Harald Mühlbeyer
Frankenstraße 21a
67227 Frankenthal
www.muehlbeyer-verlag.de

Lektorat, Gestaltung: Harald Mühlbeyer
Umschlagbild: © Drei, X Filme Creative Pool/Berlin
Umschlaggestaltung: Steven Löttgers, Löttgers-Design Birkenheide

ISBN: 978-3-945378-16-8
Druck: BoD, Norderstedt
Printed in Germany

Inhalt

1. Einleitung

> »Ich begegne in meinem Leben Millionen von Leibern; von diesen Millionen kann ich nur einige Hundert begehren; von diesen Hunderten aber liebe ich nur einen.«[1] (Roland Barthes)

Dieser Gedanke, den Roland Barthes in seinem Werk *Fragmente einer Sprache der Liebe* unter dem Stichwort ›Anbetungswürdig‹ notiert, ist keineswegs ungewöhnlich: Die Liebe, so schildert der Psychoanalytiker Martin S. Bergmann, sei »ihrem Wesen nach dyadisch, also auf *das Paar* beschränkt.«[2] Auch in den zahlreichen Filmen, die im Reclam-Genre-Band über das Melodram und die Liebeskomödie vorgestellt werden, bedeute Liebe stets die »Liebe zu *einer einzigen* Person«, schreibt Thomas Koebner in der Einleitung zu jener Anthologie; Liebe wähle offenbar »unter der Vielzahl der Möglichkeiten«[3] aus.

In der Filmgeschichte »aller Länder und Gesellschaften« sei der Komplex ›Liebe‹ von einer »außerordentlichen Bedeutung«[4], um abermals Koebner zu zitieren. Der Filmkritiker Frederik König bezeichnet »die romantische Liebe zwischen zwei Menschen in der (modernen) Welt« gar als »das große Thema des Kinos«; er kommt zu der Erkenntnis: Die Liebe »ist für den Film, der selbst eine universale Sprache ist, ein ewig aktuelles Thema und stärkt ihn in seiner globalen Wirkkraft«[5]. Für das *classical Hollywood cinema* zwischen 1917 und 1960, welches David Bordwell, Janet Staiger und Kristin Thompson anhand von 100 US-amerikanischen Studioproduktionen analysierten, stellen die drei Autoren fest: »Of the one hundred films in the UnS [= unbiased sample, d. Verf.], ninety-five involved romance in at least one line of action, while eighty-five made that the principal line of action.«[6] Jene Dominanz der Liebe in filmischen Er-

1 Barthes, Roland: *Fragmente einer Sprache der Liebe*. Frankfurt am Main 1988 (Übersetzt von Hans-Horst Henschen), S. 39.

2 Bergmann, Martin S.: *Eine Geschichte der Liebe. Vom Umgang des Menschen mit einem rätselhaften Gefühl*. Frankfurt am Main 1994 (Aus dem Amerikanischen von Reiner Stach), S. 376, Herv. d. Verf.

3 Beide Zitate: Koebner, Thomas: *Einleitung*. In: Ders. / Felix, Jürgen (Hg.): *Filmgenres. Melodram und Liebeskomödie*. Stuttgart 2007 (*Filmgenres*), S. 9–18, hier S. 12, Herv. d. Verf.

4 Beide Zitate: ebd., S. 14.

5 Alle drei Zitate: König, Frederik: *Das Gegenteil von Liebe*. 2010. http://www.schnitt.de/202,6536,01.html (Zugriff am 26.10.2013), o. P.

6 Bordwell, David / Staiger, Janet / Thompson, Kristin: *The Classical Hollywood Cinema. Film Style & Mode of Production to 1960*. London 1985, S. 16.

zählungen lässt eine Konstituierung des Genres ›Liebesfilm‹ nahezu unmöglich erscheinen; Anette Kaufmann gelingt dies in ihrer Publikation *Der Liebesfilm: Spielregeln eines Filmgenres* allerdings äußerst überzeugend, indem sie das »eigentliche Erzählziel«[7] eines Films als wesentliches definitorisches Kriterium vorbringt. Vielen gilt der Liebesfilm indes nicht als konsistentes Genre.[8] In der Überzahl der Genre-Studien werden Filme, in denen die Liebeserfüllung das Handlungsziel bildet, unter die *major genres* ›Melodram‹ (*melodrama*) oder ›Komödie‹ (*comedy*) subsumiert.[9] Ausschlaggebend für die Einteilung der entsprechenden Filme ist dabei oft der jeweilige Handlungs*ausgang*: In Melodramen mit zentraler Liebesgeschichte (manchmal als *romantic dramas* verstanden)[10] sei die Liebe »ein Verhängnis, eine Passion, also auch eine *Leidens*geschichte«[11], in welcher es letztlich – in der Mehrheit der Filme – »zu Abschied und Trennung für immer«[12] komme, während das Verliebtsein in Liebeskomödien (*romantic comedies*) »zum märchenhaft fröhlichen Ende der Erzählung«[13] führe. Es gebe jedoch, bemerkt Koebner, »etliche Grenzfälle.«[14] Catherine L. Preston weist zudem auf sogenannte *romantic hybrids* hin – etwa die Melangen aus *romantic drama* und Thriller. Als Beispiel wird von Preston (neben anderen) THE BODYGUARD / BODYGUARD (USA 1992, R: Mick Jackson) genannt.[15] Was sämtliche Liebesfilme – ob sie in Studien nun als melodramatische oder komödiantische Werke beziehungsweise als ›Hybride‹ eingestuft werden – vereine, sei deren Haupterzählstrang: »the development and recognition of love«, und zwar in (nahezu) allen Fällen »between the *two heterosexual* main characters.«[16] Die Liebe im Kino, so Jürgen Felix, fange »zumeist mit einer ›Boy meets girl‹-Story«[17] an.

---

7 Kaufmann, Anette: *Der Liebesfilm. Spielregeln eines Filmgenres.* Konstanz 2007, S. 26.

8 Vgl. Felix, Jürgen: *Liebesfilm.* In: Koebner, Thomas (Hg.): *Reclams Sachlexikon des Films.* Stuttgart 2002, S. 345–349, hier S. 346.

9 Vgl. Kaufmann 2007, S. 29; vgl. Williams, zitiert in Preston, Catherine L.: *Hanging on a Star: The Resurrection of the Romance Film in the 1990s.* In: Dixon, Wheeler Winston (Hg.): *Film Genre 2000. New Critical Essays.* Albany 2000 (*The SUNY Series. Cultural Studies in Cinema / Video*), S. 227–243, hier S. 241.

10 Vgl. Koebner 2007, S. 9; Kaufmann verwendet den Begriff ›*romantic drama*‹ hingegen, um damit ein Subgenre des Liebesfilms – nicht des Melodrams – zu kennzeichnen. Ebenso fasst sie die *romantic comedy* nicht als Subgenre der Komödie, sondern des Liebesfilms auf (vgl. Kaufmann 2007, S. 31f.).

11 Koebner 2007, S. 10, Herv. d. Verf.

12 Ebd., S. 9.

13 Ebd., S. 10.

14 Ebd., S. 11; vgl. Kaufmann 2007, S. 32.

15 Vgl. Preston 2000, S. 240.

16 Beide Zitate: ebd., S. 238, Herv. d. Verf.

17 Felix 2002, S. 347.

Auch bei Bordwell / Staiger / Thompson ist mit *romance* stets »*heterosexual* romantic love«[18] gemeint.

Um die Geschichte eines ›Jungen‹ und eines ›Mädchens‹ – eines Paares – zu erzählen, bedürfe es wiederum diverser »obstacles to love«[19], erklärt Ronald B. Tobias, in dessen Filmhandbuch *20 Master Plots (And How to Build Them)* die Liebe den vierzehnten der *20 master plots* bildet: »›Boy Meets Girl‹ isn't enough. It must be ›Boy Meets Girl, *But* ...‹«[20]. Ein solches ›Aber‹, das die Liebe eines Paares (vorübergehend) behindert, kann ein Dritter / eine Dritte im Bunde sein. So konstatiert Rainer Maria Rilke in *Die Aufzeichnungen des Malte Laurids Brigge* (1910 erschienen) über den Dritten im Drama: »[E]s kann rein nichts geschehen ohne ihn, alles steht, stockt, wartet.«[21] Und Susanne Lüdemann legt in ihrem Aufsatz *Ödipus oder* ménage à trois*: Die Figur des Dritten in der Psychoanalyse* dar:

> Wo Verbindungen zu zweien entweder zu symbiotischer Verklebung oder zu kompromisslosem Antagonismus neigen [...], scheint erst die Dazwischenkunft eines Dritten für jenes Maß an Differenzierung oder Komplexität zu sorgen, das nötig ist, um Redundanz in Information zu verwandeln und damit Variation (psychologisch gesprochen: ›Entwicklung‹; dramaturgisch gesprochen: ›Handlung‹) zu ermöglichen.[22]

Von Georg Seeßlen wird die Dreiecksgeschichte – neben der Geschichte einer opfervollen Mutterschaft, der Geschichte der bösen Frau und der Geschichte einer großen Karriere der Frau – als eines der vier essenziellen Motive angeführt, die man als Handlungsgerüst des *woman's film*[23] bestimmen könne;[24] Ursula Vossen gibt die Dreiecksgeschichte (neben der Karriere, der Prüfung / Krisenbewältigung, der Mutterschaft, der bösen Frau sowie der Familiensaga)

18 Bordwell / Staiger / Thompson 1985, S. 16, Herv. d. Verf.

19 Tobias, Ronald B.: *20 Master Plots (And How to Build Them).* Cincinnati 1993, S. 168.

20 Ebd., S. 168, Herv. d. Verf.

21 Rilke, Rainer Maria: *Prosa und Dramen.* Frankfurt am Main / Leipzig 1996 (*Rainer Maria Rilke. Werke.* Kommentierte Ausg. in vier Bänden. Herausgegeben von Manfred Engel [u.a.], Bd. 3), S. 468.

22 Lüdemann, Susanne: *Ödipus oder* ménage à trois. *Die Figur des Dritten in der Psychoanalyse.* In: Eßlinger, Eva (u.a.) [Hg.]: *Die Figur des Dritten. Ein kulturwissenschaftliches Paradigma.* Berlin 2010, S. 80–93, hier, S. 85.

23 Felix definiert den *woman's film* als ein Subgenre des Melodrams, welches explizit auf ein weibliches Publikum ausgerichtet sei (vgl. Felix 2002, S. 348); vgl. Seeßlen, Georg: *Kino der Gefühle. Geschichte und Mythologie des Film-Melodrams.* Reinbek bei Hamburg 1980 (*Grundlagen des populären Films*, Bd. 6), S. 98–110.

24 Vgl. Seeßlen 1980, S. 100.

ebenfalls als erstes Motiv von insgesamt sechs kombinier- und variierbaren Grundmotiven melodramatischer Handlungsgerüste an.[25] Gemeinhin kommen in einer Dreiecksgeschichte die folgenden Konstellationen infrage: »eine Frau zwischen zwei Männern; ein Mann zwischen zwei Frauen; oder ein doppeltes Dreieck, in dem beide Protagonisten noch anderweitig gebunden sind.«[26]

Höchst selten nimmt sich der / die Dritte dabei wie »der beste Mensch unter dem Himmel«[27] aus, wie dies beim »ehrliche[n] Albert«[28] in Johann Wolfgang von Goethes Briefroman *Die Leiden des jungen Werther* (1774) der Fall ist. In *romantic comedies* erscheine jene(r) Dritte meist augenscheinlich als »the wrong partner«[29] – und es lasse sich, so Josef Schnelle in seinem Beitrag zu Nora Ephrons SLEEPLESS IN SEATTLE / SCHLAFLOS IN SEATTLE (USA 1993), ein »keineswegs immer milder Spott«[30] feststellen, dem ein solcher *wrong partner* im Filmverlauf ausgesetzt sei. So gibt der pragmatische Allergiker Walter (Bill Pullman) als *wrong man* für die Protagonistin Annie (Meg Ryan) eine überdeutlich lächerliche Figur in Ephrons Inszenierung ab, während es im Film über Victoria (Barbara Garrick) – die *wrong woman* für den Protagonisten Sam (Tom Hanks) – abschätzig heißt: »She laughs like a hyena.«

Mark D. Rubinfeld versteht die Konstellation ›Held / Heldin / *wrong partner*‹ in *romantic comedies* als *foil plot*, in dem es zum Entwurf von Karikaturen komme. Er differenziert zwischen vier *foil plot*-Variationen: *the prick / dweeb / bitch / temptress foil plot*. In den ersten beiden Fällen müsse sich die Heldin zwischen zwei Männern – dem Helden und dem *prick* (zu Deutsch etwa ›Mistkerl‹) beziehungsweise dem *dweeb* (≈ ›Schwachkopf‹) – entscheiden, im dritten und vierten Fall stehe der Held zwischen zwei Frauen: der Heldin und der *bitch* (≈ ›Miststück‹) beziehungsweise der *temptress* (≈ ›Verführerin‹).[31] Die dritte Figur in einem *romantic comedy foil plot* bedeute, so Rubinfeld, »nothing more than a narrative device«[32]; im *dweeb foil plot* sei der Dritte etwa ein dermaßen

25 Vgl. Vossen, Ursula: *Melodram*. In: Koebner, Thomas (Hg.): *Reclams Sachlexikon des Films*. Stuttgart 2002, S. 377–381, hier S. 378.
26 Kaufmann 2007, S. 60.
27 Goethe, Johann Wolfgang: *Die Leiden des jungen Werther*. Stuttgart 2001, durchgesehene Ausg., S. 52.
28 Ebd., S. 51.
29 Neale, Steve: *The Big romance or Something Wild?: romantic comedy today*. In: Screen, Vol. 33, Iss. 3 (Autumn 1992), S. 284–299, hier S. 288f.
30 Schnelle, Josef: *Schlaflos in Seattle*. In: Koebner, Thomas / Felix, Jürgen (Hg.): *Filmgenres. Melodram und Liebeskomödie*. Stuttgart 2007b (*Filmgenres*), S. 335–339, hier S. 338.
31 Vgl. Rubinfeld, Mark D.: *Bound to Bond. Gender, Genre, and the Hollywood Romantic Comedy*. Westport 2001, S. 33–61.
32 Ebd., S. 36, hier in der Beschreibung der ersten *foil plot*-Variation (*the prick foil plot*).

überzeichneter ›Schwachkopf‹, dass der Held dagegen automatisch ›glänzen‹ müsse.[33]

David R. Shumway macht in seinem Aufsatz über *screwball comedies*[34] noch auf eine weitere Strategie aufmerksam, um dritte Figuren als Wahlmöglichkeiten für eine Liebesbeziehung mit dem jeweiligen Helden / der jeweiligen Heldin des Films von vornherein auszuschließen: die Rollenbesetzung.

> We cannot imagine Rosalind Russell in love with Ralph Bellamy in His Girl Friday. We want her to be with Cary Grant from the moment they meet in his office at the beginning of the film.[35]

Während jener Wunsch des Publikums, dass das ›richtige‹, starbesetzte Paar letztendlich zueinander findet und der *wrong partner* ›von der Leinwand verschwindet‹, in komödiantisch erzählten Dreiecksgeschichten üblicherweise auch in Erfüllung geht, sei dies, so Anette Kaufmann, in *romantic dramas* weit weniger selbstverständlich.[36] Man denke beispielsweise an den Türklinkenmoment in Clint Eastwoods The Bridges of Madison County / Die Brücken am Fluss (USA 1995), in welchem sich Francesca (Meryl Streep) schließlich *gegen* die große Liebe (in Gestalt Eastwoods) und *für* das Fortbestehen ihrer Ehe entscheidet. Obendrein könne der / die Dritte in einem *romantic drama* »eine ernstzunehmende antagonistische Größe«[37] sein. Dergestalt wird etwa Billy Zane als cholerischer Verlobter von Rose (Kate Winslet) in James Camerons Titanic (USA 1997) zusätzlich zur Schiffskatastrophe zu einer Bedrohung für Leben und Wohlergehen der zwei Liebenden Jack (Leonardo DiCaprio) und Rose. Johannes Binotto weist allerdings – wenn auch nicht in Bezug auf ein *romantic drama*, sondern in Bezug auf eine Mixtur aus Liebeskomödie und Thriller – darauf hin, dass ein schurkischer Dritter die Romanze eines Paares weniger *bedroht*, als vielmehr ›am Leben hält‹; über den kriminellen Ray (Ray Liotta) – welcher der Dritte in der Beziehung zwischen Charles und Lulu (Jeff Daniels

33 Vgl. ebd., S. 45, 47.

34 In *screwball comedies* drehe sich alles um »die Anziehung und die Abwehr zwischen den Geschlechtern« (Marschall, Susanne: *Screwball Comedy*. In: Koebner, Thomas [Hg.]: *Reclams Sachlexikon des Films*. Stuttgart 2002, S. 541–545, hier S. 541); Kaufmann weist darauf hin, dass die Termini ›*romantic comedy*‹ und ›*screwball comedy*‹ oft fälschlicherweise synonym verwendet werden und zeigt die Unterschiede zwischen *romantic* und *screwball comedies* auf (vgl. Kaufmann 2007, S. 32–35).

35 Shumway, David R.: *Screwball Comedies: Constructing Romance, Mystifying Marriage*. In: Grant, Barry Keith (Hg.): *Film Genre Reader II*. Austin 1995, S. 381–401, hier S. 388.

36 Vgl. Kaufmann 2007, S. 61.

37 Ebd., S. 61; vgl. Tobias 1993, S. 186.

und Melanie Griffith) in Jonathan Demmes SOMETHING WILD / GEFÄHRLICHE FREUNDIN (USA 1986) ist und in der Erzählung als besagte antagonistische Größe fungiert – schreibt Binotto:

> [N]ur so lange, wie er sich zwischen Lulu und Charles stellt, können diese sich noch Illusionen über eine gemeinsame Zukunft machen. Wenn sich aber am Ende die beiden, nun gänzlich befreit von allen Altlasten, auf der Strasse [sic] gegenüberstehen, fragt man sich, ob es nicht die Hindernisse waren, die die bittere Einsicht verhindert haben, dass sie beide gar nicht echt, sondern nur je des anderen Phantasie waren[38].

In zwei wesentlichen Punkten haben sich die filmischen Dreiecksbeziehungen, die in der vorliegenden Arbeit erforscht werden sollen, von den zuvor erwähnten Konstellationen zu unterscheiden. Der erste Punkt lässt sich ansatzweise in den Reflexionen François Truffauts finden, die dieser über seine Lektüre des von ihm verfilmten Romans *Jules et Jim / Jules und Jim* (1953) von Henri-Pierre Roché anstellt:

> Beim Lesen von *Jules und Jim* hatte ich das Gefühl, hier einem Beispiel dafür zu begegnen, wozu ein Film noch nie imstande war: zwei Männer zu zeigen, die dieselbe Frau lieben, ohne daß das ›Publikum‹ einer dieser Figuren mehr zugetan wäre als den anderen, da er das Bedürfnis verspürt, sie alle drei gleichermaßen zu lieben. Dieses anti-selektive Element war es, das mich bei dieser Geschichte, die der Verlag als ›Eine reine Liebe zu dritt‹ vorstellte, am meisten berührte.[39]

Während dritte Figuren im Großteil der literarischen und filmischen Werke lediglich vonnöten sind, um – so Rilke – »von dem Schicksal zweier Menschen zu erzählen, die es einander schwer mach[en]«[40], und sie sich meist *nicht* als denkbare alternative Partner / Partnerinnen gerieren (»These films always tell us early on who we are supposed to root for«[41], hält Shumway in seinem Text über *screwball comedies* fest), entdeckt Truffaut in der Figurenkonstellation und -zeichnung von *Jules et Jim* etwas Unkonventionelles: *Alle drei Figuren* lassen sich als einander ebenbürtig auffassen; keiner ist a priori als *wrong partner* aus-

38 Binotto, Johannes: *Abgrund der Oberfläche. The Real Eighties – Amerikanisches Kino 1980–89.* In: Filmbulletin 4.13, S. 12–21, hier S. 21.
39 Truffaut, François: *Erinnerungen an Henri-Pierre Roché* (Aus dem Französischen von Robert Fischer). In: Elling, Elmar (u.a.): *François Truffaut. Jules und Jim. Filmprotokoll.* München 1981 (*Schriftenreihe François Truffaut*, Bd. 1), S. 3–11, hier S. 4.
40 Rilke 1996, S. 467.
41 Shumway 1995, S. 388.

zumachen. Allen drei wird annähernd gleich viel Raum in der Erzählung zugestanden.

Die von Truffaut zum Ausdruck gebrachte ›Anti-Selektion‹ des Werks ist ein konstitutiver Teil des ersten Kriteriums, das die in dieser Arbeit zu durchleuchtenden filmischen Dreiecksbeziehungen zu erfüllen haben: des Kriteriums der *Geschlossenheit* des Liebesdreiecks. Diese Geschlossenheit zeichnet sich darüber hinaus durch eine ›Anti-Selektion‹ seitens der drei Figuren aus: In Rochés Roman beziehungsweise Truffauts Adaption JULES ET JIM / JULES UND JIM (F 1962, mit Jeanne Moreau, Oskar Werner und Henri Serre in den Hauptrollen) liebt Catherine Jules nicht minder als Jim, und desgleichen besitzt die Männerfreundschaft sowohl für Jules als auch für Jim einen ebenso hohen Stellenwert wie die Verehrung, die beide jeweils Catherine entgegenbringen. »Il nous aime tous les deux« (*Er liebt uns beide*), sagt Catherine einmal über Jules, als Jim sich nach diesem erkundigt – und sie könnte Gleiches über Jim beziehungsweise, in abgewandelter Form, über sich selbst sagen.

So geht die Liebe in JULES ET JIM bereits ›in alle Richtungen‹; es handelt sich um eine *ménage à trois* – den »Spezialfall«[42] einer Dreiecksgeschichte (wie Philipp Brunner es im Lexikon der Filmbegriffe ausdrückt). Als weiteres Beispiel sei Ernst Lubitschs DESIGN FOR LIVING / SERENADE ZU DRITT (USA 1933) mit dem geschlossenen Figurendreieck Tom / George / Gilda (Fredric March / Gary Cooper / Miriam Hopkins) genannt – weshalb Truffauts Äußerung, noch *nie* sei ein Film zu solch einem anti-selektiven Element imstande gewesen, relativiert werden muss. An neueren Produktionen sei McGs THIS MEANS WAR / DAS GIBT ÄRGER (USA 2012) erwähnt, in welchem sich die Spionage-Kameraden FDR und Tuck (Chris Pine und Tom Hardy) in dieselbe Frau (Reese Witherspoon) verlieben, sowie Oliver Stones SAVAGES (USA 2012), in dem die Freunde Chon und Ben (Taylor Kitsch und Aaron Johnson) eine gemeinsame Freundin (Blake Lively) haben.

Doch ist mit jenen Konstellationen, in welchen das Werk keinem der drei Charaktere die Chance auf die Sympathie des Publikums nimmt und in welchen sich *alle drei* Charaktere einander verbunden fühlen, das zweite Kriterium noch nicht erfüllt, das diese Arbeit an die zu untersuchenden Filme stellt: die *sexuelle*

42 PB (= Brunner, Philipp): *Dreiecksgeschichte*. 2012. http://filmlexikon.uni-kiel.de/index.php?action=lexikon&tag=det&id=5595 (Zugriff am 26.10.2013), o. P.

Ambivalenz. Das Wort ›ambivalent‹ bedeutet ›zweiwertig‹ / ›zwiespältig‹ (lateinisch *ambi-* ›zu beiden Seiten‹ und *valens* ›stark, mächtig‹). Der Begriff ›Ambivalenz‹ wurde – so Friedrich Kluge in seinem etymologischen Wörterbuch – 1911 von Eugen Bleuler gebildet; seit 1916 ist das Adjektiv ›ambivalent‹ in Gebrauch (erstmals durch Sigmund Freud).[43] In der Psychoanalyse wird Ambivalenz als »[g]leichzeitige Anwesenheit einander entgegengesetzter Strebungen, Haltungen und Gefühle, z.B. Liebe und Haß, in der Beziehung zu ein- und demselben Objekt«[44] verstanden. Als Gegenteil der Ambivalenz lässt sich somit die Eindeutigkeit bezeichnen. ›Sexuelle Ambivalenz‹ als Kriterium der Filmauswahl dieser Arbeit meint, dass es in den Liebesdreiecken der zu analysierenden Werke mindestens eine Figur geben muss, deren sexuelle Präferenz nicht eindeutig, sondern ambivalent ist; das heißt: Die betreffende Figur darf im jeweiligen Film weder als eindeutig heterosexuell noch als eindeutig schwul beziehungsweise lesbisch verortet werden. Gleichwohl gilt es, die Termini ›heterosexuell‹, ›schwul‹ und ›lesbisch‹ sowie weitere Termini wie ›queer‹, ›homo-‹ und ›bisexuell‹ vorab – in Unterkapitel 2.1 (›Gender und Queer Studies‹) – zu diskutieren.

Diese Arbeit wird sich insgesamt zehn Primärfilmen mit geschlossenen *und* sexuell ambivalenten Liebesdreiecken widmen. Die Auswahl der Filme soll nachstehend noch erläutert werden. Je nachdem, wie das Liebesdreieck jeweils narrativ hergestellt wird, erfolgt die Zuordnung der zehn Werke zu einer der beiden in Betracht kommenden Konstellationen: ›2 + 1‹ oder ›A + B + C‹.

Im ersten Fall begegnet ein (noch näher zu spezifizierendes) Paar einer (ebenso noch näher zu spezifizierenden) dritten Figur. Dieser Konzeption entsprechen sieben der zehn Filme:

1. Bertrand Bliers Tenue de soirée / Abendanzug (F 1986)

2. Gregg Arakis The Doom Generation (USA / F 1995)

3. Anne Fontaines Nettoyage à sec / Eine saubere Affäre (F / SP 1997)

43 Vgl. Kluge, Friedrich: *Etymologisches Wörterbuch der deutschen Sprache*. Berlin / New York 1995, 23., erweiterte Aufl., S. 33.
44 Laplanche, Jean / Pontalis, Jean-Bertrand: *Das Vokabular der Psychoanalyse*. Frankfurt am Main 1992, 11. Aufl., S. 55.

4. Michael Mayers A Home at the End of the World / Ein Zuhause am Ende der Welt (USA 2004) [im Folgenden: Home]

5. Adam Salkys Dare / Dare – Hab' keine Angst, tu's einfach! (USA 2009)

6. Tom Tykwers Drei (D 2010)

7. Xavier Dolans Les amours imaginaires / Herzensbrecher (CDN 2010)

Die übrigen drei Filme, die einer Analyse unterzogen werden sollen, lassen sich dagegen der Konstellation ›A + B + C‹ zuordnen; hier treffen drei Figuren aufeinander, wodurch sich vier gleichwertige Möglichkeiten der Paar- beziehungsweise Triobildung (AB / BC / CA / ABC) ergeben:

1. Claude Chabrols Les Biches / Zwei Freundinnen (F / I 1968)

2. Andrew Flemings Threesome / Einsam, zweisam, dreisam (USA 1994)

3. Alexis Dos Santos' Glue (RA / UK 2006)

Obzwar die Kaufmann'sche Methode der Klassifizierung des Liebesfilms als eigenständiges Genre im Folgenden noch relevant sein wird, wurde für die Filmauswahl dieser Arbeit *keine* Beschränkung auf ein bestimmtes Genre vorgenommen, um auf diesem Wege einen (Sub)Genre-Mix wie The Doom Generation (in welchem Roadmovie, Horror- / Splatterfilm[45] und Teenagerromanze[46] miteinander verquickt sind) ebenso miteinbeziehen zu können wie eine *romantic comedy* (etwa Threesome), ein Melodram (etwa Home) et cetera. Auch wurde von einer zeitlichen / nationalen / stilepochalen Beschränkung abgesehen, um nicht einzelne, äußerst lohnende Werke aufgrund ihres Produktionsjahres oder -landes ausschließen zu müssen (etwa Les Biches von 1968, welcher deutlich früher als die übrigen Primärfilme entstanden ist). Jedoch sollen (und dürfen) all jene Unterschiede im Umgang der Filme mit dem in dieser Arbeit behandel-

45 Marcus Stiglegger expliziert in seinem Artikel über den Splatterfilm, dass dieser kein spezifisches Genre bezeichne, sondern auf eine bestimmte filmische Ästhetik verweise (vgl. Stiglegger, Marcus: *Splatterfilm*. In: Koebner, Thomas [Hg.]: *Reclams Sachlexikon des Films*. Stuttgart 2002, S. 571f., hier S. 571).

46 Jürgen Felix zählt die Teenagerromanze als eines der Subgenres auf, durch die sich – seit dem Niedergang des klassischen Hollywoodkinos – »das Spektrum der Liebesfilme nochmals erweitert« habe (Felix 2002, S. 349).

ten Thema, die sich aus der jeweiligen Genrezugehörigkeit beziehungsweise aus dem jeweiligen zeitlichen und/oder kulturellen Kontext der Werke ergeben, keinesfalls ausgeblendet werden; sie werden daher an entsprechender Stelle Berücksichtigung finden.

Maßgeblich wurde die Auswahl der Primärfilme von der Frage bestimmt, ob die Beziehungsdynamiken im jeweiligen Liebestrio (bestehend aus zweien, die eine dritte Figur treffen, oder aus dreien, die sich finden) die Handlung dominieren – ob also die Dreiecks-Liebesgeschichte im Zentrum der filmischen Erzählung steht. Als Orientierungshilfe diente dabei eine Definition vom American Film Institute (AFI) zur Wahl der *100 greatest love stories of all time* aus dem Jahre 2002 – eine Definition, in welcher gar die Möglichkeit enthalten ist, dass *mehr als zwei* Figuren einander in Liebe zugetan sind: Als *love story* gelte »[r]egardless of genre, a romantic bond between two or more characters, whose actions and/or intentions provide the heart of the film's narrative.«[47]

Während jedoch der Ausdruck ›*romantic bond*‹ in erster Linie auf die ›romantische‹ Liebe (Eros) abzuzielen scheint, wie sie der Soziologe John Alan Lee als Liebesstil charakterisiert,[48] kann die Bande zwischen den drei Figuren in den hier zu analysierenden Filmen auch die noch zu erläuternden anderen fünf Lee'schen Liebesstile mit einschließen.[49] Das Liebesdreieck kann beispielsweise zwei Figuren beinhalten, deren Liebe sich von beiden Seiten oder von einer Seite ausgehend als eine vorwiegend ›freundschaftliche‹ Liebe (Storge) gemäß Lee[50] gestaltet – insofern das Kriterium der sexuellen Ambivalenz in der *Gesamtkonstellation* des Dreiecks eingelöst wird (wie dies bei Home, Dare, Les amours imaginaires und Threesome der Fall ist). Design for Living, Jules et Jim und ähnlich gelagerte Filme, in denen die zwei männlichen Charaktere des Dreiecks eine ›freundschaftliche‹ Liebe verbindet, wurden ausgeschlossen, da die erotische Attraktion im jeweiligen Beziehungsgeflecht gänzlich im Rahmen der Heterosexualität – im *Nicht*-Ambivalenten – bleibt. Alfonso Cuaróns Y tu

47 American Film Institute: *AFI's 100 Years... 100 Passions.* 2002. http://www.afi.com/100years/passions.aspx (Zugriff am 26.10.2013), o. P.

48 Vgl. Küpper, Beate: *Sind Singles anders als die anderen? Ein Vergleich von Singles und Paaren.* 2000 (Bochum, Ruhr-Univ., Inaug.-Diss.). http://d-nb.info/962287725/34 (Zugriff am 26.10.2013), S. 88.

49 Wobei das AFI-Ranking ebenfalls Filme enthält, in denen die jeweilige Beziehung nicht der ›romantischen‹ Liebe entspricht – so zum Beispiel Bernardo Bertoluccis Ultimo tango a Parigi / Der letzte Tango in Paris (F / I 1972), welcher den 48. Platz der *100 greatest love stories of all time* belegt, oder Lawrence Kasdans Body Heat / Heissblütig – Kaltblütig (USA 1981), der sich auf Platz 94 befindet.

50 Vgl. Küpper 2000, http://d-nb.info/962287725/34, S. 88.

MAMÁ TAMBIÉN (MEX 2001), Antony Cordiers DOUCHES FROIDES (F 2005) und Salvador García Ruiz' CASTILLOS DE CARTÓN / LIEBESSPIELE (SP 2009) bleiben weniger strikt innerhalb sexuell eindeutiger Grenzen. Da die sexuelle Ambivalenz aber letztlich nicht prononciert genug in der jeweiligen Erzählung angelegt ist, wurden die drei Werke ebenfalls nicht als Primärfilme ausgewählt.

Eine Vielzahl von Produktionen erfüllt wiederum zwar das Kriterium der sexuellen Ambivalenz – doch ist jeweils die Geschlossenheit des Liebesdreiecks beziehungsweise die von François Truffaut geschilderte ›Anti-Selektion‹ des Werks nicht (ausreichend) gegeben: In CABARET (USA 1972) von Bob Fosse ist die von Helmut Griem gespielte Figur dem Protagonistenpaar Sally und Brian (Liza Minnelli und Michael York) nicht ebenbürtig, während in Bertrand Bliers LES VALSEUSES / DIE AUSGEBUFFTEN (F 1974) Marie-Ange (Miou-Miou) eine im Vergleich zu Jean-Claude und Pierrot (Gérard Depardieu und Patrick Dewaere) deutlich untergeordnete Rolle zukommt; in Marco Bergers PLAN B (RA 2009) erfüllt die Frauenfigur Laura (Mercedes Quinteros) gar einzig und allein den Zweck, die Geschichte zwischen ihrem Ex-Freund Bruno (Manuel Vignau) und ihrem neuen Freund Pablo (Lucas Ferraro) in Gang zu bringen, indem sie Bruno durch die plötzliche Beendigung der gemeinsamen Beziehung dazu veranlasst, einen unkonventionellen Racheplan – die Verführung Pablos – zu schmieden. In THREE OF HEARTS / DREI VON GANZEM HERZEN (USA 1993) von Yurek Bogayevicz ist Connie (Kelly Lynch) demgegenüber zwar eine gleichwertige dritte Figur, jedoch sind Joe und Ellen (William Baldwin und Sherilyn Fenn) das deutlich favorisierte Liebespaar innerhalb der filmischen Erzählung.

Während all jene Werke nicht als Primärfilme dieser Arbeit infrage kamen, weil sie jeweils nicht *allen drei* Figuren (beziehungsweise allen Figuren*beziehungen*) gleichermaßen gerecht werden, lag der Ausschluss diverser anderer Werke darin begründet, dass jeweils nicht *alle* Figuren einander in Liebe zugetan sind (sondern zwei von ihnen in erster Linie um die Liebe der dritten Figur rivalisieren).[51] In einigen anderen Werken ist indes die Geschichte des geschlos-

51 Etwa in Carl Theodor Dreyers MICHAEL (D 1924), Mark Rydells THE FOX (CDN 1967), John Schlesingers SUNDAY BLOODY SUNDAY (UK 1971), Agnieszka Hollands TOTAL ECLIPSE (UK / F / B 1995), André Téchinés LES VOLEURS / DIEBE DER NACHT (F 1996), Kevin Smiths CHASING AMY (USA 1997), Ol Parkers IMAGINE ME & YOU / EINE HOCHZEIT ZU DRITT (UK / D 2005), Yoo Has SSANG-HWA-JEOM / BLOOD & FLOWERS – DER WÄCHTER DES KÖNIGS (ROK 2008), Umberto Riccioni CARTENIS DIVERSO DA CHI? / MAL WAS ANDERES? (I 2009), Lisa Cholodenkos THE KIDS ARE ALL RIGHT (USA 2010), Stephen Elliotts ABOUT CHERRY / CHERRY – WANNA PLAY? (USA 2012), Tomasz Wasilewskis PLYNACE WIEZOWCE / TIEFE WASSER (PL 2013) oder Carter Smiths JAMIE MARKS IS DEAD (USA 2014).

senen, sexuell ambivalenten Liebesdreiecks eher als Nebenstrang zu werten.[52] Zwei spezielle Fälle sind ohne Zweifel Anne Fontaines Werk NATHALIE… / NATHALIE – WEN LIEBST DU HEUTE NACHT? (F / SP 2003) sowie dessen Remake CHLOE (USA / CDN / F 2009) von Atom Egoyan: Hier setzt eine Ehefrau (Fanny Ardant / Julianne Moore) eine Prostituierte (Emmanuelle Béart / Amanda Seyfried) auf ihren Gatten (Gérard Depardieu / Liam Neeson) an, um dessen Treue zu testen – und verfällt alsbald selbst der jungen Frau beziehungsweise deren detaillierten Berichten über die (angeblichen) erotischen Begegnungen mit dem Ehemann. Weil sich die Beziehung zwischen dem Mann und der Prostituierten letztendlich als bloße Behauptung der jungen Frau entpuppt (da die erotischen Begegnungen nie stattfanden), wurden NATHALIE… und CHLOE nicht als Primärfilme ausgewählt.

Neben der Geschlossenheit (dass es sich also, wie Otto Friedrich in seiner Filmkritik zu DREI schreibt, um eine »*totale* Dreiecksgeschichte«[53] handelt) und neben der sexuellen Ambivalenz – in Sascha Westphals Rezension zu LES AMOURS IMAGINAIRES ist von einer »queeren Überschreibung«[54] von JULES ET JIM die Rede – galt es, weitere Punkte festzulegen, um die Filmauswahl einzugrenzen. So wurden etwa Filme mit einer (zu) starken *vierten* Figur ausgeschlossen. Dies betrifft beispielsweise Philip Kaufmans HENRY & JUNE (USA 1990), in dem Anaïs Nin (Maria de Medeiros) und das Ehepaar Henry und June Miller (Fred Ward und Uma Thurman) eine Dreiecksliebe verbindet. Aufgrund der Tatsache, dass Anaïs' Gatte Hugo (Richard E. Grant) den Handlungsverlauf als vierter Akteur wesentlich mitbestimmt – und somit nicht die Dynamik des Beziehungsgeschehens *im Dreieck* das alleinige Erzählzentrum ausmacht –, wurde Kaufmans Werk nicht als Primärfilm ausgewählt. Darüber hinaus ist in HENRY & JUNE das Kriterium, dass in *jeder* Figurenbeziehung eine gegenseitige Verbundenheit be-

52 Etwa in Volker Schlöndorffs BAAL (BRD 1970), Jim Sharmans THE ROCKY HORROR PICTURE SHOW (UK / USA 1975), Austin Chicks XX/XY / COLES UND DIE FRAUEN (USA 2002), John Duigans HEAD IN THE CLOUDS / DIE SPIELE DER FRAUEN (UK / CDN 2004), Bill Condons KINSEY / KINSEY – DIE WAHRHEIT ÜBER SEX (USA / D 2004), Sébastien Lifshitz' WILD SIDE (F / B / UK 2004), Christophe Honorés LES CHANSONS D'AMOUR / CHANSON DER LIEBE (F 2007), Gregor Jordans THE INFORMERS (USA / D 2008), Alexis Dos Santos' UNMADE BEDS / LONDON NIGHTS (UK 2009), Eytan Fox' TAMID OTO CHALOM / MARY LOU (IL 2009), Christophe Honorés LES BIEN-AIMÉS / DIE LIEBENDEN – VON DER LAST, GLÜCKLICH ZU SEIN (F / UK / CZ 2011), Sophie Hydes 52 TUESDAYS (AUS 2013) oder Jalil Lesperts YVES SAINT LAURENT (F 2014).

53 Friedrich, Otto: *Liebe in jeder Beziehung*. 2011. http://www.furche.at/system/downloads.php?do=file&id=1930 (Zugriff am 26.10.2013), o. P., Herv. d. Verf.

54 Westphal, Sascha: *Narzissten unter sich*. 2011. http://www.sissymag.de/texte/1102_herzensbrecher.html (Zugriff am 26.10.2013), o. P.

stehen muss, nicht erfüllt, da etwa Hugo und June kein inniges Verhältnis zueinander haben. Weitere Beispiele für Filme, in denen es um die Gefühlsverstrickungen in einem Figuren*quartett* geht (und die deshalb ausgeschlossen wurden), sind André Téchinés Les roseaux sauvages / Wilde Herzen (F 1994) mit Henri (Frédéric Gorny) als starke vierte Figur, die in den Liebesreigen von François, Maïté und Serge (Gaël Morel, Élodie Bouchez und Stéphane Rideau) miteinbezogen wird, sowie François Ozons Gouttes d'eau sur pierres brûlantes / Tropfen auf heisse Steine (F 2000), in welchem Véra (Anna Thomson) zum Liebestrio Léopold / Franz / Anna (Bernard Giraudeau / Malik Zidi / Ludivine Sagnier) hinzustößt; in Maria Maggentis Puccini for Beginners (USA 2006) ist die Figur ›Samantha‹ (Julianne Nicholson) die wichtige Vierte neben Allegra, Philip und Grace (Elizabeth Reaser, Justin Kirk und Gretchen Mol) – und in Being John Malkovich (USA 1999) von Spike Jonze ist es der Schauspieler John Malkovich (gespielt von John Malkovich), der (unfreiwillig) eine ausschlaggebende Rolle im geschlossenen, sexuell ambivalenten Beziehungsdreieck Craig / Lotte / Maxine (John Cusack / Cameron Diaz / Catherine Keener) einnimmt.

Auch Filme, in denen amouröse Spannungsfelder entworfen werden, welche aus mindestens *fünf* Figuren bestehen, von denen wiederum drei in einer geschlossenen, sexuell ambivalenten Beziehung zueinander stehen, mussten unberücksichtigt bleiben. Als Musterbeispiel eines solchen Spannungsfeldes sei Woody Allens Vicky Cristina Barcelona (SP / USA 2008) genannt, in welchem Vicky und Doug (Rebecca Hall und Chris Messina) das Figurendreieck Cristina / Juan Antonio / Maria Elena (Scarlett Johansson / Javier Bardem / Penélope Cruz) ergänzen. Zudem seien erwähnt: Rainer Werner Fassbinders Warnung vor einer heiligen Nutte (BRD / I 1971), Lisa Cholodenkos Laurel Canyon (USA 2002), Roger Avarys The Rules of Attraction / Die Regeln des Spiels (USA / D 2002) und Robert Salis' Grande École / Grande École – Sex ist eine Welt für sich (F 2004).

Ferner wurde auf Filme verzichtet, in denen sich zwei Familienmitglieder unterschiedlichen Geschlechts zur selben Person hingezogen fühlen und diese Gefühle von jener Person in beide Richtungen erwidert werden. So sind etwa Vater und Tochter (Götz George und Jeanette Hain) in Hermine Huntgeburths Das Trio (D 1998) einem Dritten (Felix Eitner) in gegenseitiger Liebe verbunden. In Baltasar Kormákurs 101 Reykjavík / 101 Reykjavik (IS / DK / F / N / D

2000) liebt eine Dritte (Victoria Abril) hingegen gleichzeitig Mutter und Sohn (Hanna María Karlsdóttir und Hilmir Snær Guðnason) und wird dabei von beiden zurückgeliebt (wobei das Beziehungsgeflecht mit der Freundin des Sohnes [Þrúður Vilhjálmsdóttir] noch eine vierte Figur mit einschließt); ebenso entwickelt sich in Egoyans CHLOE ein Beziehungsdreieck zwischen Mutter, Sohn und der Titelfigur (Julianne Moore, Max Thieriot und Amanda Seyfried) – wenngleich dieses Dreieck nicht im Handlungs*zentrum* des Werks steht (und mit dem Ehemann / Vater [Liam Neeson] auch hier ein Vierter mit im Spiel ist). Die Figurenkonstellation ›Bruder / Schwester / Dritte(r)‹ findet sich zum Beispiel in Julian Jarrolds BRIDESHEAD REVISITED / WIEDERSEHEN MIT BRIDESHEAD (UK / I / MA 2008) sowie in Achim von Borries' WAS NÜTZT DIE LIEBE IN GEDANKEN (D 2004), obgleich das Beziehungsdreieck Günther / Hilde / Hans (August Diehl / Anna Maria Mühe / Thure Lindhardt) wieder Teil eines amourösen Spannungsfeldes ist, das zwei weitere Figuren (Daniel Brühl als Paul und Jana Pallaske als Elli) mit einschließt. Da in den genannten (und in vergleichbaren) Filmen durch die verwandtschaftliche Beziehung zwischen den zwei Figuren unterschiedlichen Geschlechts und durch die beidseitige Attraktion, die jeweils zur dritten Figur besteht, sowohl die Geschlossenheit als auch die sexuelle Ambivalenz des Beziehungsdreiecks grundsätzlich gegeben ist, entsprechen manche der Werke den Kriterien dieser Arbeit und könnten der Konstellation ›2 + 1‹ zugeordnet werden. Die Filme wurden jedoch aus der Untersuchung ausgeklammert, weil sich aus dem Verwandtschaftsverhältnis des jeweiligen Protagonistenpaares andere Schwerpunkte ergeben würden als jene, die in dieser Arbeit gesetzt werden sollen.

Die Motive für den Ausschluss diverser anderer Werke – Coline Serreaus POURQUOI PAS! / WARUM NICHT! (F 1977), Randal Kleisers SUMMER LOVERS (USA 1982), Rawson Marshall Thurbers THE MYSTERIES OF PITTSBURGH / EIN VERHÄNGNISVOLLER SOMMER (USA 2008), Joaquín Oristrells DIETA MEDITERRÁNEA (SP 2009), Rudolf Thomes DAS ROTE ZIMMER (D 2010) sowie Xavier Villaverdes EL SEXO DE LOS ÁNGELES / THE SEX OF ANGELS (SP / BR 2012) – sollen in Zusammenhang mit der nun folgenden Schilderung der Intention und des Aufbaus dieser Arbeit noch dargelegt werden.

Die Leitfrage dieser Arbeit lautet: Welche narrativen und ästhetischen Potenziale bergen Filme über geschlossene, sexuell ambivalente Dreiecksbeziehungen? Es gilt, den Innovationen nachzuspüren, die von solchen Filmen gewagt werden (können) – sei es eine bildkompositorische Figurenanordnung, die sich von den Regularitäten der kinematografischen Präsentation eklatant unterscheidet; sei es eine eingängige filmische Standardsituation, die durch entsprechende Variation ins Unerwartete, eventuell gar ins Irritierende getrieben wird; oder seien es Protagonisten, die den geschlechterspezifischen (und Mainstream-Kino-spezifischen) Rollenbildern nicht recht entsprechen wollen. All diese sich bietenden Möglichkeiten der Figurenzeichnung, Dramaturgie und Bildfindung, die – im Idealfall – zu »Abweichungen von Denk- und Darstellungsklischees«[55] führen können, sollen ins Blickfeld genommen werden.

Da ein geschlossenes, sexuell ambivalentes Liebesdreieck nicht mit der bereits angedeuteten Norm – der Beschränkung auf das heterosexuelle Paar – übereinstimmt, soll jene Norm zunächst näher betrachtet werden. Dies soll unter Einbezug eines »Grundbegriff[s] der Queer-Theorie«[56] geschehen: der Heteronormativität. Gemeint ist damit »ein binäres, zweigeschlechtlich und heterosexuell organisiertes und organisierendes Wahrnehmungs-, Handlungs- und Denkschema.«[57] Um dieses Schema zu erörtern, sollen einige Grundgedanken der Gender und Queer Studies – etwa Judith Butlers *heterosexual matrix* – in die Arbeit eingebracht werden. Im darauffolgenden Unterkapitel ›Heteronormativität im Kino‹ soll kurz darauf eingegangen werden, inwiefern sich jenes Schema in der Darstellung von Liebesbeziehungen im Film registrieren lässt. Aufgrund des begrenzten Umfangs soll an dieser Stelle lediglich die Darstellung in Mainstream-Filmen berücksichtigt werden. Unter ›Mainstream-Filmen‹ werden dabei, nach Jens Eder, alle Spielfilme verstanden, »die durch die Verwendung konventioneller Mittel auf Popularität bei einem großen Publikum und auf den

55 Koebner, Thomas: *Kanon / Wertung*. In: Ders. (Hg.): *Reclams Sachlexikon des Films*. Stuttgart 2002c, S. 287–290, hier S. 287; Koebner nennt solcherlei Abweichungen (neben anderen Punkten) als ›objektive‹ Befunde, durch welche die grundsätzliche Relativität von Filmbewertung eingegrenzt werde.

56 Schroedter, Thomas / Vetter, Christina: *Polyamory. Eine Erinnerung*. Stuttgart 2010 (*Reihe theorie.org*), S. 57.

57 Degele, Nina: *Männlichkeit queeren*. In: Bauer, Robin / Hoenes, Josch / Woltersdorff, Volker (Hg.): *Unbeschreiblich männlich. Heteronormativitätskritische Perspektive*. Hamburg 2007, S. 29–42, hier S. 30.

kommerziellen Erfolg hin angelegt sind.«[58] Die Darstellung von Liebesbeziehungen in Filmen solcher Art soll hier zunächst als Hintergrundfolie dienen, um in Kapitel 4 und 5 die Abweichung (beziehungsweise *eine* mögliche Form der Abweichung) zu untersuchen.

In den Unterkapiteln 3.1 (›Das trianguläre Begehren‹) und 3.2 (›Polyamory‹) soll es zur komprimierten Vorstellung zweier Konzepte kommen, um diese für die Filmanalyse jeweils noch heranziehen zu können: zum einen der Theorie des triangulären Begehrens, die René Girard in *Figuren des Begehrens: Das Selbst und der Andere in der fiktionalen Realität* entwickelt, zum anderen des als ›Polyamory‹ bezeichneten Beziehungskonzepts, dem sich Thomas Schroedter und Christina Vetter in *Polyamory: Eine Erinnerung* widmen.

Die Analyse der filmischen Dreiecksbeziehungen, die daran anschließen soll, wird sich zunächst, wie oben erwähnt, in die Konstellationen ›2 + 1‹ und ›A + B + C‹ aufgliedern. In beiden Fällen wird das Hauptaugenmerk auf zwei Aspekte gerichtet sein:

1. Welche Aussagen lassen sich über Anlage und Darstellung der Figuren treffen?

2. Welche Gestaltung erfahren die Beziehungsdynamiken im ›totalen‹ Dreieck?

Insbesondere hinsichtlich der ersten Konstellation – in welcher eine dritte Figur ins Dasein eines Paares tritt – sollen die Subjekt / Objekt-Relationen beziehungsweise die Blickstrukturen, die innerhalb des im Filmverlauf entstehenden Dreiecks vorliegen, herausgearbeitet werden – obgleich dieser Punkt natürlich auch in Bezug auf die zweite Spielart (›A + B + C‹) relevant sein wird.

Um die in den einzelnen Filmen verhandelten Figurendreiecke im Rahmen dieser Arbeit gegenüberstellen zu können, war es bei der Auswahl der Werke von Belang, dass eine gewisse Vergleichbarkeit gegeben ist. Die Konstellation ›2 + 1‹ betreffend ging es vor allem darum, dass einerseits die Paare, andererseits die dritten Figuren der Filme bestimmte gemeinsame Merkmale aufweisen.

58 Eder, Jens: *Dramaturgie des populären Films. Drehbuchpraxis und Filmtheorie*. Hamburg 1999 (*Beiträge zur Medienästhetik und Mediengeschichte*, Bd. 7), S. 6.

Bei der Sichtung der infrage kommenden Werke stellten sich zwei Paarkonstellationen als vorherrschend heraus: das enge Freundespaar sowie das Ehe- / Liebespaar, jeweils bestehend aus einer Frau und einem Mann. Filme mit anderen Paarkonstellationen wurden daher als Primärfilme dieser Arbeit ausgeschlossen. Dies betrifft DAS ROTE ZIMMER: Darin begegnet der Kussforscher Fred (Peter Knaack) dem Frauenpaar Luzie und Sibil (Katharina Lorenz und Seyneb Saleh), welches die Seele der Männer zu erkunden gedenkt. Neben der Paarkonstellation entspricht hier auch die Darstellung des Dritten – welcher angesichts der beiden verführerischen Frauen nicht weiß, wie ihm geschieht, und (so Ekkehard Knörer) in seiner Weltfremdheit »eine sehr typische Thome'sche Männerfantasie«[59] ist – nicht der vorherrschenden (und daher für diese Arbeit interessanten) Erscheinungsform.

Bezüglich der dritten Figur erwies sich eine spezielle Art und Weise, wie diese Figur filmisch in Szene gesetzt beziehungsweise von dem Protagonistenpaar (und dem Zuschauer / der Zuschauerin) wahrgenommen wird, als gemeinsame, wenn auch überaus diffuse Komponente vieler Filme: Die dritte Figur erscheint in diesen Fällen als Projektionsfläche für Sehnsüchte und Begierden. Diese Einsicht führte dazu, dass Werke, die jene Komponente *nicht* besitzen, ausgeschlossen wurden. Hierzu zählt THE MYSTERIES OF PITTSBURGH, in welchem der junge Art (Jon Foster) das Paar Cleveland und Jane (Peter Sarsgaard und Sienna Miller) kennen und lieben lernt; Art – der Dritte – ist in Rawson Marshall Thurbers Film die zentrale Figur, die ihre Gedanken und Gefühle mittels *voice-over* zum Ausdruck bringt, während der Zuschauer / die Zuschauerin das Paar Cleveland und Jane ausschließlich aus Arts Perspektive erlebt. Auch in DIETA MEDITERRÁNEA und in EL SEXO DE LOS ÁNGELES fungiert der Dritte (gespielt von Alfonso Bassave beziehungsweise von Álvaro Cervantes) kaum als Projektionsfläche; hinzu kommt, dass in DIETA MEDITERRÁNEA *eine* Figur (Olivia Molina als Sofía) deutlich im Mittelpunkt steht – und dass beide Werke sowohl dramaturgisch als auch ästhetisch wenig ergiebig (für diese Arbeit) anmuten, da sie in ihrer Erzählweise, Figurenzeichnung und Bildgestaltung weitaus konventioneller wirken als die zehn ausgewählten Filme. Lina (Valerie Quennessen), die dritte Figur in Randal Kleisers SUMMER LOVERS von 1982, *entspricht* wiederum

59 Knörer, Ekkehard: *Wie sie die Angeln werfen.* 2011. http://www.taz.de/!64180/ (Zugriff am 26.10.2013), o. P.

der Darstellung als Projektionsfläche. Ihre Beziehung zu dem Paar Michael und Cathy (Peter Gallagher und Daryl Hannah) bleibt aber im heterosexuellen Rahmen: Nach dem Liebeserlebnis von Michael und Lina freunden sich die Ehefrau und die Geliebte an – und beginnen mit Michael ein Leben *zu dritt*.

Was die sieben Primärwerke mit der Konstellation ›2 + 1‹ betrifft, so soll in dieser Arbeit besagte Art und Weise der Inszenierung beziehungsweise Wirkung der dritten Figur tiefer ergründet werden. Dafür soll – neben weiteren Texten – das von Eva Eßlinger und anderen herausgegebene Werk *Die Figur des Dritten* herangezogen werden, in welchem jene Figur – wie der Untertitel der Publikation besagt – als ein *kulturwissenschaftliches Paradigma* konturiert wird. Ferner sollen einige Ansätze aus Laura Mulveys Aufsatz *Visual Pleasure and Narrative Cinema* miteinbezogen werden, um die Strategien zur Darstellung der dritten Figur auf der Kamera- und Montageebene zu bestimmen. In Mulveys Grundlagentext der feministischen Filmtheorie (1973 erstmals erschienen) heißt es, das Kino biete »a number of possible pleasures. One is scopophilia (pleasure in looking).«[60] Der Frau komme, so Mulvey, eine exhibitionistische Rolle zu, in welcher sie gleichzeitig angesehen und zur Schau gestellt werde.[61] Jene »*to-be-looked-at-ness*«[62] trifft auch auf einige der dritten Figuren in den Primärwerken mit der Konstellation ›2 + 1‹ zu. Da es sich bei diesen jedoch ausnahmslos um *männliche* Figuren handelt, sollen an dieser Stelle Überlegungen zur Inszenierung männlicher Figuren beziehungsweise Schauspieler in die Untersuchung einfließen. Allgemeine Überlegungen solcher Art finden sich etwa in Texten von Steve Neale und Richard Dyer, wohingegen sich unter anderen Miriam Hansen, Steven Cohan und Annette Brauerhoch in Beiträgen jeweils auf einen konkreten Einzelfall – das heißt: auf die Präsentation *eines* Schauspielers in einem bestimmten Werk (oder mehreren Werken) – beziehen.

Auf zwei filmische Darstellungen männlicher Figuren soll detaillierter eingegangen werden: zum einen auf die Darstellung von James Dean beziehungsweise der Figur ›Jim‹ in Nicholas Rays REBEL WITHOUT A CAUSE / ...DENN SIE WISSEN NICHT, WAS SIE TUN (USA 1955), zum anderen auf die Darstellung der Figur des Gastes, verkörpert von Terence Stamp, in Pier Paolo Pasolinis TEOREMA /

60 Mulvey, Laura: *Visual and Other Pleasures*. Basingstoke (u.a.) 2009 (*Language, discourse, society*), 2. Aufl., S. 16.
61 Vgl. ebd., S. 19.
62 Ebd., S. 19, Herv. i. O.

Teorema – Geometrie der Liebe (I 1968). Obgleich in beiden Werken *kein* geschlossenes, sexuell ambivalentes Dreieck arrangiert wird, lassen sich in ihnen gewisse Inszenierungsmodalitäten erkennen, die sich in den sieben Primärfilmen mit der Konstellation ›2 + 1‹ wiederfinden und daher für die Analyse von Bedeutung sein werden – so zum Beispiel die Wahl der Kameraeinstellungen, um das Begehren nach Jim beziehungsweise nach dem Gast, welches jeweils von den übrigen Figuren ausgeht, visuell umzusetzen.

Während neun der zehn zu analysierenden Werke den fixierten Kriterien *in toto* entsprechen, ließe sich gegen die Aufnahme von Les amours imaginaires als Primärfilm einwenden, dass Nicolas (Niels Schneider) – der Dritte – dem Protagonistenpaar Marie und Francis (Monia Chokri und Xavier Dolan) nicht ebenbürtig ist und dass das Werk (um François Truffauts Worte aufzugreifen) wohl nicht das Bedürfnis verspürt, ihn gleichermaßen zu ›lieben‹. Damit wäre die Geschlossenheit nicht erfüllt. Jedoch ist Nicolas keine Randfigur; er mutet nicht etwa wie ein *prick* oder *dweeb* im Rubinfeld'schen Sinne an. Das Zustandekommen einer Liebesbeziehung zwischen Nicolas und Marie oder Francis kann als Erzählziel aufgefasst werden.

Erwähnt sei überdies, dass die Zuordnung von Home zur Konstellation ›2 + 1‹ weniger klar ist als in den übrigen neun Fällen. Da Anlage und Darstellung der Figur ›Bobby‹ (Colin Farrell) jener oben beschriebenen Art und Weise der Inszenierung / Wirkung des Dritten aber exakt entsprechen und Jonathan und Clare (Dallas Roberts und Robin Wright) bei Bobbys Ankunft in New York ein Freundespaar bilden, wurde der Film der Konstellation ›2 + 1‹ zugeordnet – obschon er sich dadurch, dass sich Bobby und Jonathan schon seit Jugendtagen kennen, erzählerisch von den restlichen Werken mit jener Konstellation unterscheidet.

Da sich nicht alle Aspekte der Primärfilme beziehungsweise der darin zum Thema gemachten Dreiecksbeziehungen im Rahmen der vorliegenden Arbeit erfassen lassen, wurde eine bestimmte »filmische Maßeinheit«[63] auserwählt, um die Analyse der zehn Werke im sechsten Kapitel fortzuführen: die Standardsituation.

63 Cuntz, Vera: *Kalkulierter Schrecken. Standardsituationen in der* Alien*-Filmreihe*. Remscheid 2007 (*Filmstudien*, Bd. 55), S. 9.

Bei Standardsituationen handelt es sich um Situationen, die im Kino immer wieder zu sehen sind – »erste Begegnung und Abschied, Liebes- und Todesszene, Verfolgung und Zweikampf, Verführung und Familienstreit usw.«[64] Gleichwohl – so Koebner in seinem Artikel über Dramaturgie – seien bestimmte Standardsituationen nicht in allen Genres in gleichem Maße vertreten.[65] Ebendarum soll der bereits erwähnten Untersuchung von Anette Kaufmann zu den Spielregeln des Liebesfilms im sechsten Kapitel dieser Arbeit nun eine maßgebliche Bedeutung für die Analyse der Primärfilme zukommen. Denn unabhängig davon, dass die Ereignisse in den zu analysierenden Werken mal mit *suspense*[66], mal mit »Ausrutscher[n] ins Groteske«[67] verquickt sind, mal als »Tragödie«[68], mal als »story on the teenage experience«[69] erzählt werden und unabhängig davon, dass lediglich *eines* der Primärwerke (nämlich THREESOME) tatsächlich dem Kaufmann'schen Werkkanon[70] angehört, ist es naheliegend, dass Filme über die Entstehung und Entwicklung eines Liebestrios eben jenes Repertoire an Standardsituationen abrufen, das Kaufmann in ihrem Buch über den Liebesfilm darlegt: ein Repertoire an »szenischen Bausteine[n]«[71], aus welchen sich eine Liebesgeschichte zusammensetzen lasse. Da sich Kaufmann überwiegend (wenn auch nicht ausschließlich) auf Filme bezieht, in denen es um die Liebe eines heterosexuellen – und zum Teil auch heteronormativ organisierten – *Paares* geht, sollen ihre Schilderungen zusätzlich zu den in Unterkapitel 2.2 (›Heteronormativität im Kino‹) gewonnenen Erkenntnissen Hilfe dabei leisten, die *Abweichungen* von der eingängigen Form erkennbar zu machen, die sich wiederum aus den Abweichungen von der Heteronorm in den Liebesdreiecken der zehn Primärfilme ergeben. Dass eine Analyse von Standardsituationen geeignet ist, um Normabweichungen greifbar zu machen, formuliert auch Koebner.[72]

---

64 Koebner, Thomas: *Von Caligari führt kein Weg zu Hitler. Zweifel an Siegfried Kracauers ›Master‹-Analyse.* In: Koebner, Thomas (Hg.): *Diesseits der ›Dämonischen Leinwand‹. Neue Perspektiven auf das späte Weimarer Kino.* München 2003, S. 15–38, hier S. 34.

65 Vgl. Koebner, Thomas: *Dramaturgie.* In: Ders. (Hg.): *Reclams Sachlexikon des Films.* Stuttgart 2002b, S. 130–133, hier S. 131.

66 Dies gilt für LES BICHES; siehe Unterkapitel 6.7.1 (›Die Zerstörung des Liebesdreiecks‹).

67 Kuhlbrodt, Dietrich: *Abendanzug.* In: epd Film 2 / 87, S. 28f., hier S. 28.

68 Messias, Hans: *Nettoyage à sec.* In: film-dienst 21 / 00, S. 35.

69 Chyn, Stina: *Dare.* 2010. http://www.filmthreat.com/reviews/20630/ (Zugriff am 26.10.2013), o. P.

70 Kaufmanns Sample besteht aus circa 200 US-amerikanischen Filmen aus den Jahren 1930 bis 2006 (vgl. Kaufmann 2007, S. 38).

71 Ebd., S. 99.

72 Vgl. Koebner 2003, S. 37; fernerhin merkt Koebner an, man könne durch die Analyse ausgewählter Standardsituationen neben Erkenntnissen über die Besonderheit der Ästhetik eines Films auch kultursoziologische Erkenntnisse gewinnen (vgl. ebd., S. 37).

Kaufmann fasst die für den Liebesfilm infrage kommenden Standardsituationen zu Themenkomplexen zusammen, welche sich an der Chronologie eines gängigen Beziehungsablaufs orientieren: ›Beginn‹ (›Begegnung‹ et cetera), ›Kennenlernen‹, ›Körperliche Intimität‹, ›Irritation / Zerwürfnis‹, positives / negatives ›Ende‹.[73] Diese Reihenfolge – von der ersten Begegnung bis zum *happy* beziehungsweise *unhappy ending* – soll in dieser Arbeit übernommen werden, noch ergänzt um einen zusätzlichen Punkt. Die weiter oben skizzierte Aufgliederung des Forschungsmaterials in die Spielarten ›2 + 1‹ und ›A + B + C‹ soll im sechsten Kapitel nicht fortgesetzt werden – abgesehen von der Untersuchung der Standardsituation ›Die erste(n) Begegnung(en)‹, in welcher abermals eine Unterteilung (›Paar trifft X‹ bzw. ›A trifft B trifft C trifft A‹) erfolgen soll. Im Komplex ›Die traute Dreisamkeit‹ sollen Situationen zusammengefasst werden, in denen sich das jeweilige Trio näher kennenlernt, während der Komplex ›Die Liebesszene‹ erotische Schlüsselsituationen zum Gegenstand haben soll. Neben den Punkten ›Die Auseinandersetzung‹ (›Wenn zwei sich streiten…‹ bzw. ›Wenn drei sich streiten…‹) und ›Das (un)happy ending‹ (›Die Zerstörung‹ bzw. ›Das Bestehen‹ des Liebesdreiecks) soll ein weiterer Punkt erforscht werden, in welchem es um Situationen mit einem ›unsichtbaren Dritten‹ geht – obgleich hier Überlagerungen mit anderen Situationen möglich sind. Gemeint sind damit einerseits Fälle, in denen ein Dritter / eine Dritte als (unbemerkter) Beobachter / (unbemerkte) Beobachterin zweier Figuren auftritt (›(Dis)Pleasure in looking‹), und andererseits Fälle, in denen ein Dritter / eine Dritte zwar abwesend ist, jedoch vermittelst bestimmter Inszenierungsstrategien dennoch ›anwesend‹ zu sein scheint (›In absentia‹). All diesen Situations-Unterkapiteln soll noch das Unterkapitel ›Visuelle / dialogische Promiskuität‹ – über die Möglichkeiten, die ›Liebe in alle Richtungen‹ in *Wort* und *Bild* zu vermitteln – vorangestellt werden.

Der Zugang zu den Filmen über die Standardsituationen im sechsten Kapitel ist schließlich der Grund, weshalb POURQUOI PAS! als Primärwerk ausgeschlossen wurde. Da sich Fernand, Alexa und Louis (Sami Frey, Christine Murillo und Mario Gonzales) bereits vor Filmbeginn gefunden haben und zu einem Liebestrio wurden, sind die hier zu untersuchenden Situationen in Coline Serreaus

73 Vgl. Kaufmann 2007, S. 101f.; hinzu kommt noch der Komplex ›Diverse‹, zu welchem etwa das ›Beziehungsgespräch mit Dritten‹ und der ›Beicht-Versuch‹ gehören (vgl. ebd., S. 102).

Liebeskomödie schlichtweg nicht vorhanden; der Film setzt gewissermaßen nach dem *happy ending* (zu *dritt*) ein und erzählt unter anderem von der Integration einer vierten Person (Nicole Jamet als Sylvie) in die Wohn- / Lebensgemeinschaft sowie von der Konfrontation mit Ex-Ehepartnern beziehungsweise mit der Familie.

Neben den zehn Primärfilmen sollen jedoch stets auch andere Werke in die Arbeit integriert werden, falls sich in diesen bestimmte Momente finden lassen, die die hier angestellten Reflexionen über filmische Liebesdreiecke noch bereichern können. Dies gilt etwa für John Hustons REFLECTIONS IN A GOLDEN EYE / SPIEGELBILD IM GOLDENEN AUGE (USA 1967) mit dem womöglich schwindelerregendsten Finale aller (Kino-)Zeiten, in welchem die Darstellung einer hochkomplexen Dreiecksbeziehung gewisse gestalterische Konsequenzen auf Ebene der Kamera hat.

Die Intention der vorliegenden Arbeit ist hiermit umrissen. Dass sich das »Ablaufschema«[74], welches von der jeweiligen filmischen Standardsituation vorgegeben wird, herausfordern lässt, indem etwa die sexuelle Ambivalenz einer Figur hinzukommt und indem ›Liebe‹ für diese Figur nicht zwangsläufig ›Liebe zu *einer einzigen* Person‹ bedeutet, sei kurz noch an einer Sequenz exemplifiziert, die aus einem Film stammt, welcher nicht zu den Primärwerken dieser Arbeit gehört, da das Kriterium der Geschlossenheit nicht gänzlich erfüllt ist: YA LYUBLYU TEBYA / DAS HERZ WILL, WAS ES WILL... (RUS 2004) von Olga Stolpovskaja und Dmitry Troitsky. Jene Sequenz entspricht der Standardsituation ›Liebeserklärung‹, welche, so Kaufmann, oftmalig mit der Standardsituation ›Versöhnung‹ verknüpft werde: In den meisten Fällen erkläre der Mann der Frau seine Liebe und sorge damit für die Gefühlssicherheit, die als Basis für das *happily ever after* funktioniere.[75] »Ich muss dir etwas Wichtiges sagen, ich will, dass du es weißt, hörst du?«[76], setzt Timofei (Evgeniy Koryakovskiy) in der betreffenden Sequenz an, um der Nachrichtensprecherin Vera (Lyubov Tolkalina) seine Gefühle per Telefon mitzuteilen. »Ich liebe dich. Komm heute zu mir, ich brauche dich. Ich will dich, hörst du? Kommst du zurück?« Er sitzt derweil in

74 Koebner 2002b, S. 130.
75 Vgl. Kaufmann 2007, S. 130.
76 Als Grundlage für die Zitate aus YA LYUBLYU TEBYA dienen die Untertitel der deutschen DVD von Pro-Fun Media.

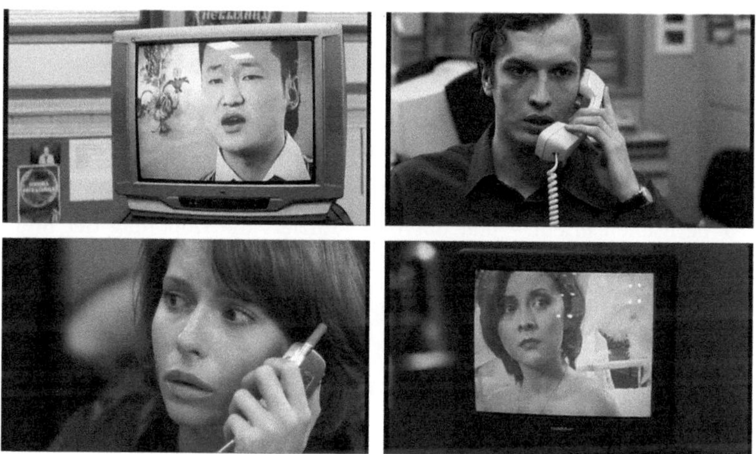

Abb. 1 bis 4: Fernmündliche Nachahmung (Ya lyublyu tebya).

seinem Büro vor einem TV-Gerät, während sich Vera in der Garderobe ihrer Arbeitsstätte befindet. Die Kamera zeigt die beiden Protagonisten in Nah-, Groß- oder Detailaufnahmen an deren jeweiligem Aufenthaltsort – doch sie zeigt noch etwas anderes, nämlich die Bildschirme der Fernsehapparate, die in Timofeis sowie in Veras Nähe stehen. Über die Mattscheiben flimmert eine Telenovela: ein Mann, eine Frau – und eine Liebeserklärung. Das Bekenntnis Timofeis ist eine nahezu wortwörtliche Nachahmung des Telenovela-Monologs. Die Ausgestaltung der Standardsituation ›Liebeserklärung‹, die sich in den Ausschnitten der Telenovela erahnen lässt, korrespondiert in jeglicher Hinsicht mit »der herkömmlichen Produktionsform«[77] einer solchen Standardsituation – und so steht auch Timofeis Erklärung, die eine *Imitation* dieser Herkömmlichkeit ist, zunächst im Einklang mit der Konvention. Nach einer weiteren übernommenen Aussage vonseiten Timofeis, »Verzeih mir, ich liebe dich sehr«, fragt Vera: »Und *ihn*?« – womit die Abweichung von der Norm beginnt. Denn Timofei liebt nicht ausschließlich Vera, er liebt auch noch *ihn* – Uloomji (Damir Badmaev), der bei einer gewagten Zauntanz-Aktion auf die Kühlerhaube von Timofeis Wagen gefallen und seither Teil von Timofeis Leben ist. Da die Liebesbekenntnis- / Versöhnungs-Schablone hierfür keinen Text mehr bietet, kommt die fernmündliche Nachahmung der trivialen Telenovela-Sentenzen unweigerlich zum Erlie-

77 Koebner 2003, S. 37.

gen. »Ihn liebe ich auch«, gibt Timofei zu verstehen – woraufhin Vera das Telefonat mit dem Vorwurf, dies sei »ein unsinniges Gespräch«, beendet.

Ob sinnig oder nicht, in jedem Fall nimmt das Gespräch durch Timofeis ›Sowohl / Als auch‹-Haltung in Bezug auf das Thema ›Liebe‹ beziehungsweise das Thema ›sexuelle Präferenz‹ einen Verlauf, wie man ihn überaus selten im Kino / Fernsehen erlebt – und überdies indiziert die Dopplung der Situation ›Liebeserklärung‹, dass diese zu den filmischen Situationen gehört, »die immer wiederkehren, unabhängig vom jeweiligen Film, und [die] ein bestimmtes Ablaufschema gleichsam als Kanalisierung des erzählerischen Flusses vorgeben.«[78] Um die *Abweichungen* von solchen Schemata soll es in dieser Arbeit gehen.

78 Koebner 2002a, S. 130.

2. Heteronormativität

2.1 Gender und Queer Studies

Im Folgenden gilt es, einige Begriffe der Gender Studies und Queer Studies zu erläutern. Ein bestimmtes Werk soll dabei als primäre Quelle dienen: *Gender / Queer Studies: Eine Einführung* von Nina Degele aus dem Jahre 2008. Während die Gender Studies im Zuge der Frauenforschung der Siebzigerjahre entstanden, gingen die Queer Studies in den Neunzigerjahren aus philosophischen und literaturwissenschaftlichen Kontexten des französischen Poststrukturalismus hervor (wobei die Gay and Lesbian Studies von Degele als Vorläuferinnen der Queer Studies genannt werden).[79] Obgleich sich die beiden Fachrichtungen aus unterschiedlichen historischen Zusammenhängen mit verschiedenen Themen- und Interessenschwerpunkten entwickelten, betrachtet Degele sie nicht getrennt voneinander. Die Autorin befasst sich mit drei theoretischen Strömungen in den Gender und Queer Studies: erstens mit der strukturorientierten Gesellschaftskritik, in welcher es vor allem darauf ankomme, sich auf der Makroebene gesellschaftlicher Strukturen mit geschlechtlicher Ungleichbehandlung (beispielsweise im Recht, in den Medien) zu beschäftigen; zweitens mit dem interaktionistischen Konstruktivismus, in welchem eine Analyse der Prozesse stattfinde, wie Geschlecht (im Alltag) in der Interaktion zwischen Personen hergestellt werde; und drittens mit dem diskurstheoretischen Dekonstruktivismus, in welchem es in erster Linie darum gehe, sich kritisch mit Begriffen und Kategorien (etwa ›männlich‹ und ›weiblich‹) auseinanderzusetzen.[80] Degele intendiert dabei nicht den wechselseitigen Ausschluss der drei Strömungen, sondern eine komplementäre Sichtweise. Eine Gemeinsamkeit der Strömungen erkennt sie im Motiv des Entnaturalisierens: Vermeintlich ›Natürliches‹ wie Geschlecht oder Sexualität solle »als sozial konstruiert ausgewiesen, neudeutsch: dekon-

79 Vgl. Degele, Nina: *Gender / Queer Studies. Eine Einführung.* Paderborn 2008 (*Basiswissen Soziologie*), S. 10f.
80 Vgl. ebd., S. 16–19.

struiert werden.«[81] Dazu biete sich der Begriff der Heteronormativität an.[82] Auf diesen soll sich auch hier die Aufmerksamkeit richten – wofür neben Degeles Werk insbesondere zwei Publikationen herangezogen werden sollen: zum einen *Heteronormativität: Empirische Studien zu Geschlecht, Sexualität und Macht*, welches 2007 von Jutta Hartmann und anderen herausgegeben wurde; zum anderen *Heteronormativität und Homosexualitäten* von 2008, zu dessen sechs Herausgebern Rainer Bartel zählt. Eine zentrale Bedeutung in diesem Unterkapitel soll zudem dem im Jahre 1990 publizierten Buch *Gender Trouble* – welches 1991 unter dem Titel *Das Unbehagen der Geschlechter* in Deutschland erschienen ist – zukommen. Die Verfasserin Judith Butler ist dem diskurstheoretischen Dekonstruktivismus zuzuordnen.

Zunächst ist die Klärung einzelner Termini vonnöten, um diese (auch in den nachfolgenden Kapiteln der Arbeit) anwenden zu können. Begonnen werden soll mit dem Terminus ›queer‹ – welchem zugrunde liege, dass er nicht definiert werden kann.[83] Als Adjektiv bedeute queer etwa ›seltsam, komisch, unwohl‹, ›gefälscht, fragwürdig‹, als Verb meine es ›jemanden irreführen‹, ›etwas verderben, verpfuschen‹.[84] Queer sei, so Annamarie Jagose, »ein Begriff im Wandel«: Einst als homophobes Schimpfwort in Gebrauch, sei es zum »Sammelbegriff für ein politisches Bündnis sexueller Randgruppen und zur Bezeichnung eines neuen theoretischen Konzepts«[85] geworden (obschon das Wort, wie Thomas Schroedter und Christina Vetter anmerken, auch heute noch in einigen Fällen abwertend benutzt werde[86]). Dass ein solcher Prozess der Selbstbehauptung – der Aneignung eines diskriminierenden Ausdrucks – im englischsprachigen Raum stattgefunden habe, sei bei der Benutzung des Wortes im deutschsprachigen Raum immer im Blick zu behalten, erläutern die Übersetzer und Herausgeber der deutschen Ausgabe von Jagoses Werk – und legen ihre Gründe dar, das Wort zu importieren, statt zu versuchen, ein deutsches Pendant zu finden.[87]

81 Ebd., S. 21.
82 Vgl. ebd., S. 21.
83 Vgl. Schroedter / Vetter 2010, S. 59; vgl. Jagose, Annamarie: *Queer Theory. Eine Einführung.* Berlin 2005, 2. Aufl. (Übersetzung und Herausgabe: Corinna Genschel, Caren Lay, Nancy Wagenknecht, Volker Woltersdorff), S. 13.
84 Vgl. Degele 2008, S. 11.
85 Beide Zitate: Jagose 2005, S. 13.
86 Vgl. Schroedter / Vetter 2010, S. 60.
87 Vgl. Genschel, Corinna (u.a.): *Vorwort.* In: Jagose, Annamarie: *Queer Theory. Eine Einführung.* Berlin 2005b, 2. Aufl. (Übersetzung und Herausgabe: Corinna Genschel, Caren Lay, Nancy Wagenknecht, Volker Woltersdorff), S. 7–12, hier S. 9f.

Auch in dieser Arbeit soll der Begriff übernommen (und im Gegensatz zu allen anderen englischsprachigen Vokabeln *nicht* kursiv gesetzt) werden; stets gilt es, »die trotzige Geste der Selbstbehauptung«[88] mitzudenken.

Der Unterschied zwischen den Begriffen ›queer‹ und ›*gay*‹ / ›*lesbian*‹ beziehungsweise ›schwul‹ / ›lesbisch‹[89] liege darin, dass es sich bei letzteren um »essenzialisierende Identitätskategorien« handelt – um »Bezeichnung[en] dessen, was jemand *ist*.«[90] Der Begriff ›queer‹ werde zwar auch als Identitätsbeschreibung / Selbstbezeichnung benutzt[91] – neben *gays* und *lesbians* umfasse er, so Harry Benshoff und Sean Griffin, »bisexuals, cross-dressers, transgendered people, interracial couples whether homosexual or heterosexual, disabled sexualities, sadomasochistic sexualities whether homosexual or heterosexual etc.«[92] –, jedoch gehe es in den Queer Studies gerade darum, sich *gegen* ein essenzialisierendes Denken zu wenden, das Eigenschaften und Identitäten festschreibe und dadurch zu Ausschlüssen führe[93] (wobei Nina Degele auf den Bedarf nach einer queeren Ethik hinweist, der sich daraus ergebe, dass queer ein Sammelbegriff für potenziell *alle* sexuellen Randgruppen ist[94]). Queer sei keine Identität, sondern eine Strategie[95] – »it is not a question of *being* queer but rather of *doing* queer«[96], schreibt Bob Nowlan; zuvörderst sei queer in der Verbform ›*to queer*‹ / ›*queering*‹ / ›verqueeren‹ zu verstehen.[97] Beim Verqueeren gelte es, die Gegenstände und Anordnungen der Heteronormativität durcheinanderzubringen.[98]

Ehe nun der Terminus ›Heteronormativität‹ beleuchtet werden soll, seien an dieser Stelle noch einige Anmerkungen zur Begriffsverwendung gemacht: Die

88 Ebd., S. 10.
89 Die Übersetzer / Herausgeber der deutschen Ausgabe von Annamarie Jagoses Buch gehen auch auf die Übersetzung des Begriffs ›*gay*‹ ein (vgl. Genschel [u.a.] 2005b, S. 10); überdies erläutern sie, dass Wörter wie ›Lesbe‹ oder ›Schwuler‹ im deutschsprachigen Raum ebenfalls in Selbstbehauptungsakten angeeignet wurden (vgl. ebd., S. 9).
90 Beide Zitate: Degele 2008, S. 43, Herv. i. O.
91 Vgl. Schroedter / Vetter 2010, S. 64; vgl. Benshoff, Harry / Griffin, Sean: *Queer Cinema, The Film Reader. General Introduction.* In: Dies. (Hg.): *Queer Cinema, The Film Reader.* New York / Abingdon 2004 (*In Focus: Routledge Film Readers*), S. 1–15, hier S. 5.
92 Benshoff / Griffin 2004, S. 5.
93 Vgl. Degele 2008, S. 43.
94 Vgl. ebd., S. 42, Fn. 9.
95 Vgl. Schroedter / Vetter 2010, S. 64.
96 Nowlan, Bob: *Queer Theory, Queer Cinema.* In: Juett, JoAnne C. / Jones, David M.: *Coming Out to the Mainstream. New Queer Cinema in the 21st Century.* Newcastle 2010, S. 2–19, hier S. 9, Herv. i. O.
97 Vgl. ebd., S. 9; vgl. Genschel, Corinna (u.a.): *Anschlüsse.* In: Jagose, Annamarie: *Queer Theory. Eine Einführung.* Berlin 2005a, 2. Aufl. (Übersetzung und Herausgabe: Corinna Genschel, Caren Lay, Nancy Wagenknecht, Volker Woltersdorff), S. 167–194, hier S. 173.
98 Vgl. Genschel 2005a, S. 173.

Bezeichnungen ›schwul‹ und ›lesbisch‹ sollen in dieser Arbeit Verwendung finden, wenn sich eine Figur selbst als schwul beziehungsweise lesbisch definiert oder wenn eine solche Definition von anderen Figuren vorgenommen wird. Der Begriff ›homosexuell‹ soll in dieser Arbeit (außer gegebenenfalls in Zitaten) nicht benutzt werden, da er (wie aus vielen Quellen hervorgeht) aufgrund der festen Verbindung mit pathologisierenden Diskursen der Medizin abgelehnt werde[99] – was in den Sechzigerjahren auch zur Aneignung der nicht-klinischen Beschreibung ›*gay*‹ (≈ ›vergnügt, leichtherzig, überschwänglich fröhlich‹) geführt habe, die im Jargon des 19. Jahrhunderts Frauen ›zweifelhafter Moral‹ bezeichnete.[100] Das »Label der Bisexualität«[101] sei ebenfalls nicht unproblematisch, wie Bettina Fritzsche in ihrem Beitrag *Das Begehren, das nicht eins ist: Fallstricke beim Reden über Bisexualität* darlegt. Da das Wort ›bisexuell‹ in den zehn Primärfilmen dieser Arbeit weder als Selbstbezeichnung einer Figur noch als Bezeichnung durch andere jemals auftaucht, soll der Begriff nicht angewandt werden.

Um aufzuzeigen, was der Terminus ›Heteronormativität‹ ausdrückt, sei an der lesbisch-feministischen Problematisierung von Heterosexualität angesetzt: »I am suggesting that heterosexuality, like motherhood, needs to be recognized and studied as a *political institution*«[102], formuliert Adrienne Rich 1980. In ihrem Aufsatz *Compulsory Heterosexuality and Lesbian Existence* kritisiert Rich die Unhinterfragtheit der Heterosexualität und bezeichnet Letztere als »something that has had to be imposed, managed, organized, propagandized, and maintained by force«[103]; ferner konstatiert sie die historische Leugnung lesbischer Existenz.[104] Auch Monique Wittig führt in ihrem (ebenfalls 1980 erstmals erschienenen) Essay *The Straight Mind* aus: »The discourses which particularly oppress all of us, lesbians, women, and homosexual men, are those which take for granted that what founds society, any society, is heterosexuality.«[105] Die he-

99 Vgl. Kraß, Andreas: *Queer Studies – eine Einführung*. In: Ders. (Hg.): *Queer denken. Gegen die Ordnung der Sexualität (Queer Studies)*. Frankfurt am Main 2003, S. 7–28, hier S. 16; vgl. Jagose 2005, S. 95.
100 Vgl. Jagose 2005, S. 95f.
101 Fritzsche, Bettina: *Das Begehren, das nicht eins ist. Fallstricke beim Reden über Bisexualität*. In: Hartmann, Jutta (u.a.) [Hg.]: *Heteronormativität. Empirische Studien zu Geschlecht, Sexualität und Macht*. Wiesbaden 2007 (*Studien Interdisziplinäre Geschlechterforschung*, Bd. 10), S. 115–131, hier S. 115.
102 Rich, Adrienne: *Compulsory Heterosexuality and Lesbian Existence*. In: Signs, Vol. 5, No. 4 (Summer 1980), S. 631–660, hier S. 637, Herv. i. O.
103 Ebd., S. 648.
104 Vgl. ebd., S. 648; vgl. ebd., S. 632f.
105 Wittig, Monique: *The Straight Mind. And Other Essays*. Boston 1992, S. 24.

terosexuellen Diskurse würden ›*lesbians, women, and homosexual men*‹ (im Text stets: ›*us*‹) dergestalt unterdrücken, dass sie das Sprechen verhindern, »unless we speak in their terms.«[106] Wittig erkennt einen »obligatory character of the ›you-will-be-straight-or-you-will-not-be‹«[107] (wobei der Begriff ›*straight*‹ hier ›heterosexuell‹ meint); es gelte – so die Autorin –, den heterosexuellen Vertrag (*heterosexual contract*) zu brechen.[108]

Judith Butler nennt Richs Begriff der *compulsory heterosexuality* und mehr noch Wittigs Begriff vom *heterosexual contract* als Bezugspunkte für ihr Konzept der *heterosexual matrix*,[109] auf welchem der Komplex ›Heteronormativität‹ aufbaut. Mit der *heterosexual matrix* sei ein Raster (*grid*) kultureller Intelligibilität gemeint.[110] Letztere bedeute wiederum, dass etwas kulturell als existent wahrgenommen und anerkannt wird.[111] Besagte *matrix* bringe eine intelligible geschlechtlich bestimmte Identität (*gender identity*) hervor – wobei Intelligibilität immer dann gegeben sei, wenn das anatomische / biologische Geschlecht (*sex*), die Geschlechtsidentität (*gender*)[112] und das sexuelle Begehren (*desire*) kohärent und kontinuierlich aufeinander bezogen seien, sich also stets auseinander herleiten ließen.[113] Es müsse – so unterstelle dieses Modell – ein *festes* anatomisches / biologisches Geschlecht (*stable sex*) geben, welches durch eine *feste* Geschlechtsidentität (*stable gender*) zum Ausdruck gebracht werde (»masculine expresses male, feminine expresses female«[114]), und diese Geschlechtsidentität müsse durch die zwanghafte Praxis (*compulsory practice*) der Heterosexualität gegensätzlich und hierarchisch definiert sein.[115]

> The heterosexualization of desire requires and institutes the production of discrete and asymmetrical oppositions between ›feminine‹ and

106 Ebd., S. 25.
107 Ebd., S. 28.
108 Vgl. ebd., S. 32.
109 Vgl. Butler, Judith: *Gender Trouble. Feminism and the Subversion of Identity.* New York / London 1999, S. 194, Fn. 6.
110 Vgl. ebd., S. 194, Fn. 6.
111 Vgl. Galindo, zitiert in Gevers, Jessica / sk: *Die Befreiung des Subjekts von seinem autonomen Wesen. Interview mit Martha Zapata Galindo über die emanzipatorische Wirkung der ›Dekonstruktion‹.* 2000. http://www.trend.infopartisan.net/trd0500/t060500.html (Zugriff am 26.10.2013), o. P., Fn. 11.
112 Zur Übersetzung des Begriffs ›*gender*‹ vgl. Butler, Judith: *Das Unbehagen der Geschlechter.* Frankfurt am Main 1991 (Aus dem Amerikanischen von Kathrina Menke) [*Gender Studies. Vom Unterschied der Geschlechter*], S. 15, A. d. Ü.; der Begriff kann auch als ›soziales Geschlecht‹ / ›(soziale) Geschlechterrolle‹ übersetzt werden (vgl. Schroedter / Vetter 2010, S. 57, Fn. 24, S. 62, Fn. 28; vgl. Genschel [u.a.] 2005b, S. 10f.).
113 Vgl. Butler 1999, S. 22–24; vgl. Butler 1991, S. 37–39.
114 Butler 1999, S. 194, Fn. 6.
115 Vgl. ebd., S. 194, Fn. 6; vgl. Butler 1991, S. 220, Fn. 6.

›masculine‹, where these are understood as expressive attributes of ›male‹ and ›female.‹[116]

An späterer Stelle bringt Butler mit der Formel »[O]ne is one's gender to the extent that one is not the other gender« die von diesem Modell vorausgesetzte Beschränkung der Geschlechtsidentität »within that binary pair«[117] auf den Punkt. Eine Person sei also entweder männlich oder weiblich; eine männliche Person sei eine Person, die sich als *Mann* ›ausdrücke‹, eine weibliche Person eine, die sich als *Frau* ›ausdrücke‹ – wobei sich als Mann auszudrücken heiße, *Frauen* sexuell zu begehren, et vice versa.[118] »[D]esire reflects or expresses gender and [...] gender reflects or expresses desire.«[119] Durch die *heterosexual matrix* werde die Vorstellung erzeugt, es gebe eine »›truth‹ of sex, as Foucault ironically terms it«[120]; Körper (*bodies*), Geschlechtsidentitäten und Begehren würden durch sie – die »matrix of intelligibility«[121] – naturalisiert.[122] Dies führe zugleich zu Ausschlüssen: »[C]ertain kinds of ›identities‹ cannot ›exist‹«[123] – und zwar all jene, in denen sich das anatomische / biologische Geschlecht offenkundig *nicht* aus der Geschlechtsidentität herleiten lasse und die »practices of desire«[124] weder aus dem anatomischen / biologischen Geschlecht noch aus der Geschlechtsidentität ›folgen‹ würden.[125] Solche ›*gender identities*‹ würden nicht mit den Normen kultureller Intelligibilität konform gehen und deshalb als »development failures or logical impossibilities« erscheinen. Da sie nun aber innerhalb der »domain of intelligibility« bestehen und sich gar verbreiten würden, biete sich hier die Möglichkeit, die Grenzen und »regulatory aims« jener *domain* bloß zu legen und dadurch innerhalb der *matrix of intelligibility* rivalisierende und subversive »matrices of gender disorder«[126] zu eröffnen.

Zwei Punkte zu Butler seien im Folgenden noch wiedergegeben. Punkt 1 betrifft die erneute Betrachtung, die sie der *sex* / *gender*-Unterscheidung unterzieht. Um jene Unterscheidung zunächst zu skizzieren, muss mit einer viel zi-

116 Butler 1999, S. 23.
117 Beide Zitate: ebd., S. 30.
118 Vgl. Villa, Paula-Irene: *Sexy Bodies. Eine soziologische Reise durch den Geschlechtskörper.* Wiesbaden 2006, 3., aktualisierte Aufl. (*Geschlecht und Gesellschaft*, Bd. 23), S. 165.
119 Butler 1999, S. 30.
120 Ebd., S. 23.
121 Ebd., S. 24.
122 Vgl. ebd., S. 194, Fn. 6.
123 Ebd., S. 23f.
124 Ebd., S. 24.
125 Vgl. ebd., S. 24.
126 Alle vier Zitate: ebd., S. 24.

tierten Aussage von Simone de Beauvoir begonnen werden: »Man kommt nicht als Frau zur Welt, man wird es.«[127] Scheinbar ›Natürliches‹ (die sogenannte ›Natur der Frau‹) sei also *keineswegs* natürlich, sondern menschengemacht, sozial konstruiert. Diese Einsicht sei, so Nina Degele, in den Siebzigerjahren von großer politischer Bedeutung für die feministische Theorie gewesen und habe besagte *sex / gender*-Trennung gebräuchlich gemacht (welche allerdings nicht aus der Frauenforschung, sondern aus dem klinischen Kontext der Behandlung von Trans- und Intersexuellen in den Sechzigerjahren stammt). Durch die Trennung sei es in der Diskussion über die Hierarchie der Geschlechter möglich gewesen, zu argumentieren, dass die biologische Geschlechterdifferenz keinerlei soziale Ungleichheit begründet: *Gender* solle nicht auf *sex* reduzierbar sein, denn Ausprägungen wie etwa Härte oder Emotionalität würden grundsätzlich *allen* Menschen offenstehen.[128] Gleichwohl, erklärt Degele, sei auf diesem Wege noch an etwas ›Natürlichem‹ festgehalten worden: an »dem vermeintlich natürlichen biologischen Geschlecht als Grundlage des sozialen Geschlechts.«[129] Durch die Erkenntnis, dass all jene bis dato Männern oder Frauen zugewiesenen Eigenschaften und Verhaltensweisen lediglich *soziale* Zuschreibungen und demnach »Produkt[e] gesellschaftlicher Machtverhältnisse«[130] sind, sei es zwar zur Entnaturalisierung von *gender*, der Geschlechtsidentität, gekommen – doch sei *sex*, das anatomische / biologische Geschlecht, damit eine natürliche und unbestrittene Tatsache geblieben.[131] Hier setzt nun Judith Butlers Neubetrachtung an:

> Are the ostensibly natural facts of sex discursively produced by various scientific discourses in the service of other political and social interests? If the immutable character of sex is contested, perhaps this construct called ›sex‹ is as culturally constructed as gender[132].

Nicht nur *gender*, sondern auch *sex* sei konstruiert. Und Butler fährt fort: »[I]ndeed, perhaps it [= sex] was always already gender, with the consequence that the distinction between sex and gender turns out to be no

127 Beauvoir, Simone de: *Das andere Geschlecht. Sitte und Sexus der Frau.* Reinbek bei Hamburg 1986, 316.–330. Tausend (Übertragung aus dem Französischen von Eva Rechel-Mertens [Erstes Buch] und Fritz Montfort [Zweites Buch]), S. 265; das Werk, dessen Originaltitel *Le Deuxième Sexe* lautet, erschien erstmals 1949.
128 Vgl. Degele 2008, S. 66–68.
129 Ebd., S. 68.
130 Ebd., S. 101.
131 Vgl. ebd., S. 68; vgl. Genschel (u.a.) 2005b, S. 11.
132 Butler 1999, S. 10.

distinction at all.«[133] Die Geschlechtsidentität lasse sich nicht aus dem anatomischen / biologischen Geschlecht herleiten, sie drücke dieses nicht aus (wie dies das weiter oben beschriebene Modell der Intelligibilität unterstelle) – die Geschlechtsidentität sei vielmehr *performativ*: Durch das, was sie ausdrücke, *konstituiere* sie erst die geschlechtlich bestimmte Identität (*gender identity*), die sie angeblich ›sei‹.[134] Das anatomische / biologische Geschlecht sei somit keine innere ›Wahrheit‹ der Anlagen und Identität (*interior ›truth‹ of dispositions and identity*)[135], sondern eine »performatively enacted signification«[136]; es sei »Effekt einer permanenten Inszenierung von Geschlechtsein«, schreibt Dagmar von Hoff in Bezug auf Butlers These – »Mann- oder Frausein ist nichts, was Mann/Frau hat oder ist, sondern was fortwährend produziert werden muss«[137]. Butler schildert die Performativität der Geschlechtsidentität wie folgt:

> Gender is the repeated stylization of the body, a set of repeated acts within a highly rigid regulatory frame that congeal over time to produce the appearance of substance, of a natural sort of being.[138]

Durch die beständige performative Wiederholung von Akten sowie von »gestures, articulated and enacted desires«[139] werde der Schein von Natürlichkeit hervorgebracht – eine »felicitous self-naturalization«[140] trage sich zu. »Die Zwangsheterosexualität setzt sich selbst als das Original, das Wahre, das Authentische«[141], konstatiert Butler in ihrem Beitrag *Imitation und die Aufsässigkeit der Geschlechtsidentität*.

Die Frage, wie nun »der heterosexuelle Originalitätsanspruch als Illusion bloßgestellt«[142] werden kann, führt zu Punkt 2, der hier noch wiedergegeben werden soll: zu den möglichen »disordering practices«[143] – den Strategien »to

133 Ebd., S. 10f.
134 Vgl. ebd., S. 33; vgl. ebd., S. 207f.
135 Vgl. ebd., S. 44.
136 Ebd., S. 44.
137 Beide Zitate: Hoff, Dagmar von: *Performanz / Repräsentation*. In: Braun, Christina von / Stephan, Inge (Hg.): *Gender @ Wissen. Ein Handbuch der Gender-Theorien*. Köln 2005, S. 162–179, hier S. 166.
138 Butler 1999, S. 43f.; bereits der interaktionistische Konstruktivismus habe den performativen Aspekt beziehungsweise die interaktive Leistung bei der Konstruktion von *gender* – den Prozess des *doing gender* – hervorgehoben (vgl. Degele 2008, S. 80f.). Er habe daraus jedoch noch keine grundlegende Kategorienkritik gemacht (vgl. ebd., S. 101).
139 Butler 1999, S. 173.
140 Ebd., S. 43.
141 Butler, Judith: *Imitation und die Aufsässigkeit der Geschlechtsidentität* (Aus dem Amerikanischen von Claudia Brusdeylins). In: Kraß, Andreas (Hg.): *Queer denken. Gegen die Ordnung der Sexualität (Queer Studies)*. Frankfurt am Main 2003, S. 144–168, hier S. 155.
142 Ebd., S. 159.
143 Butler 1999, S. 24.

make gender trouble«[144]. Da es sinnvoll erscheint, diese Strategien in die Filmanalysen zu integrieren, um sie anhand des jeweiligen filmischen Beispiels zu veranschaulichen, sollen hier nur einige kurze Anmerkungen zu jener Eröffnung rivalisierender und subversiver *matrices* innerhalb der *matrix of intelligibility* erfolgen. So erläutert Butler etwa: Indem die Travestie (*drag*) die Geschlechtsidentität imitiere, offenbare sie implizit »*the imitative structure*«[145] der Geschlechtsidentität als solcher.[146] Eine derartige »gender parody« setze also nicht voraus, dass es ein zu imitierendes Original gibt – vielmehr sei sie die Parodie »*of* the very notion of an original«[147]. Da Butler in *Gender Trouble* die Travestie sowie »cross-dressing, and the sexual stylization of butch/femme identities«[148] als Beispiele wählt, um aufzuzeigen, dass die Geschlechtsidentität *performativ* ist – also eine *Imitation*, zu der es *kein* Original gibt[149] –, sei es zu reduktiven Lesarten ihrer Arbeit gekommen: dass die Performativität der Geschlechtsidentität etwa eine vorsätzliche theatralische Darstellung ist.[150] Mit diesen Lesarten setzt sich Butler im 1993 erschienenen Buch *Bodies That Matter: On the Discursive Limits of ›Sex‹* (1995 unter dem Titel *Körper von Gewicht: Die diskursiven Grenzen des Geschlechts* in deutscher Sprache publiziert) auseinander. Die Autorin expliziert: »Performativity is neither free play nor theatrical self-presentation; nor can it be simply equated with performance.«[151] Die Performativität werde vielmehr durch Zwang (*constraint*) aufrechterhalten;[152] sie könne nicht außerhalb eines Prozesses der Wiederholbarkeit (*process of iterability*), einer geregelten und restringierten Wiederholung (*regularized and constrained repetition*) von Normen verstanden werden.[153] Durch eine *theatrical self-presentation* wie die Travestie werde die Performativität der Geschlechtsidentität also *erkennbar* – sie sei jedoch nicht dasselbe wie diese.

Wie bereits angedeutet, baut nun der Heteronormativitätsbegriff auf Judith Butlers Konzept der *heterosexual matrix* auf. Als strukturierendes Prinzip wirke Heteronormativität auf zwei Ebenen. Zum einen stelle sie eine Ordnung her, in-

144 Ebd., S. 44.
145 Ebd., S. 175, Herv. i. O.
146 Vgl. ebd., S. 175.
147 Beide Zitate: ebd., S. 175, Herv. i. O.
148 Ebd., S. 174.
149 Vgl. Butler 2003, S. 156.
150 Vgl. Jagose 2005, S. 111–116.
151 Butler, Judith: *Bodies That Matter. On the Discursive Limits of ›Sex‹*. New York 1993, S. 95.
152 Vgl. ebd., S. 94f.; vgl. Butler, Judith: *Körper von Gewicht. Die diskursiven Grenzen des Geschlechts*. Berlin 1995 (Aus dem Amerikanischen von Karin Wördemann), S. 133.
153 Vgl. Butler 1993, S. 95; vgl. Butler 1995, S. 133.

dem sie die Menschen in die Form zweier körperlich sowie sozial eindeutig voneinander unterschiedener Geschlechter dränge, deren sexuelles Begehren ausschließlich auf das jeweils andere Geschlecht gerichtet sei.[154] Zum anderen strukturiere sie das Zusammenleben der Menschen auch jenseits des sexuellen Begehrens:[155] Das Prinzip der Heteronormativität durchziehe »alle wesentlichen gesellschaftlichen und kulturellen Bereiche«[156]; es sei in die herrschenden Geschlechterverhältnisse und -beziehungen sowie in deren Vorstellungswelt eingeschrieben.[157]

Heteronormativität markiere »einen Gegenbegriff zu queer«[158]; sie sei *nicht* mit Hetero*sexualität* gleichzusetzen.[159] Schon Jacques Lacan stellt fest: »Notre expérience nous apprend [...] qu'il ne suffit pas d'être hétérosexuel pour l'être *suivant les règles*«[160] (*Unsere Erfahrung lehrt uns, dass es nicht ausreicht, heterosexuell zu sein, um den Regeln zu entsprechen*). Während Heterosexualität eine »form of desire« sei, meine Heteronormativität ein »value system«[161], ein Wahrnehmungs-, Handlungs- und Denkschema. Dieses Schema trage durch eine Naturalisierung von Heterosexualität (und Zweigeschlechtlichkeit) zu deren Selbstverständlichkeitswerdung bei (beziehungsweise *solle* durch deren Naturalisierung dazu beitragen).[162] »If things are natural, they cannot really be questioned or scrutinized and so they fade from view«[163], schreibt Richard Dyer über jenen Prozess der Naturalisierung, welchen er als »remorseless construction of heterosexuality as natural«[164] bezeichnet. Indem Heterosexuali-

154 Vgl. Ziegler, Meinrad: *Einleitung: Heteronormativität und die Verflüssigung des Selbstverständlichen – theoretische Kontexte.* In: Bartel, R. (u.a.) [Hg.]: *Heteronormativität und Homosexualitäten.* Innsbruck 2008 (*transblick. Sozialwissenschaftliche Reihe,* 3), S. 13–23, hier S. 13; vgl. Wagenknecht, Peter: *Was ist Heteronormativität? Zu Geschichte und Gehalt des Begriffs.* In: Hartmann, Jutta (u.a.) [Hg.]: *Heteronormativität. Empirische Studien zu Geschlecht, Sexualität und Macht.* Wiesbaden 2007 (*Studien Interdisziplinäre Geschlechterforschung,* Bd. 10), S. 17–34, hier S. 17.

155 Vgl. Ziegler 2008, S. 13.

156 Hartmann, Jutta / Klesse, Christian: *Heteronormativität. Empirische Studien zu Geschlecht, Sexualität und Macht – eine Einführung.* In: Hartmann, Jutta (u.a.) [Hg.]: *Heteronormativität. Empirische Studien zu Geschlecht, Sexualität und Macht.* Wiesbaden 2007 (*Studien Interdisziplinäre Geschlechterforschung,* Bd. 10), S. 9–15, hier S. 9.

157 Vgl. Ziegler 2008, S. 13.

158 Degele 2007, S. 30; obwohl der Heteronormativitätsbegriff oft als neuartige Errungenschaft der Queer Studies begriffen werde, habe er – so Hartmann / Klesse – historische Wurzeln und Vorläufer (vgl. Hartmann / Klesse 2007, S. 10).

159 Vgl. Degele 2007, S. 31; vgl. Degele 2008, S. 88f., vgl. Schroedter / Vetter 2010, S. 63.

160 Lacan, zitiert in Waldron, Darren: *Queering Contemporary French Popular Cinema. Images and Their Reception.* New York 2009 (*Framing Film. The History & Art of Cinema,* Vol. 9), S. 15, Herv. i. O.

161 Beide Zitate: Waldron 2009, S. 15.

162 Vgl. Degele 2008, S. 89.

163 Dyer, Richard: *The Matter of Images. Essays on representations.* London (u.a.) 1993, S. 133f.

164 Ebd., S. 133.

tät »mit dem Schein von Natürlichkeit versehen«[165] werde (wie Nina Degele es ausdrückt), werde sie »invisible to those who benefit from it.«[166] Sie werde, so Jonathan Ned Katz, zur »norm we all know without ever thinking much about it«, da sie sich – im Zuge ihrer Naturalisierung – nicht selbst benenne: »To openly name heterosexuality, and to speak explicitly and at length about it, removes it from the realm of the taken-for-granted«[167]. Solange sich die Heterosexualität in jenem *realm of the taken-for-granted* befinde, könne sich der Imperativ (›Sexualität *soll* Heterosexualität sein‹) im Indikativ (›Sexualität *ist* Heterosexualität‹) verstecken.[168] In seinem Werk *The Invention of Heterosexuality* erkundet Katz die vermittelst der Naturalisierung von Heterosexualität geleugnete »social-historical construction«[169] von ebenjener – und konstatiert: »Our term *heterosexuality*, assumed to describe a sex-love older than Methuselah, was of quite recent origin, and had a history of changing, contested definitions.«[170]

Einen Aspekt des Komplexes ›Heteronormativität‹ gilt es noch zu erfassen. Wie schon ausgeführt, fallen Heteronormativität und Heterosexualität nicht zusammen. Etwas überspitzt definiert Harry M. Benshoff Heteronormativität als »a broad social structure that claims that ›married-straight-white-man-on-top-of-woman-sex-for-procreation-only‹ is the only normal and desirable sexuality«[171]. Somit schließe jene Struktur nicht nur sämtliche Formen des *nicht*-heterosexuellen Begehrens als ›unnormal‹ aus, sondern auch solche des heterosexuellen Begehrens. Neben den Punkten ›Institution‹ (*married*)[172] und ›sexuelle Praxis‹ (*man on top of woman*)[173] sowie der auch von Katz aufgegriffenen »procreative norm«[174] (*for procreation only*) ist der Begriff ›*straight*‹ hervorzuheben. Dieser nehme zugleich Bezug auf den Punkt ›*Race*‹, welcher in Benshoffs Definition durch das Wort ›*white*‹ ebenfalls enthalten ist: ›*Straightness*‹,

165 Degele 2008, S. 89.
166 Dyer 1993, S. 133.
167 Beide Zitate: Katz, Jonathan Ned: *The Invention of Heterosexuality.* Chicago / London 2007, S. 67.
168 Vgl. Glawion, Sven: *Sauberkeit und Sozialismus. Heteronormativität, Männlichkeit und die DDR: Ein Blick in Siegfried Schnabls* Mann und Frau intim. In: Bauer, Robin / Hoenes, Josch / Woltersdorff, Volker (Hg.): *Unbeschreiblich männlich. Heteronormativitätskritische Perspektive.* Hamburg 2007, S. 75–89, hier S. 78.
169 Katz 2007, S. 11.
170 Ebd., S. 12, Herv. i. O.; vgl. ebd., S. 82, 86f.
171 Benshoff, Harry M.: *(Broke) Back to the Mainstream. Queer Theory and Queer Cinemas Today.* In: Buckland, Warren (Hg.): *Film Theory and Contemporary Hollywood Movies.* New York 2009 (*AFI Film Readers*), S. 192–213, hier S. 196.
172 Vgl. Degele 2008, S. 89f.
173 Vgl. Degele 2007, S. 31.
174 Katz 2007, S. 86.

so Andreas Jahn-Sudmann (der dabei wiederum auf Chris Straayers Erläuterungen rekurriert), sei ein Modell, das zusätzlich zu nicht-heterosexuellen Existenzweisen auch »nicht-›weiße‹ Menschen« ausschließe – ebenso wie »körperlich oder geistig Behinderte«, »arme Menschen, ältere Menschen, obdachlose«[175] Menschen und viele mehr.

Bedeutsam ist demgegenüber jedoch auch folgendes Phänomen: In spätmodernen Gesellschaften, so Antke Engel, erfolge die Regulierung von Geschlecht und Sexualität nicht mehr überwiegend durch Verbot und Repression – sondern durch Normalisierung und Integration. Zwar würden die Zwei-Geschlechter-Ordnung und die normative Heterosexualität auch weiterhin den Status der Dominanz genießen, doch würden sie nicht länger das Monopol der öffentlich lebbaren geschlechtlichen und sexuellen Existenzweisen für sich beanspruchen.[176] Gleichwohl gelte es, auch solche Formen der Normalisierung und Integration als Machtmechanismen in Betracht zu ziehen.[177] Dass *bestimmte* Existenzweisen jenseits der Heteronorm im Zuge von »Transformationen von Heteronormativität und ihren Wirkweisen unter neoliberalen Bedingungen«[178] (wie es im Beitrag von Sushila Mesquita heißt) als integrationsfähig angesehen werden und somit in den ›Bereich des Tolerierbaren‹ gelangen, würde lediglich zu Verschiebungen, nicht aber zu einem Abbau von Macht- und Herrschaftsverhältnissen führen.[179]

In den Analysen der Filme und ihrer Standardsituationen im vierten, fünften beziehungsweise sechsten Kapitel dieser Arbeit sollen folgende Fragen beantwortet werden: Inwiefern ist das, was die Protagonisten der zu analysierenden Werke tun, queer? Inwiefern tritt die *heterosexual matrix* und, damit einhergehend, die Performativität der Geschlechtsidentität in den Filmen zutage? Und inwiefern entsprechen die Paare in den infrage kommenden Filmen mit der Konstellation ›2 + 1‹ der Heteronorm (ehe das Liebesdreieck entsteht)?

---

175 Alle drei Zitate: Jahn-Sudmann, Andreas: *Der Widerspenstigen Zähmung? Zur Politik der Repräsentation im gegenwärtigen US-amerikanischen Independent-Film.* Bielefeld 2006, S. 282.

176 Vgl. Engel, Antke: *Gefeierte Vielfalt. Umstrittene Heterogenität. Befriedete Provokation. Sexuelle Lebensformen in spätmodernen Gesellschaften.* In: Bartel, R. (u.a.) [Hg.]: *Heteronormativität und Homosexualitäten.* Innsbruck 2008 (*transblick. Sozialwissenschaftliche Reihe*, 3), S. 43–63, hier S. 43.

177 Vgl. ebd., S. 44.

178 Mesquita, Sushila: *Heteronormativität und Sichtbarkeit.* In: Bartel, R. (u.a.) [Hg.]: *Heteronormativität und Homosexualitäten.* Innsbruck 2008 (*transblick. Sozialwissenschaftliche Reihe*, 3), S. 129–147, hier S. 134.

179 Vgl. ebd., S. 135f.

2.2 Heteronormativität im Kino

> [T]he movies have taught us what it means to be heroic or villainous, masculine or feminine, heterosexual or homosexual. The movies, as one aspect of the vast popular-culture industry, influence how we think about ourselves and the world around us.[180]

Dieses Unterkapitel erhebt nicht den Anspruch, die im Kino vorfindbaren heteronormativen Vorstellungen erschöpfend abzubilden; die Intention dieses Unterkapitels ist es vielmehr, in aller Kürze zu illustrieren, was (Mainstream-)Filme uns in Hinsicht auf Liebes- und/oder Sexualbeziehungen ›lehren‹ (wie Harry M. Benshoff und Sean Griffin es in der oben zitierten Passage zum Ausdruck bringen). Da die Macherinnen und Macher von Filmen und TV-Serien sowie von Theaterstücken und Kunst, Belletristik und Pop, Werbespots und Opern Realitäten nicht nur *wiedergeben*, sondern *auch herstellen* würden, wie Kia Vahland in einem Artikel über Rollenbilder feststellt,[181] soll ermittelt werden, auf welche Weise das Prinzip der Heteronormativität in Filmen (re)produziert wird.

Die zwei essenziellen Voraussetzungen hierfür wurden schon in der Einleitung genannt. Erste Voraussetzung: *boy meets girl*. Mit dieser »Grundkonstellation allen menschlichen Lebens« fange es an, wieder und wieder: »[S]o beginnen die Liebes- und Leidensgeschichten«[182], schreibt Christine Dössel. Und es lässt sich, im Übergang zur zweiten Voraussetzung, ergänzen: So hören sie auch auf – mit *einem* ›Jungen‹ und *einem* ›Mädchen‹. Denn Liebe im Kino bedeute, wie bereits vorgebracht, die Liebe zu *einer einzigen* Person (wobei sich diese Liebe, je nach [Sub]Genre des entsprechenden Films, noch im Diesseits erfülle oder nicht). Der Filmkritiker Tobias Kniebe bezeichnet »die Produktion des systemerhaltenden Paars« als die »grundlegende Funktion des Kinos«[183] – während

180 Benshoff, Harry M. / Griffin, Sean: *Queer Images. A History of Gay and Lesbian Film in America.* Lanham (u.a.) 2006 (*Genre and Beyond. A Film Studies Series*), S. 2.

181 Vgl. Vahland, Kia: *Was hindert uns noch? In der Renaissance sollten kluge Männer weinen und Frauen cool sein. So veränderlich sind Geschlechterklischees.* In: Süddeutsche Zeitung Nr. 81 (5. / 6. April 2012), S. 13.

182 Beide Zitate: Dössel, Christine: *Mehr Action als Ahnung. Wiens Festwochenchef Luc Bondy inszeniert die Uraufführung von Peter Handkes ›Die schönen Tage von Aranjuez‹.* In: Süddeutsche Zeitung Nr. 114 (18. Mai 2012), S. 11.

183 Beide Zitate: Kniebe, Tobias: *Wehmut und Widerstand.* In: Süddeutsche Zeitung Nr. 122 (29. / 30. Mai 2013), S. 12.

sein Kollege Carsten Moll das »Verkuppeln« zu einer der »absoluten Lieblingsbeschäftigungen« US-amerikanischer Mainstream-Filme zählt; Moll führt aus:

> [S]o unterschiedlich die Wege zum Liebesglück auch sein mögen, die Paarbildung als ein prägendes Moment des Hollywoodkinos verlangt zum Finale nach Bildern trauter Zweisamkeit oder wahlweise einer ganzen glücklichen Kernfamilie.[184]

Zwei Punkte sollen nun betrachtet werden. Punkt 1 bezieht sich auf die Zeichnung des jeweiligen ›Jungen‹ und des jeweiligen ›Mädchens‹ sowie der gemeinsamen Liebes- und/oder Sexualbeziehung. »Character traits are often assigned along gender lines, giving male and female characters those qualities deemed ›appropriate‹ to their roles in romance«[185], legen David Bordwell, Janet Staiger und Kristin Thompson in Bezug auf das *classical Hollywood cinema* dar – und Kathrina Glitre hält über das Paar in der *classical Hollywood romantic comedy* (zwischen 1934 und 1965) fest: »The couple is always white, heterosexual and (basically) monogamous.«[186] In Filmen aus jener ›klassischen‹ Phase des Hollywoodkinos entspricht das Paar der Benshoff'schen Definition von Heteronormativität – was nicht zuletzt auf den Motion Picture Production Code (›Hays Code‹) zurückzuführen ist, welcher 1930 erstellt wurde und in Abwandlungen bis 1968 Gültigkeit besaß.[187] Neben der Darstellung von Gewalt und Kriminalität sowie von sogenannten ›sexuellen Perversionen‹ untersagte jener Code auch Bilder des leidenschaftlichen Küssens.[188] »Die Heiligkeit von Ehe und Heim sollte hochgehalten«[189] werden. Gegen Ende der Sechzigerjahre trat sodann ein Wandel ein – wie dies etwa Arthur Penns Gangster-Roadmovie BONNIE AND CLYDE / BONNIE UND CLYDE (USA 1967) exemplarisch vor Augen führe:[190] Der Production Code sei – obwohl der Film noch im üblichen Studiosys-

184 Alle drei Zitate: Moll, Carsten: *Stuck in Love*. 2013. http://www.critic.de/film/stuck-in-love-5390/ (Zugriff am 26.10.2013), o. P.
185 Bordwell / Staiger / Thompson 1985, S. 16.
186 Glitre, Kathrina: *Hollywood Romantic Comedy. States of the Union, 1934–65*. Manchester / New York 2006, S. 1.
187 Vgl. Neumann, Kerstin-Luise: *Production Code*. In: Koebner, Thomas (Hg.): *Reclams Sachlexikon des Films*. Stuttgart 2002, S. 468f., hier S. 468.
188 Vgl. ebd., S. 469.
189 Ebd., S. 469.
190 Vgl. DG (= Gaertner, David): *Bonnie und Clyde*. In: Müller, Jürgen (Hg.): *Filme der 60er*. Köln 2004, S. 406–409, hier S. 406.

tem entstand[191] – »endgültig außer Acht gelassen«[192] worden. Zutreffend schildert Daniel Remsperger, dass das »gegen spießbürgerliche Konventionen« aufbegehrende Paar (gespielt von Faye Dunaway und Warren Beatty) »als Gegenentwurf zur funktional-angepaßten Gesellschaft angelegt«[193] ist; gleichwohl wird eine bestimmte Grenze *nicht* touchiert: die der eindeutigen sexuellen Präferenz des Paares. Laut David Newman, einem der Drehbuchautoren, habe es im *first draft* des Buches eine *ménage à trois* zwischen Bonnie, Clyde und einer weiteren männlichen Figur gegeben:

> So in our first draft that seemed just one more thing which made them outside the structure of society. In fact, in the original draft, there was a shot of the three of them lying in bed together after having sex.[194]

Das Moment der sexuellen Ambivalenz sei letztlich nicht beibehalten worden;[195] im Film versichert Clyde Bonnie gar an einer Stelle: »There's nothing wrong with me, I mean I don't like boys.« Beatty »could play an impotent killer but not a sexually ambiguous one and still retain the audience's sympathy«[196], schlussfolgert Vito Russo aus Newmans Äußerungen.

Was die von Bordwell / Staiger / Thompson erwähnten Qualitäten anbelangt, mit denen männliche und weibliche Figuren im *classical Hollywood cinema* jeweils ausgestattet seien – jene *qualities deemed ›appropriate‹ to their roles in romance* –, ist es nach dem Ende des ›klassischen‹ Hollywoodkinos zu Veränderungen gekommen. In den *nervous romances*, zu denen Frank Krutnik Woody Allens ANNIE HALL / DER STADTNEUROTIKER (USA 1977) und Alan J. Pakulas STARTING OVER / AUF EIN NEUES (USA 1979) zählt[197], werde etwa die männliche Befindlichkeit in den Fokus gerückt:

> [T]he contemporary ›nervous‹ romances are frequently more concerned with the *emotional* security (or its absence) which *men* are felt to demand from a stable monogamous relationship.[198]

---

191 Vgl. Grob, Norbert: *New Hollywood.* In: Koebner, Thomas (Hg.): *Reclams Sachlexikon des Films.* Stuttgart 2002b, S. 418–423, hier S. 419.
192 DG (= Gaertner, David) 2004, S. 408.
193 Beide Zitate: Remsperger, Daniel: *Arthur Penn.* In: Koebner, Thomas (Hg.): *Filmregisseure – Biographien, Werkbeschreibungen, Filmographien.* Stuttgart 2002, 2., durchgesehene und aktualisierte Aufl., S. 531–533, hier S. 532.
194 Newman, zitiert in Russo, Vito: *The Celluloid Closet. Homosexuality in the movies.* New York (u.a.) 1981, S. 135.
195 Vgl. ebd., S. 135.
196 Russo 1981, S. 135.
197 Vgl. Krutnik, Frank: *The Faint Aroma of Performing Seals: The ›Nervous‹ Romance and the Comedy of the Sexes.* In: Velvet Light Trap 26 (Fall 1990), S. 57–72, hier S. 62f.
198 Ebd., S. 70, Herv. i. O.

Und auch in den Liebesfilmen, die seit den Achtzigerjahren entstanden sind (zum Beispiel Rob Reiners WHEN HARRY MET SALLY... / HARRY UND SALLY [USA 1989])[199], werde der romantische Held ›feminisiert‹ beziehungsweise ›melodramatisiert‹.[200] Doch trotz jenem »grundsätzlichen Wandel von Männlichkeits-Vorstellungen und -Präsentationen«[201] sei (insbesondere in *romantic comedies*) in vielerlei Hinsicht der Fortbestand traditioneller Rollenmuster festzustellen – etwa das ›Eroberungsverhalten‹ betreffend.[202] Die *Hollywood romantic comedy* sei (noch immer) »conservative and traditional in its values«[203], konstatiert Mark D. Rubinfeld im Jahre 2001. Bezüglich der Bereiche ›Sexualität‹ und ›Ehe‹ schreibt Leger Grindon: »More than sexuality, these films portray a drive toward marriage or long-term partnership.«[204] In vielen Fällen, so Anette Kaufmann, verschiebe sich der Moment der sexuellen Vereinigung ins *happily ever after*, dessen Beginn häufig mit einer Liebeserklärung (des Mannes) eingeleitet werde. Finde die sexuelle Vereinigung noch im Laufe des Films statt, beschränke sich die Darstellung weitgehend auf das ›Davor‹ und das ›Danach‹.[205] Detailliert ausgestaltete Situationen der körperlichen Intimität würden sich hingegen eher in Werken wie Adrian Lynes NINE ½ WEEKS / 9 ½ WOCHEN (USA 1986) oder FATAL ATTRACTION / EINE VERHÄNGNISVOLLE AFFÄRE (USA 1987, ebenfalls von Lyne) finden – also in Filmen über obsessive Beziehungen ohne Zukunftsperspektive, die Kaufmann dem *romantic drama* (oder Thriller) zuordnet.[206] »Allzu leidenschaftliche, experimentierfreudige Sexualität, so scheint die Botschaft zu lauten, kann niemals die Basis für eine dauerhaft glückliche Paarbeziehung sein«[207], resümiert Kaufmann – gibt jedoch Ron Sheltons BULL DURHAM / ANNIES MÄNNER (USA 1988) und Rob Reiners THE STORY OF US / AN DEINER SEITE (USA 1999) als Ausnahmen an.[208]

---

199 Mitte der Achtzigerjahre – so Steve Neale – sei ein *new cycle of romantic romedies* aufgekommen. Neale nennt diese Filme ›*new romances*‹ (vgl. Neale 1992, S. 287). Anette Kaufmann übernimmt den Begriff, um damit den zeitgenössischen US-amerikanischen Liebesfilm zu bezeichnen (vgl. Kaufmann 2007, S. 10).
200 Vgl. Kaufmann 2007, S. 48f.
201 Ebd., S. 48.
202 Vgl. ebd., S. 106.
203 Rubinfeld 2001, S. 4.
204 Grindon, Leger: *The Hollywood Romantic Comedy. Conventions, History, Controversies*. Malden (u.a.) 2011 (*New Approaches to Film Genre*), S. 2.
205 Vgl. Kaufmann 2007, S. 118, 145f.; auch Ewan Kirkland greift dieses Phänomen auf (vgl. Kirkland, Ewan: *Romantic Comedy and the Construction of Heterosexuality*. In: Scope. An Online Journal of Film Studies, Iss. 9 [October 2007], o. P.).
206 Vgl. Kaufmann 2007, S. 118; vgl. ebd., S. 276–284.
207 Ebd., S. 118.
208 Vgl. ebd., S. 118f.

Berücksichtigt man die Liebesfilme – zumal die *romantic comedies* –, die *nach* der Studie Kaufmanns (von 2007) gedreht wurden, müssen die Beobachtungen über das Konservative in jenen Geschichten zunächst relativiert werden.

Zum einen kamen diverse Werke in die Kinos, in denen das jeweilige Protagonistenpaar zu Anfang »eine wilde Sexfreundschaft«[209] eingeht – wie Jan Oberländer dies in seiner Rezension zu Edward Zwicks LOVE AND OTHER DRUGS / LOVE AND OTHER DRUGS – NEBENWIRKUNG INKLUSIVE (USA 2010) ausdrückt. Neben Zwicks Film seien Ivan Reitmans NO STRINGS ATTACHED / FREUNDSCHAFT PLUS (USA 2011) und Will Glucks FRIENDS WITH BENEFITS / FREUNDE MIT GEWISSEN VORZÜGEN (USA 2011) als Werke mit besagter Prämisse erwähnt. Die aus der jeweiligen ›Sexfreundschaft‹ resultierenden erotischen Begegnungen zwischen dem *leading man* und der *leading lady* werden in den genannten Filmen ausführlich dargestellt: So macht Jörg Taszman in seiner Kritik zu LOVE AND OTHER DRUGS etwa auf die »für Hollywood-Verhältnisse natürlichen und leidenschaftlichen Sexszenen«[210] aufmerksam, während Klaus-Peter Eichele die Freizügigkeit in FRIENDS WITH BENEFITS hervorhebt.[211]

Zum anderen produzierte Judd Apatow eine Reihe von *romantic comedies*, in welchen »die traditionellen Konstellationen nicht mehr greifen«[212], wie Anke Sterneborg in Bezug auf THE FIVE-YEAR ENGAGEMENT / FAST VERHEIRATET (USA 2012, R: Nicholas Stoller) anmerkt.[213]

Aber, so Frédéric Jaeger: »Ganz ohne konservativen Geist kommt letztlich keine Romanze aus.«[214] Auch in den Filmen über eine eingangs unverbindliche, rein sexuelle Beziehung würde es schließlich nur *ein* Ende geben: *they live happily ever after*.[215] Ebenso wie die Werke aus dem ›Apatow-Lager‹ »nach allerlei Experimenten dann doch in traditionelle Pfade« einlenken würden: »Wenn

---

209 Oberländer, Jan: *Rank und krank*. 2011. http://www.tagesspiegel.de/kultur/kino/romantische-komoedie-rank-und-krank/3703854.html (Zugriff am 26.10.2013), o. P.

210 Taszman, Jörg: *Love and Other Drugs*. 2011. http://www.dradio.de/dkultur/sendungen/fazit/1364003/ (Zugriff am 26.10.2013), o. P.

211 Vgl. Eichele, Klaus-Peter: *Freunde mit gewissen Vorzügen*. 2011. http://www.tagblatt.de/Home/kino/kino-aktuell_filmid,3682.html (Zugriff am 26.10.2013), o. P.

212 Sterneborg, Anke: *Fast verheiratet*. In: epd Film 7 / 2012, S. 50f., hier S. 50.

213 Bei einigen Werken – beispielsweise KNOCKED UP / BEIM ERSTEN MAL (USA 2007) – führte Judd Apatow auch Regie und schrieb das Drehbuch.

214 Jaeger, Frédéric: *Freunde mit gewissen Vorzügen*. 2011. http://www.critic.de/film/freunde-mit-gewissen-vorzuegen-2780/ (Zugriff am 26.10.2013), o. P.

215 Vgl. Eichele 2011, http://www.tagblatt.de/Home/kino/kino-aktuell_filmid,3682.html, o. P.; Frédéric Jaeger zeigt allerdings das Mittel der Selbstreflexivität auf, welches in FRIENDS WITH BENEFITS angewandt werde, um das Bewusstsein für die Formelhaftigkeit des eigenen (Sub)Genres auszustellen (vgl. Jaeger 2011, http://www.critic.de/film/freunde-mit-gewissen-vorzuegen-2780/, o. P.).

auch aus einer anderen Geisteshaltung und mit erheblich mehr Spaß, so wird am Ende immer noch geheiratet.«[216] Die im Umkreis des Liebesfilms evidenten Neuerungen können somit als Transformationen von kinematografischer Heteronormativität – *nicht* als deren Auflösung – verstanden werden. Zudem konstatiert Katharina Behrendsen – in Bezug auf Nicole Kassells A LITTLE BIT OF HEAVEN / KEIN MITTEL GEGEN LIEBE (USA 2011) –, dass etwa die Einbeziehung von »Schwarze[n], Schwule[n] und Transsexuelle[n]« (in Nebenrollen) lediglich dazu dient, eine »Hochglanzkomödie weniger bieder erscheinen [zu] lassen«[217], als sie sei.[218]

Punkt 2, der betrachtet werden soll, gilt der Bildgestaltung: Wie werden die zwei ›körperlich sowie sozial eindeutig voneinander unterschiedenen Geschlechter‹ innerhalb des von der Kamera vorgegebenen Bildrahmens positioniert? Zur Beantwortung dieser Frage sei zunächst auf zwei Möglichkeiten der Paarkonstellation als grundlegende Erzählkonfigurationen hingewiesen: das harmonische Paar sowie das antagonistische Paar.[219] Ein harmonisches Paar bilden etwa Nickie und Terry (Cary Grant und Deborah Kerr) in Leo McCareys AN AFFAIR TO REMEMBER / DIE GROSSE LIEBE MEINES LEBENS (USA 1957): »Nie besteht ein Zweifel daran, wen die Schicksalsmächte als zusammengehörig bestimmt haben«[220], schreibt Josef Schnelle – obwohl Nickie und Terry zum Zeitpunkt ihrer ersten Begegnung beide anderweitig gebunden sind. Die Verbindung eines harmonischen Paares werde, so Anette Kaufmann, meist »durch äußere Umstände erschwert oder verhindert.«[221] Im Falle von AN AFFAIR TO REMEMBER stellen das doppelte Dreieck[222] sowie das finanzielle Abhängigkeitsverhältnis, in welchem sich Nickie und Terry jeweils zum anfänglichen (*wrong*) *partner* befinden, jene äußeren Umstände dar. Beim ebenfalls harmonischen Paar Rick und Ilsa (Humphrey Bogart und Ingrid Bergmann) in Michael Curtiz' CASABLANCA

---

216 Beide Zitate: Sterneborg 2012, S. 50.
217 Beide Zitate: Kab (= Behrendsen, Katharina): *Kein Mittel gegen Liebe*. 2011. http://www.kulturnews.de/knde/film_review.php?id=20305&title=Kein%20Mittel%20gegen%20Liebe (Zugriff am 26.10.2013), o. P.
218 Vgl. ebd., http://www.kulturnews.de/knde/film_review.php?id=20305&title=Kein%20Mittel%20gegen%20Liebe, o. P.
219 Vgl. Kaufmann 2007, S. 56, 59f.
220 Schnelle, Josef: *Die große Liebe meines Lebens*. In: Koebner, Thomas / Felix, Jürgen (Hg.): *Filmgenres. Melodram und Liebeskomödie*. Stuttgart 2007a (*Filmgenres*), S. 139–142, hier S. 142.
221 Kaufmann 2007, S. 60.
222 Kaufmann erfasst das ›Dreieck‹ als weitere Paarkonstellation neben dem antagonistischen und dem harmonischen Paar (vgl. ebd., S. 56).

(USA 1942) kommt zu einem Beziehungsdreieck der Nationalsozialismus als weltpolitischer Konflikt hinzu.

Das antagonistische Paar zeichne sich wiederum durch eine »Aversion auf den ersten oder zweiten Blick«[223] aus. Die zu überwindenden Hindernisse seien in erster Linie in der Psychologie des Figurenpaares begründet.[224] Es könne sein, dass die beiden Protagonisten entweder konträre Interessen oder, als Konkurrenten, dasselbe Ziel verfolgen.[225] Charakteristisch seien antagonistische Paare für *screwball comedies*.[226] Diese würden sich – so erklärt Susanne Marschall – »immer wieder um das Katz-und-Maus-Spiel der Geschlechter«[227] drehen. Die gegenseitige Abneigung der Figuren werde im »geistreichen Zank«[228], in »verbal fireworks«[229] zum Ausdruck gebracht – sie überlagere stets nur die eigentliche Anziehung zwischen Held und Heldin:[230] »Die, die sich am heftigsten bekriegen, werden sich am Ende kriegen«[231], könnten die mit den Konventionen vertrauten Zuschauerinnen und Zuschauer bereits vorhersehen. Außer in *screwball* und *romantic comedies* sind antagonistische Paare auch in Filmen aus anderen (Sub)Genres anzutreffen – etwa in Howard Hawks' Detektivfilm THE BIG SLEEP / TOTE SCHLAFEN FEST (USA 1946); Klaus Kreimeier bezeichnet die Paarung Philip / Vivian (Humphrey Bogart / Lauren Bacall) als »[e]ine Liebesgeschichte, in der sich Mann und Frau als selbständige, gleicherweise mit militanter Intelligenz begabte Wesen gegenüberstehen«[232]. Im Verlauf der Handlung entwickeln sich der Privatdetektiv Philip und die zunächst undurchsichtige Vivian, wie es für ein antagonistisches Paar üblich sei,[233] zum harmonischen Paar – Philip: »What's wrong with you?«, Vivian: »Nothing you can't fix.«

Bedeutsam ist nun die Bildgestaltung: Wie wird ein Paar für gewöhnlich präsentiert? David Martin-Jones äußert hierzu Folgendes:

> In mainstream Hollywood cinema it is usual to see a ›two-shot‹ of two characters talking within a single frame. Usually this consists of two

223 Ebd., S. 105.
224 Vgl. ebd., S. 60.
225 Vgl. ebd., S. 105.
226 Vgl. ebd., S. 59f.
227 Marschall 2002, S. 542.
228 Ebd., S. 543.
229 Shumway 1995, S. 389.
230 Vgl. Kaufmann 2007, S. 105.
231 Ebd., S. 105.
232 K., K. (= Kreimeier, Klaus): *Tote schlafen fest.* In: Koebner, Thomas (Hg.): *Filmklassiker.* Bd. 2: 1946–1962. Stuttgart 2006, 5., überarbeitete und erweiterte Aufl., S. 27–32, hier S. 30f.
233 Vgl. Kaufmann 2007, S. 60.

> people facing each other on either side of the screen, creating a symmetrical compositional balance. Very often the coupling will be a man and a woman.[234]

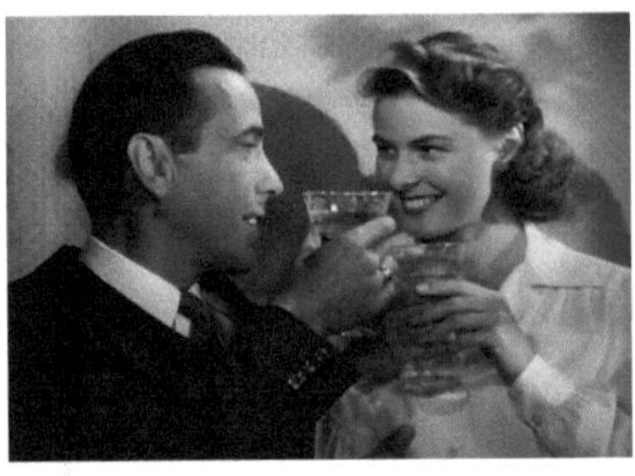

Abb. 5: Two-shot convention I – das harmonische Paar (CASABLANCA).

Obgleich der von Martin-Jones vorgebrachte *two-shot* selbstredend auch für nicht-heterosexuelle Paare und ebenso auch für zwei Figuren, die *kein* (Liebes-)Paar sind, verwendet werden kann, sei festgehalten, dass besagte »two-shot convention« – *a man and a woman, talking within a single frame* – zu den »established ways of representing heterosexual norms«[235] gehört. So kommt der *two-shot* – eine Einstellungsgröße, die »mehr durch eine Handlungssituation als durch die Distanz der Kamera zum Geschehen definiert«[236] sei – etwa in CASABLANCA mannigfach zum Einsatz, um das harmonische Paar Rick und Ilsa zu zeigen. In Momenten des Glücks sehen die beiden einander frohgemut an, *facing each other on either side of the screen*: er zart lächelnd, sie strahlend und mit leuchtenden Augen. In Momenten der Irritation, hervorgerufen durch die genannten äußeren Umstände, wenden sie sich einander Sorge tragend zu, Rick in tapferer Trösterpose, Ilsa mit verzweifelter Miene.

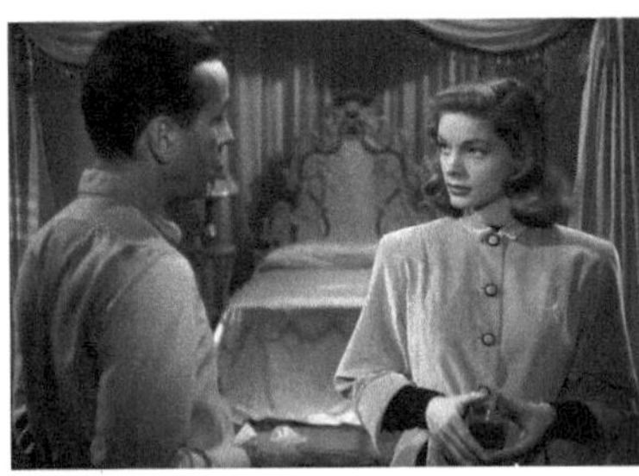

Abb. 6: Two-shot convention II – das antagonistische Paar (THE BIG SLEEP).

Das (anfangs) antagonistische Paar Philip und Vivian aus THE BIG SLEEP dagegen beäugt sich in den gemeinsamen *two-shots* beim ersten Zusammentreffen mit Argwohn. Mal provoziert Vivian ihren sarkastischen Konterpart mit einem arroganten Hohnlächeln, mal verzieht sie indigniert das Gesicht. Statt Blicke voller Liebe werfen der Detektiv und die Generals-

234 Martin-Jones, David: *Demystifying Deleuze. French Philosophy Meets Contemporary U.S. Cinema*. In: Buckland, Warren (Hg.): *Film Theory and Contemporary Hollywood Movies*. New York 2009 (*AFI Film Readers*), S. 214–233, hier S. 228.
235 Beide Zitate: ebd., S. 228.
236 Gerdes, Julia / Koebner, Thomas: *Einstellungsgrößen*. In: Ders. (Hg.): *Reclams Sachlexikon des Films*. Stuttgart 2002, S. 138–142, hier S. 140.

tochter einander kleine Malicen zu (einleitende Bemerkung Vivians: »My, you're a mess, aren't you?«). Während sich Rick und Ilsa einander (körperlich und geistig) ganz nahe sind, halten Philip und Vivian einen merklichen Sicherheitsabstand zueinander. Merklich ist jedoch zugleich die schon erwähnte Anziehung, die ein jedes antagonistisches Paar eigentlich aufeinander ausübe. »The not-too-obvious obviousness of a narrative flow into heterosexual coupledom anchors mainstream American cinema«[237], notiert Sabrina Barton, Bezug nehmend auf Raymond Bellour, welcher die »aura of ›inevitability‹ around the Bacall/Bogart coupling«[238] mittelst der Liebesgeständnissequenz aus THE BIG SLEEP erörtere.[239] An jener *inevitability* besteht bereits im Moment der ersten Begegnung zwischen Philip und Vivian kein Zweifel: Der zur Schau getragene Argwohn ist eher Neugier, die Indignation vielmehr eine überspielte sexuelle Erregung und die verschiedentlich ausgetragenen Wortgefechte sind letztlich das, was Simon Rothöhler »Paar-in-spe-Dialoge«[240] nennt. Indem Mann und Frau einander die verbalen Bälle zuspielen, erweisen sie sich als zusammengehörig: »I guess I am in love with you«, lautet schließlich die vom Zuschauer / der Zuschauerin längst vorausgesehene Erkenntnis der Figuren in THE BIG SLEEP.

Somit ist sowohl bei einem harmonisch als auch bei einem antagonistisch gezeichneten sowie bildkompositorisch angeordneten Protagonistenpaar unterschiedlichen Geschlechts die unabwendbare, unumgängliche, unvermeidliche, zwangsläufige (*inevitable*) Zielrichtung der Geschichte klar. Ewan Kirkland, der in seinem Aufsatz *Romantic Comedy and the Construction of Heterosexuality* diverse *romantic comedies* aus den Neunziger- und Nullerjahren bis 2007 erforscht, gebraucht ebenfalls das Wort ›*inevitable*‹, um jene Zielrichtung zu charakterisieren: »One man, one woman, and, it would appear, one inevitable outcome.« Der Autor kommt zu der Erkenntnis: »Heterosexuality, these films variously suggest, is natural, inevitable, timeless, all pervading, all around: the defining qualities of a hegemonic ideology and identity formation.« Als Paradebeispiel dienen ihm etwa die dazwischenmontierten Interviews in WHEN HARRY MET SALLY..., in denen ältere Ehepaare ihre jeweilige Liebesgeschichte erzählen:

237 Barton, Sabrina: ›*Crisscross*‹*: Paranoia and Projection in* Strangers on a Train. In: Penley, Constance / Willis, Sharon (Hg.): *Male Trouble*. Minneapolis 1993 (*A camera obscura book*), S. 235–260, hier S. 238.
238 Bellour, zitiert in Barton 1993, S. 238.
239 Vgl. Barton 1993, S. 238.
240 Rothöhler, Simon: *Cockfighter. Zu ›Magic Mike‹ von Steven Soderbergh*. 2012. http://www.cargo-film.de/blog/2012/jul/05/cockfighter/ (Zugriff am 26.10.2013), o. P.

»This is a heterosexual collective Sally and Harry eventually join, as the final couple interviewed in the film's closing shot.«[241]

Ein prägnantes, aktuelleres Beispiel für den *inevitable outcome* lässt sich etwa in Woody Allens To Rome with Love (USA / I / SP 2012) ausfindig machen: Darin fragt eine Amerikanerin (Alison Pill) einen Italiener (Flavio Parenti) in Rom nach dem Weg – und ist wenige Schnitte später bereits mit ihm verlobt (wobei dies bei Allen nur der Auftakt zu einer ganz anderen Geschichte ist).

Abschließend sei noch eine Möglichkeit erwähnt, wie ein Paar (und, damit verbunden, jener *inevitable outcome* einer Geschichte) abgesehen von der *two-shot*-Option dargeboten werden kann. Sleepless in Seattle sei, so Kirkland, durch »heterosexual inevitability«[242] gekennzeichnet. Der äußere Umstand, der die Verbindung des harmonischen Paares Sam und Annie (Tom Hanks und Meg Ryan) erschwert, ist die Entfernung: Sam lebt in Seattle, Annie in Baltimore. Die Standardsituation ›*boy meets girl*‹ und die Gelegenheit, die beiden *romantic leads* in einem *two-shot* aufzunehmen, bleiben darum vorerst aus. Gleichwohl wird an einer Stelle vermittelst einer Parallelmontage die Illusion eines Blickwechsels im Schuss-Gegenschuss geschaffen. Während zwei *establishing shots* zunächst den jeweiligen Aufenthaltsort von Sam und Annie markieren (Sam setzt sich auf einen Stuhl vor seinem am Wasser gelegenen Haus in Seattle, Annie nimmt auf einer Bank im Hafen Baltimores Platz), erfasst die nächste Einstellung – ein *close shot* – den ersehnenden Blick von Sam; im Umschnitt ist daraufhin die sich nicht minder verzehrende Annie, gleichfalls in einem *close shot*, zu sehen. Die Botschaft ist unmissverständlich: *One man, one woman – one inevitable outcome.*

Welche Strategien zur Unterminierung heteronormativer Vorstellungen in den Primärfilmen dieser Arbeit angewandt werden, soll sich nun zeigen: Welche Auswirkungen hat eine mit der filmischen Präsentation einer alternativen Beziehungsform einhergehende Veränderung / Verqueerung der Prämisse ›*one*

241 Alle drei Zitate: Kirkland 2007, o. P.
242 Ebd., o. P.

man, one woman‹? ›*Two men, one woman*‹ beziehungsweise ›*two women, one man*‹ – was ergibt sich daraus (Unabwendbares, Unumgängliches, Unvermeidliches, Zwangsläufiges), und welche kinematografischen Darstellungsmöglichkeiten bieten sich hierfür an? Wie können Bilder trauter *Drei*samkeit aussehen?

3. Liebe im Dreieck – und darüber hinaus

3.1 Das trianguläre Begehren

Ehe es im Folgenden auszuleuchten gilt, wie ein geschlossenes, sexuell ambivalentes Liebesdreieck präsentiert werden kann, soll in diesem Unterkapitel kurz das von René Girard entworfene Modell des triangulären Begehrens (*désir triangulaire*) vorgestellt werden. In seiner Publikation *Figuren des Begehrens: Das Selbst und der Andere in der fiktionalen Realität* befasst sich Girard mit dem Œuvre von Miguel de Cervantes sowie dem von Gustave Flaubert, Stendhal, Marcel Proust und Fjodor M. Dostojewskij. Er entdeckt eine Gemeinsamkeit in den Werken all dieser Schriftsteller im Hinblick darauf, wie in ihnen die Struktur des Begehrens angelegt ist – wobei er auch die diesbezüglichen Unterschiede zwischen den Romanen herausarbeitet.

Als maßgeblich sieht Girard – in sämtlichen Fällen – den *Mittler* des Begehrens an. In den Werken der genannten Romanciers lasse sich das Begehren nicht allein als einfache Gerade darstellen, die das begehrende Subjekt und das begehrte Objekt miteinander verbinde; *über* dieser Geraden stehe stets der Mittler, der auf Subjekt und Objekt zugleich ausstrahle;[243] »[d]ie Raummetapher für diese dreifache Beziehung ist ersichtlich das Dreieck (*triangulum*).«[244]

Zwei Formen jener Vermittlung – anhand derer man die Romane in zwei Grundkategorien einteilen könne – seien zu unterscheiden: die *externe* Vermittlung sowie die *interne* Vermittlung.[245] Im ersten Fall sei die Distanz so groß, dass die »beiden *Möglichkeitssphären*, die einmal den Mittler, einmal das Subjekt zum Zentrum haben, sich nicht berühren.«[246] Girard ordnet Cervantes' *Don Quijote* sowie die Werke von Flaubert – etwa *Madame Bovary* – dieser Kategorie zu. Don Quijote »stürzt sich auf die Objekte, die ihm das Vorbild allen Ritter-

243 Vgl. Girard, René: *Figuren des Begehrens. Das Selbst und der Andere in der fiktionalen Realität.* Wien / Berlin 2012, 2. Aufl. (Mit einem Nachwort von Wolfgang Palaver. Aus dem Französischen von Elisabeth Mainberger-Ruh) [*Beiträge zur mimetischen Theorie. Religion – Gewalt – Kommunikation – Weltordnung*, Bd. 8], S. 12.
244 Ebd., S. 12, Herv. i. O.
245 Vgl. ebd., S. 17f.
246 Ebd., S. 18, Herv. i. O.

tums [Amadis von Gallia] bezeichnet oder zu bezeichnen scheint«[247] – sein Begehren entspringe der Nachahmung; es sei »ein Begehren gemäß dem *Anderen*«[248], gemäß Amadis, dem Helden eines Ritterromans. Auch Emma Bovary »begehrt gemäß jenen romantischen Romanheldinnen, die ihre Vorstellungswelt bevölkern.«[249] Im zweiten Fall – der internen Vermittlung – sei die Distanz zwischen Mittler und Subjekt so gering, dass sich die beiden Sphären mehr oder minder überschneiden würden (wobei mit ›Distanz‹ zuvörderst ›soziale und intellektuelle Distanz‹ gemeint sei).[250] Girard nennt hier etwa *Rot und Schwarz* von Stendhal als Beispiel. Darin entlehne der Bürgermeister von Verrières, Monsieur de Rênal, sein Begehren nach Julien Sorel – als Hauslehrer für seine Söhne – dem (imaginären!) Begehren des (einfluss-)reichen Valenod: Einzig weil Rênal glaube, dass Valenod Julien in seine Dienste nehmen will, sei er bereit, einen hohen Preis für Julien zu zahlen; es handele sich, so Girard, um die Nachahmung des (vermeintlichen) Begehrens eines anderen – eines Dritten, der ein gewisses Ansehen genieße.[251]

Ein entscheidender Unterschied zwischen externer und interner Vermittlung sei, wie das Subjekt jeweils damit umgehe, dass die Hinwendung zum Objekt »im Grunde genommen Hinwendung zum Mittler«[252] ist. Bei Cervantes etwa verkünde Don Quijote ohne Hemmung die wahre Natur seines Begehrens; offen verehre der Ritter sein Vorbild und erkläre, dieses in allem nachzuahmen.[253] Da der Mittler »in einem unerreichbaren Himmel«[254] throne, sei jedwede Rivalität mit ihm ausgeschlossen. Im Falle der internen Vermittlung hingegen rühme sich das Subjekt seiner Nachahmung nicht, sondern vertusche diese.[255] Das Subjekt überzeuge sich gar selbst davon, dass sein Begehren *spontan*, also *im Objekt* und *in diesem allein* verwurzelt ist.[256] Wegen der ›Nähe‹ zum Mittler werde dieser zum *Rivalen*:

> Die Vermittlung erzeugt ein mit dem Begehren des Mittlers vollkommen identisches zweites Begehren. Das will heißen, daß stets zwei *sich*

247 Ebd., S. 11.
248 Ebd., S. 13, Herv. i. O.
249 Ebd., S. 13.
250 Vgl. ebd., S. 18.
251 Vgl. ebd., S. 14–16.
252 Ebd., S. 19.
253 Vgl. ebd., S. 18.
254 Ebd., S. 16.
255 Vgl. ebd., S. 19.
256 Vgl. ebd., S. 20f.

> *widerstreitende* Begehren im Spiel sind. Der Mittler kann seine Rolle als Vorbild nicht mehr spielen, ohne zugleich die Rolle eines Hindernisses zu übernehmen oder angeblich zu übernehmen.[257]

Folglich empfinde das Subjekt dem Mittler gegenüber ein »in sich widersprüchliches Gefühl, das ergebenste Verehrung und heftigste Rachsucht in sich vereint«[258] – ein Gefühl, genannt ›*Hass*‹.[259]

Je näher der Mittler dem Subjekt rücke, desto unüberwindlicher werde das Hindernis.[260] Girard konstatiert, dass die Distanz zwischen Mittler und Subjekt bei Proust noch geringer als bei Stendhal ist[261] – und dass das durchkreuzte Begehren bei Dostojewskij gar *so* heftig ist, dass es zum Mord führen könne.[262]

An späterer Stelle schildert Girard überdies das Phänomen der ›Ansteckung‹ im Bereich der internen Vermittlung: Jeder könne der Mittler seines Nachbarn werden, ohne sich dieser Rolle bewusst zu werden.[263]

> Dieses Individuum, das unwissentlich die Rolle des Mittlers spielt, ist vermutlich selbst unfähig, spontan zu begehren. Es wird also versucht sein, die Kopie seines eigenen Begehrens zu kopieren. [...] Zwischen den beiden Rivalen wird das Begehren immer schneller zirkulieren und bei jedem Hin und Her an Intensität gewinnen, dem elektrischen Strom in einer Batterie gleich, die aufgeladen wird.[264]

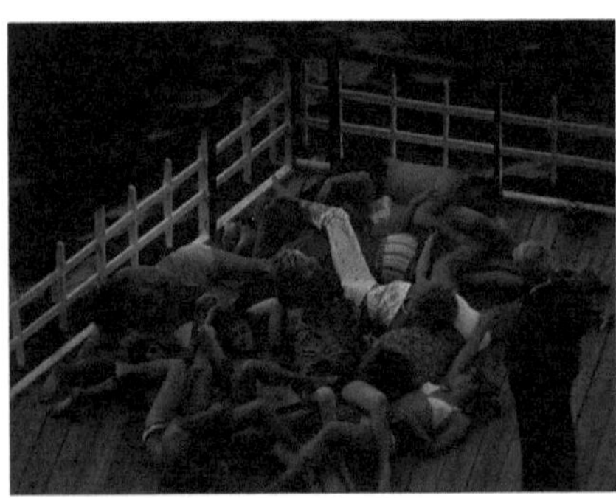

Abb. 7: Vielfache Vermittlung (Warnung vor einer heiligen Nutte).

Die sich dabei zutragende *doppelte* Vermittlung könne wiederum zur dreifachen, vierfachen, *vielfachen* Vermittlung werden – und die ganze Gemeinschaft erfassen.[265] Hier sei angemerkt, dass dies in den Filmen über amouröse Spannungsfelder, welche in der Einleitung der Arbeit charakterisiert wurden, der Fall sein kann. So fassen etwa Rainer Werner Fassbinder

257 Ebd., S. 16, Herv. i. O.
258 Ebd., S. 19.
259 Vgl. ebd., S. 19.
260 Vgl. ebd., S. 33.
261 Vgl. ebd., S. 32.
262 Vgl. ebd., S. 91.
263 Vgl. ebd., S. 104.
264 Ebd., S. 104.
265 Vgl. ebd., S. 108.

und sein Kameramann Michael Ballhaus jene Erscheinung der vielfachen Vermittlung in WARNUNG VOR EINER HEILIGEN NUTTE in einem genialen (Gruppen-)Bild zusammen: Die Nähe zwischen Subjekt(en) und Mittler(n) ist auf die Spitze getrieben; alle haben sich ›angesteckt‹, begehren und imitieren, sind Vorbilder *und* Nachahmende. Der auf sein Team hinabblickende Regisseur Jeff (Lou Castel) nimmt sich wie der Mittler von allen aus – getrennt durch eine beträchtliche Distanz. Er ist jedoch bloß ein ›Pseudo-Herrscher‹, der dem System interner Vermittlung selbst angehört – ganz so, wie Girard dies in Bezug auf Ludwig XIV. darstellt.[266]

Hervorgehoben sei noch das bereits erwähnte *spontane* Begehren: Bei Stendhal sei die Spontaneität des Begehrens – die Leidenschaft – das Gegenteil jenes beschriebenen Begehrens ›gemäß dem Anderen‹ (welches der Romancier als ›Eitelkeit‹ bezeichne);[267] Girard erläutert: »Der leidenschaftliche Mensch schöpft die Kraft seines Begehrens aus sich selbst und nicht aus dem anderen.«[268] Während das trianguläre Begehren sein Objekt verkläre, da das Prestige des Mittlers dem begehrten Objekt einen trügerischen Wert verleihe,[269] verkläre die Liebe aus Leidenschaft (*amour-passion*) *nicht*:[270] »Die Vorzüge, die diese Liebe in ihrem Objekt entdeckt, und das Glück, das sie sich von ihm erhofft, sind nicht illusorisch.«[271]

In ihrem Werk *Between Men: English Literature and Male Homosocial Desire* knüpft Eve Kosofsky Sedgwick an Girards Theorie des triangulären Begehrens an. Während die begehrten Objekte bei Girard sowohl Personen als auch Dinge sein können – so etwa die Windmühlen / das Barbierbecken / die Marionetten in *Don Quijote*, Rodolphe (als vermeintlicher ›Märchenprinz‹) in *Madame Bovary* oder Julien (als Hauslehrer) in *Rot und Schwarz* –, nimmt Sedgwick lediglich *eine* Konstellation in Augenschein: das *erotic triangle*, in welchem zwei Männer um eine Frau rivalisieren.[272] Die Autorin fokussiert sich auf »male homosocial desire within the structural context of triangular, heterosexual desire«[273] – wobei der Begriff ›*homosocial*‹ »social bonds between persons of the

266 Vgl. Girard 2012, S. 123–125.
267 Vgl. ebd., S. 26f.
268 Ebd., S. 27.
269 Vgl. ebd., S. 25.
270 Vgl. ebd., S. 27.
271 Ebd., S. 27.
272 Vgl. Sedgwick, Eve Kosofsky: *Between Men. English Literature and Male Homosocial Desire. With a new preface by the author.* New York / Chichester 1985 (*Gender and Culture*), S. 16f., 20.
273 Ebd., S. 16.

same sex« beschreibe: »[I]t is a neologism, obviously formed by analogy with ›homosexual‹, and just as obviously meant to be distinguished from ›homosexual‹.«[274] Der von Sedgwick betrachtete Vorgang des »male traffic in women«[275] soll in Unterkapitel 6.5 (›Die Liebesszene‹) nochmals aufgegriffen werden, da er sich durch die erotische Begegnung in Y TU MAMÁ TAMBIÉN – also einem jener Werke, in denen die sexuelle Ambivalenz nicht *prononciert*, aber doch *erkennbar* angelegt ist – veranschaulichen lässt.

3.2 Polyamory

Um das Phänomen ›Polyamory‹ zu explizieren, gehen Thomas Schroedter und Christina Vetter zunächst auf den Liebesbegriff – also auf den Bestandteil ›amor‹ im Terminus ›Polyamory‹ – ein und rekurrieren dabei auf das in der Einleitung dieser Arbeit bereits erwähnte Modell von John Alan Lee (welcher die zehn verschiedenen Liebesbegriffe des antiken Griechenlands auf sechs ›Stile‹ reduziert habe).[276] Da die sechs Liebesstile, die Lee in seinem Werk *Colors of Love* (1976) charakterisiert, für die Beschreibung der filmisch verhandelten Beziehungsgeflechte in den Kapiteln 4 (›Filmische Liebesdreiecke I: 2 + 1‹) und 5 (›Filmische Liebesdreiecke II: A + B + C‹) herangezogen werden sollen, seien sie an dieser Stelle kurz dargestellt.

›Eros‹, die ›romantische‹ Liebe, meine eine unmittelbare Anziehung, die mit sexuellem Interesse einhergehe.[277] Diese Liebe strebe stets nach Perfektion.[278] Während unter ›Storge‹ eine Liebe zu verstehen sei, die aus einer anhaltenden Freundschaft erwachse[279], sei ›Ludus‹ eine »eher spielerisch[e] als ernsthaft[e]«[280] Liebe, in welcher es um das (sexuelle) ›Abenteuer‹ im Hier und Jetzt gehe.[281] ›Mania‹ bezeichne eine besitzergreifende, eifersüchtige Liebe[282], wohingegen ›Agape‹ von »Selbstlosigkeit, Opferbereitschaft und Pflichterfül-

274 Beide Zitate: ebd., S. 1.
275 Ebd., S. 16.
276 Vgl. Schroedter / Vetter 2010, S. 17f.
277 Vgl. Küpper 2000, http://d-nb.info/962287725/34, S. 88.
278 Vgl. Lee, zitiert in Schroedter / Vetter 2010, S. 17.
279 Vgl. Küpper 2000, http://d-nb.info/962287725/34, S. 88.
280 Lee, zitiert in Schroedter / Vetter 2010, S. 18.
281 Vgl. Küpper 2000, http://d-nb.info/962287725/34, S. 88.
282 Vgl. ebd., http://d-nb.info/962287725/34, S. 88.

lung«[283] gekennzeichnet sei: eine »geschenkte Liebe ohne Hintergedanken und ohne (verknüpfte) Bedingungen.«[284] ›Pragma‹ bedeute indessen eine Liebe, die dem Wunsch nach einer soliden Beziehung mit einem passenden Partner entspringe.[285]

Schroedter und Vetter merken an, dass die Liebe eines Menschen sich jeweils »in ihrer eigenen Art aus verschiedenen Mosaiksteinen dieser Liebesstile zu einem Bild zusammensetzt.«[286] Die Autoren nutzen das Lee'sche Modell der Liebesstile als Fundament ihrer Ausführungen über Polyamory, da man das Modell als hierarchiefrei auffassen könne – und man somit nicht etwa *einige wenige* Formen / Stile der Liebe als Norm (als ›natürlich‹) ansehe; sie weisen jedoch darauf hin, dass dies bei Lee *nicht* in jener Art und Weise geschieht – denn Lee unterteile die Liebesstile in *primaries* und *secondaries*.[287]

Polyamory (griechisch *polýs* ›viel, mehrere‹ und lateinisch *amor* ›Liebe‹) lasse sich mit ›mehr als eine Liebe‹ oder ›viele Lieben‹ übersetzen.[288] Es könne als ein Beziehungskonzept definiert werden, das es ermögliche, »sexuelle und/oder Liebesbeziehungen mit mehreren Partner_Innen gleichzeitig einzugehen.«[289] Polyamory grenze sich somit von der Monogamie ab, schließe jedoch nicht sämtliche Formen der Nicht-Monogamie ein. Das »Großwörterbuch« von Langenscheidt definiert Monogamie als »das Zusammenleben mit nur einem Mann oder einer Frau als Partner ~ Einehe«[290] – Schroedter und Vetter konstatieren allerdings, dass sich der Begriff ›Monogamie‹ im heutigen Sprachgebrauch auch auf *nicht* verheiratete Paare bezieht.[291]

Die Voraussetzung einer polyamorösen Beziehung laute stets, »dass alle Beteiligten um den nicht-monogamen Charakter der Beziehung wissen und diesen befürworten.«[292] Polyamory werde auch als ›verantwortungsvolle Nicht-Monogamie‹ bezeichnet.[293] Als Wurzeln des Beziehungskonzepts seien die feministi-

283 Ebd., http://d-nb.info/962287725/34, S. 88.
284 Lee, zitiert in Schroedter / Vetter 2010, S. 18.
285 Vgl. Küpper 2000, http://d-nb.info/962287725/34, S. 88.
286 Schroedter / Vetter 2010, S. 21.
287 Vgl. ebd., S. 17–20.
288 Vgl. ebd., S. 13.
289 Klesse / Noël, zitiert in Schroedter / Vetter 2010, S. 26.
290 Langenscheidt, zitiert in Schroedter / Vetter 2010, S. 30.
291 Vgl. Schroedter / Vetter 2010, S. 30.
292 Klesse / Noël, zitiert in Schroedter / Vetter 2010, S. 26.
293 Vgl. Schroedter / Vetter 2010, S. 29f., 35f.

sche Kritik an Zwangsehe und -monogamie sowie die ›Experimente‹ mit nicht-monogamen Lebens- / Liebesweisen innerhalb einiger Subkulturen der Sechzigerjahre auszumachen.[294]

Zwei Punkte, mit denen sich Schroedter und Vetter befassen, seien hier noch angeschnitten. Punkt 1: die diversen Konstellationen, in denen Polyamory gelebt werden könne. Zu diesen zähle neben der ›offenen Ehe / Beziehung‹[295] beispielsweise eine »familienähnliche Beziehungsform«[296], die ›Polifidelity‹ genannt werde und aus mindestens drei zusammenlebenden Personen bestehe; hier könne es zur Entstehung größerer Gemeinschaften kommen, da mit dem Einverständnis aller Beteiligten das Hinzukommen weiterer Personen möglich sei. Die Bezeichnung ›Triade‹ meine wiederum eine Verbindung dreier Menschen, die sowohl offen als auch geschlossen sein könne.[297]

Punkt 2 betrifft die Herausforderungen in der Artikulation von Gefühlen, durch die es vonseiten der Beteiligten einer polyamorösen Beziehung zu Wortschöpfungen komme. Wie schon der Terminus ›Polyamory‹ kreiert worden sei, damit jene Liebesweise nicht länger aus der Sprache ausgeschlossen werde beziehungsweise um das betreffende Beziehungskonzept als Form der Nicht-Monogamie nicht lediglich über eine Verneinung und den Bezug auf die Norm der Monogamie definieren zu müssen,[298] seien weitere Begriffskreationen erfolgt, um Gefühlszustände im Rahmen polyamoröser Beziehungen benennen zu können – so etwa das Gegenteil von ›eifersüchtig sein‹: Für die Freude daran, »dass andere, die du liebst[,] sich auch lieben«[299], habe sich im englischsprachigen Raum die Vokabel ›*frubbly*‹ etabliert; in abgewandelter Form sei die Vokabel bereits im deutschsprachigen Raum übernommen worden.[300]

Wie die Protagonisten der Primärfilme ihre Liebe zu dritt jeweils zu leben und in Worte zu fassen versuchen, soll in den folgenden Filmanalysen aufgezeigt werden.

294 Vgl. Klesse / Noël, zitiert in Schroedter / Vetter 2010, S. 26.
295 Vgl. Schroedter / Vetter 2010, S. 47f.
296 Ebd., S. 48.
297 Vgl. ebd., S. 48f.
298 Vgl. ebd., S. 39f.; vgl. Anapol, zitiert in Schroedter / Vetter 2010, S. 29.
299 Ritchie / Barker, zitiert in Schroedter / Vetter 2010, S. 41.
300 Vgl. Schroedter / Vetter 2010, S. 40f.

4. Filmische Liebesdreiecke I: 2+1

> [D]as Charakteristische an dem lächerlichen Alter, in dem ich mich befand – ein keineswegs undankbares, ein sehr fruchtbares Alter –, ist eben, daß man den Verstand nicht befragt [...]. Man führt in diesen Jahren beinahe keine Geste aus, die man nicht nachher gern zurücknehmen möchte. Man sollte aber statt dessen gerade bedauern, daß man die Spontaneität nicht mehr besitzt, die sie uns ausführen ließ. Später sieht man die Dinge auf eine praktischere Art in vollkommener Übereinstimmung mit der übrigen Gesellschaft, die Jugend aber ist die einzige Zeit, in der man etwas lernt.[301]

Zutreffend und überdies noch unvergleichlich schön beschreibt Marcel Proust das Jugendalter (»l'adolescence«) als eine Zeit impulsiver Handlungen und Grenzerkundungen – »le seul temps où l'on ait appris quelque chose.«[302] So nimmt es nicht wunder, dass einige der Figuren in den Primärwerken dieser Arbeit Jugendliche oder junge Menschen Anfang 20 sind – geht es in den Filmen doch meist um eine (Liebes-)Situation, welche eben *nicht* ›in vollkommener Übereinstimmung mit der übrigen Gesellschaft‹ steht und welche die Betroffenen oftmalig zu Gesten veranlasst, die man womöglich ›nachher gern zurücknehmen möchte‹, da sie alles von Grund auf verändern.

Vier der in diesem Kapitel zu untersuchenden Protagonistenpaare (Amy und Jordan aus THE DOOM GENERATION, Alexa und Ben aus DARE, Francis und Marie aus LES AMOURS IMAGINAIRES sowie Jonathan und Clare aus HOME) befinden sich mehr oder minder in dem von Proust charakterisierten ›lächerlichen‹ Alter – ebenso wie die vier Dritten (Xavier, Johnny, Nicolas und Bobby), die diese Paare jeweils dazu bringen (wollen), den Verstand nicht zu befragen. Am ehesten dem Jugendalter entwachsen sind von den oben Genannten wohl die Figuren aus HOME; gleichwohl sind diese noch nicht *gänzlich* im Zustand des Erwachsenseins ›angekommen‹: Als Bobby (Colin Farrell) voller Enthusiasmus feststellt, es sei so *erwachsen*, sich Immobilien anzusehen, entgegnet Clare (Robin Wright):

301 Proust, Marcel: *Auf der Suche nach der verlorenen Zeit 2. Im Schatten junger Mädchenblüte.* Frankfurt am Main 1995 (Marcel Proust. Frankfurter Ausg. Herausgegeben von Luzius Keller. *Werke* II, Bd. 2) [Aus dem Französischen übersetzt von Eva Rechel-Mertens], S. 436f.
302 Beide Zitate: Proust, Marcel: *À la recherche du temps perdu. À l'ombre des jeunes filles en fleurs.* Paris 1949 (*Œuvres de Marcel Proust*, Bd. IV), S. 161.

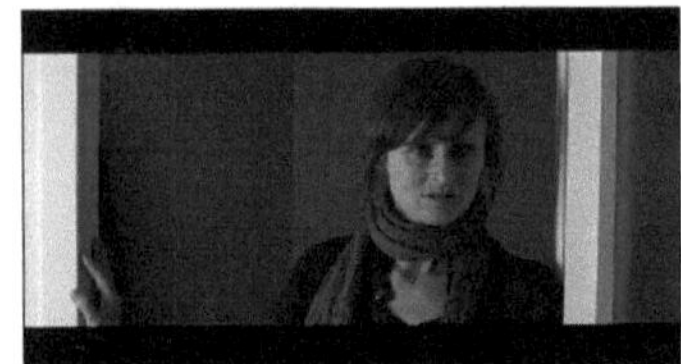

Abb. 8: Späte coming of age-Erfahrung I (Drei).

»We *are* adults – sort of…« Für diejenigen Figuren der hier zu analysierenden Primärfilme, die eindeutig *nicht mehr* im jugendlichen Alter sind (Antoine und Monique aus Tenue de soirée, Jean-Marie und Nicole aus Nettoyage à sec sowie Hanna und Simon aus Drei), stellen die sich zutragenden Ereignisse wiederum eine Art späte *coming of age*-Erfahrung dar. Gegebenenfalls, so scheint es, lässt sich die Zeit, in der man Spontaneität besitzt und ›etwas lernt‹, wohl doch zurück- / nachholen – was kaum prägnanter auf die Leinwand zu bannen ist, als dies Tom Tykwer und seinem Kameramann Frank Griebe in einigen bemerkenswerten Bildern in Drei gelingt: etwa in jenem ›Blick zurück nach vorn‹, den Hanna (Sophie Rois) Adam (Devid Striesow) zuwirft, als sie sich – nachdem sie schon den Entschluss gefasst hatte, Adams Wohnung zu verlassen – plötzlich wieder umdreht und damit ihre Bereitschaft signalisiert, eine jener Proust'schen Jugendgesten auszuführen.

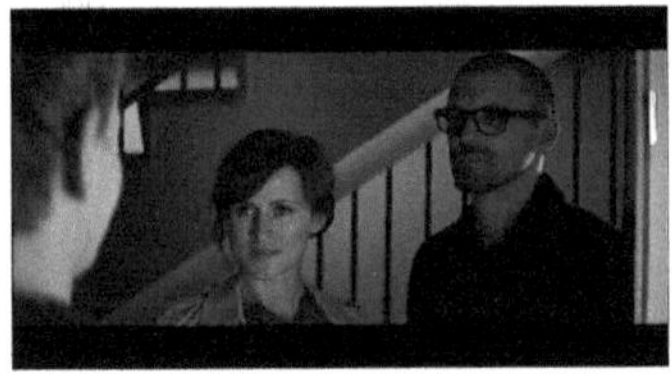

Abb. 9: Späte coming of age-Erfahrung II (Drei).

Gegen Ende des Films folgt ein weiterer Blick dieser Art; diesmal in zwei Gesichtern gleichzeitig. Hanna und Simon (Sebastian Schipper) stehen vor Adams Wohnungstür – willens, ein neues Design for Living zu erproben: eine polyamoröse Beziehung; eine Liebe und ein Leben zu dritt.

Die Situation in den sieben Filmen mit der Konstellation ›2 + 1‹, die es nun in Augenschein zu nehmen gilt, ist jeweils eine Abwandlung des Theorems, das Pier Paolo Pasolini in Teorema behandelt. Dort lautet die Frage: »Was wird geschehen, wenn ein schöner junger Mann, ein Engel oder ein Gott, in eine großbürgerliche Familie kommt, zu allen Personen in ein erotisch-sexuelles Verhältnis tritt und dann verschwindet?«[303] Für die hier zu untersuchenden Filme lässt sich die Fragestellung wie folgt umformulieren: Was wird geschehen, wenn ein in manchen Fällen schöner und junger, in jedem Falle aber Ausstrahlungskraft besitzender Mann, ein ›Engel‹ oder ›Teufel‹, zu einem Paar hinzustößt, zu bei-

303 K., B. (= Kiefer, Bernd): *Teorema – Geometrie der Liebe.* In: Koebner, Thomas (Hg.): *Filmklassiker.* Bd. 3: 1963–1977. Stuttgart 2006, 5., überarbeitete und erweiterte Aufl., S. 208–212, hier S. 209f.

den Personen in ein erotisches, oftmals auch sexuelles Verhältnis tritt und dann entweder verschwindet oder bleibt?

Während es in Filmen mit der Konstellation ›A + B + C‹ stets den einen / die eine sowie die beiden anderen gibt, gibt es in den sieben Filmen der Spielart ›2 + 1‹ den einen / die eine, den anderen / die andere sowie einen Dritten, der um ein Beträchtliches heraussticht und aufgrund dessen hier als der ›Ganz andere‹ bezeichnet werden soll. Dies geschieht in Anlehnung an Rudolf Otto, der sich in seiner Abhandlung *Das Heilige: Über das Irrationale in der Idee des Göttlichen und sein Verhältnis zum Rationalen* (1917) mit dem Heiligen – genauer formuliert: mit dem Numinosen, also dem Heiligen »*minus* seines sittlichen Momentes« und »minus seines rationalen Momentes überhaupt«[304] – auseinandersetzt. Da das Numinose irrational – demnach »in Begriffen nicht explizibel« – sei, sei es allein durch die besondere Gefühlsreaktion, »die es im erlebenden Gemüte auslöst«, angebbar. Diesbezüglich beleuchtet Otto zunächst das »Gefühl des *mysterium tremendum*, des schauervollen Geheimnisses.«[305] Das Wort ›*tremendum*‹ bezeichne eine Furcht, die *mehr als Furcht* sei: den ›Schauer‹, die ›Scheu‹;[306] ›*mysterium*‹ wiederum heiße erst einmal nur »Geheimnis im Sinne des Fremdartigen[,] Unverstandenen[,] Unerklärten überhaupt«[307] – Otto geht hier allerdings weiter:

> [D]as *religiös* Mysteriöse, das echte Mirum, ist, um es vielleicht am treffensten [sic] auszudrücken, das ›*Ganz andere*‹, das thâteron, das anyad, das alienum, das aliud valde, das Fremde und Befremdende, das aus dem Bereiche des Gewohnten[,] Verstandenen und Vertrauten und darum ›Heimlichen‹ überhaupt Herausfallende und zu ihm in Gegensatz sich Setzende und *darum* das Gemüt mit starrem Staunen Erfüllende.[308]

Ferner weise das Numinose, gemäß dem Motto »Vor dem mir graut – zu dem michs drängt«[309], einen Doppelcharakter auf; es habe eine zweite, zu sich ziehende (*an*ziehende, faszinierende) Seite, die mit der »schlechthinnige[n] Unnahbarkeit«[310], »dem abdrängenden Momente« des *tremendum* in eine seltsame

304 Beide Zitate: Otto, Rudolf: *Das Heilige. Über das Irrationale in der Idee des Göttlichen und sein Verhältnis zum Rationalen.* München 1991, Nachdruck der ungekürzten Sonderausg. 1979 (*Beck'sche Reihe*; 328), S. 6, Herv. i. O.
305 Alle drei Zitate: ebd., S. 13, Herv. i. O.
306 Vgl. ebd., S. 15f.
307 Ebd., S. 30.
308 Ebd., S. 31, Herv. i. O.
309 Ebd., S. 42.
310 Ebd., S. 22.

»Kontrast-Harmonie«[311] trete: das *fascinans*. Neben das Sinn*verwirrende* trete das Sinn*berückende*, Hinreißende, Entzückende, das oft genug zum Taumel und Rausch sich Steigernde.[312]

Selbstredend sollen die Dritten, die hier nun jeweils der ›Ganz andere‹ genannt werden, nicht mit dem Numinosen gleichgesetzt werden. Vielmehr geht es darum, Begriffe für die Wirkung dieser Figuren – eines Einbrechers (TENUE DE SOIRÉE), zweier Drifter (THE DOOM GENERATION, NETTOYAGE À SEC), eines Bäckers / Cafébetreibers (HOME), eines Schülers (DARE), eines Literaturstudenten (LES AMOURS IMAGINAIRES) und eines Stammzellenforschers (DREI) – zu finden. So lassen sich die Gefühle, die sie im jeweiligen Protagonistenpaar erwecken, mal mehr, mal weniger mit jenen Betrachtungen Ottos in Verbindung bringen – obgleich besagte Gefühle, wie Otto es in einem Vergleich zwischen dem Numinosen und dem Erhabenen[313] formuliert, »nur ein blasser Widerschein«[314] der durch das Numinose ausgelösten Gefühlsreaktion sein mögen. Die entscheidende Gemeinsamkeit zwischen dieser Gefühlsreaktion und den Gefühlen, die die hier zu erforschenden dritten Figuren jeweils entfachen, ist »jenes eigentümliche Doppelmoment eines zunächst abdrängenden und gleichzeitig doch wieder ungemein anziehenden Eindruckes auf das Gemüt«[315]. Mit welchen dramaturgischen und inszenatorischen Mitteln dieser Eindruck in den Filmen erreicht wird – und wie die Figurenpaare, die diesen Eindruck gewinnen, angelegt sind / gezeigt werden –, sei jetzt dargelegt.

Dazu sollen zunächst zwei prägnante Werke herausgegriffen werden: TENUE DE SOIRÉE sowie LES AMOURS IMAGINAIRES. Während im ersten Fall insbesondere die Dramaturgie Beachtung finden soll, ist im zweiten vor allem die Art und Weise der Inszenierung – der ›Kamerablick‹, die Montage – von Interesse. Auf jeweils *eine* aufschlussreiche Sequenz soll dabei das Hauptgewicht gelegt werden: die Eröffnungssequenz aus TENUE DE SOIRÉE sowie die Party- / Tanzsequenz aus LES AMOURS IMAGINAIRES.

---

311 Beide Zitate: ebd., S. 42.
312 Vgl. ebd., S. 42, 56.
313 Otto sieht das Erhabene nicht im Gebiet der Religion, sondern in dem der Ästhetik (vgl. ebd., S. 56).
314 Ebd., S. 56.
315 Ebd., S. 57; dieses Doppelmoment gesteht Otto auch dem Erhabenen zu (vgl. ebd., S. 57).

4.1 Tenue de soirée

Tenue de soirée beginnt mit dem Ehepaar Antoine und Monique (Michel Blanc und Miou-Miou) im Zwiegespräch auf einer Tanzveranstaltung. Antoine ist ein kleiner, unscheinbarer Mann mit Glatze, »with sad eyes and a silly moustache« (so Paul Attanasio), Monique ist eine attraktive Frau in nachlässiger Aufmachung. Die zwei sind weder ein harmonisches, noch ein antagonistisches Paar: Monique feuert Verbalspitzen ab, Antoine redet derweil unbeirrt von seinen zärtlichen Gefühlen für sie – »[s]he attacks and he takes it«[316], heißt es in Attanasios Besprechung des Films. Auf unflätige Beschimpfungen und eine Miene voller Verachtung *ihrer*seits folgen Komplimente und ein treuherziger Blick *seiner*seits. Die beiden verbindet dem Anschein nach eine Hassliebe, zu welcher Antoine die (›romantische‹) Liebe und Monique den Hass beisteuert. Aus dem Dialog der Eheleute – hauptsächlich aus Moniques Vorwürfen – geht hervor, dass sie sich in einer prekären finanziellen Situation befinden; an späterer Stelle ist zu sehen, dass sie in einem Wohnwagen leben. Eine Verbesserung ihrer Lebensverhältnisse scheint nicht in Sicht – ihnen bleibt nur die Verklärung (so der Weg Antoines) beziehungsweise die lautstarke Klage (so der Weg Moniques). Wie der schüchterne, sensible Antoine und die forsche, sich rüde benehmende Monique es vollbracht haben, ihre Ehe bis zu dem Moment aufrechtzuerhalten, in dem der Zuschauer / die Zuschauerin dieses groteske Kontrastpaar kennenlernt, lässt sich schwerlich ausmalen – außer Frage steht indessen, dass das bisherige Leben der zwei eine grundlegende Veränderung erfährt, als Bob (Gérard Depardieu) darin in Erscheinung tritt: eine kuriose Gestalt, »a swashbuckling giant«[317], in schwarzer Lederhose und weißer Seidenbluse. Was Bob neben seiner wuchtigen Erscheinung und seiner extravaganten Garderobe jedoch in erster Linie zum ›Ganz anderen‹ macht, ist sein Verhalten – beziehungsweise seine dramaturgische Funktion, seine Rolle in der Geschichte, die anfangs, wenn nicht gar bis zuletzt, uneindeutig bleibt.

316 Beide Zitate: Attanasio, Paul: *›Ménage‹ (R)*. 1986. http://www.washingtonpost.com/wp-srv/style/longterm/movies/videos/mnagerattanasio_a0ad73.htm (Zugriff am 26.10.2013), o. P.

317 Ebd., http://www.washingtonpost.com/wp-srv/style/longterm/movies/videos/mnagerattanasio_a0ad73.htm, o. P.

In seinem Text *Institutionentheorie* schreibt Albrecht Koschorke, dass sich die Theorien zur Figur des Dritten grob in zwei Klassen aufteilen.[318] Wolle man den Dritten vor eine Wahl stellen, dann würden »seine beiden Möglichkeiten, stark verallgemeinert, *Irritation* oder *Institution*« heißen. Der Dritte – der als »dämonisch-ambivalente[s] Schwellenwesen weder der einen noch der anderen Seite zurechenbar« sei und so »ein Dasein eigenen Rechts« entfalte – könne als »Störenfried« auftreten, indem er »dichotomische Grenzziehungen«[319] durchkreuze (= *Irritation*), er könne jedoch auch als »*Unterbrecher* von konflikthaften Eskalationen«[320] wirksam sein (= *Institution*).

Auf Bob trifft in gewissem Sinne beides zu. Während Monique noch ihren Gatten schilt, taucht Bob bereits im Hintergrund auf. Er nähert sich dem Tisch, an dem das Paar sitzt, und nimmt hinter Monique, mit Blick auf Antoine, am Nachbartisch Platz. Kurzzeitig ist er Beobachter – ehe er, gewissermaßen als *Konfliktunterbrecher*, eingreift: Er ohrfeigt Monique und lässt eine irrwitzige Menge an Geldscheinen auf die zu Boden gehende Frau niederregnen. Selbst als Streitunterbrecher mutet er überaus *irritierend* an.

Von Antoine wird Bob in jenem Moment als *Rivale* eingeschätzt. Gewiss mag eine Ohrfeige eine krude Methode sein, um Interesse an einer Frau zu bekunden – gleichwohl lässt sich dieses Gebaren durchaus einer der von Anette Kaufmann aufgelisteten Formeln romantischer Fiktion zuordnen: der Formel von ›Der Widerspenstigen Zähmung‹. In Erzählungen dieses Musters komme es zwischen zwei starken Figuren – einem klassischen antagonistischen Paar – zu einem temperamentvollen Geschlechterkampf:[321]

> Zwar obsiegt am Ende meist der Mann, doch liebt er auch den ungewöhnlich kraftvollen Charakter seiner Partnerin. Und diese gewinnt, indem sie ihre rüden Eigenschaften ablegt, Liebesfähigkeit und Lebensqualität.[322]

Da, wie schon erwähnt, Antoine und Monique *kein* klassisches antagonistisches Paar sind, wäre die stürmische Monique / Bob-Begegnung als Auftakt einer Geschichte über ein solches Paar denkbar – was Antoine wiederum zum

318 Vgl. Koschorke, Albrecht: *Institutionentheorie*. In: Eßlinger, Eva (u.a.) [Hg.]: *Die Figur des Dritten. Ein kulturwissenschaftliches Paradigma*. Berlin 2010, S. 49–64, hier S. 49.
319 Alle fünf Zitate: ebd., S. 49, Herv. i. O.
320 Ebd., S. 53, Herv. i. O.
321 Vgl. Kaufmann 2007, S. 92.
322 Ebd., S. 92.

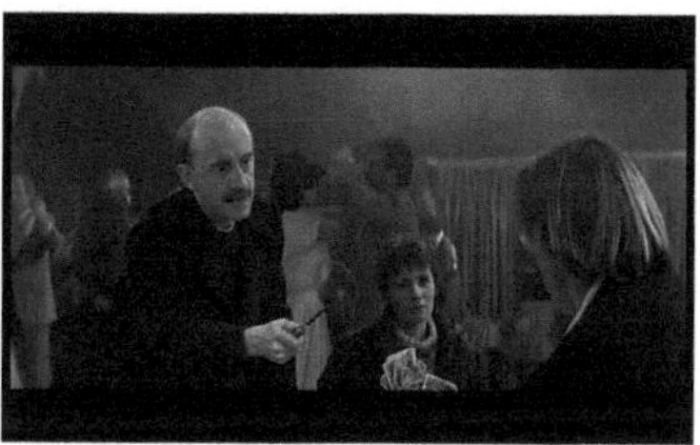

Abb. 10: Rivalität (TENUE DE SOIRÉE).

wrong partner, zum *dweeb* im Rubinfeld'schen Sinne degradieren würde. Als Antoine ein Messer zückt, um seinem vermeintlichen Rivalen zu drohen, fängt Kameramann Jean Penzer das Trio in einer Weise ein, die eine Rivalität der Männer um Monique tatsächlich nahelegt: Der bewaffnete Antoine nimmt in Kampfposition die linke Seite des Bildes ein; der sitzende Bob wird im *profil perdu* am rechten Bildrand erfasst; die im Bildmittelgrund kniende Monique ist zwischen Antoine und Bob zu sehen.

Bezüglich Antoines falscher, gleichsam heteronormativer Interpretation von Bobs Absichten – die der Interpretation des Zuschauers / der Zuschauerin zu diesem Zeitpunkt womöglich entspricht – ist eine Aussage von Regisseur Bertrand Blier interessant: Er möge es, Klischees oder klassische dramatische Strukturen als Ansatzpunkt zu verwenden und diese dann komplett umzudrehen (*retourne comme un gant*)[323] – »[ç]a casse les émotions«[324] (≈ *das schlägt ein / dabei zerreißt es dich fast*). Als Bob recht ungewöhnlicherweise seine Brust entblößt, um Antoine das Niederstechen zu erleichtern, begibt sich die Geschichte sogleich wieder in eine andere Richtung – weg vom *inevitable outcome* von ›Der Widerspenstigen Zähmung‹. Die drei lassen sich am Tisch nieder (Antoine und Bob auf einer vorderen, Monique auf einer hinteren Bank) und kommen ins Gespräch. Blier hält die Figuren dabei in ständiger Bewegung: Zuerst befindet sich Bob in der Mitte – mal Monique, mal Antoine zugewandt; dann rutscht Monique hinter Antoine, sodass dieser die Mitte der Dreiergruppe bildet; und anschließend befindet sich Monique zwischen den beiden Männern.

Durch dieses dynamische Figurenarrangement werden die kommenden Ereignisse vorweggenommen: Im Laufe des Films wird es immer wieder zu neuen Formationen kommen, statt, wie üblich, zu *einer* unvermeidlichen Paarbildung. Stets wird dabei einer der Figuren die Rolle des *Tertius miserabilis*, des Exkludierten[325] zukommen – sei es Antoine, als er Bob und Monique *in flagranti* er-

323 Vgl. Blier, zitiert in Harris, Sue: *Bertrand Blier*. Manchester (u.a.) 2001 (*French Film Directors*), S. 19.
324 Ebd., S. 19.
325 Vgl. Fischer, Joachim: *Der lachende Dritte. Schlüsselfigur der Soziologie Simmels*. In: Eßlinger, Eva (u.a.) [Hg.]: *Die Figur des Dritten. Ein kulturwissenschaftliches Paradigma*. Berlin 2010, S. 193–207, hier S. 201; Fischer rekurriert in seinen Ausführungen auf Theodor Scharmann (vgl. ebd., S. 201, Fn. 29).

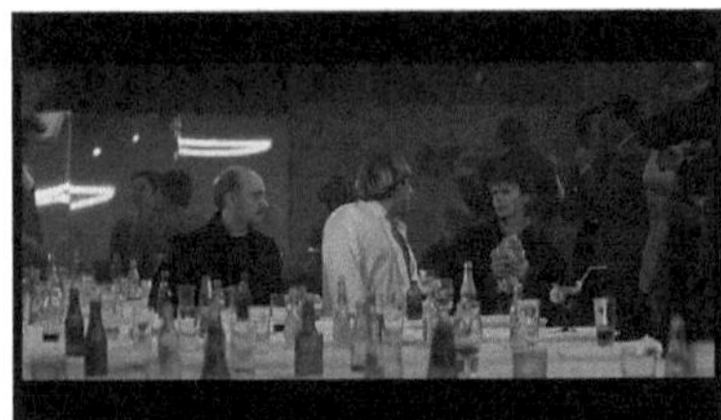

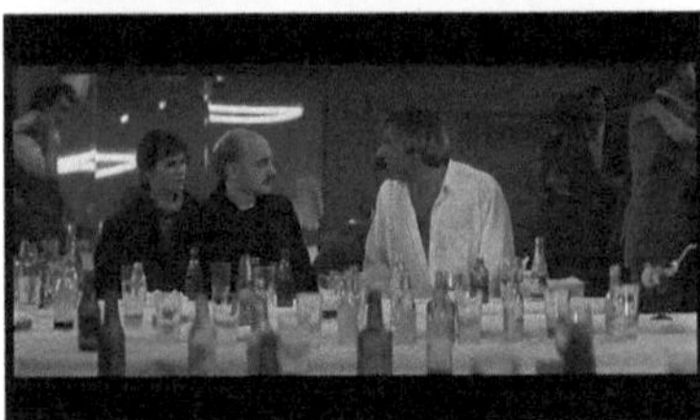

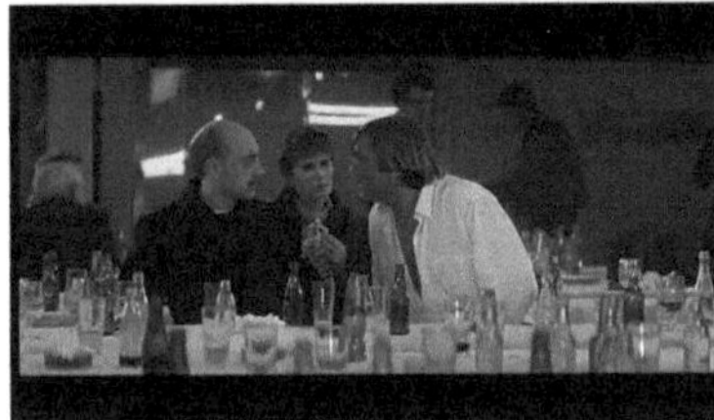

Abb. 11 bis 13: In ständiger Bewegung (TENUE DE SOIRÉE).

tappt; sei es Bob, als Antoine (zunächst) an Moniques Seite zurückkehrt, nachdem Bob ihn für eine Nacht an einen alten Freund zu verkaufen gedachte (!); oder sei es Monique, die im zeitweiligen Haushalt zu dritt aufs Sofa ›verbannt‹ wird.

Zu den »Ikonen einer Theorie des Dritten«[326], die im Werk *Die Figur des Dritten: Ein kulturwissenschaftliches Paradigma* vorgestellt werden, gehört neben dem Rivalen auch der *trickster*. Dieser entscheide sich, so Koschorke, für die Möglichkeit der *Irritation.*[327] Erhard Schüttpelz schreibt in seinem Beitrag zum *trickster*: »Es wird immer einen Dritten geben, der aus Lust an Streichen Widersprüche inszeniert, nicht aus Bosheit, sondern um Leute auf die Probe zu stellen und aus dem Konzept zu bringen«[328]. Bei Claude Lévi-Strauss ist wiederum vom »zweiseitigen Charakter des *trickster*« die Rede: »bald wohlgesinnt, bald bösartig, je nachdem.«[329] In vielerlei Hinsicht entspricht Bob diesem Profil. Gérard Depardieu lässt seine Figur zwischen Zärtlichkeit und Grobheit pendeln; er spielt die ganze Skala von Verhaltensweisen aus – stets mit großer Geste, als »Übertreibung der Übertreibung«[330]. Bob bringt das Ehegespann Antoine und Monique – insbesondere Ersteren – aus dem Konzept, indem er sich essenzialisierender Identitätskategorien verweigert: Als Antoine erkannt zu haben glaubt, dass Bob schwul ist, muss er schon im nächsten Moment – infolge Bobs Reakti-

326 Eßlinger, Eva (u.a.): *Vorwort*. In: Dies. (u.a.) [Hg.]: *Die Figur des Dritten. Ein kulturwissenschaftliches Paradigma*. Berlin 2010, S. 7f., hier S. 7.

327 Vgl. Koschorke 2010, S. 49.

328 Schüttpelz, Erhard: *Der Trickster*. In: Eßlinger, Eva (u.a.) [Hg.]: *Die Figur des Dritten. Ein kulturwissenschaftliches Paradigma*. Berlin 2010, S. 208–224, hier S. 208.

329 Beide Zitate: Lévi-Strauss, Claude: *Strukturale Anthropologie I*. Frankfurt am Main 1978 (Übersetzt von Hans Naumann), S. 250, Herv. i. O.

330 Haas, Daniel: *Der beste schlechte Schauspieler der Welt*. 2012. http://www.spiegel.de/kultur/kino/hollywood-star-nicolas-cage-der-beste-schlechte-schauspieler-der-welt-a-819464.html (Zugriff am 26.10.2013), o. P.; Haas verwendet diese Bezeichnung, um die Spielweise von Nicolas Cage zu charakterisieren.

on auf Monique in ihrer »kleinen Kombination«[331] – wieder annehmen, sich geirrt zu haben. Aus »Langeweile« habe er ›die Front gewechselt‹, antwortet er der fragenden Monique – während er, ganz nebenbei, mit dieser schläft. Und dem verwunderten Antoine erklärt er – während er, wohlgemerkt, *noch immer* mit Monique den Beischlaf vollzieht –, dass er sich »noch unsicher« sei, was seine Liebe zu Frauen anbelange. Bob ist ein erotisches Rätsel. Da er, wie einige Stellen des Films enthüllen, zur Wahrheit im Allgemeinen ein gespaltenes Verhältnis hat, ist es unmöglich, mit Gewissheit festzustellen, wann diese ›Widersprüche‹ (genauer formuliert: diese sexuell ambivalenten Züge) lediglich ›inszeniert‹ sind – in Manier des *trickster*, aus ›Lust an Streichen‹ – und wann sie der Wahrheit entsprechen. In jedem Falle verqueert Bob das Leben von Antoine und Monique, da er vermeintlich feste Grenzen zur Disposition stellt. Die Gefühlsreaktion, die er als der ›Ganz andere‹ in Antoine auslöst, fasst Bob selbst in die folgenden Worte: »Ein ständiges Schwanken zwischen völliger Ablehnung und einer kindlichen Hingabe, mit plötzlichen Schüben von Ängstlichkeit, in denen er zu zittern beginnt« – die Sinn*verwirrung* (*tremendum*) und Sinn*berückung* (*fascinans*) in seltsamer ›Kontrast-Harmonie‹.

Bobs Ambivalenz sowie die ›Kontrast-Harmonie‹ der Gefühle Antoines finden auch in der Art und Weise, wie die Ereignisse erzählt werden, ihren Ausdruck: »Blier combines [...] melodrama with burlesque«[332]. Der Regisseur verbindet überzogen gefühlvoll inszenierte Momente (Bob zu Antoine: »Ich hab' dich zitternd erwartet!«) und derb-komische Einlagen, wie etwa die *in flagranti*-Situation, zu einem von Anfang bis Ende verqueerenden Werk. Sue Harris stellt das Œuvre Bliers in ihrer Publikation *Bertrand Blier* in die Tradition des *théâtre de l'absurde*, »a period of self-consciously experimenttal or avant-garde domestic drama«[333]:

> The *théâtre de l'absurde* [...] expresses a sense of revolt with regard to conventional theatre practice, and constructs a new dramatic form based on the collision of elements: this revolt is also apparent in Blier's work, which explores a collision of tragic and comic genres, unpredictability in language and action, and privileges superficial or surface aspects of characterisation over psychological depth.[334]

331 Als Grundlage für die Zitate aus Tenue de soirée dient die Synchronfassung der deutschen DVD von Tobis Home Entertainment (*Gérard Depardieu Edition Nr. 1*).
332 Harris 2001, S. 19.
333 Ebd., S. 32.
334 Ebd., S. 33, Herv. i. O.

Es gilt daher, den Bezug des Films zu dieser Periode bei der Analyse der Standardsituationen im sechsten Kapitel zu berücksichtigen: Worin manifestiert sich besagte Auflehnung (*revolt*) in der Ausgestaltung der Situationen (neben den hier bereits genannten Punkten im Hinblick auf die Begegnungssituation in der Eröffnungssequenz)?

4.2 Les amours imaginaires

Als Nächstes sei nun ein Blick auf die Figuren aus Les amours imaginaires geworfen. Zum einen ist da Marie (Monia Chokri): kulturbeflissen, trendbewusst und zumeist mit scharfer Zunge sprechend; zum anderen Francis (Xavier Dolan): nicht minder klug, hip und den bissigen Ton beherrschend, gleichzeitig aber auch mit Zügen des *sad young man* ausgestattet (auf welchen in Zusammenhang mit Dare kurz eingegangen werden soll). Die beiden seien, so Rainer Gansera in seiner Rezension des Films, »das klassische Duo aus hübscher junger Frau und schwulem Freund«[335] und – so Daniel Sander – »das Maß aller Dinge in Sachen Coolness«[336].

Dass diese beiden distinguierten Twens *vor* Beginn der filmischen Erzählung ein harmonisches ›Paar‹ waren, das eine ›freundschaftliche‹ Liebe verband, lässt Dolan in etlichen kleinen Momenten durchschimmern – etwa als Francis beim gemeinsamen Streifzug durch eine Boutique den Ärmel eines Kleidungsstückes an Maries Kopf hält, um mit ernsthafter Kennermiene zu prüfen, ob ihr das hervorgeholte Teil stehen würde, oder als die zwei despektierlich dreinblickend auf einer Party beieinandersitzen und die modische Entgleisung eines Gastes mit der nötigen Portion Gehässigkeit kommentieren.

»The gay man-straight woman model pairing appears to be a cinematic match made in heaven«[337], merken Amy Aronson und Michael Kimmel in Bezug

335 Gansera, Rainer: *Am meisten schmerzt die Eifersucht.* 2011. http://www.sueddeutsche.de/kultur/im-kino-herzensbrecher-am-meisten-schmerzt-die-eifersucht-1.1116907 (Zugriff am 26.10.2013), o. P.

336 Sander, Daniel: *Hip, aber herzlich.* 2011. http://www.spiegel.de/kultur/kino/0,1518,772697,00.html (Zugriff am 26.10.2013), o. P.

337 Aronson, Amy / Kimmel, Michael: *The Saviors and the Saved. Masculine Redemption in Contemporary Films.* In: Lehman, Peter (Hg.): *Masculinity. Bodies, Movies, Culture.* New York 2001 (*AFI Film Readers*), S. 43–50, hier S. 47.

auf das Freundespaar Julianne / George (Julia Roberts / Rupert Everett) aus P.J. Hogans My Best Friend's Wedding / Die Hochzeit meines besten Freundes (USA 1997) sowie entsprechende ›Paare‹ aus weiteren *romantic comedies* an. In jenen Werken seien »gay men« stets als »good advisors to straight women«[338] wirksam; bei Dolan hingegen werden Francis und Marie zu Antagonisten, indem beide um die Gunst des betörend schönen Nicolas (Niels Schneider) zu buhlen beginnen. Ehe dieser näher charakterisiert werden soll, sei darauf hingewiesen, dass die Inszenierung des Moments, in welchem sich das Duo erstmals über Nicolas austauscht, eine doppelte Vermittlung im Sinne René Girards nahelegt. Nach einer Reihe von Aufnahmen des blond gelockten Nicolas, der rauchend am Esstisch sitzt und mit einigen Leuten Konversation treibt, zieht sich die Kamera in den Küchenbereich zurück. Der Kamerablick durch den Türvorhang ist zugleich der Blick Maries. »Wer ist denn dieses schöne, selbstverliebte Wesen?«[339], fragt Marie – in bemüht mokantem Tonfall, und ihre Augen alsdann abwendend – den neben ihr stehenden Francis. Dieser beugt sich vor, sieht zu dem ›Wesen‹ hinüber und nennt Marie die ihm bekannten Fakten (»Das ist… Nicolas. Er kommt vom Land. Ein Freund von Sophie. Er ist gerade hierher gezogen.«). Auf weitere Bilder des sichtlich ausgelassenen Nicolas – in *slow motion* schmauchend, lachend und sich durch die Haare fahrend – schließt sich ein *two-shot* an, in welchem das Freundespaar mit dem Rücken zur Kamera steht; im Folgenden wendet zuerst Marie den Blick in Zeitlupe nach links (in den *off*-Raum, in Richtung Nicolas) und wieder zurück, dann tut Francis dies in gleicher Weise.

Der Moment des Sich-Verliebens wird von Xavier Dolan und Kamerafrau Stéphanie Weber-Biron somit in einer Einstellung vermittelt, die die beiden zukünftigen *Rivalen* – nicht etwa ein mögliches zukünftiges Liebespaar – gemeinsam zeigt. Das Begehren nach Nicolas ist für die zwei von Anbeginn mit der jeweils anderen rivalisieren Person – dem besten Freund / der besten Freundin – verbunden und wird, um Girards Formulierung aufzugreifen, immer schneller zwischen den beiden zirkulieren und bei jedem Hin und Her an Intensität gewinnen. Was Francis und Marie für Nicolas (zu) empfinden (glauben), ist die von Lee skizzierte ›romantische‹ Liebe. Diese kennen Francis und Marie gut –

338 Beide Zitate: ebd., S. 48.

339 Als Grundlage für die Zitate aus Les amours imaginaires dient die Synchronfassung der deutschen DVD von Kool.

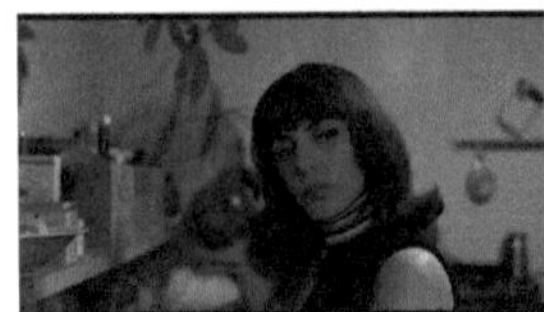
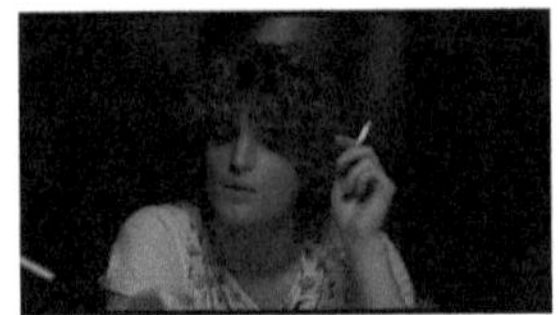
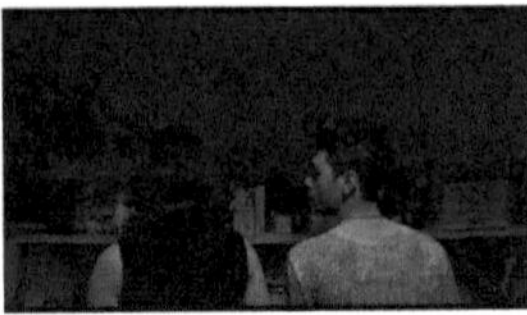

Abb. 14 bis 16: Doppelte Vermittlung (LES AMOURS IMAGINAIRES).

aus Romanen, Theaterstücken und, selbstverständlich, aus Filmen. Kunst und Kultur bestimmen die Wahrnehmung der beiden – insbesondere auch ihre Wahrnehmung von Nicolas. Dolan äußert hierzu in einem Interview: »Beide schwärmen für eine wunderschöne, aber letztlich uninteressante Fantasiefigur, die so unerreichbar ist wie ein Botticelli oder der Tadzio aus ›Tod in Venedig‹.«[340] Welchen Einfluss dies auf den Verlauf der (verhinderten) Liebesgeschichte hat, soll noch dargelegt werden. Zunächst gilt es an dieser Stelle, sich intensiver mit der Figur ›Nicolas‹ zu befassen.

Nicolas kann über den ungeahnt erotisch anmutenden Verzehr von Marshmallows dozieren, mag Audrey Hepburn und weiß um die korrekte Verwendung des Wortes ›manichäisch‹ – ist darüber hinaus jedoch ein weitgehend unbeschriebenes Blatt; oder genauer gesagt: eine leere Kinoleinwand, auf die sich sämtliche Begehren projizieren lassen.

Dolan illustriert dies in jener bemerkenswerten Partysequenz, in welcher Francis und Marie – gefilmt in einer Naheinstellung – nebeneinandersitzen und sich über die aus dem Rahmen fallende Aufmachung von Nicolas' Mutter Désirée (Anne Dorval) mokieren (ehe die beiden auch in dieser Situation dazu übergehen, ihre kleinen Garstigkeiten *gegeneinander* zu richten). Während sich Désirée mit ihrem Sohn und einer Anzahl von Gästen zu den Klängen des Songs *Pass This On* von The Knife bewegt, setzt ein Stroboskop-Gewitter ein, wodurch die Tanzsituation eine artifizielle Ebene erreicht. Nach einigen Tanzflächenimpressionen konzentriert sich die Kamera auf den im Stroboskoplicht taumelnden Blondschopf Nicolas und zeigt dessen Antlitz in diversen Großaufnahmen. Hierauf ist Marie zu sehen, deren blasierte Miene bereits einem gebannten Blick gewichen ist. Die Fantasien, die Nicolas in Marie entzündet, werden in der Folge durch die Montage sichtbar gemacht, indem sich etwa Ausschnitte

340 Dolan, zitiert in Rothe, Marcus: *›In der Liebe gibt es keinen Fortschritt‹*. 2011. http://www.bernerzeitung.ch/kultur/kino/In-der-Liebe-gibt-es-keinen-Fortschritt/story/21130472 (Zugriff am 26.10.2013), o. P.

von Michelangelos David mit *close-ups* ihres Angebeteten abwechseln. Auch bei Francis setzt sich die Imagination in Gang: Im Anschluss an eine Aufnahme, in welcher ihm die Begierde unverhohlen ›aus den Augen sieht‹, werden Zeichnungen von Jean Cocteau zwischen die Bilder des wie in Trance sich wiegenden Nicolas montiert. »Die erotischen Projektionen der Figuren werden eins mit der Projektionsmaschine Kino«, schreibt Daniel Kothenschulte in seiner Kritik bezüglich jener Tanz- / Traumbildpassage, die er als »[d]ie zentrale Szene des Films«[341] bezeichnet.

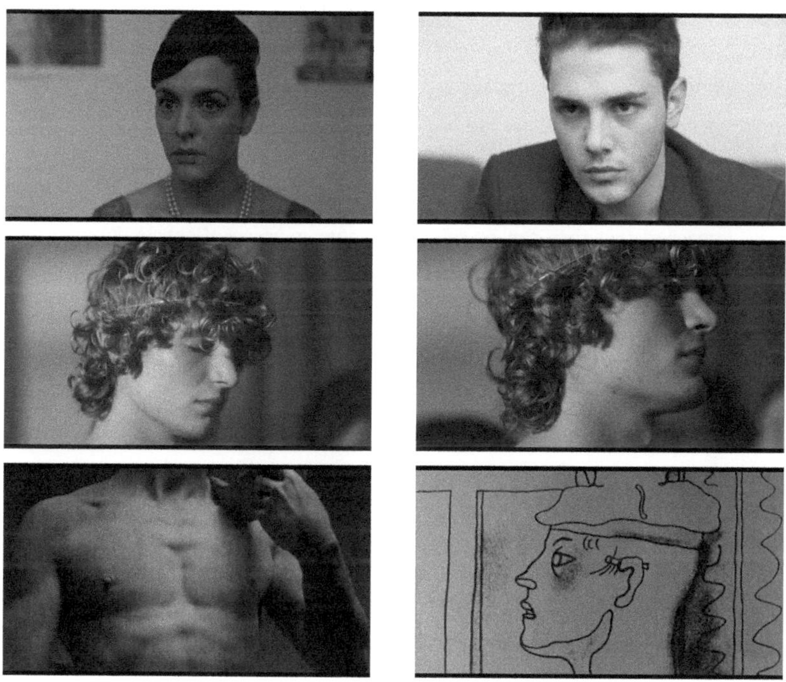

Abb. 17 bis 22: Projektion (LES AMOURS IMAGINAIRES).

Auf Nicolas als Projektionsfigur – beziehungsweise als Wunschbild, das sich aus Teilen von Kunstwerken zusammensetzt – soll nun ausführlicher eingegangen werden. Bedeutsam ist vor allem die Blicksituation in der beschriebenen Sequenz: Francis und Marie nehmen hier die *Betrachter*position ein, indessen

341 Beide Zitate: Kothenschulte, Daniel: *Die äußere und die innere Schönheit.* 2011. http://www.fr-online.de/film/filme-von-xavier-dolan-die-aeussere-und-die-innere-schoenheit,1473350,8636548.html (Zugriff am 26.10. 2013), o. P.

sich Nicolas – mit geschlossenen Augen tanzend – der Betrachtung *darbietet*; Francis und Marie sind jeweils das *Subjekt* beziehungsweise der *Blick*; Nicolas ist das *Objekt*, der Blick*fang*. Diese Erkenntnisse führen direkt zu Laura Mulveys Aufsatz über visuelle Lust und narratives Kino. Darin erläutert die Autorin, dass das Unbewusste der patriarchalischen Gesellschaft – in welcher die Frau »bearer, not maker, of meaning«[342] sei – die Filmform strukturiert hat.[343] Mulvey weist darauf hin, dass das Kino eine Reihe von möglichen Vergnügen bietet; eines davon sei die Skopophilie – die Lust am Schauen. »In a world ordered by sexual imbalance«, so Mulvey, »pleasure in looking has been split between active/male and passive/female«[344]; der bestimmende männliche Blick (*determining male gaze*) projiziere seine Fantasie auf die weibliche Gestalt, die dementsprechend geformt werde.[345]

> In their traditional exhibitionist role women are simultaneously looked at and displayed, with their appearance coded for strong visual and erotic impact so that they can be said to connote *to-be-looked-at-ness*. Woman displayed as sexual object is the *leitmotif* of erotic spectacle[346].

Die Präsenz der Frau sei »an indispensable element of spectacle in normal narrative film«[347] – wenngleich sie der Entwicklung der *story-line* zuwider laufe, den Handlungsfluss in Momenten erotischer Kontemplation gefrieren lasse.[348] »For a moment the sexual impact of the performing woman takes the film into a no man's land outside its own time and space«[349], merkt Mulvey im Hinblick auf Marilyn Monroes ersten Auftritt in Otto Premingers River of No Return / Fluss ohne Wiederkehr (USA 1954) an. Ferner weist sie auf die Fragmentierung des weiblichen Körpers durch *close-ups* hin:

> [C]onventional close-ups of legs (Dietrich, for instance) or a face (Garbo) integrate into the narrative a different mode of eroticism. One part of a fragmented body destroys the Renaissance space, the illusion of depth demanded by the narrative; it gives flatness, the quality of a cut-out or icon, rather than verisimilitude, to the screen.[350]

342 Mulvey 2009, S. 15.
343 Vgl. ebd., S. 14.
344 Beide Zitate: ebd., S. 19.
345 Vgl. ebd., S. 19.
346 Ebd., S. 19, Herv. i. O.
347 Ebd., S. 19.
348 Vgl. ebd., S. 19f.
349 Ebd., S. 20.
350 Ebd., S. 20.

Ein eindrückliches Beispiel für jenen *mode of eroticism* findet sich in John Hustons REFLECTIONS IN A GOLDEN EYE. Darin wird eine von Elizabeth Taylor verkörperte Majorsgattin im Schlaf von einem Soldaten (Robert Forster) angesehen. Auf einen *over shoulder shot*, der die im Bett liegende Frau zeigt, folgt eine Aufnahme des sich im Dunkel befindenden Antlitzes des Mannes. Einer Naheinstellung der ruhenden Frau reihen sich *extreme close-ups* ihrer oberen und unteren Gesichtshälfte sowie einer Hand an, denen jeweils eine Aufnahme des *determining male gaze* präponiert ist. Der Schauende wird hier wiederum *ebenfalls* fragmentiert erfasst – in Detailaufnahmen eines Auges.

Hervorgehoben sei noch der folgende Gedanke Mulveys: Die zur Schau gestellte Frau (*the woman displayed*) fungiere auf *zwei* Ebenen; zum einen sei sie erotisches Objekt für die männlichen Filmfiguren, zum anderen erotisches Objekt für die zuschauende Person – mit wechselnder Spannung zwischen den Blicken auf beiden Seiten der Leinwand. Die zuschauende Person identifiziere sich mit dem männlichen Protagonisten, der die *story* aktiv vorantreibe.[351]

> [H]e [= the spectator] projects his look onto that of his like, his screen surrogate, so that the power of the male protagonist as he controls events coincides with the active power of the erotic look, both giving a satisfying sense of omnipotence.[352]

In ihren 1981 publizierten *Afterthoughts* erklärt Mulvey, weshalb sie in ihrem Aufsatz von 1973 ausschließlich »*male* third person singular« verwandte, um das zuschauende Individuum zu bezeichnen: »I was interested in the relationship between the image of woman on the screen and the ›masculinisation‹ of the spectator position.« Diese ›Vermännlichung‹ der *spectator position* sei unabhängig vom tatsächlichen Geschlecht – »or possible deviance« – des zuschauenden Individuums. »The in-built patterns of pleasure and identification seemed to impose masculinity as ›point of view‹«[353] – eine *masculinity*, die, wie Andrea B. Braidt anmerkt, zudem wohl »weiß, heterosexuell und bügerlich«[354] sei.

351 Vgl. ebd., S. 20.
352 Ebd., S. 21.
353 Alle vier Zitate: Mulvey, Laura: *Afterthoughts on ›Visual Pleasure and Narrative Cinema‹ inspired by DUEL IN THE SUN (King Vidor, 1946).* In: Framework, 15 / 16 / 17 (1981), S. 12–15, hier S. 12, Herv. i. O.
354 Braidt, Andrea B.: *Film-Genus. Gender und Genre in der Filmwahrnehmung.* Marburg 2009, S. 50.

Obschon sich Mulvey in erster Linie auf »Hollywood in the 1930s, 1940s and 1950s«[355] bezieht, lässt sich erst einmal vielerlei auf die Tanzsequenz aus Les amours imaginaires übertragen – etwa jener bestimmende, projizierende Blick des Subjekts (beziehungsweise der Subjekte) sowie jene *to-be-looked-at-ness* des Objekts und die damit einhergehende Unterscheidung zwischen Sinn*produzent* und Sinn*träger* (*maker of meaning / bearer of meaning*): Während die *schauenden* Figuren die *angeschaute* Figur mit allerart Vorstellungen ausstatten – und der Zuschauer / die Zuschauerin vermittelst der Montage unmittelbar daran teilhat –, ist völlig unklar (gar un*wichtig*?), welche Gedanken sich wohl hinter der Stirn dieser angeschauten Figur verbergen mögen. Auch das ›Gefrieren‹ des Handlungsflusses ist in besagter Sequenz wahrnehmbar: Der sich im aufblitzenden Licht zu den Klängen der Musik wiegende Körper überführt den Film ohne Weiteres in jenes *no man's land outside its own time and space*. Die *close-ups* des Gesichts in Kombination mit den bruchstückhaft gezeigten Kunstwerken generieren eine Collage erotischer, idealisierter Körperbilder und geben der Leinwand jene von Mulvey konstatierte *flatness* – jene *quality of a cut-out or icon*. Der wesentliche Unterschied zwischen Laura Mulvey und Xavier Dolan ist selbstverständlich, dass der *determining male gaze* bei Letzterem von einer männlichen *und* einer weiblichen Filmfigur ausgeht, und dass es ein *Mann* ist, der als *sexual object* figuriert. Die verschiedenen Darstellungsmöglichkeiten dieser (Blick-)Konstellation sollen in diesem Kapitel behandelt werden.

355 Mulvey 2009, S. 15.

Exkurs: Männliche Schauobjekte – William Holden, Richard Gere, Rudolph Valentino

Die nachfolgenden Ausführungen sollen sich kurz der Frage nach dem Mann als *sexual object* im Film widmen. »Two absences in Mulvey's argument have subsequently been addressed in film criticism«[356], schildert Jackie Stacey in ihrem Artikel; zum einen sei dies besagte Frage nach »masculinity as sexual spectacle«[357], zum anderen die Frage nach dem »feminine subject in the narrative«[358]. In Bezug auf die zweite Frage sei hier der Aufsatz *When the Woman Looks* von Linda Williams genannt, in welchem die Autorin ausführt, dass dem weiblichen Blick im Horrorfilm – beispielsweise in Rupert Julians The Phantom of the Opera / Das Phantom der Oper (USA 1925) – eine hervorstechende Position (*preeminent position*) zukommt:[359]

> The female look [...] shares the male fear of the monster's freakishness, but also recognizes the sense in which this freakishness is similar to her own difference. For she too has been constituted as an exhibitionist-object by the desiring look of the male.[360]

Was die erste Frage – nach dem Mann als Objekt der Erotik – betrifft (die selbstverständlich mit der zweiten Frage in Zusammenhang steht beziehungsweise stehen kann), sei zuerst einmal auf eine Aussage Laura Mulveys hingewiesen: »[T]he male figure cannot bear the burden of sexual objectification.«[361] Auch Steve Neale kommt zu der Erkenntnis, dass es keine kulturelle oder kinematografische Konvention gibt, die es erlaube, den männlichen Körper in einer Weise zu zeigen, wie der weibliche gezeigt werde[362] – »as displayed solely for the gaze of the spectator.«[363] In Momenten des Kampfes und des Gefechts zwischen männlichen Figuren – etwa in den Duellen der Western von Sergio Leone

356 Stacey, Jackie: *Desperately Seeking Difference. Jackie Stacey considers desire between women in narrative cinema.* In: Screen, Vol. 28, Iss. 1 (Winter 1987), S. 48–61, hier S. 49.
357 Ebd., S. 49, Fn. 5.
358 Ebd., S. 49.
359 Vgl. Williams, Linda: *When the Woman Looks.* In: Grant, Barry Keith: *The Dread of Difference. Gender and the Horror Film.* Austin 1996, S. 15–34, hier S. 20f.
360 Ebd., S. 20f.
361 Mulvey 2009, S. 20.
362 Vgl. Neale, Steve: *Prologue. Masculinity as Spectacle. Reflections on men and mainstream cinema.* In: Cohan, Steven / Hark, Ina Rae (Hg.): *Screening the Male. Exploring masculinities in Hollywood cinema.* London (u.a.) 1993, S. 9–20, hier S. 18.
363 Ebd., S. 18.

– sei zwar der Einsatz von »extreme and repetitive close-ups«[364] sowie das ›Gefrieren‹ des Handlungsflusses auszumachen, doch werde das Vergnügen an der Zurschaustellung verlagert:[365] vom männlichen Körper als solchem auf die »overall components of a highly ritualized scene.«[366] Darüber hinaus merkt Neale an:

> We see male bodies stylized and fragmented by close-ups, but our look is not direct, it is heavily mediated by the looks of the characters involved. And those looks are marked not by desire, but rather by fear, or hatred, or aggression.[367]

Es lassen sich jedoch Gegenbeispiele, »Brüche und Unregelmäßigkeiten, sozusagen Verstöße gegen das Gesetz und die Norm«[368] ausfindig machen. So stellt etwa David R. Shumway in Hinsicht auf die männlichen Figuren in den von ihm analysierten *screwball comedies* fest: »[M]en are also gazed upon.«[369] Steven Cohan wiederum setzt sich in seinem Aufsatz mit der filmischen Präsentation von William Holden(s Körper) in Joshua Logans PICNIC / PICKNICK (USA 1955) auseinander – etwa in jener Sequenz des Werks, in welcher der von Holden gespielte Hal mit nacktem Oberkörper Gartenarbeit bei Mrs. Potts (Verna Felton) verrichtet. »You think anybody'd mind?«, fragt Hal die ältere Witwe, ehe er sich seines Hemdes entledigt. »Oh, of course not. You're a man. What's the difference?«, entgegnet diese. Gleichwohl wird Hal im Verlauf der Sequenz als das Zentrum vieler Blicke inszeniert. Zuerst beobachtet Rosemary (Rosalind Russell), »an old-maid schoolteacher«[370], den nur halb bekleideten Mann vom Nachbargarten aus – bis Hal ihren Blick erwidert; kurz danach, infolge einer Bemerkung Rosemarys, sieht die junge Millie (Susan Strasberg) neugierig zu Hal herüber. Als dieser wenig später den benachbarten Garten betritt, kommen noch weitere Blicke (auf ihn) hinzu: ein männlicher, Rivalität ausdrückender Blick des Zeitungsjungen Bomber (Nick Adams) sowie zwei weibliche Blicke – ein interessierter, dezent begehrlicher Blick von Millies älterer

364 Ebd., S. 17.
365 Vgl. ebd., S. 16f.
366 Ebd., S. 17.
367 Ebd., S. 18.
368 Brauerhoch, Annette: *Sein und Schein. Zur Differenz männlicher und weiblicher Schönheit im Film*. In: Karpf, Ernst / Kiesel, Doron / Visarius, Karsten (Hg.): *›Bei mir bist Du schön‹. Die Macht der Schönheit und ihre Konstruktion im Film*. Marburg 1994 (*Arnoldshainer Filmgespräche*, Bd. 11), S. 33–60, hier S. 33.
369 Shumway 1995, S. 387.
370 Bei diesem Zitat aus PICNIC handelt es sich um eine Selbstbeschreibung der Figur.

Schwester Madge (Kim Novak) und ein irritierter, misstrauischer von Millies und Madges Mutter Flo (Betty Field). Cohan stellt in seiner Analyse fest:

> The looking that occurs in this scene collapses the kind of binary scopic regime defined by Mulvey, since it places Hal in the same position of ›to-be-looked-at-ness‹ occupied by Madge, who later complains that she is ›tired of being pretty‹ and ›tired of only being looked at‹.[371]

Hal diene in der beschriebenen Sequenz als »erotic object for the various female viewers.«[372] Zugleich wird dem *Zuschauer* beziehungsweise der *Zuschauerin* Holdens Körper präsentiert; der Schauspieler sei dadurch, dass sein nackter Oberkörper durch die Inszenierung nachdrücklich betont werde, »zu einer Ikone männlichen Sex-Appeals«[373] geworden, schildert Karlheinz Oplustil. Cohans Konstatierung, dass Hals *position of ›to-be-looked-at-ness‹* die These Mulveys widerlege, muss jedoch relativiert werden. Zum einen entspricht das Bild des im Freien arbeitenden beziehungsweise – im Nachbargarten – mit einem Basketball hantierenden Mannes einer der von Richard Dyer dargelegten Methoden, die zur Anwendung kommen würden, wenn ein an Frauen gerichtetes Bild eines Mannes entstehe.[374]

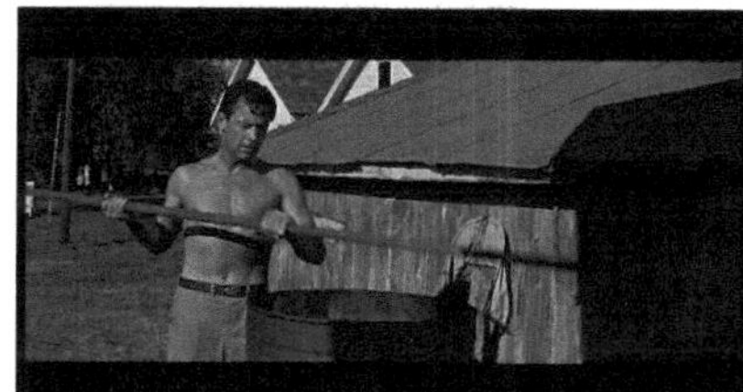

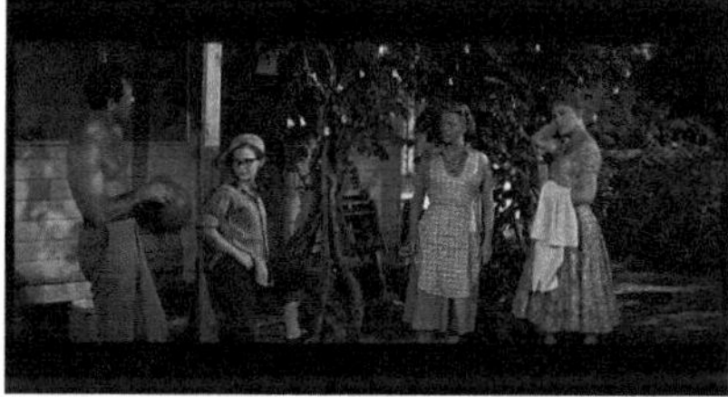

Abb. 23 und 24: William Holden (Picnic).

»Images of men aimed at women – whether star portraits, pin-ups or drawings and paintings of men –« würden, so Dyer, eine Verletzung der »codes of who looks and who is looked at (and how)«[375] darstellen. Eine Möglichkeit, um dieser Verletzung entgegenzuwirken, sei es, den Mann *in der Aktion* zu zei-

371 Cohan, Steven: *Masquerading As the American Male in the Fifties: Picnic, William Holden and the Spectacle of Masculinity in Hollywood Film.* In: Penley, Constance / Willis, Sharon (Hg.): *Male Trouble.* Minneapolis 1993 (*A camera obscura book*), S. 203–232, hier S. 207.

372 Ebd., S. 208.

373 O., K. (= Oplustil, Karlheinz): *Picknick.* In: Koebner, Thomas (Hg.): *Filmklassiker.* Bd. 2: 1946–1962. Stuttgart 2006, 5., überarbeitete und erweiterte Aufl., S. 282–286, hier S. 285.

374 Vgl. Dyer, Richard: *Don't Look Now: The Male Pin-up.* In: Screen*: The Sexual Subject. A* Screen *Reader in Sexuality.* London (u.a.) 1992, S. 265–276, hier S. 267.

375 Beide Zitate: ebd., S. 267.

gen: »[T]he image of the man is one caught in the middle of an action«[376]. Somit sei das sich aus der ›Bildwerdung‹ ergebende passive Element mit den »dominant ideas of masculinity-as-activity«[377] in Einklang zu bringen. Zum anderen wird der Körper von Holden – während dieser als Hal im Garten von Mrs. Potts Abfälle verbrennt beziehungsweise sich im benachbarten Garten sportlich gibt – nicht in Details fragmentiert erfasst. Hal ist in halbnahen Einstellungen zu sehen – so etwa kurz bevor Rosemary ihn erspäht –, des Weiteren in Halbtotalen (als er beispielsweise mit Madge, Millie und Bomber beziehungsweise mit Flo und den beiden jungen Frauen interagiert) sowie in Totalen, in Form von *point-of-view shots*[378], in denen etwa Rosemary oder Madge die blickenden Subjekte sind.

Hinzu kommt, dass Hal den Blick der anderen Figuren bisweilen *erwidert*. Ein solcher ›Blick zurück‹ zerstöre stets das voyeuristische Vergnügen, erläutert Lucy Fischer in Bezug auf Dorothy Arzners DANCE, GIRL, DANCE (USA 1940).[379]

Obendrein sei angemerkt, dass sich Hal im Laufe des Films in Madge verliebt. Obgleich diese, wie erwähnt, *tired of only being looked at* ist, tue Hal »ab einem bestimmten Zeitpunkt nichts anderes [...], als sie anzustarren«[380], stellt Norbert Grob fest. So wird das von Mulvey vor Augen geführte »image of woman as (passive) raw material for the (active) gaze of man«[381] in Logans Werk trotz Hals *position of ›to-be-looked-at-ness‹* (in Momenten wie der Gartensequenz) gleichsam wieder bestätigt.

Zwei weitere Gegenbeispiele, die in der filmwissenschaftlichen Literatur erörtert werden, sind die Darstellungen von Rudolph Valentino – etwa als Torero in Fred Niblos BLOOD AND SAND / BLUT UND SAND (USA 1922) – sowie von Richard Gere als AMERICAN GIGOLO / EIN MANN FÜR GEWISSE STUNDEN (USA 1980) unter der Regie Paul Schraders. Der Präsentation Geres geht Annette Brauerhoch in ihrem Text *Sein und Schein: Zur Differenz männlicher und weiblicher Schönheit im*

376 Ebd., S. 270.
377 Ebd., S. 269.
378 Vgl. Branigan, Edward: *Point of View in the Cinema. A Theory of Narration and Subjectivity in Classical Film.* Berlin (u.a.) 1984 (*Approaches to Semiotics*, 66), S. 103.
379 Fischer, Lucy: *Shot / Countershot. Film Tradition and Women's Cinema.* Basingstoke / London 1989 (*British Film Institute Cinema Series*), S. 152.
380 Grob, Norbert: *The Lavender Blonde. Kim Novak.* In: Marschall, Susanne / Grob, Norbert (Hg.): *Ladies, Vamps, Companions. Schauspielerinnen im Kino. Drittes Symposium* (1999). St. Augustin 2000 (*Filmstudien*, Bd. 15), S. 91–109, hier S. 94.
381 Mulvey 2009, S. 25.

Film nach. Das Werk Schraders zeige einen Mann – Julian –, der sich »ganz der Pflege und Stilisierung seines Körpers gewidmet«[382] habe. Die Autorin bemerkt, dass die Kamera den Protagonisten beziehungsweise den Darsteller geradezu »feiert«[383], und spielt dabei auf eine Sequenz an, in welcher Julian zu *The Love I Saw in You Was Just A Mirage* von Smokey Robinson & the Miracles singend – und sich mit nacktem Oberkörper durchs Zimmer bewegend – seine Outfits zusammenstellt. Jene Sequenz entspricht dem, was Marcus Stiglegger in seinem Buch *Ritual & Verführung: Schaulust, Spektakel & Sinnlichkeit im Film* als eine nur für den Betrachter / die Betrachterin inszenierte Performance bezeichnet.[384] Und auch eine andere Stelle kann als solch »ein performativer Abschnitt des Films«, in welchem der Körper Julians / Geres »ausschließlich für die Augen des Zuschauers [beziehungsweise der Zuschauerin, d. Verf.] aufbereitet wird«[385], begriffen werden: An jener Stelle ist Julian bei der »Schönheitsarbeit am Körper«[386] – beim Muskeltraining – zu sehen. Zum einen kommen hier Aufnahmen zum Einsatz, die seinen Körper fragmentieren, zum anderen aber auch Einstellungen, die diesen vollständig erfassen; die Kamera gebe Gere, so Brauerhoch, »viel Raum«[387]. Obzwar die männliche Figur in Schraders Film als »schönes Schauobjekt«[388] – wie Brauerhoch es ausdrückt – in Szene gesetzt wird und somit ein ›Verstoß gegen das Gesetz und die Norm‹ vorliegt, sind neben der Raum gebenden Kamera einige relativierende Punkte anzubringen. Die Trainingssequenz, in welcher Julian nebenbei noch mithilfe von Fremdsprachenkassetten die schwedische Sprache erlernt, steht im Zeichen der von Richard Dyer beschriebenen Gestaltungsmittel – der Mann befindet sich *in the middle of an action*. In einer späteren Sequenz – in welcher Julian sich mit Michelle (Lauren Hutton) unterhält, nachdem die beiden miteinander geschlafen haben, und er sich gänzlich unbekleidet an den Fensterrahmen lehnt – werde die Tatsache, dass in diesem Moment nun ein *untätiger* männlicher Körper ausgestellt wird, auf der Ebene des Dialogs kompensiert, indem von seiner Virilität die

382 Brauerhoch 1994, S. 55.
383 Ebd., S. 57.
384 Vgl. Stiglegger, Marcus: *Ritual & Verführung. Schaulust, Spektakel & Sinnlichkeit im Film.* Berlin 2006, S. 69; Stiglegger bezieht dies auf eine Passage aus Just Jaeckins EMMANUELLE / EMANUELA (F 1974).
385 Beide Zitate: ebd., S. 68 (auch hier auf die EMMANUELLE-Sequenz bezogen).
386 Brauerhoch 1994, S. 57.
387 Ebd., S. 56.
388 Ebd., S. 48.

Rede sei.[389] Fernerhin macht Brauerhoch darauf aufmerksam, dass die sich entwickelnde Kriminalgeschichte des Films als Strategie gelesen werden kann, den ›feminisierten‹ Julian »an einen ›männlichen‹ Diskurs von Drogen, Unterwelt, Verbrechen und Verfolgungsjagden zu binden.«[390]

> Julians schöner Körper [...] muß, so die unbewußt herrschende Dynamik des Films, noch in andere Zusammenhänge gebracht werden, in denen er gehetzt, verschwitzt, verschmutzt und kämpferisch aktiv ist, um ja keinen Zweifel an seiner Männlichkeit aufkommen zu lassen.[391]

Der zweiten oben genannten filmischen Darstellung eines Mannes als Objekt der Erotik – der Darstellung Valentinos – widmet sich Miriam Hansen; sie hebt insbesondere ein bestimmtes Muster der ›Valentino-Filme‹ hervor, wie in diesen »the exchange of looks between Valentino and the female characters«[392] inszeniert werde.[393] In BLOOD AND SAND spielt Valentino den Matador Juan; als dieser in einer Sequenz des Films von der Menge bejubelt und so zur Schau gestellt wird, erblickt er in der Ansammlung von Menschen die schöne Carmen (Lila Lee). Hansen erläutert: »Valentino's appeal depends, to a large degree, on the manner in which he combines masculine control of the look with the feminine quality of ›to-be-looked-at-ness‹«[394]. An späterer Stelle des Films wird Doña Sol (Nita Naldi) als begehrendes Subjekt etabliert; sie betrachtet den Torero von der Loge der Stierkampfarena aus mit einem Fernglas. Auch hier wird Juan auf die Frau aufmerksam, sodass ein Blickwechsel stattfindet. Dass der ›Blick zurück‹ von Valentinos Figur(en) das voyeuristische Vergnügen *nicht*, wie in Zusammenhang mit PICNIC dargelegt, zerstört, lässt sich mit Hansens Ausführungen begründen:

> The feminine connotation of Valentino's ›to-be-looked-at-ness‹ [...] destabilizes his own glance in its very origin, makes him vulnerable to temptations that jeopardize the sovereignty of the male subject.[395]

In den Momenten, in denen Juan / Valentino seinen Blick auf eine Frau hefte, wirke er nicht aggressiv oder bedrohlich, sondern wie erstarrt[396] – »his

389 Vgl. ebd., S. 59.
390 Ebd., S. 58.
391 Ebd., S. 57.
392 Hansen, Miriam: *Ambivalence, Identification: Valentino and Female Spectatorship.* In: Cinema Journal, Vol. 25, No. 4 (Summer 1986), S. 6–32, hier S. 11.
393 Vgl. ebd., S. 11.
394 Ebd., S. 12.
395 Ebd., S. 15.
396 Vgl. ebd., S. 15.

activity seems blocked, suspended«[397]. Die Macht von Valentinos Blick, so Hansen, beruhe auf seiner Schwäche – auf seinem Oszillieren zwischen aktiv und passiv;[398] »[t]he erotic appeal of the Valentinian gaze, staged as a look within the look, is one of reciprocity and ambivalence, rather than mastery and objectification.«[399] In seinem *image*, so schreiben Georg Seeßlen und Claudius Weil, würden sich die Subjekt / Objekt-Verhältnisse in der Geschlechterbeziehung aufheben.[400] Valentino – »Macho und Melancholiker zugleich«[401], wie Norbert Grob bemerkt – habe den Mann verkörpert, »der *für* Frauen lebt, nicht *durch* sie.«[402] Überdies habe er, so Kenneth Anger, auch eine Anziehungskraft auf Männer ausgeübt – gar auf »die ausgesprochen *männlichen* Männer.«[403]

Ende des Diskurses

397 Ebd., S. 15.
398 Vgl. ebd., S. 15.
399 Ebd., S. 15.
400 Vgl. Seeßlen, Georg / Weil, Claudius: *Ästhetik des erotischen Kinos. Eine Einführung in die Mythologie, Geschichte und Theorie des erotischen Films.* München 1978 (*Grundlagen des populären Films*, Bd. 4), S. 101.
401 Grob, Norbert: *Auch das Schöne ist nur ein Effekt. Stars und Glamour im frühen Hollywood.* In: Karpf, Ernst / Kiesel, Doron / Visarius, Karsten (Hg.): *›Bei mir bist Du schön‹. Die Macht der Schönheit und ihre Konstruktion im Film.* Marburg 1994 (*Arnoldshainer Filmgespräche*, Bd. 11), S. 19–32, hier S. 24.
402 Seeßlen / Weil 1978, S. 100, Herv. d. Verf.
403 Anger, zitiert in Witte, Karsten: *Fetisch-Messen. Notiz zu Kenneth Anger.* In: Frauen und Film, Heft 38 (1985), S. 72–78, hier S. 72, Herv. d. Verf.

Wie die Skizzierung der filmischen Darstellungen von Männern als Schauobjekte gezeigt hat, lassen sich in einigen Werken – und selbstverständlich in weitaus mehr als den hier erwähnten – Abweichungen von der in Laura Mulveys Aufsatz formulierten Regel finden. Der *Valentinian gaze* soll in Verbindung mit The Doom Generation nochmals aufgegriffen werden. Was die Präsentation Holdens / Hals in Picnic betrifft, soll in Zusammenhang mit Dare an den Aspekt angeknüpft werden, dass Hal in der Gartensequenz zum Objekt für *various female viewers* – also für *mehrere* Figuren – wird.

Gleichzeitig wurde jedoch deutlich, dass oft versucht wird, die Abweichung besagter Regel auf dramaturgischer Ebene und/oder durch bestimmte Praktiken der Bildgestaltung auszugleichen. Auf die Darstellung von Nicolas in Les amours imaginaires trifft dies zunächst einmal *nicht* zu. Die oben wiedergegebene Partysequenz entspricht, wie schon ausgeführt, jenem von Mulvey beschriebenen *erotic spectacle*; Nicolas konnotiert *to-be-looked-at-ness*: Francis, Marie und dem Zuschauer / der Zuschauerin wird es ermöglicht, jedwede Fantasie – sei es der David Michelangelos oder seien es die Jünglinge Cocteaus – auf die (eher taumelnde als tanzende) Gestalt zu projizieren. An späterer Stelle des Films folgt noch ein von Francis erträumtes, unmittelbar in eine Alltagsszene geschnittenes Bild von Nicolas, in welchem dieser mit gesenktem Blick vor himmelblauem Hintergrund im Marshmallow-Regen steht (eine Einstellung, mit der Xavier Dolan dem Gregg-Araki-Werk Mysterious Skin [USA / NL 2004] Referenz erweist, in welchem es zu Beginn Froot Loops regnet). Abermals versetzt die Figur ›Nicolas‹ den Film *into a no man's land outside its own time and space.*

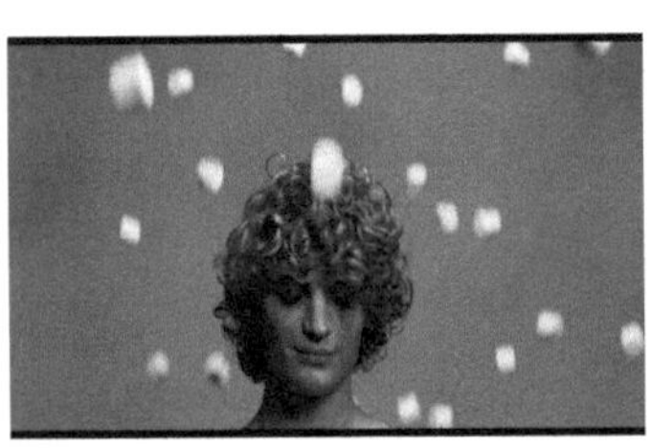

Abb. 25: A no man's land outside its own time and space I (Les amours imaginaires).

Am Ende seines Artikels *Masculinity as Spectacle: Reflections on men and mainstream cinema* kommt Steve Neale zu einer Einsicht, die hilfreich dabei ist, die Frage zu klären, weshalb Nicolas *nicht* den kinematografischen Konventionen entsprechend gezeigt wird, und weshalb es auch *nicht* zwangsläufig zum Versuch kommt, diesen Verstoß inszenatorisch / dramaturgisch aufzuwiegen:

> While mainstream cinema [...] can constantly take women and the female image as its object of investigation, it has rarely investigated men and the male image in the same kind of way: women are a problem, a source of anxiety, of obsessive enquiry; men are not. Where women are investigated, men are tested. Masculinity, as an ideal, at least, is implicitly known. Femininity is, by contrast, a mystery.[404]

Da Nicolas als der ›Ganz andere‹ sowohl für das Protagonistenpaar Francis und Marie als auch für den Betrachter / die Betrachterin ein völliges *Rätsel* und somit *a problem, a source of anxiety, of obsessive enquiry* darstellt, ist die Präsentation der Figur als *object of investigation* wohl die einzig logische Konsequenz. Dies gilt auch für einige der anderen Dritten in den zu analysierenden Werken; obgleich hier differenziert werden muss: Während eine Figur wie Nicolas zuvörderst durch ihre *äußere Erscheinung* – durch ihre Schönheit – Gefühlsverwirrung stiftet, steht bei einer Figur wie Bob in TENUE DE SOIRÉE das irritierende *Verhalten* im Vordergrund (wiewohl auch *Bobs* Äußeres zweifelsohne außergewöhnlich ist, ebenso wie auch die Verhaltensweise von *Nicolas* – seine noch näher zu betrachtende Nonchalance – neben seiner Schönheit zur Verwirrung beiträgt). Beide Figuren sind überaus wirkmächtig, doch ist Nicolas dies in einer (vermeintlich) *passiven* Form, indem er seinen Körper als Projektionsfläche ›zur Verfügung stellt‹, wohingegen Bob der von Laura Mulvey gekennzeichneten »man's role as the active one of advancing the story, making things happen«[405] entspricht. Was *ihn* zum ›Ganz anderen‹ macht, sind gerade jene Dinge, die er *geschehen* lässt – da sie meist jeder (filmischen Erzähl-)Konvention und jeder noch so transformierten Heteronormativität widersprechen.

Dass das ›Gefrieren‹ des Handlungsflusses, das Nicolas' Auftritt verursacht, nicht die Art und Weise ist, auf die sich *Bobs* Wirkung entfaltet, lässt sich an einer Sequenz exemplifizieren, die im Schlafzimmer von Antoine und Monique spielt: Während Bob Antoine davon zu überzeugen versucht, dass man mit ihm *Dinge erleben* kann, die in ein *no man's land outside its own time and space* führen würden (»Du wirst sehen, mit mir spürt man nicht, wie die Zeit vergeht. Du meinst, du bist auf einem wilden Ritt durch die Pampa!«), zieht sich Monique in aufreizender Pose die Strümpfe an und lenkt Antoine damit von Bobs skurri-

404 Neale 1993, S. 19.
405 Mulvey 2009, S. 20.

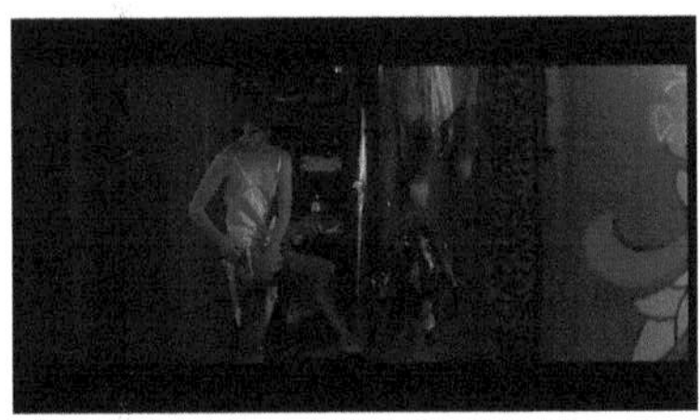
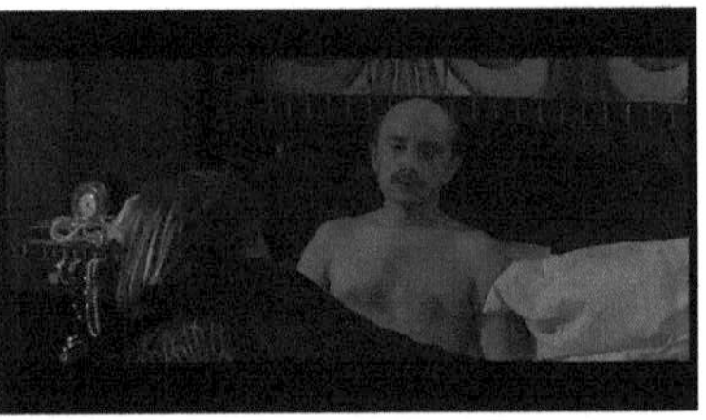

*Abb. 26 und 27: A no man's land outside its own time and space II (*Tenue de soirée*).*

ler Verführungsrede ab. Um die Aufmerksamkeit Antoines zurückzugewinnen, muss Bob die attraktive Monique kurzerhand ins Badezimmer schicken.

In Bezug auf das Geheimnis ›Nicolas‹ und dessen Rolle als *source of anxiety, of obsessive enquiry* ist eine Aussage von Georg Seeßlen und Claudius Weil aufschlussreich. In ihrem Werk über die Ästhetik des erotischen Kinos nennen die Autoren »die Auflösung der fixierten Geschlechterrollen, die hermaphroditische, transvestitische oder androgyne Erscheinung« als Beispiel »obszöner bildnerischer Darstellung«[406] und erklären, dass die »latent androgyne Erotik mancher Stars (etwa Marlene Dietrich)«[407] daran anknüpft. So ist hier auch ein weiteres Mal Rudolph Valentino mit seinen »ebenmäßigen, weichen Gesichtszügen« zu erwähnen, dessen Wirkung »durch Rituale und ›kultische‹ Gegenstände« verstärkt worden sei, »wie dies sonst nur den weiblichen Stars des Genres möglich war.«[408]

Mit seinen gleichfalls weichen Konturen, seinem blonden, gelockten Haar und seinen anmutigen Bewegungen weist Nicolas – mal mit einer Art von Kranz als Kopfschmuck, mal mit einer herzförmigen Sonnenbrille (!) ausstaffiert – jene latent androgyne Erotik unbestreitbar auf. Obzwar er mit seiner aparten Schönheit nicht in dem Maße für Butler'schen *gender trouble* sorgt, wie es beispielsweise die dritten Figuren aus The Doom Generation und Nettoyage à sec zu tun vermögen, löst er mit »seiner Wirkung auf beiderlei Geschlecht«[409], wie Seeßlen es in seiner Filmkritik formuliert, doch zumindest einige Konfusion aus.

406 Beide Zitate: Seeßlen / Weil 1978, S. 74.
407 Ebd., S. 75.
408 Alle drei Zitate: ebd., S. 98.
409 Seeßlen, Georg: *Herzensbrecher. Die Unvernunft der Liebe.* 2011. http://www.strandgut.de/2011/H1107/inhalt/fifk_004.htm (Zugriff am 26.10.2013), o. P.

Exkurs: Pier Paolo Pasolinis Teorema

Rainer Gansera bezeichnet Nicolas in seiner Rezension als »ein engelsgleiches Wesen«[410]. Diese Bezeichnung führt geradewegs zu einer Figur, mit der es Nicolas in Verbindung zu bringen gilt: zu dem Gast aus Teorema, verkörpert von Terence Stamp. Pier Paolo Pasolinis Werk ist ein äußerst komplexer Film; hier soll es vor allem um die Art und Weise gehen, wie der Gast / Stamp filmisch in Szene gesetzt wird und welche Wirkung die Figur auf ihr Umfeld hat. Angekündigt per Telegramm, erscheint der außergewöhnliche Gast im Hause einer Mailänder Fabrikantenfamilie. Mit seiner Ankunft verschwinden sogleich die »sepia tones of old newsreels«[411]; Farbe erfüllt die Leinwand und Stimmen durchbrechen die Stille. Pasolini und sein Kameramann Giuseppe Ruzzolini zeigen, wie der weißgewandete Gast mit einigen Besuchern der im Hause stattfindenden Party in Kontakt tritt. Die Aufmerksamkeit ist ihm gewiss: »Who is that boy?«, fragt ein Mädchen die Tochter Odetta (Anne Wiazemsky). Auf eine Aufnahme der hochgestimmten Mutter Lucia (Silvana Mangano) folgt eine halbnahe Einstellung, die dem Zuschauer / der Zuschauerin eine erste eingehende Betrachtung des Gastes gestattet. Außergewöhnlich – so heißt es im Roman, welcher ebenfalls von Pasolini stammt – sei besagter Gast »vor allem an Schönheit: eine Schönheit so einzigartig, daß ihr Kontrast zu allen übrigen schon fast ein Skandal« sei; er habe »so gar nichts Durchschnittliches, Durchschaubares, Ordinäres an sich«[412]. In einigen Punkten gleicht die Einführung der Figur des Gastes dem oben beschriebenen Moment in Les amours imaginaires, in welchem Francis und Marie – in der Küche, an der Arbeitsplatte stehend – der nicht minder ›skandalösen‹ Schönheit des Neuen in ihrer Runde gewahr werden. Doch statt eines Wechsels von *sepia tones* zur Farbe und vom Stumm- zum Tonfilm ereignet sich bei Xavier Dolan ein Übergang zu Zeitlupeneinstellungen, um die durch Nicolas entstandene Sinnverwirrung und -berückung wiederzugeben. Der Effekt ist ein gänzlich anderer. Das Hinzukommen von Farbe und Sprache legt nahe, dass der schöne Gast »Leben in die Öde und Einsamkeit«[413] bringt – und

410 Gansera 2011, http://www.sueddeutsche.de/kultur/im-kino-herzensbrecher-am-meisten-schmerzt-die-eifersucht-1.1116907, o. P.

411 Greene, Naomi: *Pier Paolo Pasolini. Cinema as Heresy.* Princeton 1990, S. 131.

412 Beide Zitate: Pasolini, Pier Paolo: *Teorema oder Die nackten Füße.* München 1990, 5. Aufl. (*Serie Piper*, Bd. 200) [Aus dem Italienischen von Heinz Riedt], S. 23.

413 Everschor, Franz: *Teorema – Geometrie der Liebe.* In: film-dienst 51 / 68, S. 6f., hier S. 6.

tatsächlich wird er Lucia und Odetta sowie den Vater Paolo (Massimo Girotti), den Sohn Pietro (Andrés José Cruz Soublette) und das Hausmädchen Emilia (Laura Betti) *bewegen* – wenn auch nur vorübergehend, bis es nach seinem Fortgang zum »körperlichen Zersetzungsprozeß«[414] kommen wird und »die kurzzeitig Bewegten […] in Erstarrung«[415] enden werden. Nicolas hingegen *verlangsamt* die Welt von Francis und Marie – womit nicht allein das ›Gefrieren‹ des Handlungsflusses in Momenten wie dem Tanz gemeint ist (denn dies trifft, wie noch gezeigt werden soll, in gleichem Maße auf entsprechende Momente in TEOREMA zu); gemeint sind vielmehr *sämtliche* kommenden Momente des Films: Nicolas befördert die Lichtspiel- und Kunstfreunde Francis und Marie in ein ›Paralleluniversum‹, in welchem sie sich in *slow motion* zurechtmachen, mit neuer Frisur / im schicken Kleid durch die Straßen wandeln – und sich, das insinuiert bereits der Filmtitel, einer nur *erträumten / eingebildeten* Liebe hingeben.

Was die weitere Inszenierung der Figur des Gastes anbelangt – so etwa die Kameraeinstellungen, in denen dieser präsentiert wird –, ist deutlich zu erkennen, dass Pasolinis Werk *nicht* dem *mainstream cinema* angehört. Die filmische Darstellung des Gastes verstößt gegen die von Laura Mulvey festgehaltene Regel. Auch *dieser* junge Mann ist, weit mehr noch als Nicolas (und all die anderen hier behandelten Männerfiguren), ein Rätsel, *a mystery*; er ist, nicht nur im übertragenen Sinne, der / das ›Ganz andere‹ – ein Engel oder ein Gott. In der Sequenz im Garten, in der Emilia den Gast betrachtet, kommen alle erdenklichen Einstellungsgrößen zum Einsatz, um ihn – in einem Rohrsessel sitzend und lesend – zu erforschen. Auch Detailaufnahmen werden angewandt: »[T]he camera lingers on parts of his body, especially his loins, although he is clothed«[416], merkt Naomi Greene an. Die Art und Weise, in der die Kamera hier dicht an Terence Stamp herankommt – »bis an die Einzelheiten seines Körpers«[417] – entspricht dem von Mulvey beschriebenen *erotic spectacle*, dessen *leitmotif* gemeinhin die Frau als *sexual object* sei; der zudringliche ›Kamerablick‹ lässt an die Partysequenz aus LES AMOURS IMAGINAIRES denken, in welcher Nicolas zum Objekt des Begehrens von Francis und Marie wird. Dass darin neben *close-ups*, die Nicolas zeigen, Detailaufnahmen der ›Körperteile‹ von Kunstwerken

414 K., B. (= Kiefer, Bernd) 2006, S. 210.
415 Ebd., S. 211.
416 Greene 1990, S. 132.
417 Pasolini 1990, S. 25.

wie dem David eingeschnitten werden, unterstreicht nochmals den Eindruck, dass Nicolas für das Protagonistenpaar lediglich ein (aus Carrara-Marmor und anderen Materialien konstruierter) Wunschtraum ist. »Wir erfahren also nichts über ihn. Im übrigen ist das auch nicht nötig«[418], heißt es in Pier Paolo Pasolinis Roman über den Gast – und für Nicolas gilt dies ebenso.

Auf zwei Dinge sei in Zusammenhang mit TEOREMA noch hingewiesen. Zum einen vermittelt Stamp durch sein Spiel den Eindruck, die von ihm verkörperte Figur sei sich der Tatsache, eindringlich angesehen zu werden, erst einmal gar nicht bewusst: Mit konzentrierter Miene ist der im Garten sitzende Gast in sein Buch vertieft. An späterer Stelle wird er beispielsweise noch im Schlaf von Pietro in Augenschein genommen und in ausgelassener Stimmung beim Spiel mit einem Hund von Lucia beobachtet.

Zum anderen wird der Gast jedoch nicht nur *an*geblickt – er hat, anscheinend sobald ihm *bewusst* wird, dass er betrachtet / begehrt wird, auch einen *eigenen* Blick. Dies kann – etwa kurz bevor er Emilia den Wunsch erfüllt, »von ihm besessen zu werden«[419], oder als er der nackten Lucia auf der Terrasse begegnet – ein gütiger, warmherziger, wohlmeinender Blick sein, der, wie Pasolini es formuliert, »vielleicht einen Hauch von Ironie enthält und zugleich die große, sanfte, schützende Kraft des Mannes«[420]; dies kann aber auch ein durchaus herausfordernder Blick sein, der, so abermals Pasolini, »ein verhaltenes Ungestüm« zum Ausdruck bringe, »dessen er sich in seiner Unschuld nicht bewußt zu sein scheint oder das er als etwas Natürliches hinnimmt«[421] – so zum Beispiel in einer Einstellung, in welcher der auf dem Bett sitzende Gast Odetta ansieht.

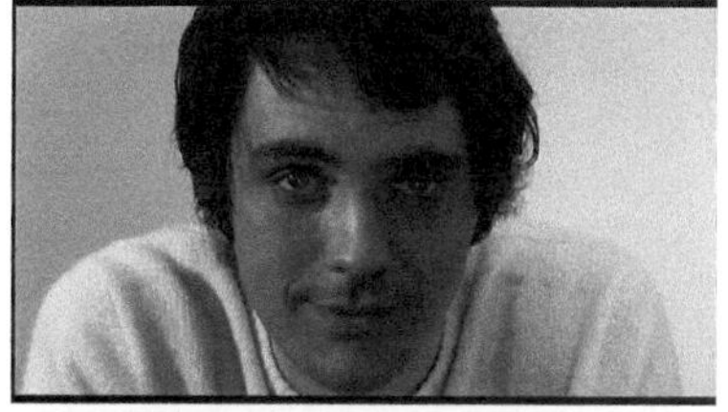

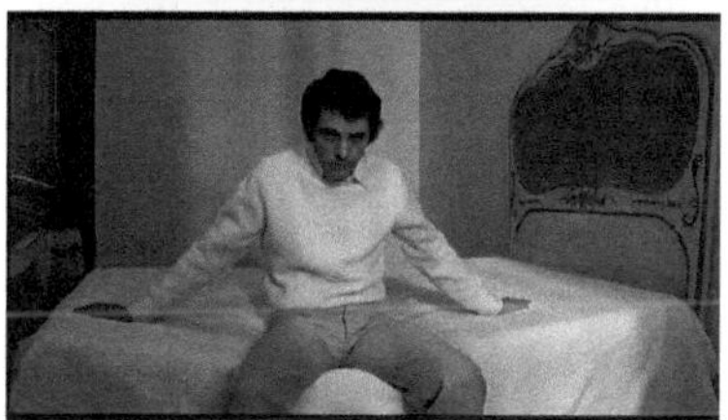

Abb. 28 und 29: Terence Stamp (TEOREMA).

Ende des Diskurses

418 Ebd., S. 24.
419 Ebd., S. 29.
420 Ebd., S. 43.
421 Beide Zitate: ebd., S. 68.

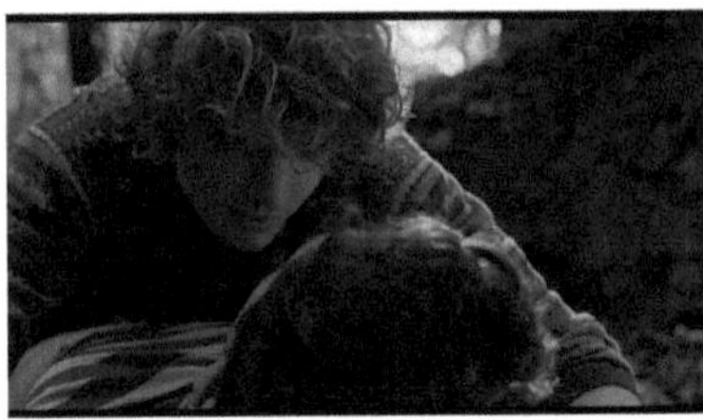
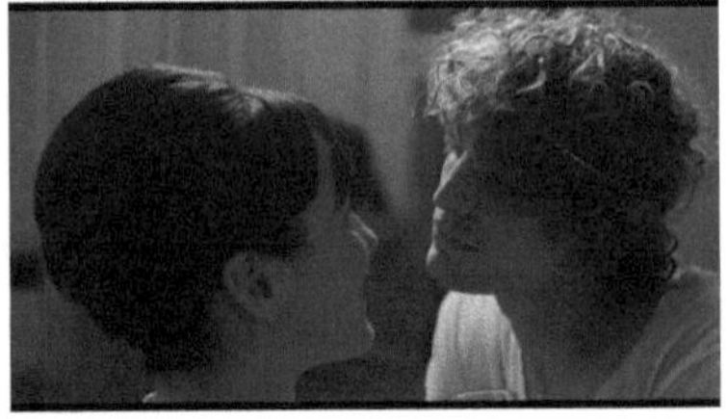

Abb. 30 und 31: Nicolas' herausfordernder Blick (Les amours imaginaires).

Was Nicolas betrifft, so gilt es hier nun einzuräumen, dass auch *er* nicht gänzlich *ohne* eigenen Blick ist. Neben Momenten wie dem Tanz oder dem Marshmallow-Regen, in denen sich die Figur stets als Objekt darbietet und anscheinend *nicht* für sich in Anspruch nimmt, selbst Subjekt zu sein, gibt es Momente, die mit dem von Otto Koenig verwendeten Ausdruck »Blickberührung« beschrieben werden können: Formen des »fein dosiert[en]«[422] Blickkontakts, zu denen es zwischen Nicolas und Francis beziehungsweise Marie etwa bei Begrüßungen, beim munteren Parlieren im Café oder beim gemeinsamen Rauchen von Zigaretten und Verreißen eines eben besuchten Theaterstücks kommt. Darüber hinaus besitzt auch Nicolas an einigen wenigen Stellen einen herausfordernden Blick, mit dem er ein gewisses Maß an Ungestüm und an (Schau-)Lust zu bekunden scheint – beispielsweise als er sich beim Versteckspiel im Wald auf Francis stürzt oder als er sich Marie auf seiner Party zuwendet.

Im Gegensatz zum herausfordernden Blick des Gastes bleibt jener von Nicolas jedoch jedes Mal folgenlos. Letztlich lässt sein Blick über weite Strecken des Films ein tief gehendes emotionales Engagement vermissen – was ebenso auf sein unbekümmertes Verhalten zutrifft: Ein ›*Je t'aime*‹ kommt ihm derart leicht über die Lippen, dass es im Grunde *nichts* sagt.

Bemerkenswert ist ein Aspekt, den Dolan lediglich an vereinzelten Stellen andeutet – nämlich die Möglichkeit, dass Nicolas, obschon er meist als Projektionsfläche / als Objekt der Betrachtung dient und somit einen passiven Status einnimmt, die *Kontrolle* über das Geschehen hat. Gemäß der »idea of looking (staring) as power and being looked at as powerlessness«[423] ist Nicolas in seiner

422 Beide Zitate: Koenig, zitiert in Schneider, Gisela / Laermann, Klaus: *Augen-Blicke. Über einige Vorurteile und Einschränkungen geschlechtsspezifischer Wahrnehmung.* In: Kursbuch 49 (Oktober 1977), S. 36–58, hier S. 52.

423 Dyer 1992, S. 269.

beschriebenen Rolle ein ›Machtloser‹, wohingegen Francis und Marie diesem Konzept nach die Macht *besitzen*. »Die Sichtbarkeit ist eine Falle«[424]: Mary Ann Doane, Patricia Mellencamp und Linda Williams illustrieren den Zustand der Frau, der sich aus dem Gefühl der permanenten Sichtbarkeit – der *to-be-looked-at-ness* – ergibt, indem sie diesen auf die Ausführungen Michel Foucaults über das Panopticon von Jeremy Bentham beziehen.[425] Foucault schreibt:

> Das Panopticon ist eine Maschine zur Scheidung des Paares Sehen/Gesehenwerden: im Außenring wird man vollständig gesehen, ohne jemals zu sehen; im Zentrum sieht man alles, ohne je gesehen zu werden.[426]

Doane / Mellencamp / Williams konstatieren: »[D]efined in terms of visibility, she [= the woman] carries her own Panopticon with her wherever she goes, her self-image a function of her being for another.«[427] In Hinsicht auf Nicolas, der das Kriterium der *to-be-looked-at-ness* erfüllt, streut Dolan jedoch Hinweise ein, dass die ›Sichtbarkeit‹ der Figur nicht zwangsläufig eine *powerlessness* bedeutet – und dass sie nicht notwendigerweise ausschließt, dass die Figur zugleich *sieht*. Am eklatantesten zeigt sich dies gewiss in dem Moment, in welchem es zur handgreiflichen Auseinandersetzung zwischen Francis und Marie kommt; zu dieser Sequenz gilt es in Unterkapitel 6.6.1 (›Wenn zwei sich streiten…‹) noch einmal zurückzukehren. An früherer Stelle des Films findet eine Situation statt, in der die drei Figuren in einer Hollywoodschaukel sitzen und Nicolas ein Lied vor sich hin singt: »Every breath you take / Every move you make / Every bond you break / Every step you take / *I'll be watching you.*«[428] Ohne dass die (mit sich selbst und ihren Tantalusqualen [über]beschäftigten) Freunde / Antagonisten Francis und Marie dies je bemerken, ist Nicolas trotz der geradezu somnambulen Teilnahmslosigkeit, die er meisthin ausstrahlt, anscheinend dazu in der Lage, das Begehren der beiden im wahrsten Sinne des

424 Foucault, Michel: *Überwachen und Strafen. Die Geburt des Gefängnisses.* Frankfurt am Main 1998, 12. Aufl. (Übersetzt von Walter Seitter), S. 257; das Werk – Originaltitel: *Surveiller et punir: La naissance de la prison* – wurde 1975 in Frankreich und 1976 in Deutschland erstmals veröffentlicht.

425 Vgl. Doane, Mary Ann / Mellencamp, Patricia / Williams, Linda: *Feminist Film Criticism: An Introduction.* In: Dies. (Hg.): *Re-Vision. Essays in Feminist Film Criticism.* Frederick 1984 (*The American Film Institute Monograph Series*, Vol. 3), S. 1–17, hier S. 13f.

426 Foucault 1998, S. 259.

427 Doane / Mellencamp / Williams 1984, S. 14.

428 The Police: *Every Breath You Take.* Text: Sting.

Wortes zu *überblicken* – sodass er *the burden of sexual objectification* (wie Laura Mulvey es ausdrückt) wohl problemlos ›ertragen‹ kann.[429]

Als Überleitung zum nächsten Primärfilm sei noch einmal der Punkt angeschnitten, dass Dolans Werk von einer *imaginierten* Liebe erzählt. Es ist eine Liebe, die ihr Objekt verklärt und somit, nach René Girard, keine ›wahre Liebe‹ (keine *amour-passion*) ist. Francis und Marie deuten sich ihre ›Beziehung‹ zu Nicolas jeweils als großes Gefühlskino zurecht – statt *echter* Emotionen obwalten lediglich *emotion pictures*[430]. Der Zuschauer / die Zuschauerin nimmt das Geschehen dabei überwiegend aus der Perspektive der (vermeintlich) Verliebten – genauer formuliert: der Projizierenden – wahr; er / sie kann sich nur durch einige wenige Momente eigene, gewissermaßen korrigierende Eindrücke verschaffen.

429 Am Rande sei noch erwähnt, dass eine junge Dame mit Woody-Allen-Brille (Anne-Élisabeth Bossé) in einem der vielen zum Einsatz kommenden Interview-Clips in Les amours imaginaires das folgende (Party-)Phänomen erklärt: »Man sieht die Leute immer, auch wenn man sie nicht anschaut. […] Ich seh' dich! Ich schau' dich nicht an, aber ich *seh'* dich! Ich weiß, wohin du schaust. Ich weiß, dass du mich ansiehst!«.

430 In Anlehnung an Wim Wenders, obgleich dieser den Begriff in seinem Essay vom Mai 1970 in einem gänzlich anderen Sinn – einem positiven – verwendet (vgl. Wenders, Wim: *Emotion Pictures. Essays und Filmkritiken 1968–1984*. Frankfurt am Main 1986, S. 66–68).

Exkurs: Roger Avarys The Rules of Attraction

Kurz sei hier ein Film eingebracht, der die Bedeutungslosigkeit des Begierdeobjekts / der Projektionsfigur schmerzlich aufzeigt: Roger Avarys maliziöser Collegefilm The Rules of Attraction. Dieser entspricht *nicht* der Konstellation ›2 + 1‹, thematisiert aber ebenfalls sexuell ambivalente Dreiecksbeziehungen und enthält einige Sequenzen, die in Zusammenhang mit Les amours imaginaires und weiteren Primärwerken interessant sind.

In The Rules of Attraction bildet sich Paul (Ian Somerhalder) eine tiefe Bindung zu Sean (James Van Der Beek) ein, Sean hingegen begehrt Pauls Ex-Freundin Lauren (Shannyn Sossamon) und glaubt irrtümlich, von dieser Liebesbotschaften zu erhalten – während die wahre Absenderin jener glühenden Nachrichten (Theresa Wayman) angesichts der Indifferenz Seans Suizid begeht, ohne dass dieser jemals etwas davon erfährt; Lauren entwickelt indessen ein diffuses Interesse an Sean, wähnt sich aber auch eng mit Victor (Kip Pardue) verbunden, der sich jedoch nach einer Europareise nicht mehr an sie erinnern kann.

Paul und die anonyme Verfasserin der Briefe begehren somit Sean, der Lauren begehrt, die neben Sean Victor begehrt, der zugleich alle und niemanden begehrt. Einige der Figuren sind in gleichem Maße Subjekt und Objekt der Begierde – eine Relation, die am Beispiel von Threesome noch untersucht werden soll –, sie sind Beobachter und *werden* beobachtet. Auf einer Party, auf der die Figuren aufeinander treffen (ohne *zueinander* zu finden), entsteht ein Geflecht von Blicken: Die lüsternen Blicke von Figur A auf Figur B spiegeln die Blicke von B auf C, welche wiederum die Blicke von C auf D spiegeln. Sämtliche Liebschaften sind auch hier, im *Sex, Drugs and Rock'n'Roll*-Kosmos Avarys, lediglich *imaginaires*; es gilt: »Nobody *knows* anyone else ever.« Niemand erfährt etwas über den anderen – und das ist, um Pier Paolo Pasolinis Worte aufzugreifen, ›auch nicht nötig‹. Alles ist Projektion, und im Kopfkino eines / einer jeden läuft stets ein völlig anderer Film ab – wie bei Xavier Dolan, allerdings noch potenziert. Im gleichnamigen, 1987 erschienenen Roman von Bret Easton Ellis (deutscher Titel: *Einfach unwiderstehlich*), auf welchem Avarys Werk basiert, wird die Handlung im fortlaufenden Wechsel aus der Sicht jeweils *einer*

Figur erzählt; indem einige Situationen *zweimal*, aus unterschiedlicher Sicht – und gänzlich *anders* – geschildert werden, tut sich die Unzuverlässigkeit aller Erzählerinnen und Erzähler auf. Bei Avary wird dies unter anderem mittels *voice-over* und *splitscreen* ins Filmische übersetzt.

»Wrong person«, stellt Lauren gegen Ende fest, als sich eines der vielen Missverständnisse im furiosen Reigen der fehlgeleiteten Begierden aufzuklären scheint – und bilanziert lapidar: »Doesn't matter, anyway.« Bemerkenswert ist die Schlusssequenz: Sean fährt mit seinem Motorrad davon, um irgendwo neu anzufangen, und Paul und Lauren sehen ihm nach; die beiden Zurückbleibenden werden dabei erst jeweils in einem *single shot* erfasst, danach – im Anschluss an eine Aufnahme des noch einmal Zurückschauenden und sodann Aufbrechenden – sind sie nebeneinanderstehend in einer Totalen zu sehen. Dies ist nicht das Ende *einer* großen Liebesgeschichte, sondern *dreier*, keineswegs deckungsgleicher Mikromelodramen. Die Beliebigkeit der darin jeweils erwählten Projektionsfigur offenbart sich noch einmal in Seans finalem Kommentar aus dem *off*: »At first, I thought there were things about her that I would never forget, but in the end, all I could think about was –«, heißt es da, ehe die Figurenrede unvermittelt abbricht. *Doesn't matter, anyway.*

Ende des Diskurses

4.3 Dare

In Dare – dem im Folgenden zu untersuchenden Primärfilm – *verbinden* sich einige Elemente aus Les amours imaginaires und The Rules of Attraction. Die Figurenkonstellation entspricht der Konstellation aus Xavier Dolans Werk: Ein gemischtgeschlechtliches Freundespaar begehrt denselben Jungen. Dare wird jedoch nicht nur aus der informationsbeschränkten Perspektive der Begehrenden erzählt, wie dies bei Dolan größtenteils der Fall ist; auch der Wahrnehmung und Reflexion der *begehrten* Figur wird Raum zugestanden – wodurch sich der Film (Drehbuch: David Brind) dem multiperspektivischen Ansatz von Roger Avary nähert. Da die Erzählperspektiven allerdings nicht, wie bei Avary, miteinander vermengt werden, sondern sich gegenseitig ablösen, bleibt etwas von der extremen Beschränkung in Bezug auf den Wissensstand und die Wahrnehmungsweise erhalten, die in Les amours imaginaires vorherrscht. Auf den ersten Akt ›Alexa‹ folgt ›Ben‹, ehe der Zuschauer / die Zuschauerin im letzten Akt ›Johnny‹ am Erleben des Dritten teilhat. Während die Erzählperspektive jeweils mit Beginn eines neuen Akts wechselt, setzt sich die Handlung chronologisch fort. Die drei Akte (an die sich noch ein kurzer Epilog anreiht) werden stets mit einer *title card* gekennzeichnet, wobei – so der Regisseur Adam Salky im Audiokommentar – die Musikuntermalung dabei jeweils etwas über die Figur aussage, aus deren Sicht die Ereignisse im entsprechenden Akt wahrgenommen und reflektiert werden.[431]

Drei Akte, drei *high school kids*. Mit der Musik Joseph Haydns – Streichquartett in Es-Dur, Op. 33, No. 2 (auch als *Der Scherz* bekannt) – wird Alexa (Emmy Rossum) eingeführt: ein *good girl* mit exzellenten Zensuren, das im rosafarbenen Strickjäckchen, mit strengem Pferdeschwanz und Schleifchen-Haarreif in der Schule erscheint und beim Spielen der Blanche DuBois im Schultheater von der großen Schauspielkarriere träumt. Ihr bester Freund Ben (Ashley Springer) – dessen *title card* mit »angsty rock music«[432] (*Leave the Party* von Martin Klingman) unterlegt ist – ist ein wuschelköpfiger *outsider* im dunkelblauen Kapuzenpulli; der athletische, lässig gekleidete Johnny (Zach Gilford) hingegen geriert

431 Vgl. Salky, im Audiokommentar der deutschen DVD von Pro-Fun Media, 3. Min.
432 Ebd., 28. Min.

sich als *bad boy* und steht im Kastenwesen der Highschool erheblich weiter oben als das unscheinbare Freundesduo: *U Can't Be Me* heißt der Song von Diamond D, der seinen Akt eröffnet. Den Bühnenpartner von Alexa in *A Streetcar Named Desire* gibt Johnny nur höchst widerwillig und mit dementsprechender ›Alles egal‹-Attitüde.

So weit, so gewöhnlich. Salky / Brind nutzen unbestreitbar die stereotypen *dramatis personae* des US-amerikanischen Adoleszenzkinos – wie es etwa durch John Hughes in den Achtzigerjahren mit THE BREAKFAST CLUB / DER FRÜHSTÜCKSCLUB (USA 1985) geprägt wurde – als ›Ausgangsmaterial‹ für die Geschichte des Films. Auch die weitere Entwicklung der Figuren ist zunächst einmal *coming of age*-Routine. So streift Alexa ihre Musterschülerinnenmentalität (vorübergehend) ab und verliert ihre Unschuld – was einer der drei von Thomas Winkler angeführten zentralen Erzählungen des *coming of age*-Films entspricht: dem sexuellen Erwachen.[433] Zu einem solchen kommt es auch bei Ben, als dieser plötzlich erkennt, dass ihm ein *Junge* gefällt – was, so Frank Brenner, ebenfalls ein wiederkehrendes Thema in Filmen über das Erwachsenwerden sei: Es komme »nicht selten vor, dass Coming-Of-Age-Stories auch zu Coming-Out-Stories werden«[434]. In beiden Fällen geht dies mit einer Art von ›Metamorphose‹ einher, wie sie Anette Kaufmann als Standardsituation des Liebesfilms beschreibt: »Die Metamorphose verwandelt die Raupe in den Schmetterling, das hässliche Entlein in einen schönen Schwan.«[435] Somit lassen sich die Akte ›Alexa‹ und ›Ben‹ als Variationen der Märchen von *Aschenbrödel* und *Ash-boy*[436] lesen – angesiedelt in den *high school*-Räumen und auf den Jugendpartys der USA im 21. Jahrhundert. Johnny wiederum entbirgt sich im Laufe des Werks als sensibler, leidender junger Mann und steht somit in der Tradition des »angry, alienated teen rebel«[437], der – so Bernd Kiefer in Bezug auf James Dean – »wütend und larmoyant zugleich seinen Platz in der Welt«[438] einfordere. Was diese Entwicklungsgeschichten für die vorliegende Arbeit reizvoll macht, ist selbstverständ-

433 Vgl. Winkler, Thomas: *Coming-of-Age-Filme. Zusehen, wie andere erwachsen werden.* 2008. http://film.fluter.de/de/244/film/6526/ (Zugriff am 26.10.2013), o. P.; als weitere zentrale Erzählungen isoliert Winkler die Auflehnung gegen Autoritäten und die Identitätsfindung.
434 Brenner, Frank: *Dorian Blues.* In: Filmstart 09 / 06, S. 57.
435 Kaufmann 2007, S. 136.
436 Vgl. Lévi-Strauss 1978, S. 249.
437 Springer, Claudia: *James Dean Transfigured. The Many Faces of Rebel Iconography.* Austin 2007, S. 1.
438 Kiefer, Bernd: *Actors Studio.* In: Koebner, Thomas (Hg.): *Reclams Sachlexikon des Films.* Stuttgart 2002, S. 15–17, hier S. 17.

lich die Tatsache, dass Johnny sowohl der Auslöser von *Alexas* als auch von *Bens* sexuellem Erwachen ist.

Girl meets boy meets girl's gay best friend. Die Aufmerksamkeit soll nun insbesondere zwei Punkten gelten: Wie wird das zweifache Begehren nach – und *von* – Johnny visuell umgesetzt und welche Subjekt / Objekt-Relationen lassen sich ausmachen? Hierzu soll auch der Film REBEL WITHOUT A CAUSE beziehungsweise das Trio Jim / Judy / Plato (James Dean / Natalie Wood / Sal Mineo) herangezogen werden, da sich in DARE einige Analogien zu der Inszenierung dieses Figurendreiecks erkennen lassen – obgleich eine sexuelle Ambivalenz in Letzterem angesichts der »homophobic limits imposed by the censors«[439] nur angedeutet werden konnte, wie bei Claudia Springer zu lesen ist. So schrieben die *censors* (= das *Hays Committee*) etwa: »It is of course vital that there be no inference of a questional or homosexual relationship between Plato and Jim«[440].

Im ersten Akt sind die anfänglichen Dissonanzen zwischen Alexa und Johnny ganz automatisch mit bestimmten Erwartungen – *heteronormativen* Erwartungen – verbunden: Das *good girl* und der *bad boy*, der – man ahnt es bald – ein *good bad boy* ist, muten wie ein (stereo)typisches antagonistisches Paar an, auf direktem Wege zur Harmonie, *into heterosexual coupledom* (um die Formulierung Sabrina Bartons aufzugreifen). Die vermeintliche *inevitability* wird hier etwa in Momenten des Blickwechsels und/oder des Dialogs vermittelt, welche filmisch im Schuss-Gegenschuss aufgelöst werden. Auffällig ist jedoch, dass besagte Momente nicht ausschließlich Alexa und Johnny zeigen, sondern eine dritte Figur mit einschließen – nämlich Ben. Dieser ist in den ersten zwei Sequenzen, in denen Alexa und Johnny gemeinsam zu sehen sind und in denen

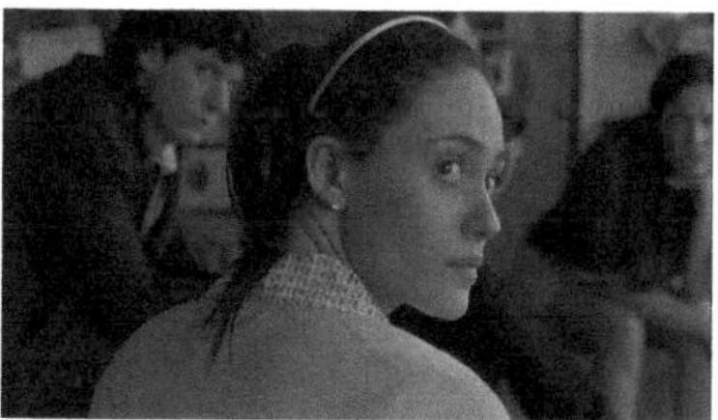

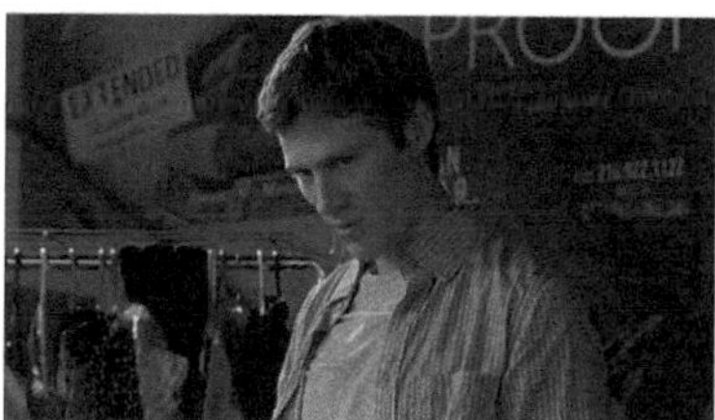

Abb. 32 und 33: Ins doppelte Visier gefasst (DARE).

439 Springer 2007, S. 33.
440 Hays Committee, zitiert in Springer 2007, S. 33.

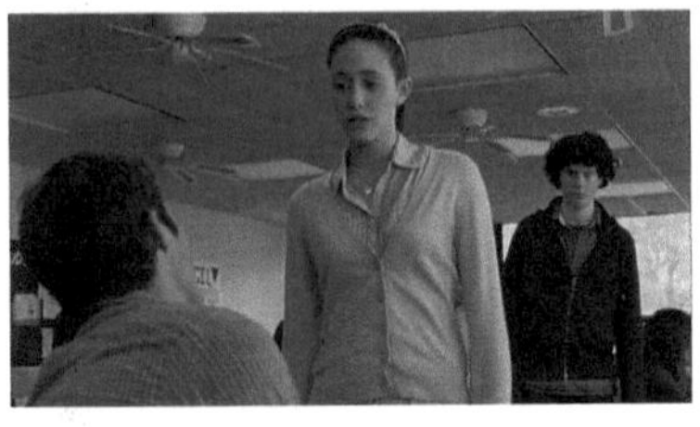

Abb. 34: *One woman, two men* (DARE).

die miteinander konfligierenden Interessen der beiden (in Hinsicht auf die Theaterprobe) etabliert werden, stets Teil des *shot-reverse shot*-Schemas. In der Sequenz im Klassenzimmer, in welcher Alexa zu Johnny hinaufblickt und von diesem sogleich angeherrscht wird, befindet sich Ben (in den Nahaufnahmen Alexas) in der Unschärfe am linken Rand des Kaders: Auch *er* fasst Johnny ins Visier.

Desgleichen steht er hinter Alexa, als diese sich mit Johnny in der *high school cafeteria* ein Wortgefecht liefert. Ben nimmt hier – obwohl er nicht ins Gespräch eingebunden wird – ein knappes Drittel des Bildes ein. Der im vermeintlichen ›Paar-in-spe-Dialog‹ zum Einsatz kommende *over shoulder shot* ist somit nicht als *two-shot*, der ausschließlich Alexa (frontal) als Sprechende und Johnny (im *profil perdu*) als Zuhörenden zeigt, sondern als *three-shot* organisiert: *one woman, two men*. Salky und sein Kameramann Michael Fimognari setzen hierdurch bereits erste Zeichen, dass nicht alles erwartungsgemäß verlaufen wird.

Vergleichbare Praktiken der Bildgestaltung lassen sich, wie erwähnt, in REBEL WITHOUT A CAUSE entdecken. Plato – dessen »status as a closeted figure in the film«[441] von Leerom Medovoi diskutiert wird – ist in einigen Einstellungen, die bestimmte Stationen in der Beziehung von Jim und Judy zeigen, ein integraler Bestandteil der Komposition: so etwa als Jim der vor Entsetzen erstarrten Judy die Hand reicht, nachdem ihr Freund Buzz (Corey Allen) mit dem Wagen in den Abgrund gestürzt ist, oder als sich die beiden von Angesicht zu Angesicht gegenüberstehen, um sich (vorläufig) voneinander zu verabschieden.

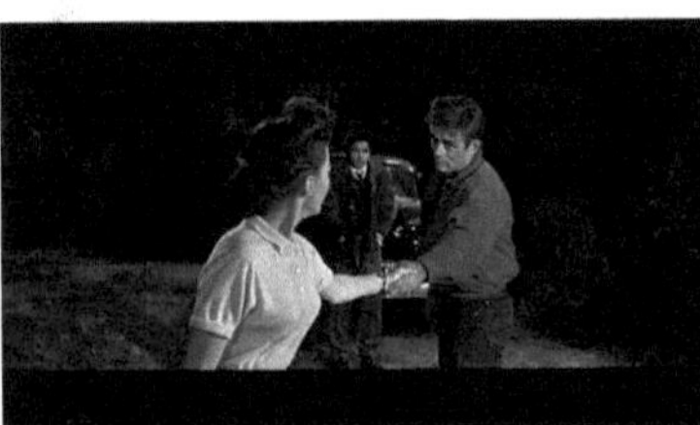

Abb. 35: *Integraler Bestandteil der Komposition* (REBEL WITHOUT A CAUSE).

441 Medovoi, Leerom: *Rebels. Youth and the Cold War Origins of Identity.* Durham / London 2005 (*New Americanists*), S. 186.

Indem der *two-shot* – einer jener *established ways of representing heterosexual norms* – hier, wie auch in DARE, zum *three-shot* wird, kommt es zu dem, was David Martin-Jones (in Bezug auf eine noch zu analysierende Sequenz aus THE DOOM GENERATION) als »queered shot composition«[442] bezeichnet. Vermittelst einer solchen könne man besagte *established ways* hinterfragen.[443] In REBEL WITHOUT A CAUSE bieten die angeführten *queered shot compositions* Anhaltspunkte für ein ›Gegen-den-Strich-Lesen‹, wie es Andrea B. Braidt in ihren Ausführungen zur Studie von Jacqueline Bobo beschreibt:

> Marginalisierte Gruppen können der dominanten Ideologie eines Textes durch resistente Rezeption widerstehen, sie können aufgrund von kleinen Textmomenten, die aus der dominanten Struktur herausfallen, Gegentexte ›produzieren‹.[444]

In Nicholas Rays Film setzt sich die Heteronorm im Endeffekt durch. Dies wird etwa durch jene »[s]ymbolische[n] Handlungen«[445] ausgedrückt, die Günter Giesenfeld in seinem Text aufzeigt. So trage am Ende nun der niedergeschossene Plato die rote Jacke von Jim, während dieser das Jackett des Vaters um die Schultern gelegt bekomme und den Eltern (Jim Backus und Ann Doran) seine ›Braut‹ vorstelle.[446] Passend zu den Worten »This is Judy. She's my friend« werden Jim und Judy in einem *two-shot* erfasst, auf den eine Aufnahme des Elternpaares – als Blick in die Zukunft der Teenager? – folgt. Plato ist tot, die Möglichkeit einer *queered shot composition* gleichsam ›abgewendet‹ – und so bleiben: *one man, one woman* und, natürlich, *one inevitable outcome*. Dennoch illustrieren jene kleinen, aus der dominanten Struktur herausfallenden ›Textmomente‹ wie die oben genannten, dass Alternativen – etwa eine Liebesbeziehung zwischen Jim und Plato oder eine Liebe zu dritt – *denkbar* sind. Als weiterer Anhaltspunkt für ein ›Gegen-den-Strich-Lesen‹ sei noch die Blickorganisation genannt. Springer erläutert:

> When Jim and his new friends Plato and Judy [...] create a substitute family, with Jim assuming the father's role, Judy the mother's, and Plato

442 Martin-Jones 2009, S. 228.
443 Vgl. ebd., S. 228.
444 Braidt 2009, S. 59f.
445 G., G. (=Giesenfeld, Günter): *...denn sie wissen nicht, was sie tun.* In: Koebner, Thomas (Hg.): *Filmklassiker.* Bd. 2: 1946–1962. Stuttgart 2006, 5., überarbeitete und erweiterte Aufl., S. 274–278, hier S. 276.
446 Vgl. ebd., S. 276.

> the son's, Jim and Plato exchange fond looks that suggest male tenderness.[447]

Während »the bad boy's ambiguous sexual positioning«[448] (wie Leerom Medovoi es formuliert) in REBEL WITHOUT A CAUSE sublim in das Werk eingearbeitet wurde – »It was an attempt to widen the permission to love when men were supposed to be *one way* with each other«[449], schildert der Drehbuchautor Stewart Stern –, werden die verschiedenen Beziehungs- und Begehrenskonstellationen in DARE explizit durchdekliniert. Mit verunsicherter Miene versucht Johnny seiner Therapeutin (Sandra Bernhard) – und, vermutlich, sich selbst – das ›Irgendwie‹ seiner Empfindungen zu erklären, nachdem sich die erotischen Begegnungen mit Alexa und Ben zugetragen haben. »I think I made a new friend«, teilt er mit, und berichtet über das Swimmingpool-Intermezzo mit Ben; er sei nicht »gay or anything«, und doch habe es sich gut angefühlt: »It just felt nice… to not feel alone«, stellt er fest – und entspricht in diesem Augenblick wohl mehr denn je jenem von James Dean geprägten *angry, alienated teen rebel* sowie dem von Richard Dyer skizzierten Typus des *sad young man*: »He is soft; he has not yet achieved assertive masculine hardness. […] [H]e does not hold his head up but hangs it.«[450] Ringo Rösener stellt in seiner Kritik zu DARE die Überlegung an, dass Johnny »in das Gefühl, umgeben von Leuten zu sein« verliebt ist – wohingegen es Alexa und Ben darum gehe, »mit ihm jeweils ihre sexuellen Phantasien aus[zu]leben.«[451] Es lässt sich festhalten, dass sich hier Ludus, also das eher Spielerische – gleichwohl sexuell *Ein*deutige! –, und Pragma, also der Wunsch nach Solidität – sexuell jedoch *nicht* eindeutig, sondern *ambivalent* angelegt –, gegenüberstehen. Eine Harmonie, wie sie kurzzeitig in der *substitute family* in Nicholas Rays Film herrscht, wird dadurch stets verhindert.

Was die Blickstrukturen betrifft, sei noch einmal an die oben beschriebenen Einstellungen erinnert, in welchen Ben in die Blick- und Wortwechsel zwischen Alexa und Johnny visuell eingebunden wird. Während die Blicke Bens auf Johnny in einer (an diesem Punkt der filmischen Erzählung mitnichten haltlosen) heteronormativen Lesart etwa Eifersucht / Argwohn (auf / gegen Johnny)

---

447 Springer 2007, S. 41.
448 Medovoi 2005, S. 191.
449 Stern in THE CELLULOID CLOSET. F / UK / D / USA 1995.
450 Dyer 1993, S. 42.
451 Beide Zitate: Rösener, Ringo: *Endstation Sehnsucht*. O. J. http://www.sissymag.de/texte/1101_dare.html (Zugriff am 26.10.2013), o. P.

bedeuten könnten, lässt der weitere Handlungsverlauf auf *Begehren* schließen – präziser: auf *triangulläres* Begehren. Da Bens Interesse an Johnny von Anbeginn mit der Interaktion zwischen Alexa und Johnny verquickt ist, liegt jene von René Girard erörterte Struktur nahe. Alexa wird somit zur »Entfacherin des Begehrens«[452] von Ben.

Das Spiel der Blicke innerhalb einer späteren Einstellungsfolge macht wiederum sinnfällig, dass eine *doppelte* Vermittlung am Werke ist: Als es zwischen Alexa und Johnny zu einem Kuss kommt, richtet die Geküsste ihren Blick unweigerlich in den *off*-Raum, in welchem sich – wie eine Aufnahme zuvor zeigt – Ben, der Exkludierte, befindet.

Sowohl die Liebe Alexas als auch die Liebe Bens zu Johnny scheint – wie Girard es bezüglich *Auf der Suche nach der verlorenen Zeit* formuliert – »der Eifersucht, das heißt der Gegenwart des Rivalen, strikt untergeordnet«[453] zu sein. Wie in LES AMOURS IMAGINAIRES zirkuliert das Begehren auch hier zwischen den beiden Rivalen immer schneller und gewinnt ›bei jedem Hin und Her‹ an Intensität. Diente Johnny Alexa zunächst wohl in erster Linie als Mittel zum Zwecke der Sammlung von Lebenserfahrung (als Grundlage für ihre Schauspielkunst, wie der exzentrische Grant Matson [Alan Cumming] es ihr anempfohlen hat), ist Alexa nun, ganz im Sinne Girards, anscheinend versucht, Bens Kopie ihres Begehrens zu kopieren.

In Bezug auf die Subjekt / Objekt-Relationen lohnt erneut ein Blick auf REBEL WITHOUT A CAUSE. In diesem lassen sich Einstellungen finden, in denen ein sexuell ambivalenter ›Doppelblick‹ auf Jim gezeigt wird. Bereits in Zusammenhang mit der Präsentation von William Holden in PICNIC war davon die Rede,

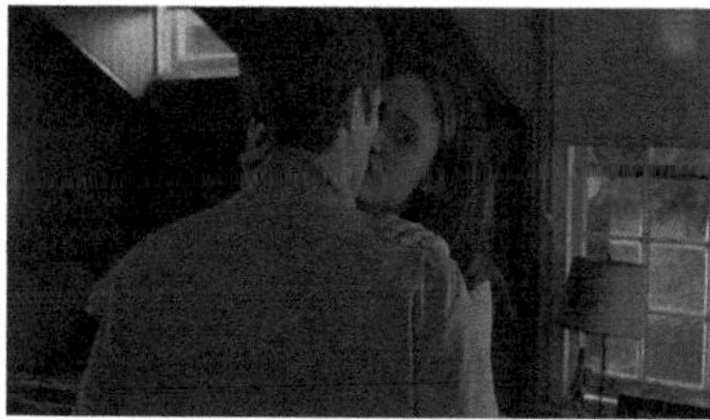
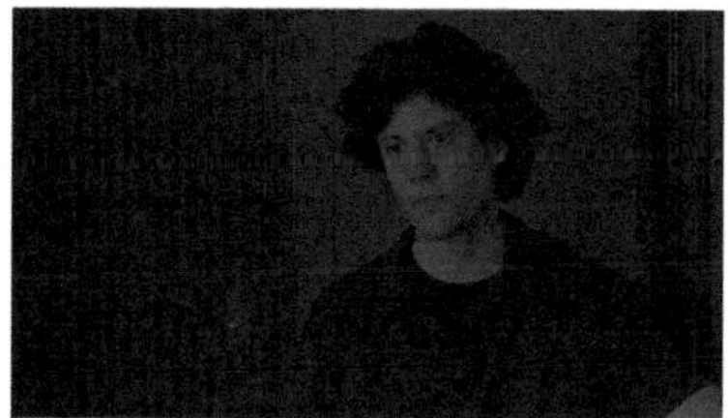

Abb. 36 und 37: Die Gegenwart des Rivalen (DARE).

452 Girard 2012, S. 42.
453 Ebd., S. 31.

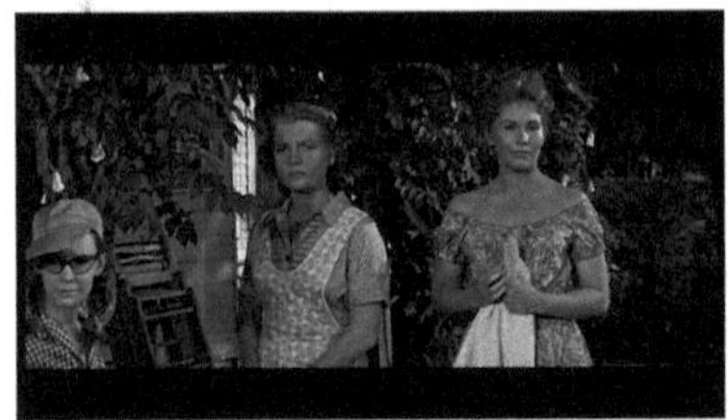

Abb. 38: ›Dreifachblick‹ auf Hal (PICNIC).

dass die Figur ›Hal‹ zum Objekt für *various viewers* wird. In der oben beschriebenen Gartensequenz sind die auf den Protagonisten gerichteten Blicke – abgesehen von dem Rivalität zum Ausdruck bringenden Blick Bombers – durchweg *weiblich* und *heterosexuell*. Neben der bereits genannten Halbtotalen, die Hal (als Objekt) und Flo, Madge und Millie (als Subjekte) erfasst, werden die weiblich-heterosexuellen Blicke auch in der halbnahen Einstellung – als *three-shot* der Frauen – eingefangen, sodass darin ein ›Dreifachblick‹ auf Hal gerichtet wird.

In REBEL WITHOUT A CAUSE wird der weibliche, heterosexuelle Blick Judys auf Jim nun nicht mit anderen *weiblichen*, *heterosexuellen* Blicken auf ebenjenen kombiniert – sondern mit dem *männlichen*, möglicherweise *nicht*-heterosexuellen Blick Platos. In zwei Fällen, in denen es zu einem solchen sexuell ambivalenten ›Doppelblick‹ kommt, entspricht die Darstellung Jims der von Richard Dyer erläuterten Inszenierung des Mannes *in the middle of an action*: Zum einen ist Jim als Kämpfender in einem *blade game* zu sehen, zum anderen als ›Begutachtender‹ des gestohlenen Autos, mit welchem er sodann auf einen Steilabhang zurasen soll.

In einem dritten Fall – der nicht, wie die ersten beiden Fälle, in Form von *point-of-view shots*, sondern als *three-shot* umgesetzt wird – blicken Judy und Plato hingegen auf den relativ *passiven* Jim, wie dieser auf Judys Schoß liegt.

In einem derart passiven Zustand wird er bereits in früheren Momenten von Plato allein betrachtet – etwa während der Vorführung im Planetarium –, und in einem solchen Zustand nimmt Judy Jim im Anschluss an die Sequenz zu dritt in einem Gespräch zwischen den beiden abermals in Augenschein. Auf diesen Moment geht Medovoi ein:

> Looking relations are reversed as Judy now contemplates *Jim* as an erotic object. As she lies on top, gazing at him while his eyes flutter open and closed, Judy asks Jim what kind of person he thinks a girl wants.[454]

454 Medovoi 2005, S. 185, Herv. i. O.

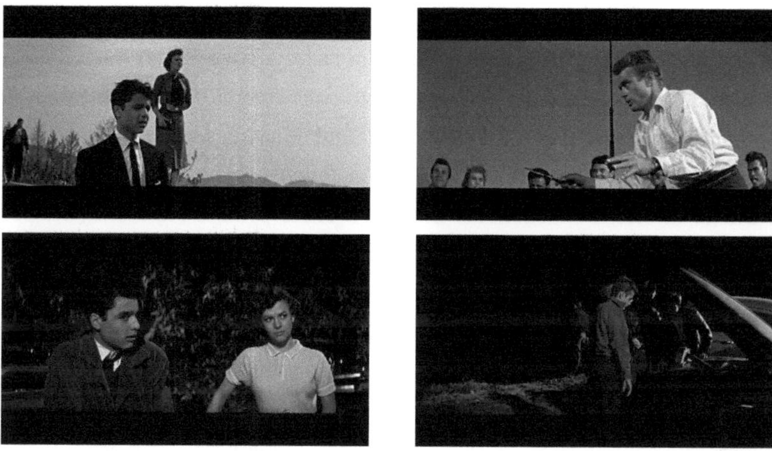

Abb. 39 bis 42: Sexuell ambivalenter ›Doppelblick‹ auf Jim I (REBEL WITHOUT A CAUSE).

»Judy's attraction to Jim threatens to feminize him«[455], konstatiert der Autor fernerhin; er legt dar, dass Jim im weiteren Verlauf der Handlung wieder eine »active narrative role«[456] einnehmen muss – indessen es Judy obliege, sich »Jim's heroism«[457] unterzuordnen.[458] Gleichwohl gilt es anzumerken, dass sich die Blicke Judys und/oder Platos auf Jim nicht wie *beherrschende* Blicke ausnehmen; sie entsprechen nicht jenem »dominant male look at the woman that leaves no place for the woman's own pleasure in seeing«[459], wie es bei Linda Williams in Bezug auf Laura Mulvey heißt. In der Sequenz zu dritt, in welcher der sexuell ambivalente ›Doppelblick‹ auf Jim in einem *three-shot* gezeigt wird, findet vielmehr ein *gegenseitiges* Schauen zwischen allen drei Figuren statt – sodass eine Aussage von E. Ann Kaplan über die Mutter-Kind-Bindung die Blicksituation zwischen Jim, Judy und Plato wohl am besten beschreibt: »[T]his is a *mutual* gazing, rather than the subject-object kind that reduces one of the parties to the place

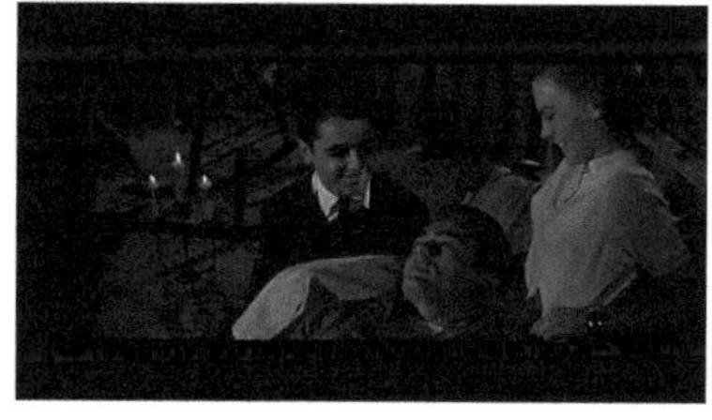

Abb. 43: Sexuell ambivalenter ›Doppelblick‹ auf Jim II (REBEL WITHOUT A CAUSE)

455 Ebd., S. 185.
456 Ebd., S. 186.
457 Ebd., S. 188.
458 Vgl. ebd., S. 185–188.
459 Williams 1996, S. 15.

of submission.«[460] In den weiteren dargestellten Momenten, in denen Judy und Plato entweder einen ›Doppelblick‹ auf Jim richten oder diesen jeweils einzeln betrachten, lassen sich jene *nicht*-gegenseitigen Blicke wiederum mit den Worten charakterisieren, die Markus Prechtl und Martina Schenk in ihrem Text *Schau mir in die Augen, Kleiner! Blickkonstellationen im Jugendfilm* hinsichtlich der Blicke in Hettie Macdonalds BEAUTIFUL THING / DIE ERSTE LIEBE (UK 1996) verwenden: Die Blicke sind »verbunden mit einem Ausdruck von Zärtlichkeit« und (im Falle Platos: möglicherweise) »sexueller Faszination«[461] – während in der *blade game*-Sequenz noch das Bangen um Jims Sicherheit als Ausdruck hinzukommt. Jim wird durch die Blicke Judys und Platos *nicht* zu einem *exhibitionist-object* (um einen weiter oben zitierten Ausdruck von Linda Williams zu gebrauchen). »REBEL was about tenderness, intimacy«[462], meint Drehbuchautor Stewart Stern – und dies wird in einigen oben geschilderten (Blick-)Momenten auf exzeptionelle Weise zur Anschauung gebracht.

Ehe nun die Subjekt / Objekt-Relationen in DARE untersucht und mit denen aus REBEL WITHOUT A CAUSE verglichen werden sollen, sei kurz noch auf zwei Sequenzen mit sexuell ambivalenten ›Doppelblicken‹ in anderen Werken hingewiesen. In Massimo Dallamanos Literaturverfilmung DORIAN GRAY / DAS BILDNIS DES DORIAN GRAY (UK / I / BRD 1970)[463] wird der sich im Freien duschende Dorian (Helmut Berger) zunächst zum Objekt des weiblich-heterosexuellen Begehrens von Gwendolyn (Margaret Lee) – und bald darauf auch zu jenem des männlichen, nicht-heterosexuellen Begehrens von Henry (Herbert Lom), der zu seiner Schwester hinzutritt.

Einerseits nimmt der weiblich-heterosexuelle Blick hier eine privilegierte Stellung ein, da er *zuerst* etabliert wird, andererseits lässt die Inszenierung an die Worte Molly Haskells denken: In ihrem Buch *From Reverence to Rape: The Treatment of Women in the Movies* spricht die Autorin (in Bezug auf PICNIC) von einer »heterosexualized projection of homosexual tastes«[464]. Die Tatsache, dass

460 Kaplan, E. Ann: *Is the Gaze Male?* In: Snitow, Ann / Stansell, Christine / Thompson, Sharon: *Powers of Desire. The Politics of Sexuality.* New York 1983 (*New Feminist Library*), S. 309–327, hier S. 324, Herv. i. O.

461 Beide Zitate: Prechtl, Markus / Schenk, Martina: *Schau mir in die Augen, Kleiner! Blickkonstellationen im Jugendfilm.* In: Gaugele, Elke / Reiss, Kristina: *Jugend, Mode, Geschlecht. Die Inszenierung des Körpers in der Konsumkultur.* Frankfurt am Main 2003, S. 151–165, hier S. 162.

462 Stern in THE CELLULOID CLOSET. F / UK / D / USA 1995.

463 Der Film wurde unter vielen verschiedenen Titeln vertrieben – neben den bereits genannten beispielsweise auch IL DIO CHIAMATO DORIAN und THE SECRET OF DORIAN GRAY.

464 Haskell, Molly: *From Reverence to Rape. The Treatment of Women in the Movies.* Chicago / London 1987, 2. Aufl., S. 261.

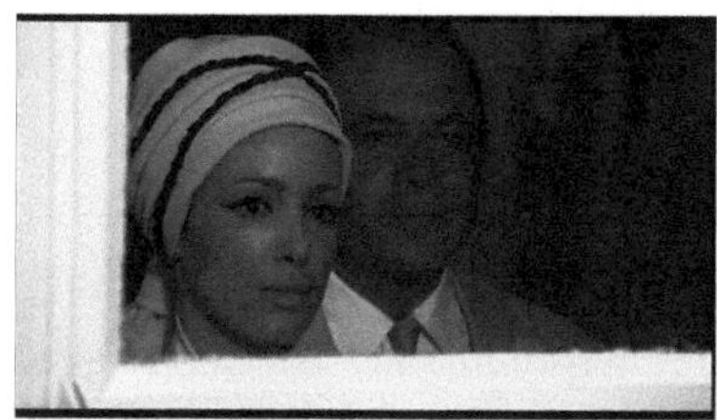
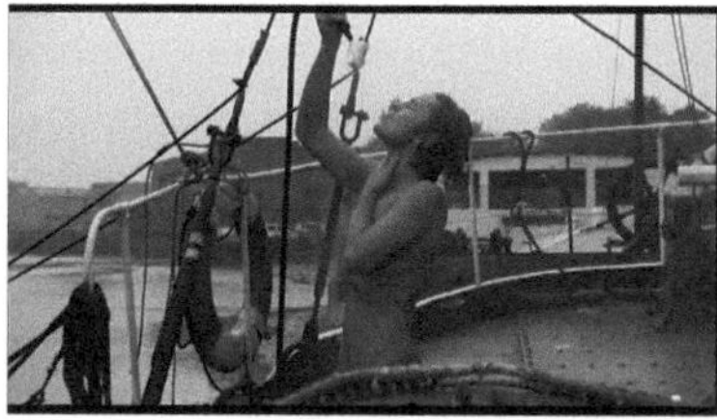

Abb. 44 und 45: Sexuell ambivalenter ›Doppelblick‹ auf Dorian (DORIAN GRAY).

die Figur ›Gwendolyn‹ in Oscar Wildes Roman *The Picture of Dorian Gray / Das Bildnis des Dorian Gray* (1891) an entsprechender Stelle nicht vorkommt und somit ein weibliches begehrendes Subjekt der Adaption (womöglich aus marktstrategischen Gründen) erst hinzugefügt wurde, legt eine solche *heterosexualized projection of homosexual tastes* nahe – was Gwendolyns Blick gewissermaßen zu einem ›Alibiblick‹ werden lässt.

Der zweite zu erwähnende ›Doppelblick‹ findet sich in HENRY & JUNE. Darin werden Henry und Anaïs (Fred Ward und Maria de Medeiros) in einem *two-shot* gezeigt, wie sie die raffinierte June (Uma Thurman) bewundernd betrachten. Der männliche, heterosexuelle Blick Henrys auf June korrespondiert hier mit dem weiblichen, nicht-heterosexuellen Blick von Anaïs, die im Laufe des Films sowohl mit Henry als auch mit June in ein sexuelles Verhältnis tritt. Die als gleichwertig dargestellten Blicke muten *nicht* beherrschend an; sie werden obendrein von June *erwidert*.

Gleichwohl entspricht die Figur ›June‹ – als Muse, die sowohl das Schaffen von Henry als auch von Anaïs beflügelt, ohne je *selbst* kreativ tätig zu sein – der von Laura Mulvey aufgezeigten Frauenrolle als *bearer, not maker, of meaning*.

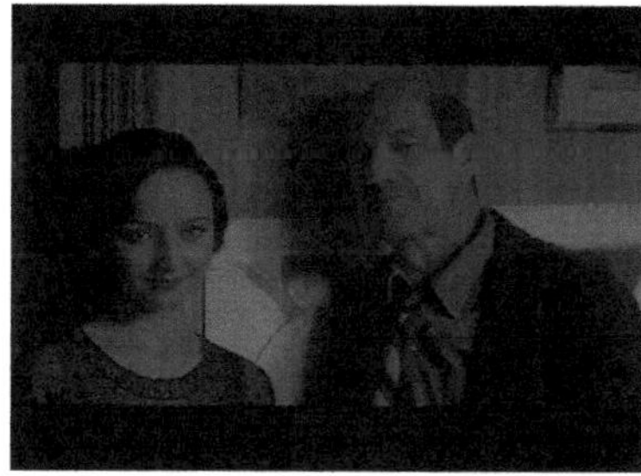
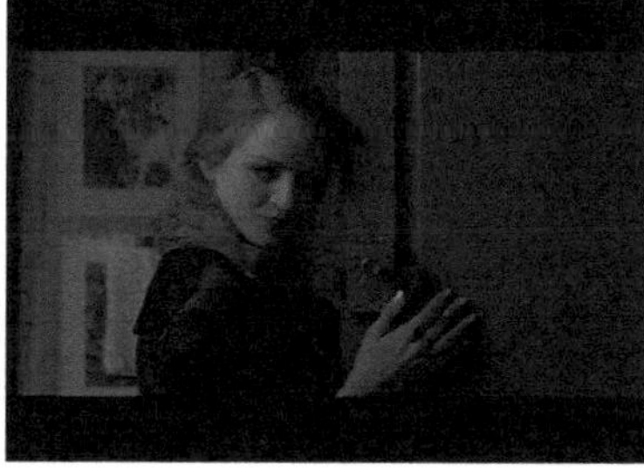

Abb. 46 und 47: Sexuell ambivalenter ›Doppelblick‹ auf June (HENRY & JUNE).

Auch in DARE sind sexuell ambivalente ›Doppelblicke‹ – auf Johnny, den Dritten, den ›Ganz anderen‹ – Teil der Inszenierung. Sie kommen bereits in den wiedergegebenen Momenten im Klassenraum und in der *cafeteria* vor. Expliziter als in den *queered shot compositions* in REBEL WITHOUT A CAUSE – beim Händereichen am Abgrund (mit Plato im Bildhintergrund) und bei der vorläufigen Verabschiedung (mit Plato am linken Rand des Kaders) – ist etwa in der *cafeteria*-Einstellung ein ›Doppelblick‹ arrangiert, ebenso wie ein solcher durch die Anwesenheit Bens in den Alexa-*shots* in der Schulzimmersequenz festzustellen ist. Doch kommt dem Blick Bens in diesen Situationen – visuell wie auch narrativ – noch eine untergeordnete Rolle zu. Späterhin, in der Hauspartysequenz, finden sich hingegen Momente, in denen Johnny zum Objekt der gleichwertigen Blicke von Alexa und Ben wird. Um ausführen zu können, welche Wirkung diese Blicke auf den Angeschauten (und auf den Zuschauer / die Zuschauerin) haben – und inwiefern sie sich etwa von dem qua *three-shot* eingefangenen ›Doppelblick‹ von Judy und Plato (auf den liegenden Jim) unterscheiden –, muss kurz die sukzessive ›Blickbemächtigung‹ geschildert werden, die sich im Filmverlauf zuträgt.

In der Sequenz im Klassenraum richtet Alexa ihren Blick auf Johnny – was dieser, als er Alexas ›Bemächtigung‹ des Blicks bemerkt, sogleich mit den harschen Worten »What the fuck are you looking at?« quittiert (indessen er den gleichzeitig vorhandenen Blick Bens an dieser Stelle vermutlich nicht bemerkt). Johnny weist *the burden of sexual objectification* aufs Heftigste zurück. Während Alexa in dieser Situation gewissermaßen noch »in demütigstem Verzagen« vor ihm »erzittert« (wie es bei Rudolf Otto in seiner Abhandlung über das Heilige heißt), wird an späterer Stelle – als sich Alexa beim Nachsitzen wiederfindet und Johnny sich über sie mokiert – evident, dass der »Antrieb«, sich zu Johnny »hinzuwenden«, ihn »irgendwie sich anzueignen«[465], beginnt, sich durchzusetzen: Sie fixiert Johnny mit ihrem Blick, was dieser mit Beunruhigung registriert, nun jedoch – wenngleich höchst widerwillig – ›erträgt‹. Als Alexa wiederum im neuen Look auf Johnnys Party in Erscheinung tritt – einem Look, der sich, unter Bezugnahme auf einen Text von Sabine Jösting, als ›überkodierte‹ heterosexuelle Selbstdarstellung bezeichnen lässt[466] –, wird das von Laura

465 Alle fünf Zitate: Otto 1979, S. 42.

466 Vgl. Jösting, Sabine: *Einarbeitungsprozesse männlicher Jugendliche in die heterosexuelle Ordnung.* In: Hartmann, Jutta (u.a.) [Hg.]: *Heteronormativität. Empirische Studien zu Geschlecht,*

Mulvey konstatierte Blickverhältnis noch einmal hergestellt. Der ›Kamerablick‹, der dem *determining male gaze* von Johnny entspricht, erfasst die ›verwandelte‹ Alexa mit einem bei den Stiefeln beginnenden Aufwärtsschwenk: ein *erotic spectacle*. Dahingegen wird im späteren Moment der sexuellen Vereinigung Johnnys Transformation vom Subjekt zum Objekt des Blicks deutlich markiert. Auf eine Nahaufnahme von Johnny – liegend, *while his eyes flutter open and closed* (wie Leerom Medovoi in Bezug auf Jim in REBEL WITHOUT A CAUSE schreibt) – folgt etwa eine Zeitlupeneinstellung auf Alexa (*on top*), die ihren Sexualpartner intensiv ansieht: Alexa werde, so David Brind im Audiokommentar, ihrer Macht über Johnny gewahr.[467] Der tiefgreifende Wechsel der Macht und Blickkontrolle, der sich vollzogen hat, wird noch hervorgehoben, indem jene Darstellung des Akts in der nächsten Sequenz mit dem von Alexa und Johnny vorgeführten »sexual battle«[468] zwischen Blanche DuBois und Stanley Kowalski kontrastiert wird.

Nachdem sich auch Ben in der Swimmingpoolsequenz als begehrendes Subjekt entfaltet hat, werden die weiteren Ereignisse, wie schon erläutert, aus Johnnys Sicht erzählt. Während sich Nicolas als Dritter in LES AMOURS IMAGINAIRES seine Unnahbarkeit bewahrt und so weitgehend eine bewegtbildgewordene Davidstatue / Cocteau'sche Skizze bleibt, findet in DARE eine »Vermenschlichung des Bildes«[469] statt, wie sie Georg Seeßlen und Claudius Weil hinsichtlich des weiblichen Stars im erotischen Melodram schildern: »Aus dem Bild so kalter wie faszinierender Erotik wird im Verlauf der Handlung ein Mensch aus Fleisch und Blut.«[470] Johnny ist, wie die Therapiesequenz zeigt, »*derjenige, der leidet*«[471] – und somit ist er, laut Roland Barthes, das *Subjekt*: Denn »wo es eine *Wunde* gibt, gibt es auch ein Subjekt«[472]. Gleichwohl setzen ihn Alexa und Ben in der Hauspartysequenz abermals als *Objekt*: Der sexuell ambivalente ›Doppelblick‹ des Protagonistenpaares – in besagter Sequenz noch ergänzt um den Blick einer weiteren weiblichen Figur (Rooney Mara als

Sexualität und Macht. Wiesbaden 2007 (*Studien Interdisziplinäre Geschlechterforschung*, Bd. 10), S. 151–169, hier S. 152.

467 Vgl. Brind, im Audiokommentar der deutschen DVD von Pro-Fun Media, 26. Min.

468 Sievers, W. David: *Most Famous of Streetcars*. In: Miller, Jordan Y. (Hg.): *Twentieth Century Interpretations of A Streetcar Named Desire. A Collection of Critical Essays*. Englewood Cliffs 1971 (*A Spectrum Book*), S. 90–93, hier S. 91.

469 Seeßlen / Weil 1978, S. 70.

470 Ebd., S. 71.

471 Barthes 1988, S. 129, Herv. i. O.

472 Ebd., S. 129, Herv. d. Verf.

Courtney) – entspricht, anders als der ›Doppelblick‹ in Rebel Without a Cause, jenem *dominant male look at the woman*, welcher der Angeschauten keinen Raum für die eigene Schaulust lasse. »She is isolated, glamorous, on display, sexualised«[473], schreibt Laura Mulvey über die Frauenfigur im Film – und dies trifft auch auf den exponierten Johnny zu.

Im Gegensatz zu Nicolas, der sich in der oben beschriebenen Tanzsequenz in der Rolle des ›Spektakels‹ durchaus zu gefallen scheint und der überdies in einigen Momenten so wirkt, als habe er die Kontrolle über das Geschehen und als sei er keineswegs nur eine »arme, hülflose Quelle, die jedes Bild, das sich über sie bückt, in ihrem stillen Grund abspiegeln muß«[474] (wie es Georg Büchner in *Leonce und Lena* ausdrückt), mutet Johnny tatsächlich so an, als sei die Sichtbarkeit – die *to-be-looked-at-ness* – ›eine Falle‹. Was sich – obschon hier eine Figur zur Schau gestellt wird – hingegen *nicht* einstellt, ist der von Mulvey illustrierte *satisfying sense of omnipotence*: Da der Film inzwischen Johnnys Erzählperspektive eingenommen hat und die Figur dadurch als ›diejenige, die leidet‹ ausgestaltet wurde, wird verhindert, dass Johnny auch zum »erotic object for the spectator within the auditorium«[475] wird. Indem Adam Salky und Kameramann Michael Fimognari Alexa, Ben und Courtney als Cocktail trinkende ›Zuschauer‹ zeigen, die nahezu frontal in die Kamera blicken, fühlt sich der Filmbetrachter / die Filmbetrachterin eher gemeinsam mit Johnny *on display*, sodass er / sie das Unbehagen, das sich an Johnnys Miene ablesen lässt, teilt.

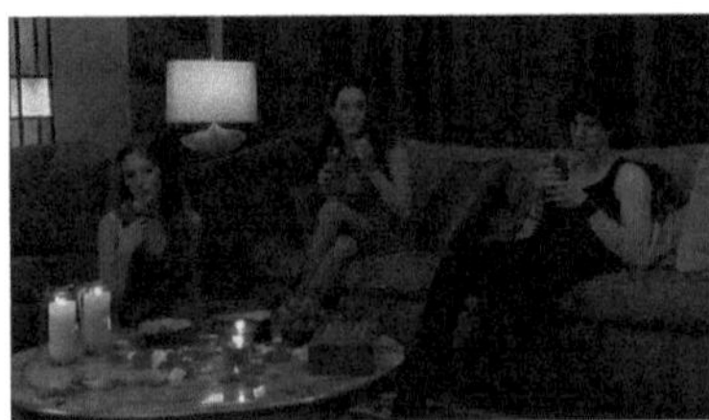
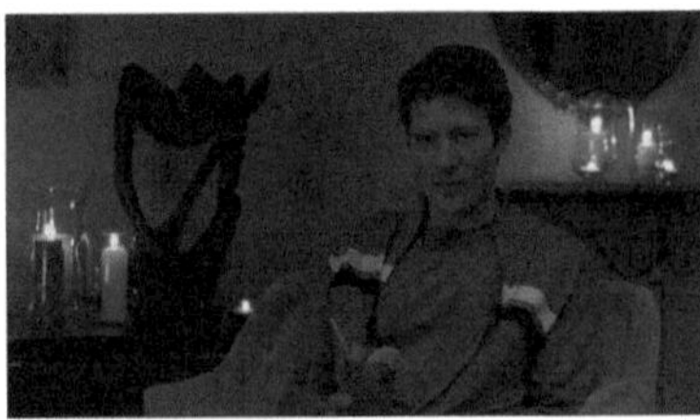

Abb. 48 und 49: Johnny on display (Dare).

473 Mulvey 2009, S. 21.

474 Büchner, Georg: *Sämtliche Werke und Briefe. Historisch-kritische Ausgabe mit Kommentar.* Hamburg 1967 (Hamburger Ausg. in vier Bänden. Erster Bd. *Dichtungen und Übersetzungen mit Dokumentationen zur Stoffgeschichte*) [Herausgegeben von Werner R. Lehman], S. 118; das Zitat stammt aus dem Werk *Leonce und Lena*, welches 1836 geschrieben und (erst) 1895 uraufgeführt wurde.

475 Mulvey 2009, S. 20.

In dieser Sequenz *bestätigt* sich nun also die Unmöglichkeit, zugleich zu blicken und angeblickt zu werden, wie sie etwa auch Jean Paul Sartre unterstellt:[476]

> Mir bleiben nur die beiden Grundhaltungen, die gegeneinander unüberbrückbar sind. Sobald ich das eine tue, muß ich das andere lassen: Ich kann mich in dieser Konkurrenz nur seinem Blick aussetzen oder ihn mir blickend unterwerfen.[477]

Ein sexuell ambivalenter ›Doppelblick‹ der anderen Art – nämlich ein begehrender Blick einer sexuell ambivalenten Figur auf zwei Figuren unterschiedlichen Geschlechts *zugleich* – kann sich daher in DARE *nicht* etablieren. Hingewiesen sei jedoch auf einen Moment des Films, der sich im ersten Akt, zwischen der Klassenraumsequenz und dem kurzen Disput in der *high school cafeteria*, findet: Hier wird kurzzeitig Johnnys visueller *point of view* eingenommen, um Alexa und Ben aus der Position und Sicht Johnnys zu zeigen. Obgleich dessen Blick hier in erster Linie Alexa gelten mag, ist in jener subjektiven Einstellung ansatzweise ein solcher ›Doppelblick‹ angelegt.

Die Ausführungen über sexuell ambivalente ›Doppelblicke‹ in den Werken Nicholas Rays und Adam Salkys haben aufgezeigt, dass in Filmen, in denen eine sexuell ambivalente Dreiecksgeschichte entweder angedeutet oder explizit erzählt wird, die Bebilderung eines »mehrdimensional gedacht[en]«[478] Begehrens möglich ist – also etwa eines weiblich-heterosexuellen und eines männlichen, nicht-heterosexuellen Begehrens nach derselben Figur (im ›Doppelblick‹

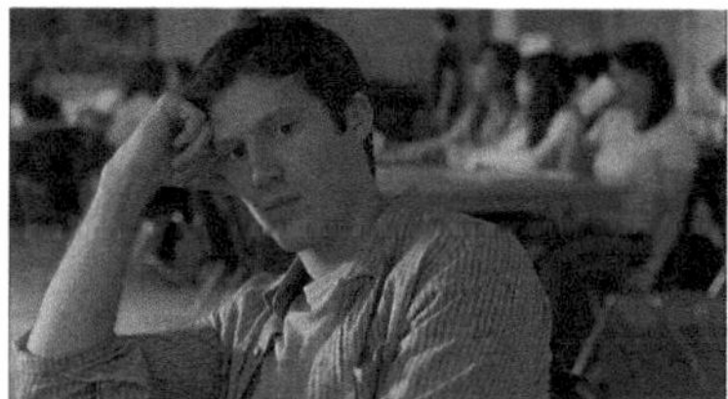

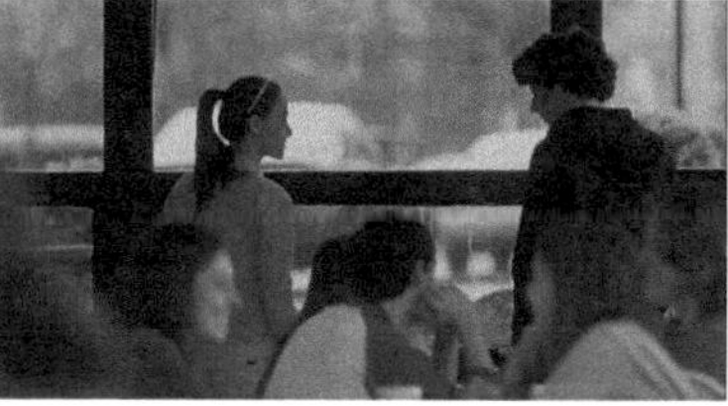

Abb. 50 und 51: Sexuell ambivalenter ›Doppelblick‹ auf Alexa und Ben (DARE).

476 Vgl. Schneider / Laermann 1977, S. 49f.

477 Sartre, zitiert in Schneider / Laermann 1977, S. 50.

478 Haschemi Yekani, Elahe: *Transgender-Begehren im Blick. Männliche Weiblichkeiten als Spektakel im Film.* In: Bauer, Robin / Hoenes, Josch / Woltersdorff, Volker (Hg.): *Unbeschreiblich männlich. Heteronormativitätskritische Perspektive.* Hamburg 2007, S. 264–278, hier S. 265.

Alexas und Bens auf Johnny) oder eines queeren / verqueerenden Begehrens nach zwei Figuren unterschiedlichen Geschlechts zugleich (in dem im Ansatz zu erkennenden ›Doppelblick‹ Johnnys auf Alexa und Ben). Elahe Haschemi Yekani verwendet den Begriff des mehrdimensional gedachten Begehrens wiederum, um damit »das Begehren *für* und *von* weiblichen Transgendern«[479] zu beschreiben.

4.4 A Home at the End of the World

Michael Mayers Werk A Home at the End of the World – die Adaption des gleichnamigen Michael-Cunningham-Romans (1990), zu welcher der Autor das Drehbuch selbst verfasst hat – lässt sich, in Anlehnung an Stewart Sterns Worte über Rebel Without a Cause, als ein weiterer Film über Zärtlichkeit (*tenderness*) bezeichnen. Zu den Klängen von *Only You* der Flying Pickets wird der 24-jährige Bobby (Colin Farrell) im New Yorker East Village der Achtzigerjahre von seinem Jugendfreund Jonathan (Dallas Roberts) empfangen. Nachdem Bobby als Kind und Teenager nacheinander all seine Familienmitglieder verloren hatte, war er von Jonathans Eltern Ned und Alice (Matt Frewer und Sissy Spacek) aufgenommen worden; die Jugendlichen (gespielt von Erik Smith und Harris Allan) hatten miteinander erste sexuelle Erfahrungen gesammelt – und Bobby hatte Alice vermittelst der Musik von Laura Nyro sowie dem gelegentlichen Konsum von Joints zu etwas mehr Gelassenheit verholfen.

Bereits in jenem Abschnitt über die Jugendjahre von Bobby und Jonathan nimmt sich Ersterer in mancherlei Hinsicht wie der Gast aus Teorema aus, indem er Jonathan und Alice jene ›Erwachensmomente‹ beschert. Der entscheidende Unterschied ist – und er wird es auch in der zu untersuchenden Dreiecksbeziehung bleiben –, dass nicht *Bobby* derjenige ist, der plötzlich abreist, sondern dass stets *die anderen* fortgehen.

Nach besagtem Wiedersehen zwischen Bobby und Jonathan lernt Bobby alsbald Clare (Robin Wright) kennen, mit welcher Jonathan in einer Wohngemeinschaft lebt. Der Twen Jonathan und die etwas ältere Clare, deren Outfits

479 Ebd., S. 265, Herv. i. O.

und Frisuren meist zwischen ›schrill‹ und ›sehr schrill‹ changieren, lassen sich dem Aronson / Kimmel'schen *gay man-straight woman model pairing* zuordnen. Jonathan hat häufige, rein sexuelle Begegnungen mit Männern, Clare hat eine Ehe mit einem, wie sie im Film sagt, »sadistic drug addict« hinter sich. In Cunninghams Roman heißt es, dass Clare einst eine Beziehung mit einer *Frau* hatte;[480] in der Verfilmung wird dies nicht erwähnt – was eine Nicht-Heterosexualität Clares jedoch *nicht* grundsätzlich ausschließt. Als Freundespaar muten Jonathan und Clare – wenn sie etwa beim Kinobesuch unisono die Lippen zum Text von ALL ABOUT EVE / ALLES ÜBER EVA (USA 1950, R: Joseph L. Mankiewicz) bewegen – durchaus wie ein *cinematic match made in heaven* an. Obgleich sie keine »lovers in the fleshly sense«[481] sind (wie es im Roman formuliert wird), wollen Clare und Jonathan zusammen ein Kind bekommen. Begrüßungsworte wie »Hello, dear!« beim Betreten der gemeinsamen Wohnung lassen sich indes als Persiflage auf ein heteronormativ organisiertes Leben verstehen.

Als Bobby mit Clare und Jonathan einen Club besucht, wird ein sexuell ambivalenter ›Doppelblick‹ auf den tanzenden (genauer: den wild und heftig in die Höhe springenden) Bobby gezeigt. Es ist einer jener von Markus Prechtl und Martina Schenk charakterisierten Blicke, die mit einem Ausdruck von Zärtlichkeit und sexueller Faszination verbunden sind (wie in Zusammenhang mit dem Trio Jim / Judy / Plato bereits beschrieben).

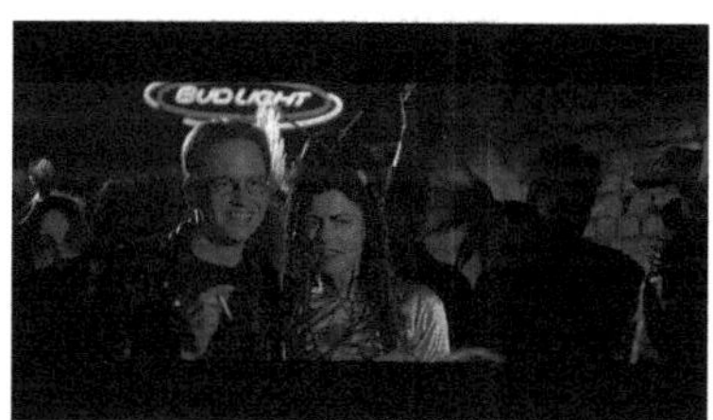

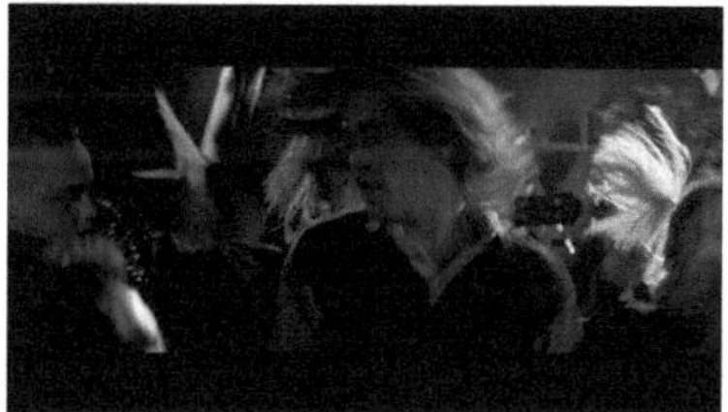

Abb. 52 und 53: Sexuell ambivalenter ›Doppelblick‹ auf Bobby (A HOME AT THE END OF THE WORLD).

In der Clubsequenz fällt einer der beiden zentralen Sätze in Bezug auf Bobby: »Bobby is not gay. It's hard to tell exactly what Bobby is«, erklärt Jonathan. Bobby ist das, was Barthes als »*unqualifizierbar*«, »*atopos*«[482] definiert – er

480 Vgl. Cunningham, Michael: *A Home at the End of the World*. New York 1998, S. 112
481 Ebd., S. 109.
482 Beide Zitate: Barthes 1988, S. 45, Herv. i. O.

ist »nicht einzuordnen, von immer wieder unvorhersehbarer Originalität« und er »läßt sich mit keinem Stereotyp erfassen«[483]. Im Sinne des relativ zu Beginn des Films gespielten Liedes *Somebody to Love* von Jefferson Airplane (»Wouldn't you love somebody to love? / You better find somebody to love«[484]) scheint Bobby sämtliche Liebesformen vorbehaltlos zu bejahen. Was ihn auszeichnet, könnte man eine ›amouröse Bereitschaft‹ nennen. Er geht eine sexuelle Beziehung mit Clare ein – und hat zugleich intime Augenblicke mit Jonathan: »A little kiss between brothers. Nothing wrong with that«, meint er in der von Cunningham beschriebenen kindlich-unschuldigen Art (»Bobby was half child, an innocent«[485]), die durch Colin Farrells sanfte Mimik und oft unbeholfen wirkende Gestik und Proxemik ihren Weg auf Zelluloid gefunden hat. Bobby ist erbötig, jedem Menschen zu helfen. »You're an angel«, bemerkt Alice – und spricht damit den zweiten zentralen Satz des Films in Hinsicht auf Bobby aus. Im Roman stellt Clare fernerhin fest »You mirror everybody's desires. [...] You just give people whatever they want.«[486]

Dies lässt an Leonard Zelig denken – jenen von Woody Allen erschaffenen und verkörperten Protagonisten der Mockumentary ZELIG (USA 1983), welcher sich immer wieder (sowohl körperlich als auch geistig) an seine Umgebung anpasst: Unter Chinesen wird er zum Chinesen, unter Korpulenten wird er korpulent, im Gespräch mit einem Arzt wird er zum Arzt et cetera. Während Zelig damit jedoch allerhand Schwierigkeiten verursacht (»I never delivered a baby before in my life, and I... I just thought that ice tongs was the way to do it«), wird Bobby jeder ›Rolle‹, die er einnimmt, gerecht: der Rolle des Muster-›Sohnes‹ für Ned und Alice; des ›Bruders‹ und zugleich Freundes / Sexualpartners für den jungen Jonathan; des zärtlichen Partners für Clare – und später auch der ›Rolle‹ des liebevollen Vaters für seine Tochter sowie des hartnäckig optimistischen Trostspenders für den erwachsenen, erkrankten Jonathan.

Doch obschon Bobby allen eine große Hilfe ist, strahlt er *selbst* stets etwas Hilfloses aus – was ein weiterer gravierender Unterschied zum Gast aus TEOREMA ist. Kurz bevor es zur ersten sexuellen Interaktion zwischen Bobby und Clare kommt, setzen Michael Mayer und Kameramann Enrique Chediak eine

483 Beide Zitate: ebd., S. 44.
484 Jefferson Airplane: *Somebody to Love*. Text: Darby Slick.
485 Cunningham 1998, S. 166.
486 Ebd., S. 272.

leichte Untersicht ein, um die erfahrene Clare aufzunehmen, wohingegen eine leichte Obersicht zum Einsatz kommt, um den verunsicherten Bobby zu zeigen; im Moment des Akts – der mit einem Tränenausbruch Bobbys einhergeht – wird dessen überwältigter Gesichtsausdruck ins Objektiv genommen.

Während die Sinnverwirrung und -berückung, die etwa Bob (Tenue de soirée) und Nicolas (Les amours imaginaires) durch ihr Verhalten und ihre Erscheinung auslösen, jeweils mit einem gewissen ›Selbst-Verständnis‹ des Auslösenden verbunden zu sein scheint – das heißt: die Figur scheint sich selbst in ihrer Rätselhaftigkeit ›zu verstehen‹ und scheint ihre Wirkung einschätzen zu können –, macht Bobby nicht selten den Eindruck, als sei er *sich selbst* ein Rätsel. »There's something fucked up about me«, sagt er zu Clare, als er merkt, dass Jonathan die Dreiergemeinschaft verlassen hat. Ein Aspekt, der im Roman ausformuliert und im Film durch Bobbys anfängliche Frisur, Kleidung und durch vereinzelte Gesten und Sprüche angedeutet wird, ist, dass Bobby nach dem Unfalltod seines Bruders Carlton (Ryan Donowho) dessen freigeistiges Wesen in sich ›aufgenommen‹ hat: »I was living my own future and my brother's lost one as well«[487], teilt Bobby als Ich-Erzähler dem Leser / der Leserin des Romans mit; an anderer Stelle heißt es: »I am living for more people than just myself.«[488] Indessen Bobby als »mysterious creature« (wie Clare es ausdrückt) – als der ›Ganz andere‹ – bei Clare und Jonathan ob seiner selbstlosen Liebe (Agape) und ob der Unmöglichkeit, ihn in eine Kategorie einzuordnen, Verwirrung stiftet und zugleich Berückung hervorruft, ahmt er selbst den Menschen nach, der für *ihn* stets der ›Ganz andere‹ war: Carlton.

Home erzählt von drei ineinander verliebten Figuren, die einsam sind, sobald sie nicht *zu dritt* sind. Nachdem Jonathan New York verlassen hat und Bobby und Clare als Paar zurückbleiben, werden die drei Protagonisten in einer zusammenfassenden Montagesequenz jeweils allein, oder auch ›allein unter Menschen‹, gezeigt. Im weiteren Verlauf wird es zur Wiedervereinigung und zum Aufbau eines Lebens zu viert – plus Baby – kommen, doch wird am Ende des Films abermals eine Figur (mit dem Baby) die Gemeinschaft verlassen. Zwei Situationen, die die Dynamik im hier vorgestellten Liebesdreieck veranschaulichen, gilt es in den Unterkapiteln 6.4.1 (›[Dis]Pleasure in looking‹) und

487 Ebd., S. 152.
488 Ebd., S. 272.

6.6.2 (›Wenn drei sich streiten…‹) zu analysieren: die Streitsequenz, welche mit der vorläufigen Wiedervereinigung endet, sowie die Sequenz, die Clares Entschluss, das ›Zuhause am Ende der Welt‹ zu verlassen, vorausgeht.

Erwähnt sei hier aber bereits ein Punkt, welcher in besagter Streitsequenz zur Sprache kommt – da dieser an René Girards Theorie des triangulären Begehrens denken lässt. »Do you know – do you have any idea how much – how much I wanted you? How much I loved *you*, you asshole«, sagt Clare zu Jonathan – und fährt fort:

> How pathetic is that? Me in love with you. And then Bobby comes along, and I fell in love with this one, and I think that we – that the three of us, maybe we could –

Clares Aussage legt nahe, dass sich ihre Liebe zu Bobby in Begriffen der Vermittlung interpretieren lässt; Jonathan scheint in Clares Begehren nach Bobby eine wesentliche Rolle zu spielen. Wovon HOME erzählt, ist somit gewissermaßen der Versuch, die von Girard aufgezeigten unweigerlichen Folgen des triangulären Begehrens – den »Neid, [die] Eifersucht und [den] ohnmächtigen Haß«[489] – zu vermeiden, indem Subjekt, Objekt und Mittler eine polyamoröse Beziehung miteinander eingehen. Dennoch bewahrheitet sich letztlich eine von Alice im Roman geäußerte Ahnung: »Three is an odd number. When there are three, one usually gets squeezed out.«[490]

4.5 The Doom Generation

Die Eifersucht abzulehnen heiße, so Roland Barthes, »ein Gesetz [zu] übertreten.«[491] Während in HOME einzig Bobby zu einem solchen ›Gesetzesübertritt‹ imstande zu sein scheint, zeigt Gregg Araki in THE DOOM GENERATION drei Figuren, die ohne Übertreibung als ›sexuelle Gesetzesbrecher‹ bezeichnet werden können. In seinem Werk *Sexual Politics and Narrative Film: Hollywood and Beyond* stellt Robin Wood fest: »[T]he three characters […] not only have by

489 Girard 2012, S. 48.
490 Cunningham 1998, S. 292.
491 Barthes 1988, S. 73.

the film's end all fallen in love with each other but are able to accept it, without jealousy or possessiveness.«[492]

Zunächst lernt der Zuschauer / die Zuschauerin *zwei* Figuren kennen: das adoleszente Paar Amy und Jordan (Rose McGowan und James Duval). Die beiden verbindet eine (wenn auch recht bizarre) ›romantische‹ Liebe – Jordan: »Do you love me?«, Amy: »Yeah. Totally!«; an späterer Stelle meint Jordan: »I hope we die simultaneously, like in a fiery car wreck, a nuclear bomb blast or something«, worauf Amy erwidert: »You're so romantic!« Mit ihren knallrot bemalten Lippen und ihrem tiefschwarzen Bubikopf ähnelt Amy dem Stummfilm-Star Louise Brooks und gemahnt somit an den Frauentypus des *flapper*. Dieser habe, so Georg Seeßlen und Claudius Weil, »weibliches Streben nach Emanzipation«[493] bekundet; der *flapper* habe sich als *Subjekt* behauptet.[494] In einem Interview sagt Araki:

> Amy in THE DOOM GENERATION drives the car – she drives the narrative of the story... I tend to have strong female characters that break the stereotype of the passive female...[495]

Jordan ist dahingegen eine Figur mit naivem Charme, welche mitnichten der von Laura Mulvey beschriebenen Männerrolle – *as the active one of advancing the story, making things happen* – entspricht. Wiewohl er Totenkopfohrringe, Muscle-Shirt und zerschlissene Jeans trägt, nimmt sich der androgyne Teenager wie ein sanftmütiges *half child, an innocent* aus (um Michael Cunninghams Worte in Bezug auf Bobby zu gebrauchen). Amy und Jordan sind, ihrer Gegensätzlichkeit zum Trotz, ein harmonisches Paar – richten sich Amys unentwegt zum Einsatz kommenden Beleidigungen und *four-letter-words* doch niemals gegen ihren zart dreinblickenden Freund, sondern stets gegen andere. In diesem Punkt unterscheiden sich die beiden etwa vom Ehepaar Antoine und Monique aus TENUE DE SOIRÉE, in welchem Ersterer die Beschimpfungen seiner Frau zu erdulden hat.

Zu Beginn des Films begeben sich Amy und Jordan – nach dem kurzen Besuch eines Clubs namens ›*Hell*‹ – in ein Drive-in-Kino, welches ›*Heaven*‹ genannt

492 Wood, Robin: *Sexual Politics and Narrative Film. Hollywood and Beyond.* New York / Chichester 1998, S. 340.
493 Seeßlen / Weil 1978, S. 122.
494 Vgl. ebd., S. 94.
495 Araki, zitiert in Wu, Harmony H.: *Queering L.A.: Gregg Araki's Homo-Pomo Cinema-City.* In: Spectator, Vol. 18, No. 1 (Fall / Winter 1997), S. 59–69, hier S. 67, Herv. d. Verf.

wird. Dass dort – ›im Himmel‹ – etwas geschehen wird, ahnt Jordan bereits: »I feel really weird tonight. Like something's gonna happen.« Und dies lässt nicht lange auf sich warten: Eine Gestalt, die von einer Gang beschimpft und bedroht wird, prallt gegen die Windschutzscheibe von Amys parkendem Wagen, springt kurz darauf in diesen hinein und hält Amy zur Flucht vor den brutalen Angreifern an.

Bemerkenswert ist nun die filmische Umsetzung dieser Situation. Ehe sich besagter Vorfall ereignet, präsentieren Gregg Araki und sein Kameramann Jim Fealy das Protagonistenpaar, ganz im Sinne der *established ways of representing heterosexual norms*, in einem *two-shot*: Amy und Jordan, *facing each other on either side of the screen*. Die beiden küssen sich und schauen sich nachfolgend voller Zuneigung gegenseitig in die Augen. Da es sich um ein harmonisches Paar handelt, erzürnen sie nicht *einander*, sondern werden von *außen* – von der abgrundtief schlechten Welt, in der sie sich bewegen – gepeinigt: »There just is no place for us in this world«, stellt Amy fest. Just in diesem Augenblick wird der *two-shot* gewissermaßen ›gesprengt‹: Amy und Jordan drehen sich zur linken beziehungsweise rechten Seite aus dem Kader, und die auf die Scheibe aufprallende Gestalt nimmt das Bild ein.

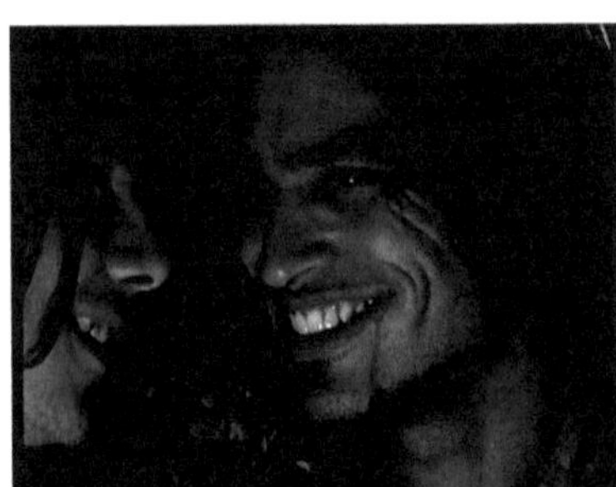

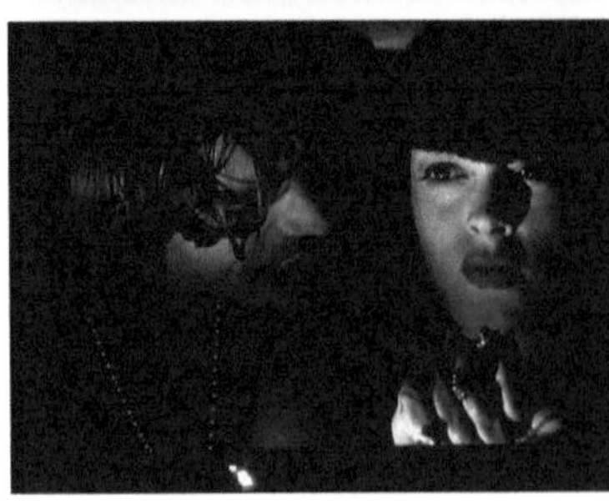

Abb. 54 und 55: Two-shots – Harmonie / Antagonismus (The Doom Generation).

Gleichwohl ist die *two-shot convention* noch nicht ›liquidiert‹. Nachdem die drei der gewalttätigen Bande entkommen sind, werden Amy und Jordan jeweils mit dem Dritten – welcher sich als Xavier (Johnathon Schaech) vorstellt – als Paar arrangiert: Jordan und Xavier werden als einander zugeneigte *buddies* gezeigt – was, so David Martin-Jones (in Bezug auf eine spätere Einstellung des Films), allerdings *auch* den Effekt einer Verqueerung der *two-shot convention* habe[496] –, wohingegen Amy und Xavier darauf als einander feind-

496 Vgl. Martin-Jones 2009, S. 228.

lich gesinntes und sich doch eigentlich voneinander angezogen fühlendes Paar ins Bild gesetzt werden.

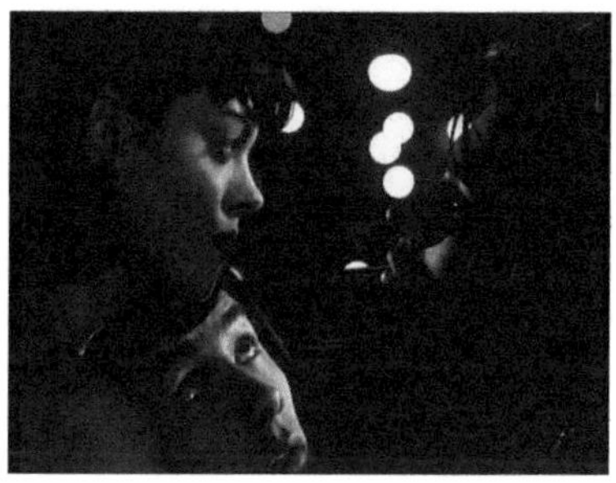

Abb. 56: ›Fehler‹ in der Filmgrammatik I (The Doom Generation).

Auf ebensolche Weise werden die beiden abermals präsentiert, nachdem Amy Xavier dazu aufgefordert hat, das Auto zu verlassen: Zornfunkelnde Augen und verbale Obszönität vonseiten Amys (»I'm not kidding, scumfuck. Get lost!«) treffen auf höhnisch-provokante Blicke vonseiten Xaviers – und ergeben eine unleugbare sexuelle Spannung, die an den Begriff der *inevitability* denken lässt. Im Folgenden leisten sich Araki / Fealy aber sozusagen einen ›Fehler‹ in der Filmgrammatik: Jordan lässt seinen Kopf von unten in das Bild hineinragen, sodass der konventionelle *two-shot* zu einer ungewöhnlichen – da ›überfüllten‹ – Einstellung wird. Martin-Jones merkt hierzu an:

> The comically dopey Jordan disturbs the accepted symmetry of the shot, as Araki uses a stuttered or queered shot composition to foreground and question established ways of representing heterosexual norms.[497]

Wie die Aufnahme in Tenue de soirée, in welcher Bob, Antoine und Monique in ständiger Bewegung gehalten werden (sodass sich immer neue Konstellationen ergeben), und wie die *queered shot compositions* in Dare, in welchen Ben in die Interaktion zwischen Alexa und Johnny visuell eingebunden wird, antizipiert jene sich zum *three-shot* transformierende Einstellung den weiteren Handlungsverlauf: Obgleich der Film zu Beginn – ironischerweise – als »A Heterosexual Movie by Gregg Araki« angekündigt wird, wird es zu einer Verqueerung der *heterosexual norms* kommen. *One woman, two men* – und eine ›Liebe in alle Richtungen‹. An späterer Stelle wiederholt sich die Transformation einer Aufnahme zu einem (übervollen) *three-shot* noch einmal; hier werden Amy und Jordan zunächst als harmonisches Paar in einem *two-shot* gezeigt, bis sich Xavier von der rechten Seite ins Filmbild hineindrängt, sodass jene *accepted symmetry* abermals in Unordnung gebracht wird. Amy verlässt darauf den Raum – was dazu führt, dass nun die beiden Männer in einem *two-shot* erfasst

497 Ebd., S. 228.

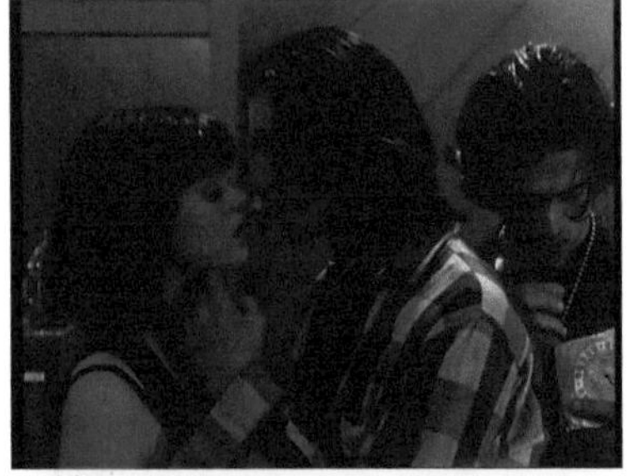

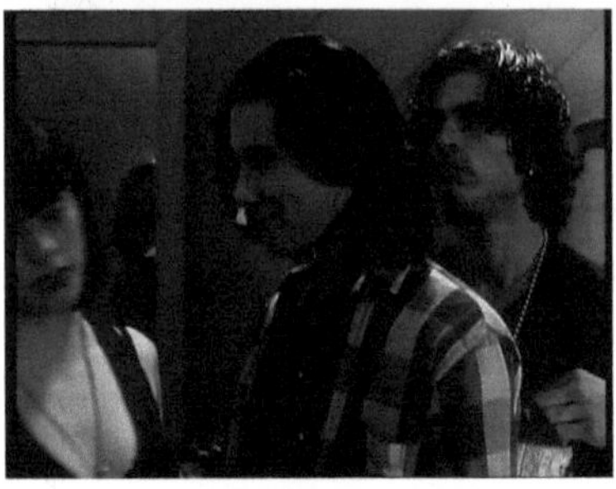

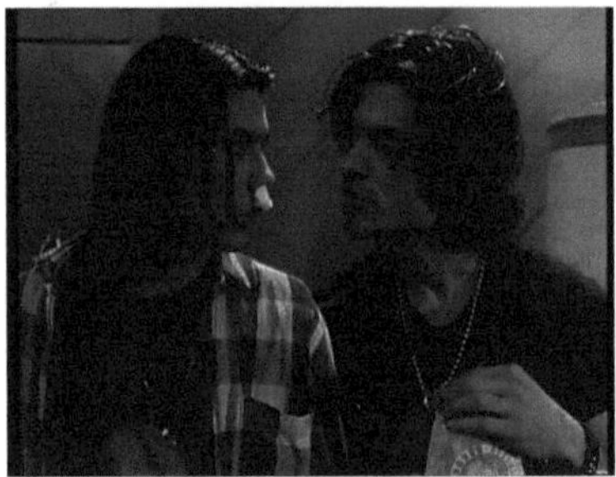

Abb. 57 bis 59: ›Fehler‹ in der Filmgrammatik II (The Doom Generation).

werden: »This has the effect of further queering the two-shot convention«[498], so David Martin-Jones. Der »Love that dare not speak its name«[499], wie Lord Alfred Douglas sie in seinem Gedicht *Two Loves* bezeichnet, kommt die gleiche visuelle Behandlung wie der heterosexuellen Liebe zu.

»This is something that interests him«, schreibt Chris Chang über Gregg Araki: »the way gay sensibility can work its way amidst straight material.«[500] An dieser Stelle gilt es zu erwähnen, dass Araki zu Beginn der Neunzigerjahre – mit seinem Werk The Living End (USA 1992) – von B. Ruby Rich zu den Vertretern des *New Queer Cinema* gezählt wurde. Hinsichtlich einer Reihe von Filmen – neben The Living End etwa Tom Kalins Swoon (USA 1992) – konstatiert Rich in ihrem Text von 1992:

> Definitively breaking with older humanist approaches and the films and tapes that accompanied identity politics, these works are irreverent, energetic, alternately minimalist and excessive. Above all, they're full of pleasure. They're here, they're queer, get hip to them.[501]

The Doom Generation lässt sich somit – als Werk eines Vertreters des *New Queer Cinema* – auch als »a powerfully political film«[502] (wie Robin Wood es

498 Martin-Jones 2009, S. 228.
499 Douglas, zitiert in Sedgwick, Eve Kosofsky: *Epistemologie des Verstecks.* In: Kraß, Andreas (Hg.): *Queer denken. Gegen die Ordnung der Sexualität (Queer Studies).* Frankfurt am Main 2003, S. 113–143, hier S. 121.
500 Chang, Chris: *Absorbing Alternative.* In: Film Comment, September / October 1994, S. 47–53, hier S. 50.
501 Rich, B. Ruby: *New Queer Cinema.* In: Aaron, Michele (Hg.): *New Queer Cinema. A Critical Reader.* New Brunswick 2004, S. 15–22, hier S. 16.
502 Wood 1998, S. 339.

ausdrückt) begreifen. Die *queered shot composition* ist keineswegs nur ein visueller ›Gag‹ – vielmehr wird in den ›überfüllt‹ wirkenden Einstellungen, in die sich *alle drei* Protagonisten zwängen (müssen), filmisch erfahrbar gemacht, dass sich die entstehende Liebe des Trios an der Enge der (Standard-)Bilder stößt.

Zwei Punkte, die die Figur ›Xavier‹ – den ›Ganz anderen‹ – betreffen, sollen noch zur Sprache gebracht werden. Matthew L. Severson schreibt in seiner Kritik: »[Xavier's] presence sets off the narrative a la TEOREMA.«[503] Nachdem Amy Xavier am Straßenrand abgesetzt hat, wird das Protagonistenpaar kurze Zeit später von einem Supermarktbetreiber (Dustin Nguyen) mit einer Waffe bedroht; als Deus ex machina – eine (laut Fremdwörterbuch von Hans Schulz und anderen) »plötzlich und unerwartet, im richtigen Moment erscheinende Person, die eine Verwicklung löst, Hilfe bringt«[504] – kehrt Xavier hier in die Filmhandlung zurück. Da der bewaffnete Ladeninhaber im Zuge der Rettungsaktion ums Leben kommt, befinden sich die drei fortan auf der Flucht – und Xavier wird im weiteren Verlauf zum »necessary initiator«[505] der sexuellen Grenzerkundung und -überschreitung. Nicht umsonst wird er von Jordan ›X‹ genannt: Er repräsentiere, so Araki, »the unknown element.«[506]

Was die Subjekt / Objekt-Relationen anbelangt, liegen die Dinge jedoch deutlich anders als in TEOREMA. Dies sei an der Sequenz exemplifiziert, in welcher Xavier das Protagonistenpaar beim Liebesakt im Badezimmer beobachtet. Vermittelst einer Naheinstellung und einer Detailaufnahme eines Auges wird Xavier als Subjekt ausgewiesen – was Amy und Jordan zunächst einmal zum *erotic spectacle* macht. Allerdings wird Xaviers Voyeurismus sodann mit einer exhibitionistischen Sinnlichkeit dargeboten, indem zwischen die Bilder des beobachteten Paares Aufnahmen geschnitten werden, die Gesicht und Körper des sexuell erregten Xavier fragmentiert erfassen.

Der Filmbetrachter / die Filmbetrachterin schaut Xavier ›beim Zuschauen zu‹, sodass diesem in der Rolle des Subjekts zugleich eine *exhibitionist role* zukommt und er so zum (zusätzlichen) erotischen Objekt für den Zuschauer / die Zuschauerin wird. Xavier wird Teil des Spektakels, wodurch Blickkontrolle und

503 Severson, Matthew L.: *Young, Beautiful, and F***ed:* The Doom Generation. 1995. http://www.brightlightsfilm.com/15/araki.php (Zugriff am 26.10.2013), o. P., Herv. d. Verf.
504 Schulz, Hans (u.a.): *Deutsches Fremdwörterbuch.* Band 4: *da capo – Dynastie.* Berlin / New York 1999, 2., völlig neubearbeitete Aufl., S. 447.
505 Wood 1998, S. 340.
506 Araki, zitiert in Severson 1995, http://www.brightlightsfilm.com/15/araki.php, o. P.

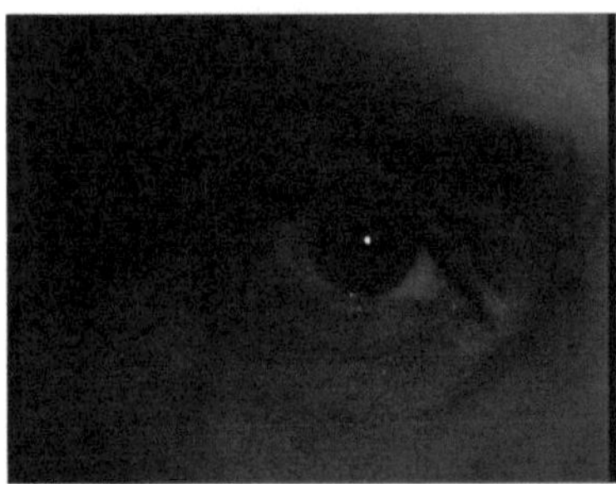
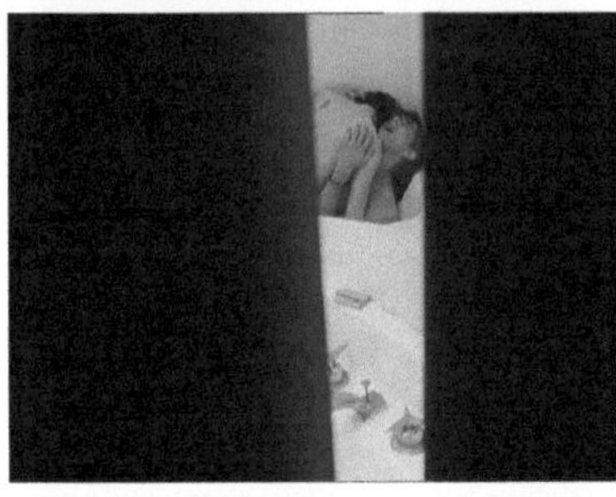
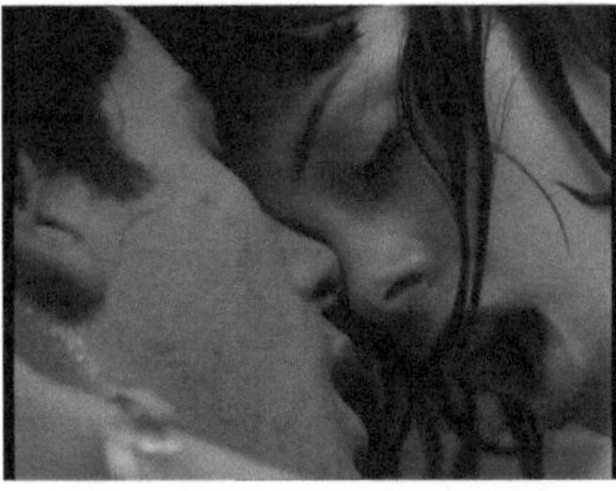
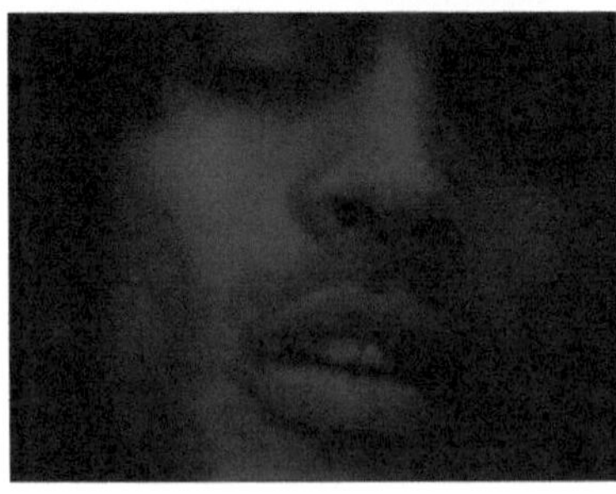

Abb. 60 bis 63: Teil des Spektakels (The Doom Generation).

to-be-looked-at-ness – wie im Falle Rudolph Valentinos, jedoch auf andere Art und Weise – miteinander verbunden werden.

Der zweite Punkt, der noch zur Sprache gebracht werden soll, ist Xaviers Strategie *to make gender trouble.* David Martin-Jones stellt fest: Xavier »demonstrates an almost *über*-heterosexuality«[507]; sein selbstsicheres Auftreten – unter anderem im Cowboy-Look – entspricht dem, was Susan Sontag in ihrem Essay *Notes On ›Camp‹* als »exaggerated he-man-ness«[508] bezeichnet. ›Unbehagen‹ verursacht diese ›Übermännlichkeit‹, da Xavier sie mit einem verqueerenden Verhalten kombiniert. Judith Butler schreibt: »The replication of heterosexual constructs *in non-heterosexual frames* brings into relief the utterly constructed status of the so-called heterosexual original.«[509] Im Aufsatz *Imitation und die Aufsässigkeit der Geschlechtsidentität* verwendet Butler den Ausdruck ›enteignen‹: »Je mehr dieser ›Akt‹ [= der überzeugende Wiederholungsakt als Original, durch welchen sich Heterosexualität als Original konstituiere; d. Verf.] *enteignet* wird, um so deutlicher wird der heterosexuelle Originalitätsanspruch als *Illusion* bloßgestellt.«[510]

507 Martin-Jones 2009, S. 230, Herv. i. O.
508 Sontag, Susan: *Against Interpretation and Other Essays.* New York 1969, 4. Aufl., S. 279.
509 Butler 1999, S. 41, Herv. d. Verf.
510 Butler 2003, S. 159, Herv. d. Verf.

Die ›Enteignung‹, die sich der sexuell nach allen Seiten offene Xavier erlaubt, macht diesen zu einem »sexual outlaw«[511] – wie etwa die Drive-in-Kino-Sequenz, in welcher er als »cocksucker« beschimpft und bedroht wird, demonstriert.

4.6 NETTOYAGE À SEC

Auch Loïc (Stanislas Merhar) verfügt über einen derartigen *sexual outlaw*-Habitus. Der Dritte in Anne Fontaines NETTOYAGE À SEC – dem nächsten Primärwerk dieser Arbeit – tritt im Rahmen einer Travestie-Show ins Leben des Ehepaars Kunstler. Jean-Marie und Nicole (Charles Berling und Miou-Miou) leben mit ihrem Sohn Pierre (Noé Pflieger) und Jean-Maries Mutter Yvette (Nanou Meister) in Belfort und betreiben dort eine chemische Reinigung; die beiden sind seit 15 Jahren verheiratet – ihre Liebe entspricht dem Lee'schen Liebesstil ›Pragma‹ (also der *soliden* Beziehung). Doch, wie Jacqueline Nacache bemerkt, »[l]es gens heureux n'ont plus histoire«[512] (≈ *Glückliche Menschen haben nichts mehr zu erzählen*). Die Ehe sei, so Anette Kaufmann, zunächst einmal die Geschichte *nach* dem *happy ending*. Da jene Geschichte eines glücklichen Ehelebens aber aufgrund ihrer Konfliktlosigkeit kein Potenzial berge, komme die filmische Darstellung eines solchen Lebens so gut wie niemals vor.[513] So muss hier etwas geschehen, was das schon seit langer Zeit in geregelten Bahnen zirkulierende Dasein der Kunstlers in seinen Grundfesten erschüttert – und das Eheglück der beiden infrage stellt.

Auftritt des ›Ganz anderen‹. Und *was* für ein Auftritt: Loïc und seine Schwester Marylin (Mathilde Seigner) präsentieren sich in Lamé Kleidern lasziv posierend als die ›Königinnen der Nacht‹ in einer Bar, die Jean-Marie und Nicole eines Abends besuchen. Im Verlauf der Darbietung – sowie einer weiteren Darbietung in einer späteren Sequenz – fangen Anne Fontaine und Kamerafrau

511 Mackenzie Hoover, Travis: *The Doom Generation vs. Pulp Fiction. Walk the Earth vs. Eat My Fuck.* 2006. http://www.reverseshot.com/article/doom_generation_pulp_fiction (Zugriff am 26.10.2013), o. P.

512 Nacache, zitiert in Christen, Thomas: *Happy Ending.* In: Brütsch, Matthias (u.a.) (Hg.): *Kinogefühle. Emotionalität und Film.* Marburg 2009, 2. Aufl. (*Züricher Filmstudien*), S. 189–203, hier S. 192.

513 Vgl. Kaufmann 2007, S. 64.

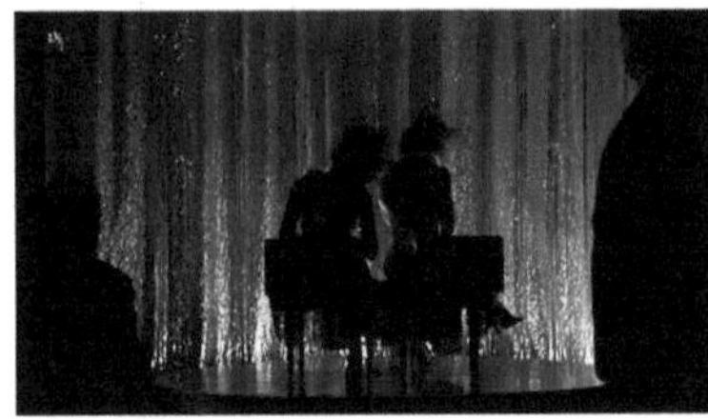
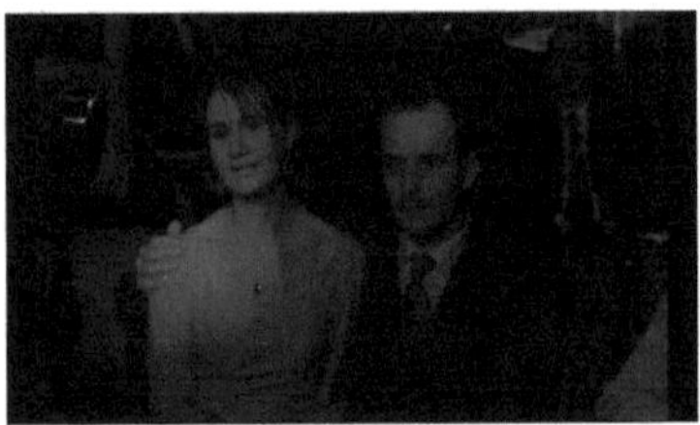

Abb. 64 und 65: ›Doppelblicke‹ auf Loïc und Marylin (NETTOYAGE À SEC).

Caroline Champetier ›Doppelblicke‹ des zuschauenden Paares ein. Bemerkenswert ist, dass gelegentlich auch eine der beiden Figuren die andere beim Zuschauen beobachtet: Einmal sieht Jean-Marie lustvoll seine faszinierte Gattin an, ein andermal ist es Nicole, die Jean-Marie amüsiert beim Verfolgen des Bühnengeschehens betrachtet.

Zwei Aspekte gilt es in Bezug auf Loïc hervorzuheben. Zum einen vermag auch *er* es, gemeinsam mit seiner Schwester *gender trouble* zu verursachen. Wie bereits erläutert, legt Judith Butler dar, dass die Travestie die Imitationsstruktur der Geschlechtsidentität offenbart. Indem Fontaine auf den Auftritt von Loïc und Marylin als Sylvie Vartan und Johnny Hallyday – mit Loïc in der Vartan- und Marylin in der Hallyday-Rolle – kurze Zeit später eine Sequenz folgen lässt, in welcher das Geschwisterpaar fernab der Bühne und ohne die entsprechenden Outfits agiert, wird die Performativität der Geschlechtsidentität besonders augenfällig: Während sich Loïc in Sylvie-Vartan-Verkleidung zärtlich an Marylin im Johnny-Hallyday-Kostüm anschmiegt, verkehrt sich das Bild in der Folgesequenz ins Gegenteil – nun ist es Marylin, die sich an die Schulter Loïcs schmiegt.

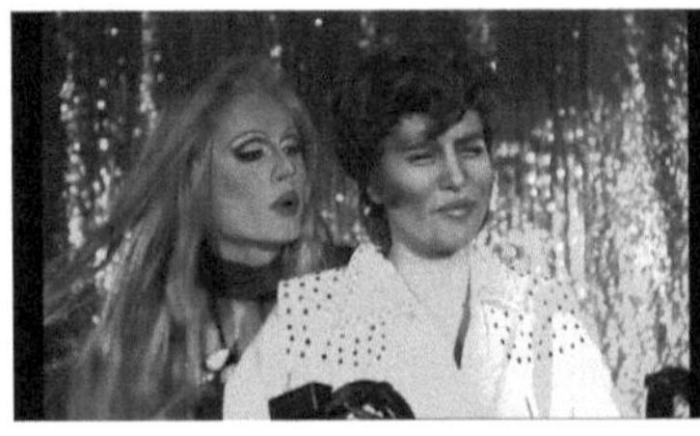

Abb. 66: Performativität der Geschlechtsidentität (NETTOYAGE À SEC).

Dass Loïc in sämtlichen *acts*, sowohl *auf* der Bühne als auch *fernab* der Bühne, überzeugt (er wirke »gar nicht so feminin«[514], stellt Nicole überrascht fest, nachdem sie Loïc zum ersten Mal in ›Zivilkleidung‹ begegnet ist), macht ihn zum ›Ganz anderen‹ in diesem Figurendreieck: »Ich hoffe, dass ich euch beide nicht ver-

514 Als Grundlage für die Zitate aus NETTOYAGE À SEC dient die Synchronfassung der deutschen DVD von Pro-Fun Media.

wirre«, sagt er süffisant lächelnd zu Jean-Marie, als er auf dem Sofa in der Wohnung des Paares übernachtet.

Der zweite hervorzuhebende Aspekt steht in direktem Zusammenhang mit jener Ambiguität Loïcs: Einerseits verkörpert Loïc – für Jean-Marie und Nicole sowie für den Zuschauer / die Zuschauerin – das Spektakel, das zur Schau gestellt wird. Insbesondere auf Nicole übt er einen ähnlichen Effekt aus, wie ihn der Gast aus TEOREMA auf die Mitglieder der Fabrikantenfamilie ausübt: Er lässt Nicole an ihrem monotonen Alltag zweifeln, lässt ein ›Wollen‹ in ihr aufsteigen und lässt sie schließlich Sexualität in einer womöglich noch nie gekannten Intensität erleben. Andererseits formuliert Loïc in seiner selbstgewissen Art ein deutliches *eigenes* Begehren – sowohl gegenüber Nicole (»Ich will nur, dass du mich küsst!«), als auch gegenüber Jean-Marie (etwa in der Sequenz, in welcher dieser ihn in seinem Hotelzimmer aufsucht). Als er Jean-Marie körperlich jedoch zu nahe kommt, erschlägt dieser den jungen Mann. Die Geschichte *nach* dem *happy ending* zu *zweit* erweist sich bei Fontaine somit als eine Geschichte *ohne* ein *happy ending* zu *dritt*.

4.7 Drei

In Drei stellt sich Tom Tykwer – quasi – ebenfalls der Herausforderung, die Geschichte nach dem (konventionellen) *happy ending* zu erzählen: Die Fernsehmoderatorin Hanna (Sophie Rois) und der Kunsttechniker Simon (Sebastian Schipper) sind zu Beginn des Films zwar unverheiratet (und kinderlos) – sie sind jedoch seit 20 Jahren ein Paar. Ihre Liebe mutet (inzwischen) eher wie eine ›freundschaftliche‹ Liebe an – die pointierten Dialoge zwischen den beiden stehen aber in bester *screwball*-Tradition (Simon: »Du bist... dogmatisch.«, Hanna: »Nein, *du* bist dogmatisch. Ich bin totalitär.«). Hanna und Simon sind aufeinander eingespielt. Als Simon an Hodenkrebs erkrankt, bewähren sich die zwei als (Über-)Lebensgemeinschaft; sie trotzen allen Schicksalsschlägen durch Humor und geistreiche Neckereien.

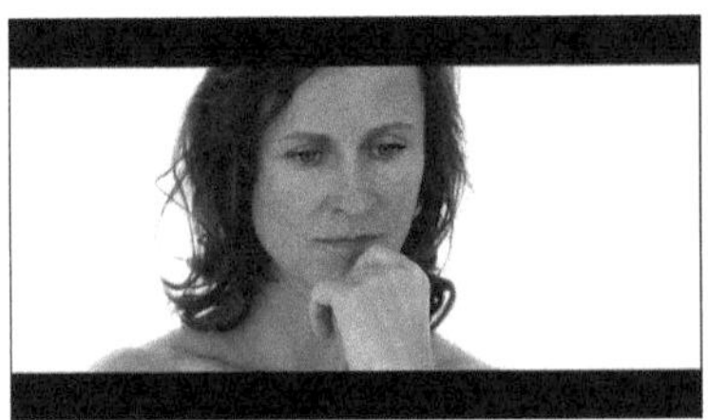
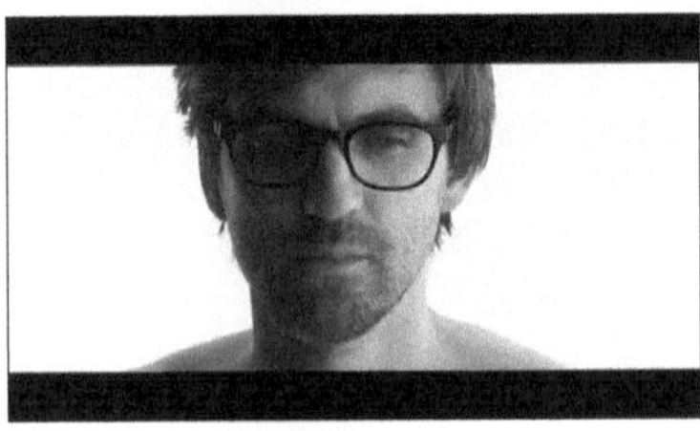
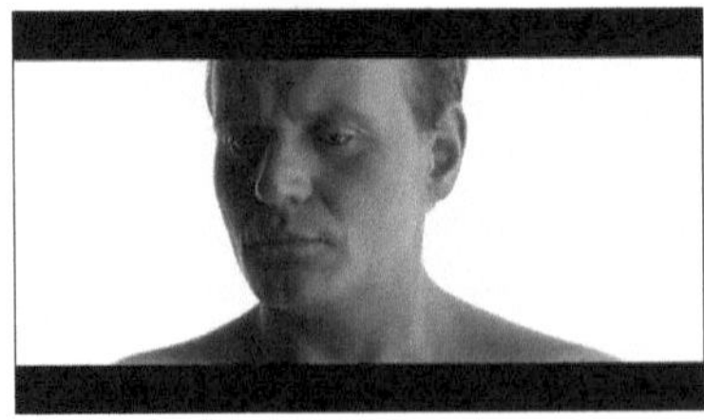
Abb. 67 bis 69: Subjekte (Drei).

Dass auch in der Liebe *dieser* eheähnlichen Gemeinschaft etwas geschehen muss, wird dem Zuschauer / der Zuschauerin durch Hermann Hesses Gedicht *Stufen* vermittelt, welches von Simons Mutter Hildegard (Angela Winkler) rezitiert wird: »Nur wer bereit zu Aufbruch ist und Reise, / Mag lähmender Gewöhnung sich entraffen«[515], heißt es dort. Und so begeben sich sowohl Hanna als auch Simon, unabhängig voneinander, auf eine amouröse Reise – und zwar mit demselben Mann: Adam (Devid Striesow).

Anfangs (in der vierten beziehungsweise neunten Filmminute) werden Hanna und Simon jeweils vermittelst einer

515 Hesse, Hermann: *Die Gedichte*. Frankfurt am Main 2002 (*Hermann Hesse. Sämtliche Werke*, Bd. 10), S. 366.

Naheinstellung als Subjekt, welches das Geschehen wahrnimmt und reflektiert, eingeführt. Sie befinden sich dabei jeweils mit nachdenklicher Miene in einem hellen Raum. Im Falle Adams – des Dritten – bleibt eine solche Einstellung zunächst aus. Er treffe, so Tykwer in einem Interview, »wie ein Mirakel«, »eine Projektionsfigur, an der sich Hanna und Simon im positiven Sinne abarbeiten«[516] in den Film. Späterhin – in der 50. / 51. Filmminute – wird diese Einstellung ›nachgereicht‹ und Adam somit zum Ko-Subjekt.

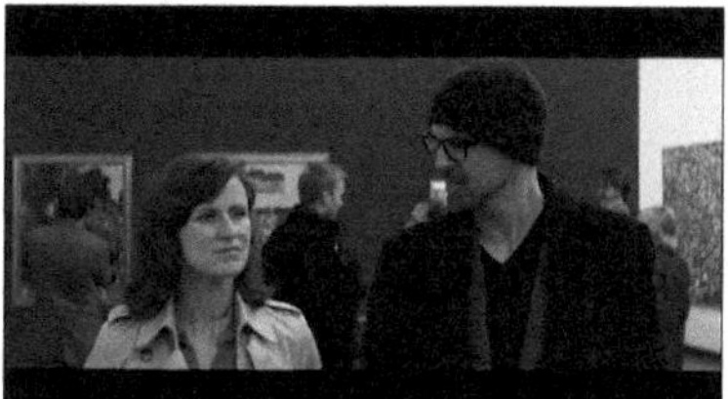
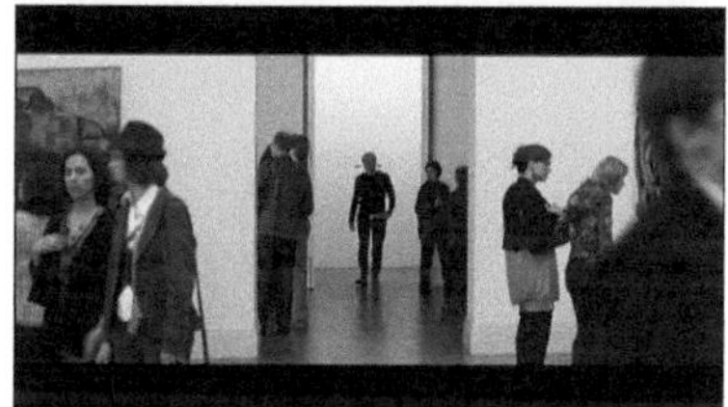
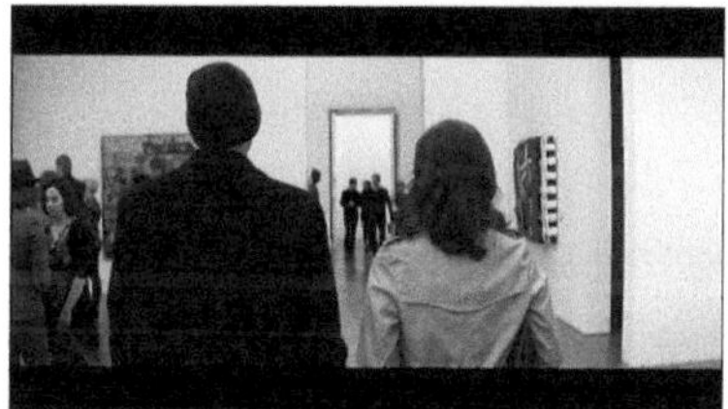
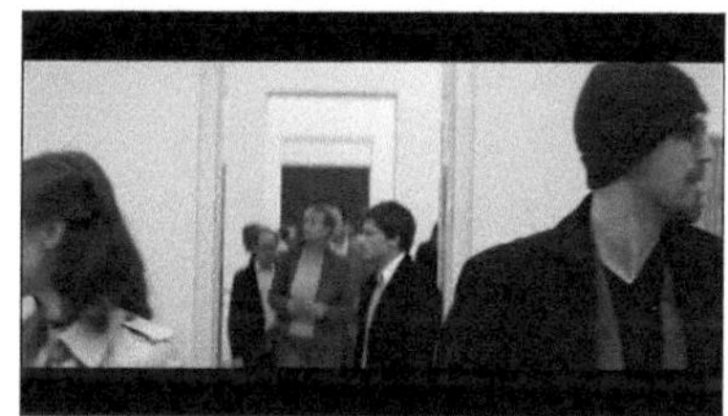

Abb. 70 bis 73: Two-shot-Sprengung (DREI).

Gleichwohl hebt er sich auch im weiteren Verlauf ab – etwa durch seine »fast übermenschlich anmutende Vielseitigkeit«[517] (wie Ekaterina Vassilieva es in ihrer Rezension formuliert): Er wird beim Motorradfahren, beim Singen im Chor, beim Judo-Training, Fußballspielen und Segeln gezeigt, ferner bei seiner Arbeit als Stammzellenforscher, beim Besuch seines Sohnes (und dessen Mutter samt neuem Partner) sowie in seiner Junggesellenwohnung. Die Art und Weise, in welcher der unbefangene Adam etwa das Leben Simons verqueert, trägt Züge der radikalen Methode von Bob (TENUE DE SOIRÉE), sein Gegenüber aus dem Konzept zu bringen: Man müsse »nur Abschied nehmen«, erklärt er Simon – von seinem »deterministischen Biologieverständnis.« Adam verbindet diese Methode jedoch mit jenem zwischen Ironie und schützender Sanftheit changierenden Blick des Gas-

516 Beide Zitate: Tykwer, zitiert in Leweke, Anke: *›Ankommen finden wir scheiße‹*. 2010. http://www.taz.de/!63014/ (Zugriff am 26.10.2013), o. P.

517 Vassilieva, Ekaterina: *Der erste Übermensch*. 2010. http://www.schnitt.de/202,6482,01.html (Zugriff am 26.10.2013), o. P.

tes aus Teorema (beispielsweise nach der ersten erotischen Begegnung zwischen den beiden Männern).

Als Hanna und Simon – nachdem *beide* bereits eine Affäre mit Adam begonnen haben (*ohne* von der Affäre des jeweils anderen zu wissen) – bei einer Ausstellungseröffnung zum ersten Mal *gemeinsam* auf Adam zu treffen drohen, wird der *two-shot*, der das Protagonistenpaar zeigt, ähnlich wie in The Doom Generation ›gesprengt‹: Kurz nacheinander stellen die beiden erschrocken fest, dass sich Adam aus der Ferne auf sie zubewegt (ohne sie dabei jedoch zu bemerken); sie entschwinden ruckartig nach links (Hanna) beziehungsweise rechts (Simon), um eine Begegnung mit Adam zu vermeiden.

Zur *tatsächlichen* Begegnung zu *dritt* wird es erst an späterer Stelle kommen. Da sie mit einer (doppelten!) *in flagranti*-Situation zusammenfällt, soll jene Begegnung in Unterkapitel 6.6.2 (›Wenn drei sich streiten…‹) untersucht werden. Obgleich Drei der Konstellation ›2 + 1‹ zugeordnet wurde, handelt es sich genau genommen um einen Film, der in seiner Erzählstruktur einen Zwischenraum einnimmt: zwischen der ›2 + 1‹-Konzeption und der im Folgenden zu analysierenden Konstellation ›A + B + C‹.

5. Filmische Liebesdreiecke II: A+B+C

5.1 Les Biches

> Da es so seine Art und auch, als ehemaliger Unteroffizier, seine Angewohnheit war, überall selbstbewußt aufzutreten, warf er sich in die Brust, fuhr sich mit der Routine des Soldaten über den Schnurrbart und ließ seinen Blick in der für gutaussehende Junggesellen typischen Art, zu schauen wie Falken, die auf Beute lauern, blitzschnell über die noch mit dem Essen beschäftigten Gäste kreisen.[518]

In jener Art, in welcher der Protagonist Georges Duroy in Guy De Maupassants Roman *Bel-Ami* (1885) zu schauen pflegt – ›wie Falken, die auf Beute lauern‹[519] – blickt auch die kühle, elegante Frédérique (Stéphane Audran) in Claude Chabrols Les Biches auf die junge Pflastermalerin Why (Jacqueline Sassard), als sie beim Spaziergang auf einer Pariser Seine-Brücke auf das Mädchen aufmerksam wird: »Ich liebe die Jagd«[520], sagt sie an späterer Stelle. Die gravitätisch anmutende Frau, die – wie sie selbst meint – »genug Geld« hat, lässt einen 500-Francs-Schein fallen, kommt mit Why ins Gespräch und lädt die mittellose Künstlerin in ihre Wohnung ein. Nachdem Why ein Wannenbad genommen hat, findet eine körperliche Annäherung der beiden Frauen statt: Erst bindet Frédérique Whys Hemd zu einem Knoten, dann berührt sie Whys Bauch und öffnet deren Hosenknopf.

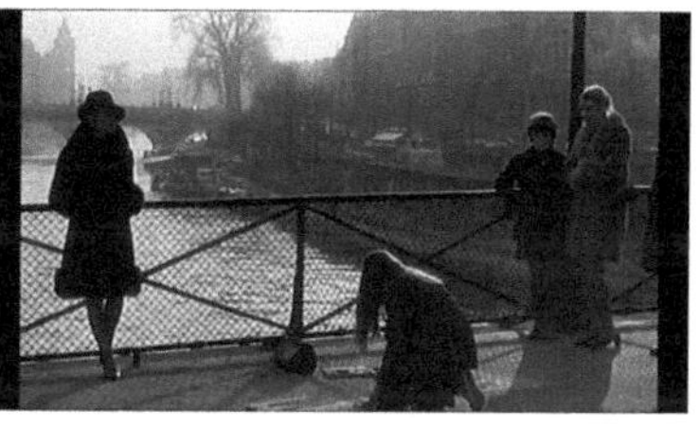

Abb. 74: ›Falkenblick‹ (Les Biches).

Sodann begeben sich die beiden auf Frédériques Landsitz in Saint-Tropez. Obgleich sich Why zuweilen »kapriziös« verhält, wie Frédérique bemerkt, lassen Frédériques regelmäßig geäußerten Bitten / Aufforderungen kaum je ver-

518 De Maupassant, Guy: *Bel-Ami.* München 2001 (Aus dem Französischen und mit einem Nachwort von Hermann Lindner), S. 5.

519 Im französischen Original ist an entsprechender Stelle indes von einem *épervier* (*Sperber*) die Rede (vgl. De Maupassant, Guy: *Bel-Ami.* Paris 1928 [*Œuvres Complètes de Guy de Maupassant*], S. 1).

520 Als Grundlage für die Zitate aus Les Biches dient die Synchronfassung der deutschen DVD von FilmConfect Home Entertainment.

gessen, welches Machtgefälle in der Beziehung besteht. Als Frédérique Why während einer Party über den Kopf streicht, wirkt die junge Frau nahezu wie Frédériques Hauskatze.

Alsbald tritt der Architekt Paul (Jean-Louis Trintignant) als dritte Figur in Erscheinung – wodurch die Konstellation ›A + B + C‹ entsteht. Die Beziehung, die sich zwischen Paul und Why entwickelt, ist – wie jene zwischen Frédérique und Why – durch eine klare Subjekt / Objekt-Relation gekennzeichnet. »Warum haben Sie mich ununterbrochen angestarrt?«, fragt Why Paul nach einer Soiree in Frédériques Haus – worauf dieser entgegnet: »Weil sie ein Mädchen sind und weil sie hübsch sind und weil ich gerne hübsche Mädchen ansehe.«

»[S]he exists only to be looked at«[521], schreibt Linda Williams über die Frau im Film – und bei E. Ann Kaplan heißt es:

> If she [= the woman] is to have sexual pleasure, it can only be constructed around her objectification; it cannot be a pleasure that comes from desire for the other (a subject position) – that is, her desire is to be desired.[522]

Diese Aussagen treffen zunächst weitgehend auf Why zu. Frédérique und Paul sind die handelnden, blickenden / begehrenden Subjekte – und Why ist das Objekt, welches sich gelegentlich ein wenig eigenwillig gibt. Als Why das Haus verlässt, um Paul zu treffen, lässt Frédérique sie von ihren Freunden Riais und Robègue (Dominique Zardi und Henri Attal) beobachten. Die Verhältnisse ändern sich jedoch grundlegend, als Frédérique Paul einen Besuch abstattet und die beiden ein Paar werden. Why entwickelt nun einen begehrenden Blick. Claude Chabrol und sein Kameramann Jean Rabier zeigen etwa, wie Why das Paar vom Fenster aus beobachtet; an anderer Stelle lassen sie Why / Sassard gar *direkt* in die Kamera blicken.

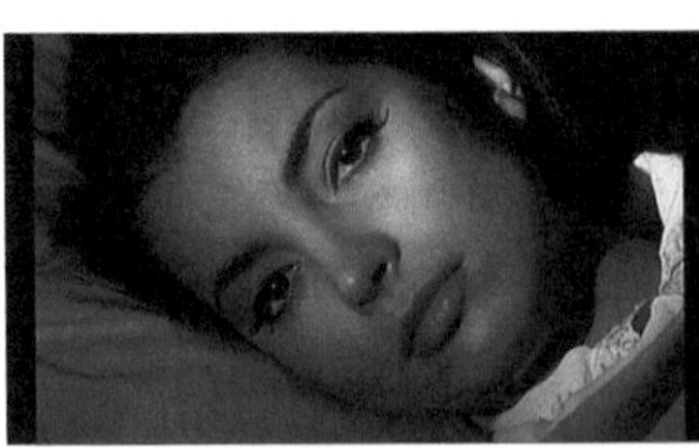

Abb. 75: Direkter Blick in die Kamera (Les Biches).

Was mit der Figur im weiteren Verlauf geschieht, lässt an eine Aussage von Mary Ann Doane in ihrem Aufsatz *Film and the Masquerade: Theorizing the Female Spectator* denken: »[T]he female look

521 Williams 1996, S. 15.
522 Kaplan 1983, S. 316.

demands a becoming.«[523] Why beginnt, die Kleidung, den Schmuck, das Make-up und die Frisur von Frédérique zu tragen und deren Tonfall zu imitieren. Gleichwohl scheint sie nicht zu beabsichtigen, Frédérique in der Beziehung zu Paul zu *ersetzen*. »Ich liebe euch beide. Dich so sehr wie ihn«, erklärt Why Frédérique gegen Ende. Da Frédérique ihre Liebe inzwischen aber in aller Deutlichkeit zurückweist (»Deine Liebe widert mich an«, sagt sie), bleibt Why letztlich nur *eine* Möglichkeit: »Why replaces Frédérique, but she does it by *becoming* Frédérique«[524], so Chabrol in einem Interview. Sie ersticht Frédérique mit einem vergifteten Dolch und erwartet Paul – ›als Frédérique‹ – in deren Wohnung.

5.2 Threesome

Während Chabrol das *Tragische* des Dreiecksverhältnisses in einem Mix aus Melodram und Thriller betont, nutzt Andrew Fleming die Dreiecksliebe seiner Protagonisten als Stoff für eine *romantic comedy*.

In Zusammenhang mit The Doom Generation war bereits vom ›*New Queer Cinema*‹ die Rede; Harry M. Benshoff schildert, dass im Zuge des *New Queer Cinema* auch in einigen ›Hollywood-Filmen‹ »more open parameters of sexuality«[525] erforscht wurden – und dass Flemings Threesome zu diesen Werken gehörte.[526] Der Film erzählt von drei Figuren, die – wie es im einleitenden *off*-Kommentar heißt – eine Zeit lang als »deviants« leben: Stuart, Alex und Eddy (Stephen Baldwin, Lara Flynn Boyle und Josh Charles). Die Geschichte beginnt indes als *buddy movie* – ein Subgenre, das (so Thomas Koebner) »zumal von Männerfreundschaften handelt, die sich in jeder Krise bewähren«[527]: Filmstudent Eddy – dessen Rede den Film begleitet – und Stuart, Student der Betriebswirtschaftslehre, teilen ein Apartment im Wohnheim. Die beiden stehen cha-

523 Doane, Mary Ann: *Film and the Masquerade: Theorizing the Female Spectator*. In: Screen*: The Sexual Subject. A* Screen *Reader in Sexuality*. London (u.a.) 1992, S. 227–243, hier S. 231.
524 Chabrol, zitiert in Yakir, Dan: *The Magical Mystery World of Claude Chabrol: An Interview*. In: Film Quarterly, Vol. 32, No. 3 (Spring 1979), S. 2–14, hier S. 9, Herv. i. O.
525 Benshoff 2009, S. 199.
526 Vgl. ebd., S. 199.
527 Koebner, Thomas: *Buddy-Film*. In: Ders. (Hg.): *Reclams Sachlexikon des Films*. Stuttgart 2002a, S. 86f., hier S. 86.

rakterlich in einem diametralen Gegensatz zueinander: Eddy ist ordnungsliebend, belesen und grüblerisch, wohingegen Stuart eher dem ›hygienisch riskanten‹, illiteraten und triebgesteuerten Typus entspricht. In einer als Tribut an JULES ET JIM zu erkennenden zusammenfassenden Montagesequenz wird jedoch vermittelt, wie die beiden konträren jungen Männer voneinander ›lernen‹ und zu Freunden werden. Dann stößt die exaltierte Alex – die aufgrund ihres Namens einem Männerzimmer zugeteilt wurde – zu dem Gegensatzpaar hinzu: eine Schauspielstudentin, die Eddys Schöngeist und Stuarts Libido auf faszinierende Art und Weise in sich vereint. In Koebners *buddy movie*-Definition heißt es, dass die in den Werken verhandelten Männerfreundschaften »selbst durch Liebschaften mit Frauen nicht getrennt werden können«[528] – und Richard Dyer merkt hinsichtlich der Rolle der Frau in jenem Subgenre an: »[W]omen have no function other than to signal the men's heterosexuality«[529]. Alex übernimmt in Bezug auf Eddy allerdings die gegenteilige ›Funktion‹; nach einigen Annäherungsversuchen ihrerseits erklärt Eddy, dass er »sexually ambivalent« ist. Alsdann ergibt sich das folgende erotische Dreieck: Alex begehrt Eddy, der Stuart begehrt, welcher wiederum Alex begehrt.

Der *buddy*-Konstellation werde, so Koebner, »gelegentlich ein homoerotisches Interesse unterstellt«[530]; diesem kann in THREESOME nun nachgegangen werden. Ferner werden die beiden bereits erläuterten üblichen Paarkonstellationen (antagonistisch / harmonisch) arrangiert: Während die Verbindung zwischen Stuart und Alex immense Reibungsfunken schlägt (Alex: »If you eat my yogurt again, I'm gonna kill you!«) und so der von Anette Kaufmann dargelegte ›temperamentvolle Geschlechterkampf‹ in Szene gesetzt werden kann, lässt das erste ausführliche Gespräch zwischen Eddy und Alex (über J. D. Salingers *Der Fänger im Roggen*) an Roland Barthes' Schilderung der ›Begegnung‹ denken:

> In jedem Augenblick der Begegnung entdecke ich am Anderen ein weiteres ich-selbst: *Lieben Sie das? Ach, ich auch! Sie mögen das nicht? Ich auch nicht!* Als Bouvard und Pécuchet sich begegnen, können sie sich gar nicht genugtun, einander erstaunt ihre gemeinsamen Vorlieben vorzurechnen – fraglos eine wirkliche Liebesszene.[531]

528 Ebd., S. 86.
529 Dyer 1993, S. 127.
530 Koebner 2002a, S. 86.
531 Barthes 1988, S. 52, Herv. i. O.; Roland Barthes bezieht sich hier auf *Bouvard et Pécuchet / Bouvard und Pécuchet* (1881) von Gustave Flaubert.

Da der Film jedoch, um François Truffauts Worte aufzugreifen, *alle drei* Figuren gleichermaßen ›liebt‹ – der Frau also nicht nur eine wie auch immer geartete ›Funktionsrolle‹ zukommt und ebenso keiner der beiden Männer lediglich ein *narrative device* ist –, ist für keine der Konstellationen ein *inevitable outcome* gegeben. Überdies stehen sich in allen Konstellationen zwei unterschiedliche Liebesstile – beispielsweise die ›romantische‹ und die ›freundschaftliche‹ Liebe in der Beziehung zwischen Alex und Eddy – gegenüber. Bedingt durch die Tatsache, dass Regisseur / Drehbuchautor Andrew Fleming mit komödiantischen Typen operiert, wird die Tragik der Geschichte – das (dreifach) unerwiderte Begehren – zunächst komisch abgefedert. Anfangs entspinnen sich einige heitere Situationen; so versucht etwa Alex Eddy nach allen Regeln der filmischen Verführungskunst zu erobern: »I just really want everything to be perfect for this moment«, sagt sie, in vergeblicher Erwartung einer ›Liebesszene‹. Stuart will indessen den Antagonismus zwischen Alex und ihm in Harmonie umwandeln, indem er sich beeifert, die ›ich-selbst‹-Entdeckung, die Alex mit *ihrem* Begehrensobjekt erlebt hat, zu imitieren: Er liest ihr, wie es kurz zuvor Eddy getan hat, aus einem Buch vor, um sie sexuell zu erregen, hat zu diesem Zwecke aber den in puncto Erotik eher unergiebigen Anfang von Fjodor M. Dostojewskijs *Die Brüder Karamasow* ausersehen. Auch die späteren Momente zu dritt – wenn Stuart, Alex und Eddy vorübergehend als *deviants* leben – werden mit komödiantischen Elementen erzählt: so etwa eine exzessive Kissenschlacht- / Wasserpistolen- / Rasierschaumsequenz.

Zwei Punkte gilt es nun noch ins Blickfeld zu nehmen. Punkt 1 betrifft die filmische Darstellung der Begehrensverhältnisse. So kommt es etwa an einer Stelle in sechs aufeinanderfolgenden Einstellungen zur Bebilderung des oben beschriebenen erotischen Geflechts. Die erste Aufnahme zeigt *Alex* als blickendes Subjekt, gefolgt von einer Aufnahme, die das Gesäß des vor ihr herlaufenden Eddy präsentiert (Stichwort: Fragmentierung). Daran schließt sich wiederum eine Einstellung an, in der *Stuart* – zu einem späteren Zeitpunkt – als Blicksubjekt etabliert wird, gefolgt von einer Naheinstellung, die Alex im Nachthemd zeigt. Darauf folgt sodann eine Aufnahme *Eddys*, wie dieser, abermals zu einem späteren Zeitpunkt, heimlich-lustvoll etwas beobachtet – ehe in der sechsten Einstellung sichtbar wird, dass es sich dabei um den duschenden Stuart handelt.

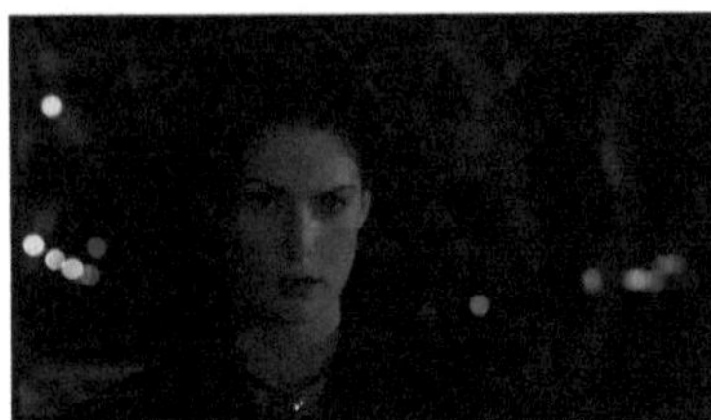
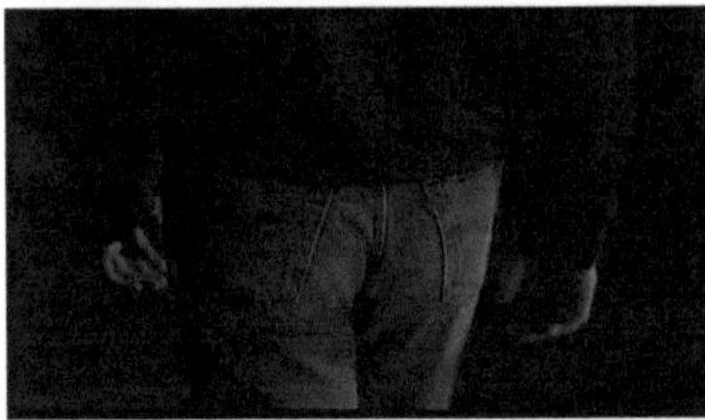
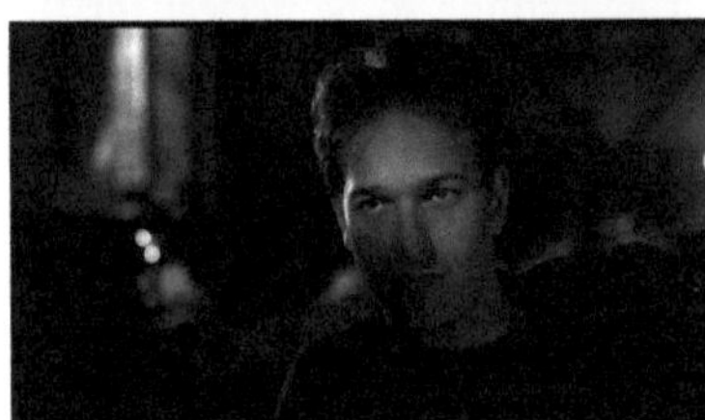
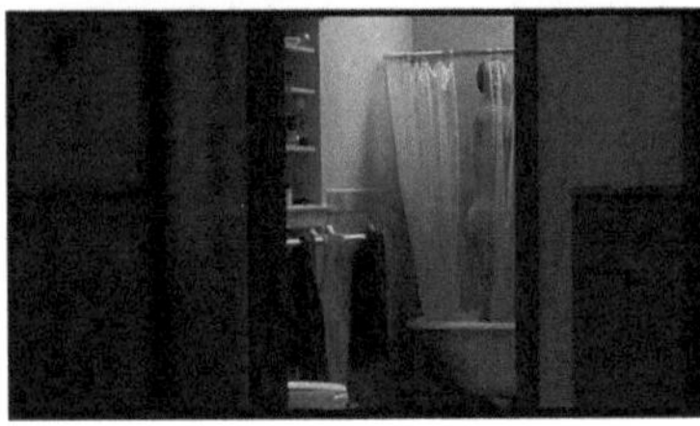

Abb. 76 bis 79: Subjekt / Objekt (THREESOME).

Alle drei Figuren sind sowohl Subjekt als auch Objekt – jedoch nicht im selben Moment und nicht in einem Gegenseitigkeitsverhältnis, wie dies etwa bei Juan und Carmen (Rudolph Valentino und Lila Lee) in BLOOD AND SAND der Fall ist. Heterosexuelles und nicht-heterosexuelles Begehren stehen gleichwertig nebeneinander; sexuell ambivalente ›Doppelblicke‹ sind aufgrund der vorliegenden ›Begehrensrichtungen‹ nicht möglich.

Der zweite zu erwähnende Punkt ist, dass sich das Trio als »circle« bezeichnet. Während andere Filme von der Schwierigkeit erzählen, in einen Familien-[532] oder Freundeskreis[533] aufgenommen zu werden, schildert THREESOME am Rande, wie sich diverse Vierte bemühen, in jenen ›Liebes- / Begehrenskreis‹ zu gelangen. So versucht sich etwa Stuarts Kurzzeitfreundin Kristen (Michele Matheson) bei einem Abendessen zu viert an der ›Quadratur des Kreises‹. In einem *four-shot* fangen Andrew Fleming und Kameramann Alexander Gruszynski ein, wie drei skeptische Augenpaare auf die junge Frau gerichtet sind. Hier gilt: *When there are four, one gets squeezed out.* Der Film macht damit von jenem für *romantic comedies* typischen *wrong partner*-Motiv Gebrauch – und kann gar mit *drei* ›falschen (Liebes-)Partnern‹ aufwarten: der naiven Kristen, dem eitlen Larry (Mark Arnold) und dem ungelenken Dick (Alexis Arquette). Während es üblicherweise die *Dritten* sind, die in *romantic* (und *screwball*) *comedies* dem Spott preisgegeben

532 So beeifert sich etwa Greg (Ben Stiller) in Jay Roachs Komödie MEET THE PARENTS / MEINE BRAUT, IHR VATER UND ICH (USA 2000), in die Familie seiner Freundin (Teri Polo) aufgenommen zu werden, welche von Familienoberhaupt Jack (Robert De Niro) als ›*circle of trust*‹ definiert wird.

533 In Michael Lehmanns Satire HEATHERS (USA 1989) etwa spielt Winona Ryder ein Mädchen, das verzweifelt versucht, zur In-Clique ihrer Schule zu gehören.

sind, werden in THREESOME die *Vierten* – jeweils in wenigen Bildern und Sätzen – als Karikaturen ausgestellt.

5.3 GLUE

Das Collegetrio Stuart, Alex und Eddy wird den Jugendjahren am Ende von THREESOME – wie ein Epilog suggeriert – entwachsen sein. Durch den *off*-Kommentar Eddys (in der Vergangenheitsform) wird die Geschichte des Dreierbundes von Anbeginn als inzwischen ›überwundene‹ Episode ausgewiesen. GLUE – das zehnte und letzte Primärwerk dieser Arbeit – handelt hingegen vom Hier und Jetzt seiner Figuren, welche sich in dem von Marcel Proust skizzierten ›lächerlichen‹ Alter der Jugend befinden: Regisseur und Drehbuchautor Alexis Dos Santos zeigt das Teenagerleben in einer patagonischen Stadt. Lucas (Nahuel Pérez Biscayart) ist 16 Jahre alt – ein schmaler Junge mit weichen Gesichtszügen und punkiger ›Frisur‹. Weiterhin ist da der sportliche Nacho (Nahuel Viale) – Lucas' bester Freund. Gemeinsam lassen sich die beiden vom Leben treiben; sie machen Ausflüge, raufen sich oder proben mit ihrer (Hobby-)Band. Die Erzählweise des Films lässt sich mit den Worten David Bordwells über die ›*art-cinema narration*‹ beschreiben: »In this mode of narration, scenes are built around chance encounters, and the entire film may consist of nothing more than a series of them.«[534] Wie Dos Santos in einem Interview berichtet, wurden zudem sämtliche Szenen improvisiert[535] – was dazu führt, dass die Figuren zumeist »in Bruchstücken und Satzfetzen reden, die fern davon sind, das ganze aufregende Elend pubertärer Verzweiflung auf Begriffe zu bringen«[536] (wie Ekkehard Knörer es in seiner Rezension formuliert). Statt große Kinoemotionen auszuspielen, durchfühlen die Darsteller kleine Zwischenfälle und Tagesprobleme. Als sich Lucas und Nacho (nachdem sie Leim inhaliert haben) sexuell näher kommen, führt dies am darauffolgenden Morgen zwar erst einmal zur

534 Bordwell, David: *Narration in the Fiction Film*. Madison 1985, S. 206.
535 Vgl. Dos Santos, zitiert in Hamdorf, Wolfgang Martin: *Poetische Ambivalenz. Der Filmemacher Alexis Dos Santos*. 2009. http://www.dradio.de/dkultur/sendungen/profil/918248/ (Zugriff am 26.10.2013), o. P.
536 Knörer, Ekkehard: *Glue*. 2008. http://www.filmzentrale.com/rezis/glueek.htm (Zugriff am 26.10.2013), o. P.

›Flucht‹ Nachos – dies ist jedoch schon das Äußerste an ›Dramatik‹, das der Film aufbietet. Die Freunde erörtern ihre Gefühle füreinander im weiteren Verlauf nicht etwa wortreich – sie erzeugen beim nächsten Treffen lieber gemeinsam ein paar Rhythmen auf einer Eisenbahnschiene.

Die dritte Hauptfigur in GLUE ist Andrea (Inés Efron). Da, wie bereits in THREESOME, eine (*zuerst* etablierte) *buddy*-Konstellation gegeben ist, besteht auch hier zunächst einmal die Gefahr, dass die Frauenrolle lediglich eine Funktion zu erfüllen hat. Überdies merkt Molly Haskell über *coming of age*-Geschichten wie Peter Bogdanovichs THE LAST PICTURE SHOW / DIE LETZTE VORSTELLUNG (USA 1971) an:

> [T]he women figured only incidentally in the man's struggle to maturity [...] [W]hat about her point of view, this woman who exists only as a chapter heading, a way station?[537]

In GLUE wird aber auch Andrea ein *point of view* zugestanden. Ebenso wie Lucas lässt sie den Zuschauer / die Zuschauerin in inneren Monologen – unterlegt mit Super-8-Aufnahmen – an ihren Gedanken teilhaben. Zwischen Lucas, Nacho und Andrea entwickelt sich im Laufe des Films eine Liebe zu dritt. Obschon vergleichsweise wenig auf der Leinwand geschieht – da die Erzählung auf keine dramaturgische Zuspitzung abzielt –, können auch *diese* drei Protagonisten (wie Amy, Jordan und Xavier aus THE DOOM GENERATION) als ›sexuelle Gesetzesbrecher‹ bezeichnet werden: Gänzlich unaufgeregt lehnen sie die Eifersucht im Sinne Roland Barthes' ab.

In einem der inneren Monologe von Lucas heißt es: »Ist es anders, einen Mann zu küssen als eine Frau? Männer haben einen Bart. Das ist der einzige Unterschied.«[538] Obgleich er *optisch* nicht an James Dean gemahnen mag, mutet auch Lucas zweifelsohne wie ein Dean'scher *teen rebel* an, dessen *ambiguous sexual positioning* deutlicher ausformuliert werden kann, als dies im Jahre 1955 in REBEL WITHOUT A CAUSE möglich war. »Und Nacho? Was macht er gerade? Schläft er? Träumt er von mir?«, fragt sich Lucas in *einem* Moment – um schon im *nächsten* festzustellen: »Ich will Andreas Brüste berühren.«

537 Haskell 1987, S. 36.
538 Als Grundlage für die Zitate aus GLUE dienen die Untertitel der deutschen DVD von Salzgeber & Co.

6. Standardsituationen des Liebesfilms

6.1 ›Visuelle / dialogische Promiskuität‹

In Kapitel 4 (›Filmische Liebesdreiecke I: 2 + 1‹) wurden zwei Begriffe eingeführt, die auch im Folgenden Verwendung finden sollen: zum einen die *queered shot composition*, zum anderen der sexuell ambivalente ›Doppelblick‹. An dieser Stelle sollen zwei weitere Begriffe hinzukommen: die ›visuelle‹ und die ›dialogische Promiskuität‹.

Der Ausdruck ›visuelle Promiskuität‹ stammt aus dem von Robin Wood verfassten Artikel *Responsibilities of a gay film critic*, in welchem der Autor die Kamera- und Schauspielführung in Jean Renoirs La Règle du jeu / Die Spielregel (F 1939) wie folgt beschreibt:

> The constant reframings, in which the camera excludes some to include others, the continual entrances into and exits from the frame, the division of our attention between foreground and background – the style might be aptly described as *perpetual visual promiscuity*, quite breaking down the traditional one-to-one relationship of spectator to protagonist to which the cinema has habituated us.[539]

Woods Beobachtungen lassen sich etwa anhand der Sequenz aufzeigen, in welcher sich Octave (gespielt von Renoir) im Kostüm durch die Räume des Hauses bewegt – wobei immer wieder aufs Neue Figuren, oft Paare, durchs Bild laufen, im Hintergrund auftauchen und in alle erdenklichen Richtungen blicken.

Hier soll der Begriff ›visuelle Promiskuität‹ indes auf eine andere Weise gebraucht werden. Er soll – ganz allgemein gehalten – für *sämtliche* visuelle Strategien stehen, die angewandt werden, um Standardsituationen, an denen üblicherweise *zwei* Figuren beteiligt sind, mit *drei* Figuren in Szene zu setzen.

539 Wood, Robin: *Responsibilities of a gay film critic*. In: Film Comment, January / February 1978, S. 12–17, hier S. 15, Herv. d. Verf.

Was wiederum mit ›dialogischer Promiskuität‹ gemeint ist, sei anhand des Trash[540]-Kinos von John Waters aufgezeigt: Darin werden heteronormative Vorstellungen oftmals dialogisch beziehungsweise vermittelst pointierter *one-liner* ›auf den Kopf gestellt‹. So bemüht sich etwa die schrille Ida (Edith Massey) im wüsten Melodram-Verschnitt FEMALE TROUBLE (USA 1974), ihren Neffen (Michael Potter) vor einem heteronormativ organisierten Leben zu bewahren, indem sie erklärt: »I worry that you'll work in an office, have children, celebrate wedding anniversaries. The world of the heterosexual is a sick and boring life.« Welche Möglichkeiten der ›dialogischen Promiskuität‹ sich aus der Geschlossenheit und/oder der sexuellen Ambivalenz eines Liebesdreiecks ergeben können, lässt sich womöglich am besten an einem skurrilen Wortwechsel aus CABARET demonstrieren: »Screw Maximilian!«, exklamiert Brian (Michael York) darin zornig, als seine Freundin Sally (Liza Minnelli) auf Maximilian (Helmut Griem) – den Dritten in der Beziehung – zu sprechen kommt; »I do«, kontert Sally – und Brian erwidert: »So do I.« Als weiteres, überaus anrührendes Beispiel sei ein *one-liner* aus LES ROSEAUX SAUVAGES genannt. Darin schickt François (Gaël Morel) seine beste Freundin Maïté (Élodie Bouchez) zu Serge (Stéphane Rideau) – »[w]eil ich dich liebe und wollte, dass sie dich auch liebt«[541], wie er diesem später sagt.

Es gilt nun also der Frage nachzugehen: Wie wird die amouröse Konstellation der drei Hauptfiguren in den zehn Primärwerken dieser Arbeit (und in einigen weiteren Werken) auf visueller und/oder sprachlicher Ebene in den Standardsituationen des Liebesfilms nachvollzogen? Welche passenden Bilder und Dialoge (beziehungsweise Dialog*zeilen*) lassen sich für die ›Liebe in alle Richtungen‹ finden?

540 Andreas Rauscher erläutert, dass ›Trash‹ »das überanstrengte, in Hinblick auf die begrenzten Mittel häufig unfreiwillig komische Bemühen um Kommerzialität« bedeuten kann – oder die »bewusste Subversion der bestehenden Konventionen« (beide Zitate: Rauscher, Andreas: *Trash.* In: Koebner, Thomas [Hg.]: *Reclams Sachlexikon des Films.* Stuttgart 2002, S. 624–625, hier S. 624). Auf die Werke von John Waters trifft Letzteres zu.

541 Als Grundlage für die Zitate aus LES ROSEAUX SAUVAGES dient die Synchronfassung der deutschen VHS-Kassette von Arthaus Video.

6.2 Die erste(n) Begegnung(en)

Um die erste Begegnung der Protagonisten eines Liebesfilms herbeizuführen, komme es – so Anette Kaufmann – oftmalig zu einem sogenannten *meet cute*: einem zufälligen Zusammenprall zweier Fremder.[542] Eine amüsante Umsetzung dieser »Standardformel«[543] findet sich in Ulu Grosbards FALLING IN LOVE / DER LIEBE VERFALLEN (USA 1984): Darin ›kollidieren‹ Frank und Molly (Robert De Niro und Meryl Streep) während des Weihnachtseinkaufs – jeweils mit einer Unzahl Tüten ausgestattet – in einer Buchhandlung miteinander. Auch hier gilt: *One man, one woman – one inevitable outcome.*

6.2.1 Paar trifft X

Die in den sieben ›2 + 1‹-Primärwerken stattfindenden Begegnungen der Paare mit den Dritten wurden in Kapitel 4 (›Filmische Liebesdreiecke I: 2 + 1‹) schon weitgehend geschildert. In klassischer *meet cute*-Manier finden jene Begegnungen *nicht* statt. In NETTOYAGE À SEC und LES AMOURS IMAGINAIRES wird die große erotische Ausstrahlungskraft des jeweiligen Dritten prominent in Szene gesetzt – im ersten Fall durch den glamourösen Barauftritt von Loïc, im zweiten Fall durch den Einsatz der Zeitlupe –, wodurch die Wirkungsmacht der beiden ›Ganz anderen‹, die diese alsbald über Jean-Marie und Nicole beziehungsweise über Francis und Marie gewinnen werden, bereits angedeutet wird. In LES AMOURS IMAGINAIRES ist das gegenseitige *nachahmende* Begehren – die *doppelte* Vermittlung gemäß René Girard – in dem *two-shot* von Francis und Marie angelegt, in welchem das Freundespaar nacheinander in den *off*-Raum, in Richtung Nicolas, schaut. Xavier Dolan und Kamerafrau Stéphanie Weber-Biron vermitteln dadurch, dass die Liebesfindung unter schlechten Auspizien beginnt: Francis und Marie werden gewissermaßen von einer *folie à deux* (≈ *einem geteilten Wahn*) ergriffen, und Nicolas bietet sich ihren Blicken dar – (anscheinend) *ohne* dabei *selbst* zu blicken beziehungsweise zu begehren.

542 Vgl. Kaufmann 2007, S. 103f.
543 Ebd., S. 103.

In TENUE DE SOIRÉE, in THE DOOM GENERATION und in DARE (in welchem die erste im Film gezeigte Begegnung allerdings *keine* Kennlernsituation ist) wird mit Einstellungen gearbeitet, die das jeweilige kommende (Dreiecks-)Liebeserlebnis vorwegnehmen. Die Figurenpositionierung bei Gregg Araki kann als Hinweis aufgefasst werden, dass die *gewöhnliche* Cadrage einer Leinwand-Liebe für die *un*gewöhnliche Beziehung des Protagonistentrios zu *eng* ist – etwa wenn sich Jordans Kopf von unten ins Bild des nach üblichem Muster in Stellung gebrachten antagonistischen Paares Amy / Xavier zwängt. Ebenso kann man die *two-shot*-›Sprengung‹ zu Beginn – die sich in vergleichbarer Form auch in der in Kapitel 4.7 (›DREI‹) beschriebenen *Beinahe*-Begegnung (*zu dritt*) in der Ausstellungseröffnungssequenz aus DREI zuträgt – durchaus programmatisch verstehen: als wild entschlossene Verqueerung.

Die *queered shot compositions* am Anfang von DARE – zum Beispiel in der *high school cafeteria*-Passage, in welcher Ben bildkompositorisch in das Wortduell von Alexa und Johnny integriert wird – signalisieren, dass eine Abweichung des *boy meets girl*-Schemas möglich ist. Im zweiten und dritten Akt stellt DARE all jene Begehrenskonstellationen, die im Fünfzigerjahre-Film REBEL WITHOUT A CAUSE nur *indirekt* thematisiert werden konnten, *explizit* dar; die *ersten* Triosequenzen sind jedoch noch so gestaltet, dass das Geschehen »verschiedene alternative Quellen der Lust für zwei Personen anbietet, die im gleichen Kino nebeneinandersitzen«[544], wie Richard Maltby es in Bezug auf eine Szene aus CASABLANCA beschreibt. Während ein ›unschuldiger‹ Zuschauer (so die Formulierung Maltbys) jene Sequenzen im Sinne der Konvention sehen und die Figur ›Ben‹ etwa als *dweeb* neben dem antagonistischen Paar Alexa / Johnny interpretieren kann, bieten die Sequenzen dem ›raffinierten‹ Zuschauer »genügend Hinweise, eine alternative und sexuell gewagtere Erzählung zu konstruieren.«[545]

In TENUE DE SOIRÉE findet sich in der Auftaktsequenz eine Einstellung, in der sich Bob, Antoine und Monique auf zwei Bänke an einen Tisch setzen und sich dabei immer wieder neu gruppieren. Die ›Choreografie‹ des mehrmaligen Hin- und Herrückens gibt der dramaturgischen Unvorhersehbarkeit des Films – die sich aus der Geschlossenheit und der sexuellen Ambivalenz des Liebesdreiecks ergibt – eine Optik. Neben dieser Aufnahme sei noch auf das Bild hingewiesen,

544 Maltby, zitiert in Žižek, Slavoj: *Lacan. Eine Einführung.* Frankfurt am Main 2008, 2. Aufl. (Aus dem Englischen von Karen Genschow und Alexander Roesler), S. 111.
545 Ebd., S. 112.

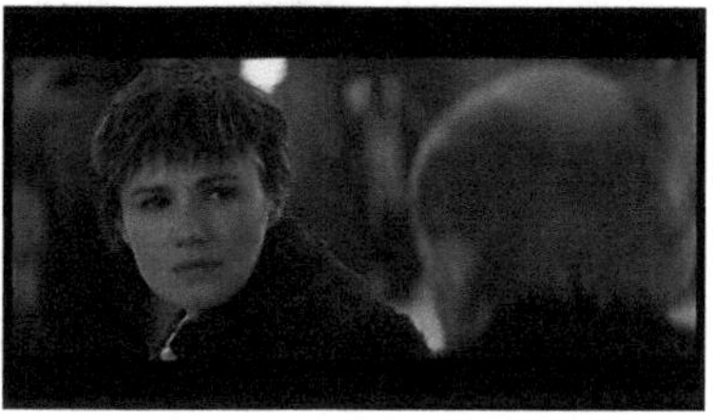

Abb. 80: In der Unschärfe (TENUE DE SOIRÉE).

welches den Eintritt Bobs ins Leben von Antoine und Monique ankündigt. Auch *hierbei* handelt es sich um eine *queered shot composition*. In der Unschärfe wird Bob in einem *over shoulder shot* erkennbar: zwischen den Eheleuten – bereit zum ›Angriff‹.

Wichtig ist, dass Antoine und Monique als Personen eingeführt werden, die am Rande des Existenzminimums leben. Ihre kritische Lage lässt Bob umso mehr als Erfüllung der Sehnsucht Moniques nach einem annehmlicheren Dasein erscheinen. Das Protagonistenpaar aus NETTOYAGE À SEC befindet sich zwar in *besseren* finanziellen Verhältnissen als Antoine und Monique; dennoch ist es hier in der Einführung des Settings sowie der Figuren ebenfalls von Bedeutung, dass der Alltag der Kunstlers mit Entbehrungen verbunden (und von Ereignisarmut geprägt) ist: Loïc bietet – insbesondere für Nicole – die Möglichkeit, dem Leben noch einmal eine Wendung zu geben und mit Alltagszwängen zu brechen.

In HOME stößt Bobby zum symbiotisch anmutenden Duo Jonathan / Clare hinzu. Da Bobby und Jonathan eine lange *Vor*geschichte haben, handelt es sich bei jener Sequenz des Hinzustoßens Bobbys *nicht* um eine ›Paar trifft X‹-Situation im *eigentlichen* Sinne. Auch in DREI bleibt eine solche Situation aus – das (tatsächliche) Aufeinandertreffen des Trios ereignet sich im letzten Drittel der Geschichte, *gleichzeitig* mit einer *in flagranti*-Situation.

Bemerkenswert ist, dass sich Tom Tykwers Werk *von Anfang an* »all die Freiheiten [nimmt], die das Kino mit seiner Formelhaftigkeit so oft verschenkt«[546], wie der Filmkritiker Hanns-Georg Rodek es ausdrückt. Obgleich zunächst lediglich *boy / girl*-Situationen (›Hanna / Simon‹ beziehungsweise ›Hanna / Adam‹) gezeigt werden und die Erzählung somit – abgesehen von der Tatsache, dass *weder* Simon, *noch* Adam als *wrong partner* für Hanna auszumachen ist – der ›Norm‹ entspricht, fühlt sich Tykwer dem konventionellen filmischen ›Reglement‹ offenbar zu keiner Zeit verpflichtet: Der Autor / Regisseur nutzt *voice-over* und *splitscreen*, experimentiert unter anderem mit Scherenschnitten, inte-

546 Rodek, Hanns-Georg: *Sophie Rois und ihre zwei sich liebenden Männer*. 2010. http://www.welt.de/kultur/kino/article11759027/Sophie-Rois-und-ihre-zwei-sich-liebenden-Maenner.html (Zugriff am 26.10.2013), o. P.

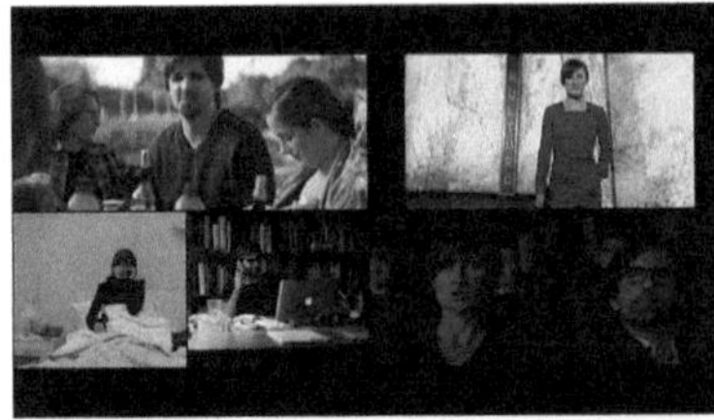

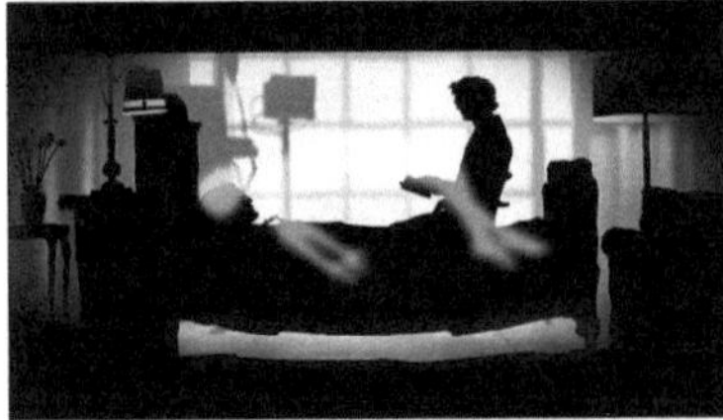

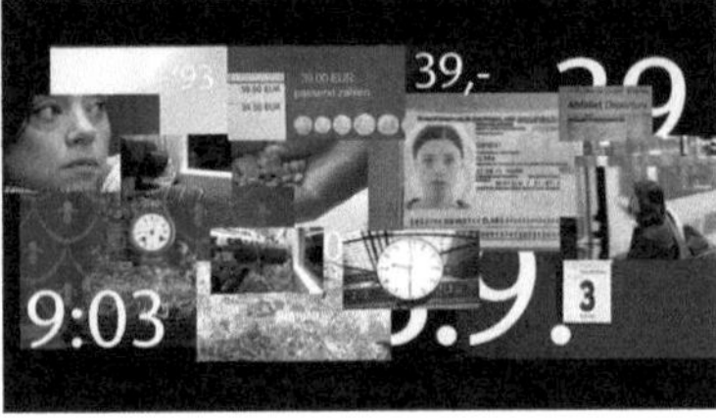

Abb. 81 bis 83: Filmsprachliche Freiheiten (Drei).

griert Passagen aus Theaterinszenierungen (*Shakespeares Sonette* von Robert Wilson), Zitate aus Film- (Vittorio De Sicas Miracolo a Milano / Das Wunder von Mailand [I 1951]) sowie Literaturklassikern (Herman Melvilles *Moby-Dick* [1851]) und webt gar eine Jeff-Koons-Sexfantasie, Zahlenmystik sowie einen schwebenden Engel ein.

Im Hanna / Adam-Strang erlaubt sich Tykwer gleich *mehrere meet cute*-Situationen: Im Schwimmbad rempelt Hanna Adam an (was folgenlos bleibt), im Sitzungssaal – mit Hanna als Expertin im Ethikrat-Gremium und Adam als Gastredner – liefern sich die beiden eine erste Verbalschlacht, und im Theater sowie im Mauerpark kommt es erneut zu *boy meets girl*-Momenten, ehe die Liebesgeschichte ihren Lauf nimmt. Ganz wie seine drei Figuren scheint auch der Film selbst *vieles* zu ›wollen‹. So lässt sich Drei keinem Genre eindeutig zuordnen: Den *komödiantisch* geführten Hanna / Adam-Sequenzen – die ihren Witz vor allem aus Hannas impulsiver, burschikoser Art schlagen – wird später etwa die eher *melodramatisch* erzählte Begegnung zwischen Simon und Adam im Badeschiff gegenübergestellt, in welcher es vonseiten Simons um die Wiedererlangung einer gewissen Lust am Leben und der Liebe nach überstandener Krankheit geht. Erwähnt sei fernerhin, dass die Idee eines geschlossenen, sexuell ambivalenten Dreiecks zu Beginn als Tanz in einem weißen Raum von einer Frau und zwei Männern vollführt wird – womit auch in *diesem* Werk das zu verhandelnde Liebeserlebnis vorweggenommen wird. Der Tanz hat indes ein *unhappy ending*; die drei Akteure entfernen sich am Schluss voneinander.

6.2.2 A trifft B trifft C trifft A

Eine Frau betritt den Raum, ein Mann blickt sie an und kann sich ihres Anblicks fortan nicht mehr entziehen: eine gängige filmische Situation, bei welcher – wie Anette Kaufmann schreibt – »der mit den Konventionen vertraute Zuschauer weiß: Hier hat gerade der Blitz eingeschlagen.«[547] In LES BICHES kommt zu dieser Inszenierung des Blicks der Blick der *dritten* Figur hinzu: Frédérique bemerkt das Interesse Pauls an Why – und womöglich auch die damit verbundene Gefahr, Why zu verlieren. Da sich Why hinter Frédérique – gleichsam als Objekt der Schaulust Pauls – postiert, ist Frédérique die Blickkontrolle entzogen. Sie versucht, der Sache Einhalt zu gebieten, indem sie ihre Machtposition gegenüber Why ausspielt und diese bittet (genauer: auffordert), ihr ein Bier zu holen. Die dritte Figur tritt hier somit als (vorläufige) *Unterbrecherin* einer Konvention des Liebesfilms auf.

In THREESOME und GLUE ist zu Anfang wiederum deutlich erkennbar, dass die *weibliche* Figur in beiden Werken zunächst eine ›Außenstehende‹ ist und sich die jeweilige *buddy*-Konstellation erst in eine *Dreiecks*konstellation wandeln muss. Im ersten Fall steht Alex im Türrahmen des Zimmers der als Einheit agierenden Männer; noch ist in der Beziehung zwischen Alex und den Männern (nach außen hin) kein Liebesentzücken in *irgendeine* ›Richtung‹ zu bemerken – es herrscht kompromissloser Antagonismus: *Zwei* gegen *eine*. Im zweiten Fall ist Andrea bei der ersten Begegnung des Trios (die *keine* Kennlernsituation ist) durch den Zaun des Schwimmbads von Lucas und Nacho getrennt; die Unterhaltung wird (allzu) verschämt geführt.

Ein sehr schönes Beispiel einer Begegnungssituation aus einem anderen ›Liebesdreieck-Werk‹ ist das erste Aufeinandertreffen von Gilda, Tom und George (Miriam Hopkins, Fredric March und Gary Cooper) in Ernst Lubitschs DESIGN FOR LIVING. Darin betritt Gilda ein Bahnabteil und blickt auf die beiden Männer, die schlafend auf einer Bank sitzen. Nach einer Einstellung, die alle drei Figuren zeigt, folgt im Schuss-Gegenschuss-Verfahren auf eine Halbnahaufnahme Gildas ein *two-shot* (ebenfalls halbnah) von Tom und George: *Girl meets boys*.

547 Kaufmann 2007, S. 104; Kaufmann schildert dies in Zusammenhang mit der Situation ›Liebe auf den ersten Blick‹ und hebt neben der Blickinszenierung und -montage die musikalische Emphase hervor (vgl. ebd., S. 104).

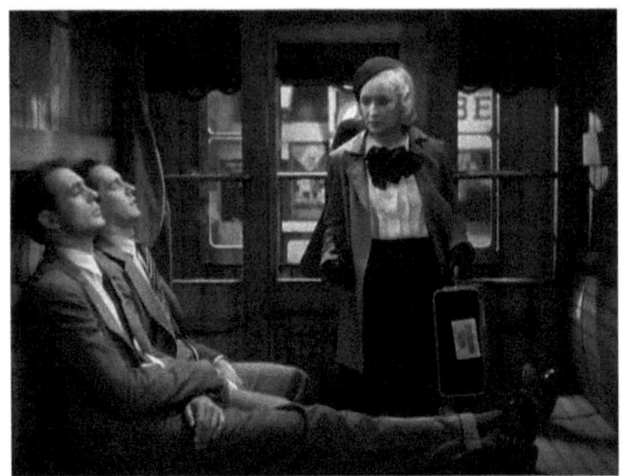

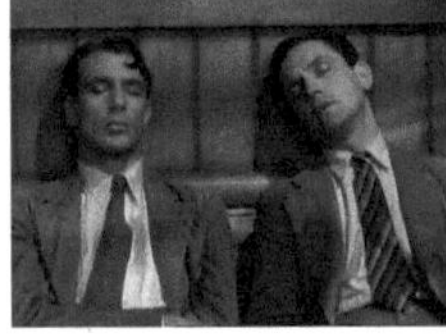

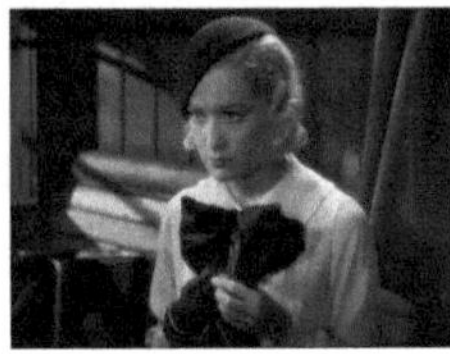

*Abb. 84 bis 86: Girl meets boys (*Design for Living*).*

Später kehrt sich die Situation um – nun wird hinter eine Aufnahme der beiden erwachten und interessiert schauenden Männer ein Bild der schlafenden Frau montiert.

Beide Formen des ›Doppelblicks‹ – hier in der sexuell *nicht*-ambivalenten Variante – werden durchgespielt. Die direkte Gegenüberstellung beider Formen zeigt, dass der ›Doppelblick‹ *zweier* Figuren auf *eine*, gemeinsam begehrte Figur aufgrund der Überzahl der *blickenden* Figuren tendenziell ›bedrohlicher‹ und ›objektivierender‹ anmutet als der entgegengesetzte Fall. Ganz im Allgemeinen lässt sich der *two-shot*, wenn er *anstelle* des *single shot* zum Einsatz kommt – die Frau die beiden Männer in Design for Living also nicht etwa *nacheinander* ansieht und dies jeweils in einem *single shot* festgehalten wird –, als eine naheliegende Möglichkeit ›visueller Promiskuität‹ bezeichnen.

Als weiteres interessantes Beispiel einer ›A + B + C‹-Begegnung sei noch die Restaurantsequenz aus Woody Allens Vicky Cristina Barcelona genannt. Darin kommt der spanische Maler Juan Antonio (Javier Bardem) an den Tisch der Amerikanerinnen Vicky und Cristina (Rebecca Hall und Scarlett Johansson); er schlägt den beiden Touristinnen einen Ausflug von Barcelona nach Oviedo vor: »I'll show you around the city. And we'll eat well. We'll drink good wine. We'll make love.« Bert Rebhandl legt in seiner Rezension dar, dass es – ohne näher zu differenzieren – zwei Möglichkeiten gebe, auf solch ein Angebot zu reagieren: entweder »entrüstete Zurückweisung« oder »vorsichtiges bis unverhohlenes Interesse.«[548] Da Juan Antonio sein Angebot nicht nur an *eine* Frau, sondern gleich an *zwei* Frauen richtet (und mit ›*we*‹ sei im Idealfall »the three of us« ge-

548 Beide Zitate: Rebhandl, Bert: *Liebe zu dritt.* 2008. http://www.taz.de/!26689/ (Zugriff am 26.10.2013), o. P.

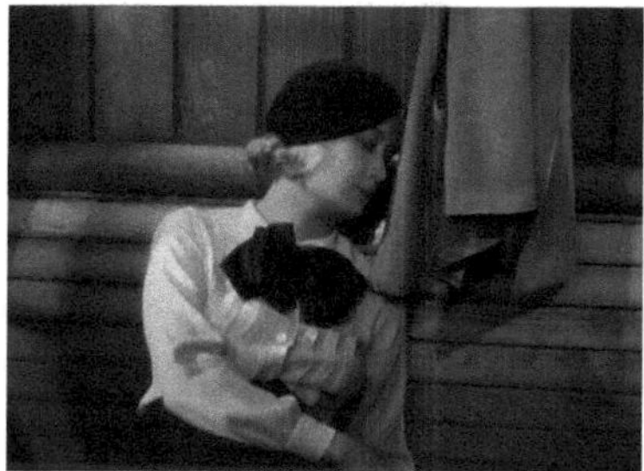
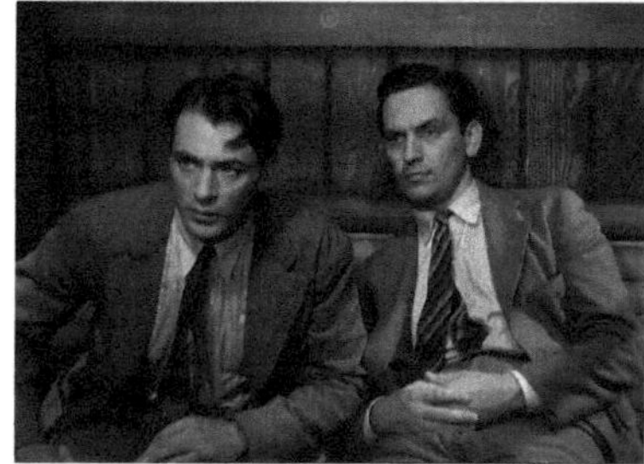

Abb. 87 und 88: Boys meet girl (Design for Living).

meint, wie er verlautbaren lässt), können Woody Allen und sein Kameramann Javier Aguirresarobe *beide* Reaktionsmöglichkeiten in einem *two-shot* festhalten und damit *zwei* Auflösungswege einer Standardsituation *in einem* präsentieren: Während Vicky die *erste* Reaktionsmöglichkeit wählt – und dadurch ein komisches Wortgefecht zwischen der kühlen Brünetten und dem Spanier entbrennt –, wirft die abenteuerlustige, blondhaarige Cristina dem Charmeur berauschte Blicke zu und zeigt sich flirtbereit.

Ein amüsanter Fall von ›dialogischer Promiskuität‹ ist wiederum der Einstieg in die Dreiecksgeschichte von Coles, Sam und Thea (Mark Ruffalo, Maya Stange und Kathleen Robertson) in Austin Chicks XX/XY / Coles und die Frauen. Als der Nachwuchsregisseur Coles die Freundinnen Sam und Thea auf einer Studentenparty kennenlernt, fragt Coles Sam ganz unverblümt: »Would you think I was being too forward if I said, ›Let's go back to your room?‹« Durch die Geschlossenheit und die sexuelle Ambivalenz des Liebesdreiecks kann dieser Standardsituation eines Kennlernflirts nun eine überraschende Wendung abgewonnen werden, indem Sam das Angebot von Coles nicht nur *annimmt*, sondern es gewissermaßen noch um eine weitere ›Mitspielerin‹ *erhöht*: »What would you say if I said, ›Let's go back to my room, but let's bring Thea?‹«

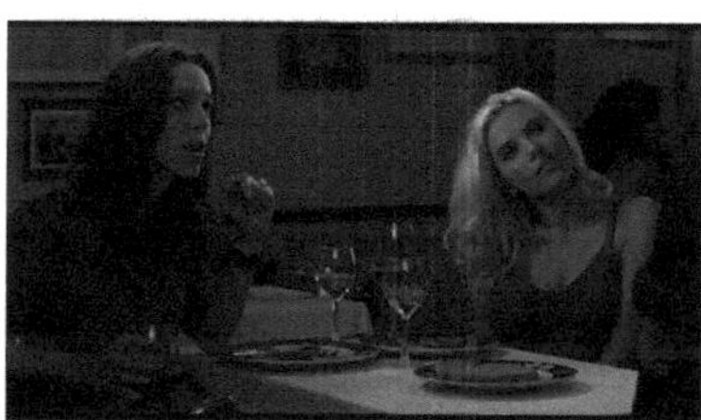
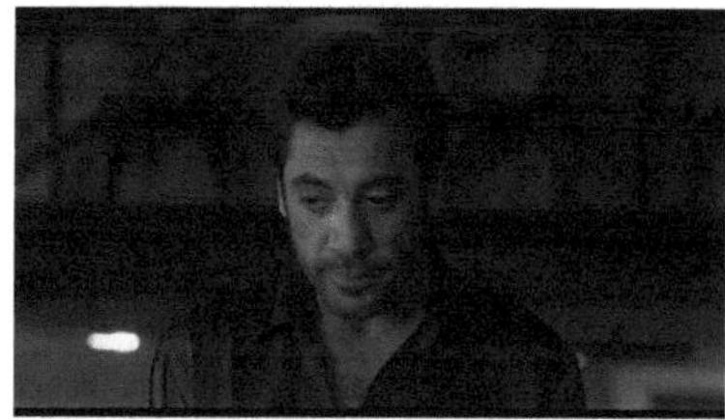

Abb. 89 und 90: Boy meets girls (Vicky Cristina Barcelona).

6.3 Die traute Dreisamkeit

Anette Kaufmann beschreibt die Standardsituation ›Ein schöner Tag‹ als »Höhepunkt des Kennlern-Prozesses«, welcher »durch entspanntes Erleben, Spaß und Übereinstimmung« gekennzeichnet sei und »die Harmonie des zukünftigen Paars«[549] betone. Gelegentlich werde diese Situation in Form einer zusammenfassenden Montagesequenz präsentiert.[550] Im Folgenden sollen einige damit vergleichbare Situationen, in denen das jeweilige Liebestrio Zeit miteinander verbringt, analysiert werden. Welche Worte und/oder Bilder gibt es, um eine Harmonie *zu dritt* auszudrücken? Oder: Wie wird das *Ausbleiben* einer solchen ›Harmonie im Dreieck‹ (film-)sprachlich vermittelt?

In Les Biches kommt es – nachdem Frédérique und Paul ein Paar geworden sind – zu einem abendlichen Beisammensein der drei Protagonisten. Obgleich Frédérique Why auch hier das bestehende Machtgefälle nicht vergessen lässt und sie die junge Frau mitunter wie eine ›Dienerin‹ behandelt (»Würde es dir etwas ausmachen, mein Schatz, eine Platte aufzulegen?«), herrscht zunächst weitgehende Harmonie. Als beschlossen wird, sich zu Bett zu begeben, scheint die Möglichkeit einer *Nacht zu dritt* auf: Arm in Arm (in Arm) wankt das alkoholisierte Trio in Richtung des Schlafgemachs von Frédérique; die Erwartungen (des Zuschauers / der Zuschauerin) für das kommende Geschehen werden bildkompositorisch provoziert. Während zuerst Paul die Mitte der Dreiergruppe bildet, wechselt Why darauf die Seiten und schmiegt sich an die Schulter Frédériques. Dies lässt bereits die Zuneigung zu *beiden* Figuren erkennen, welche Why sodann artikuliert: »Ich hab' euch beide wahnsinnig gern!« Die sich anbahnende ›Liebesszene‹ findet jedoch *nicht* statt. Nachdem Why das Paar umarmt hat, tritt Frédérique einige Schritte zurück – wobei sich ihr Gesicht verfinstert. Robin Wood bezeichnet diesen Augenblick als »the key moment of realisation (and decision) for her«[551]; Frédérique entscheidet sich *gegen* eine Liebe *zu dritt* – und wird, ehe sie sich mit Paul entfernt, abermals zur *Unterbrecherin* einer klassischen Situation des Liebesfilms: eines Kusses zwischen Why und Paul (den sie unterbindet, indem sie Paul fortzieht). Dadurch, dass sich

549 Alle drei Zitate: Kaufmann 2007, S. 108.
550 Vgl. ebd., S. 108.
551 Wood, Robin / Walker, Michael: *Claude Chabrol*. London 1970, S. 110.

Frédérique *nicht* auf das Ausleben der Dreiecksliebe einlassen will, wird dem ›schönen Abend‹ jene zum Programm dieser Standardsituation gehörende ›Entspannung‹ genommen; eine *Disharmonie* zeigt sich.

In GLUE arbeitet wiederum (zunächst) die Verlegenheit der drei Teenager dem ›entspannten Erleben‹ entgegen. Als Lucas und Nacho unangekündigt vor Andreas Tür stehen, nimmt Andrea verschämt ihre Zahnspange aus dem Mund; im Zimmer des Mädchens trinkt das Trio Kakao und bemüht sich (erstaunlich erfolglos) um leichte Konversation. In einer Discosequenz veranschaulicht Alexis Dos Santos die Anbahnungsprobleme der Dreiecksliebe, indem er auf eine Triosituation unmittelbar eine Duosituation folgen lässt. In der ersten Situation stehen Lucas, Nacho und Andrea ›hilflos‹ nebeneinander, während – ausgerechnet – der Song *L'Amour Ã Trois* von Stereo Total gespielt wird; in der zweiten Situation (die sich ereignet, nachdem Andrea das Tanzlokal verlassen hat) geben sich Lucas und Nacho gemeinsam der Musik hin. Bis zu dieser Stelle des Films ist *nur* in der *buddy*-Konstellation ›Entspannung und Spaß‹ gegeben; *noch* haben die drei keine Gesten (und kein Vokabular) für eine Liebe *zu dritt* gefunden. Im letzten Drittel ändert sich dies jedoch. Nach dem Bandauftritt von Lucas und Nacho tanzen die drei Protagonisten in bester Partylaune miteinander; Lucas wagt einen Flirtversuch – er zeigt Andrea, wie er sie mit der Zunge am Gaumen kitzeln kann. Sodann überführt er diesen intimen Moment zwischen ihm und Andrea in die Dreieckssituation, indem er Andrea auffordert: »Jetzt mach das mal bei Nacho.« Die Aussage – die ein hervorragendes Beispiel ›dialogischer Promiskuität‹ ist – macht deutlich, dass es sich bei Lucas, Nacho und Andrea um eifersuchtsfreie sexuelle Rebellen (›Gesetzesbrecher‹ nach Barthes' Definition) handelt, die (durch einen Parcours der jugendlichen Peinlichkeiten) Ausdrucksformen für eine Liebe *zu dritt* entdecken.

Michael Mayer macht in HOME von der Montagesequenz-Strategie Gebrauch, um die Suche des Trios nach einer Alternative zu konventionellen Lebensentwürfen in filmische Erscheinung zu fassen. Nachdem sich in New York *keine* Harmonie *zu dritt* einstellte (da sich Jonathan stets ausgeschlossen fühlte), begeben sich Bobby, Jonathan und Clare auf einen *road trip* und sehen sich Immobilien an. Der mit Dusty Springfields *Wishin' and Hopin'* unterlegte Umzug ins ›Zuhause am Ende der Welt‹ geht mit heiteren Momenten und einem liebevoll-scherzhaften, vertrauten Umgang miteinander einher. Dass die Harmonie (zunächst) bestehen bleibt, ist indessen (zum Teil) der behutsamen, zurückhaltenden Art Bobbys zu verdanken: »I think I'm gonna go and fix the window«, meint Bobby etwa, als eine Kontroverse über die Wandfarbe zu entbrennen droht.

Während die Tatsache, dass Bobby sich in vielen Momenten zurücknimmt und den anderen beiden Protagonisten das ›Feld‹ überlässt, einen *positiven* Effekt hat, finden sich zum Beispiel in NETTOYAGE À SEC und THREESOME Sequenzen, in denen eine Verengung der Einstellungsgröße den Umstand wiedergibt, dass jeweils *einer* Figur des Dreiecks die Rolle des Exkludierten zukommt – und deshalb *keine* Harmonie *zu dritt* entstehen kann. In Anne Fontaines Werk verengt sich ein *three-shot* in einer Gaststättensequenz zu einem *two-shot*, sodass Jean-Marie aus der amüsanten Situation, in welcher Loïc ein Lied singt, ausgeschlossen wird. Die Situation wird dadurch zu einem Moment *nur* zwischen Loïc und Nicole.

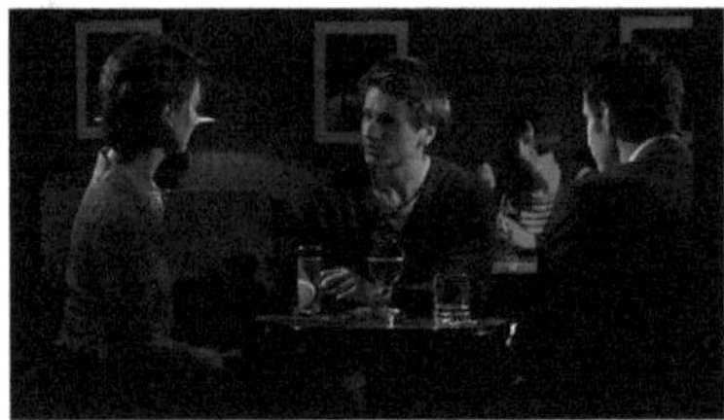
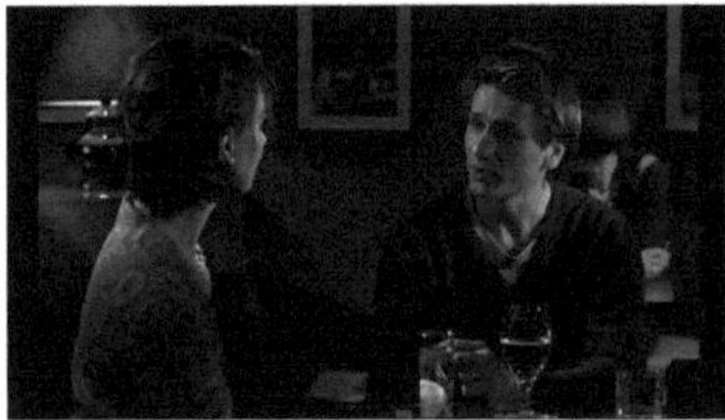

Abb. 91 und 92: Verengung (NETTOYAGE À SEC).

In THREESOME begegnet Alex den beiden Männern relativ zu Beginn des Films – ehe die Figuren ein Trio werden – in einem Café. Andrew Fleming und Kameramann Alexander Gruszynski zeigen die drei Protagonisten zunächst in einem *three-shot*. Es folgen diverse Nahaufnahmen aller drei, bis sich jenes bereits erwähnte Gespräch über J. D. Salinger in Gang setzt, in welchem Alex und Eddy einander als ›verwandte Seelen‹ erkennen. Die beiden werden nun als Duo in einem *two-shot* arrangiert, wobei die wachsende Zuneigung zueinander durch eine leichte Hinfahrt, die den Bildausschnitt verdichtet, visuell noch unterstrichen wird. Hierauf wird Stuart in einer isolierten Naheinstellung präsentiert – es ist ihm *nicht* möglich, einen Beitrag zur Konversation zu leisten; er mutet wie ein *prick* neben dem harmonischen Paar an.

Später – nachdem die drei einen Eid geschworen haben, Freunde zu werden – wird die Dreieckssituation in der Form einer zusammenfassenden Montagesequenz dargestellt: ›Entspanntes Erleben‹ und ›Spaß‹ werden etwa in einem *three-shot* eingefangen, in dem das Trio gemeinsam im Bett liegt und herumalbert. Eine darauf folgende Aufnahme, in welcher Alex den schlafenden Eddy betrachtet (während der leicht von ihnen abgewandte, gleichfalls schlafende Stuart das rechte Drittel des Bildes einnimmt), illustriert jedoch, dass brodelnde Wünsche sowie unerwidertes Begehren einer *gänzlichen* Harmonie im Wege sind. Die komödiantischen Obertöne der mit *Dancing Barefoot* von U2 musikalisch geklammerten Sequenz erfahren so eine gewisse Trübung.

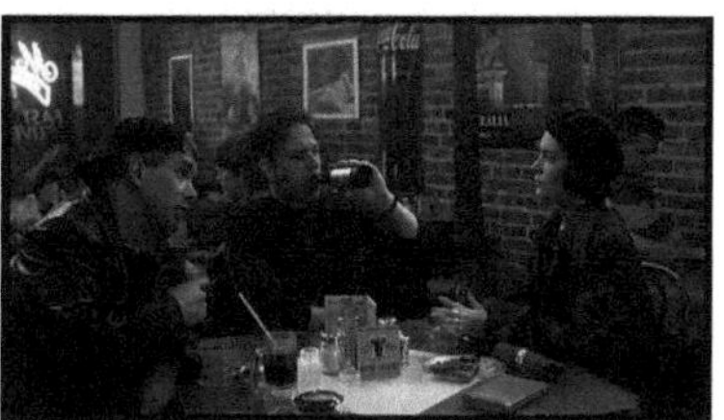

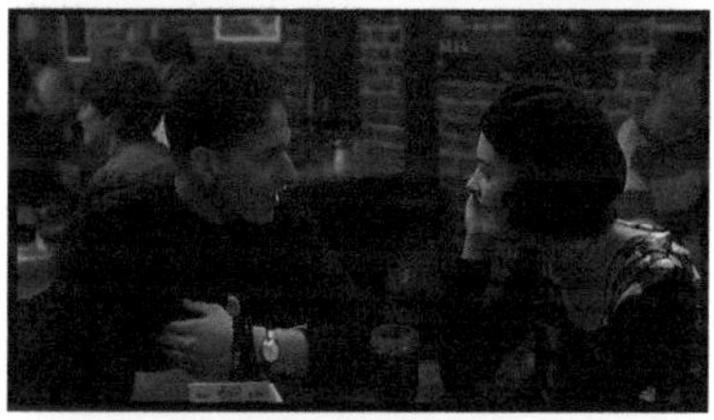

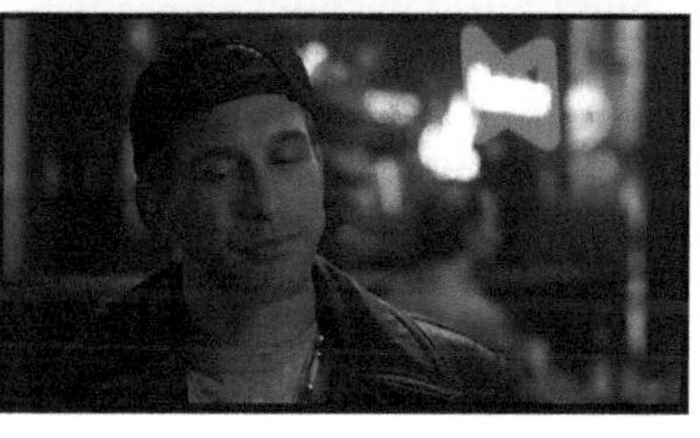

Abb. 93 bis 95: Verengung / Isolierung (Threesome).

Die beschriebene Verengung der Einstellungsgröße kann als das bildgestalterische Gegenteil von ›visueller Promiskuität‹ interpretiert werden: Indem sich der Ausschnitt des Filmbildes von einem *three-shot* zu einem *two-shot* verdichtet, vollzieht sich eine ›Konventionalisierung‹; die dritte Figur wird (als potenzieller Liebespartner / potenzielle Liebespartnerin) dem Blickfeld entzogen – beziehungsweise als *nicht* gleichwertig kenntlich gemacht. Dass es aber auch in einem *three-shot* möglich ist, die Bindung zwischen *zwei* von drei Protagonisten als die *stärkste* herauszustellen, lasst sich an einer Einstellung aus J. J. Abrams' Star Trek Into Darkness (USA 2013) exemplifizieren. Wie Barbara Schweizerhof in ihrer Filmkritik konstatiert, findet »[d]ie eigentliche Romanze«[552] hier zwischen Captain Kirk und Commander Spock

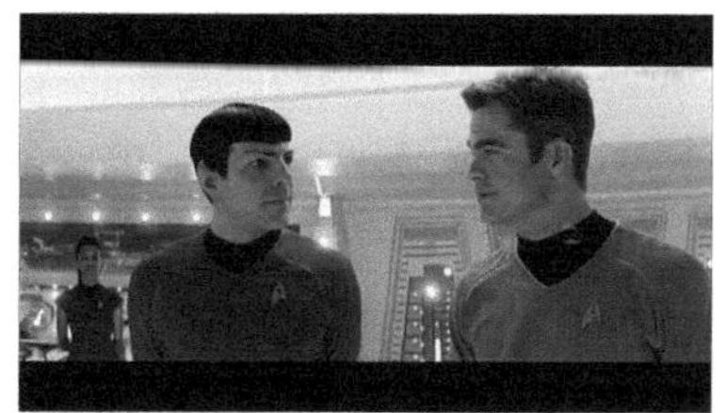

Abb. 96: Die eigentliche Romanze (Star Trek Into Darkness).

552 Schweizerhof, Barbara: *Star Trek Into Darkness.* In: epd Film 6 / 13, S. 43.

(Chris Pine und Zachary Quinto) statt – wenngleich Letzterer eine Beziehung mit Lieutenant Uhura (Zoë Saldana) führt. In einem *three-shot* gegen Ende – auf der Brücke der Enterprise – werden die drei Figuren so in den Bildrahmen ›hineinkomponiert‹, dass sich die beiden Männer im Vordergrund befinden und die Frau im Hintergrund zu sehen ist: Kirk und Spock blicken einander an, als seien nur *sie beide* vorhanden; Uhura nimmt sich indes wie ein vergleichsweise *un*bedeutender Teil der Kulisse aus.

Während etwa in den *queered shot compositions* aus Rebel Without a Cause eine ›alternative und sexuell gewagtere‹ Liebeserzählung subtil angedeutet wird, kommt in der Figurenaufstellung jener Aufnahme aus Star Trek Into Darkness der *tatsächlich* (explizit) erzählten Liebesgeschichte (zwischen Spock und Uhura) die bildkompositorische ›Nebenrolle‹ zu.

Als weiteren entscheidenden Faktor, der keinen Raum für eine Harmonie *zu dritt* lässt, gilt es die *Rivalität* zwischen zwei Figuren zu nennen. Eine solche tritt beispielsweise in den Werken Les amours imaginaires und Dare zutage, in welchen das in ›freundschaftlicher‹ Liebe verbundene Duo (Francis und Marie beziehungsweise Alexa und Ben) durch trianguläres Begehren in eine Konkurrenzsituation getrieben wird: Der beste Freund wird zum störenden Nebenbuhler, die ›Seelenverwandte‹ zur garstigen Gegenspielerin. Xavier Dolan präsentiert die Unternehmungen *zu dritt* betont unharmonisch; durch den Überbietungswettbewerb der Liebesanstrengungen und Gunstbezeugungen, in den Francis und Marie eintreten, erfährt der ›Spaß‹ gehörige Eintrübungen: Ein ›entspanntes Erleben‹ wird verunmöglicht, da das Protagonistenpaar unentwegt bemüht ist, Nicolas durch einen vermeintlich geistreichen Kommentar (»Diese Pseudo-Borderliner mit ihrem Leidensfetisch!«) oder auch durch ein ›spontanes‹ Holly-Golightly-Zitat (»Oh, golly gee damn!«) jeweils *für sich* zu gewinnen. Sobald sich ein Moment der ›Übereinstimmung‹ zwischen Nicolas und einem der Freunde einzustellen scheint, wartet der / die jeweilige andere wiederum mit einer stichelnden Äußerung auf, um die aufkeimende Paarharmonie zu ersticken. Die Sprache der Körper tut ein Übriges: Als Nicolas Francis und Marie etwa nacheinander mit einer Umarmung auf seiner Party begrüßt, fängt die Handkamera jeweils das pikierte Gesicht der ausgeschlossenen Figur ein.

Auch in DARE lässt der Konkurrenzkampf eine ›traute Dreisamkeit‹ misslingen. Allein als Alexa, Ben und Johnny mit Bens Eltern (Ana Gasteyer / Wayne Pyle) in aller Gemütlichkeit vor dem Fernsehgerät sitzen, entsteht eine Ahnung von Glück, für die der verletzliche Johnny – der sich nicht länger »all fuckin' day« einsam fühlen möchte – äußerst empfänglich ist. Der kleine, harmlose Popcorn-Zank zwischen Alexa und Ben – in deren Mitte sich Johnny befindet – kann jedoch als Unheil verkündender Ausblick auf das Ende des Films gewertet werden.

Angemerkt sei noch, dass sich in einer Sequenz aus LES AMOURS IMAGINAIRES ein schönes Beispiel für ›dialogische Promiskuität‹ findet: Bei einer kurzen Rast auf der zu dritt unternommenen Fahrt aufs Land folgt auf Nicolas' Worte »Ich liebe dich« (an Marie) unmittelbar die Feststellung: »Und Francis liebe ich auch ganz doll.« Ein ähnlicher Fall lässt sich in Harmony Korines SPRING BREAKERS (USA 2012) entdecken, in welchem der Rapper / Drogen- / Waffenhändler Alien (James Franco) glühend bekennt: »I swear to God I just fell in love« – und damit gleich *zwei* Personen (Vanessa Hudgens als Candy und Ashley Benson als Brit) meint.

In THE DOOM GENERATION ist die Lage der Dinge wiederum eine andere als in den vorausgegangenen Primärfilmen. Nachdem der *QuickieMart*-Inhaber, der Amy und Jordan mit einem geladenen Gewehr bedroht hat, im Zuge eines Kampfes umgekommen ist, werden die beiden Teenager zu *lovers on the run* – einem ›Gangsterpärchen‹, wie Norbert Grob es in seinem Aufsatz im Buch *Road Movies* charakterisiert: »zwei für sich gegen den Rest der Welt.«[553] Natürlich gibt es dabei eine gravierende Abweichung – denn hier sind es nicht *zwei*, sondern *drei für sich*: Amy, Jordan und Xavier sind *lovers on the run plus one*. Die verbalen Faustschläge, die Amy und Xavier einander versetzen, sorgen (zunächst) für eine gereizte Stimmung – gleichwohl ist das weitgehende Ausbleiben von ›entspanntem Erleben‹ und ›Spaß‹ *nicht* in erster Linie auf das Binnenverhältnis des Trios zurückzuführen: »l'enfer, c'est *les Autres*«[554]. In die artifiziellen Dekors seines Werks – etwa eine Bar, deren Einrichtung gänzlich mit Alu-

553 Grob, Norbert: *Lovers on the Run. Gangsterpärchen.* In: Ders. / Klein, Thomas: *Road Movies.* Mainz 2006 (*Genres / Stile* #2), S. 67–88, hier S. 69.

554 Sartre, Jean-Paul: *Huis clos suivi de Les Mouches.* Paris 1971 (*Œuvres de Jean-Paul Sartre*), S. 75, Herv. d. Verf.

miniumfolie umhüllt ist – platziert Gregg Araki eine Reihe von bösartig-grellen Figuren, die Amy (und auch Jordan und Xavier) nach dem Leben trachten. Jene Figuren treten stets unvermittelt in Erscheinung – als bewaffneter Verkaufsangestellter am Schalter von ›Carnoburger‹ (Nicky Katt), als hysterische Frau mit Perücke (Parker Posey), die ein Schwert zückt, sowie als einer von drei jungen Männern (Dewey Weber), welche sich bald als Faschisten entpuppen. Im Irrglauben, Amy sei ihre einstige Geliebte, beschließen diese bizarren Gestalten jeweils, das Objekt ihrer Begierde umzubringen – mit der Begründung: »If I can't have you, no one will!« Darüber hinaus fordert noch ein Mann vom FBI (Don Galloway), Amy (die auf einem Überwachungsvideo identifiziert werden konnte) zu finden und – falls nötig – zu töten. Doch obschon Amy, Jordan und Xavier fortwährend von einer ›Hölle‹ in die nächstschlimmere gelangen, ringen die drei ihrer apokalyptisch anmutenden Welt ein paar Augenblicke des ›entspannten Erlebens‹ ab: »My films are frequently about the search for this utopian idea of love and connection in this chaotic and disconnected world«[555], meint Araki in einem Interview. In den Hotelzimmern – die mal komplett in roten Farbtönen, mal komplett im Schachbrettmuster gehalten sind – sowie in Amys Wagen kommt es zu einigen spaßigen Situationen; obendrein bewähren sich die drei Protagonisten im Kampf gegen jenes Pandämonium an niederträchtigen ›Stalkern‹ als gutes Team.

Als Beispiel eines gelungenen (wenn auch rasch vergänglichen) Glücksmoments *zu dritt* gilt es eine Passage aus Bob Fosses CABARET anzuführen, in welcher sich eine Verqueerung der Standardsituation des Tanzes beobachten lässt. Anette Kaufmann deklariert den Tanz als »Schlüsselsituationen des Liebesfilms«[556], da er oftmals »die Vorstufe der körperlichen Intimität«[557] sei:

> Im charakteristischen Ablauf des Tanzes schauen sich die Tanzenden tief in die Augen, verändern die Position ihrer Hände und Arme, rücken dichter zusammen, schmiegen sich aneinander, verweilen – um sich schließlich zu küssen oder voneinander zu lösen.[558]

555 Araki, zitiert in Young, Damon: *›A Vessel of Imagery‹: An Interview with Gregg Araki.* 2006. http://www.sensesofcinema.com/?p=2926 (Zugriff am 26.10.2013), o. P.
556 Kaufmann 2007, S. 110.
557 Ebd., S. 234.
558 Ebd., S. 112.

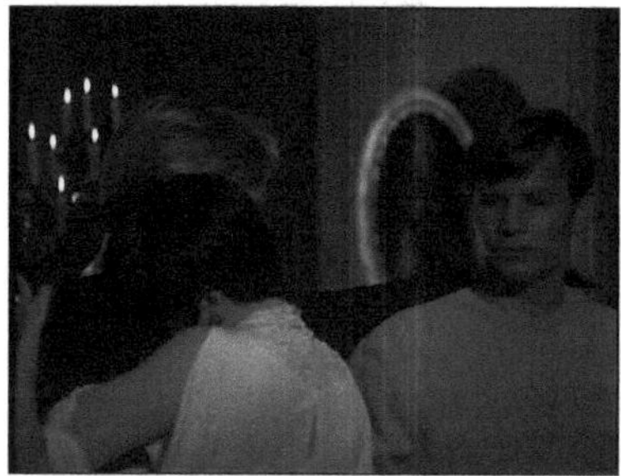
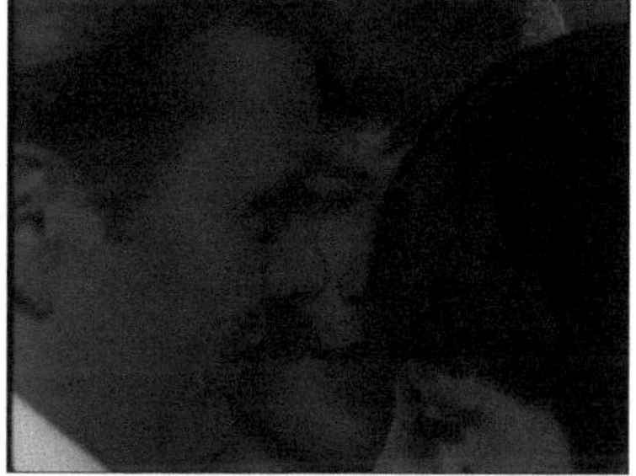

Abb. 97 und 98: Aus cheek to cheek wird cheek to cheek to cheek (Cabaret).

In der Sequenz aus Cabaret tanzen Sally und Maximilian (Liza Minnelli und Helmut Griem) – ausgelassen-schwungvoll, doch eng aneinandergeschmiegt, *cheek to cheek* – miteinander, während der angetrunkene Brian (Michael York) die beiden in Augenschein nimmt. Brian taumelt im Bogen um das Paar herum (macht auch einmal durch einen ›witzigen‹ Spruch auf sich aufmerksam) – bis Maximilian den Außenstehenden in den Engtanz miteinbezieht. Das Trio dreht sich etliche Male im Kreis; nach einem *cut* sind die Gesichter der drei (noch immer rotierenden) Figuren dicht an dicht in Großaufnahme zu sehen: Aus *cheek to cheek* wird *cheek to cheek to cheek*. Auch hier deutet sich (wie in der Tanzsituation üblich) der kühne Moment eines Kusses (*zu dritt*) an – doch letztlich lösen sich die drei Protagonisten voneinander.

Eine Harmonie *zu dritt* – die allerdings durch einen Todesfall alsbald zerstört wird – kann zudem in einer Zu-Bett-Geh-Sequenz aus Christophe Honorés Les chansons d'amour ausgemacht werden. Das Paar Ismaël und Julie (Louis Garrel und Ludivine Sagnier) geht hier mit Ismaëls Arbeitskollegin Alice (Clotilde Hesme) eine amouröse Verbindung – eine Triade – ein. Die Bettpassage beginnt mit einem *two-shot*, der – wie der darauffolgende *single shot* sichtbar macht – einem ›Doppelblick‹ Ismaëls entspricht: Julie und Alice entkleiden sich (der Kamera beziehungsweise Ismaël den Rücken zukehrend) und streifen ihre Pyjamas über. Nach einem Schnitt schwenkt die Kamera – in naher Einstellung – von links nach rechts und fängt so die drei nebeneinandersitzenden, jeweils ein Buch lesenden Protagonisten ein. Ekkehard Knörer geht in seiner Rezension des Films auf die Lektüren der Figuren ein:

> James Salters ›*Un Bonheur parfait*‹ (also ›*Ein perfektes Glück*‹, deutscher Titel ›*Lichtjahre*‹ – wobei es in dem Eheroman um ein Glück geht, das endet), A.L.

> Kennedys ›*Volupte singuliere*‹ [sic] (zu deutsch: ›*Gleißendes Glück*‹, die Geschichte einer wiedererlangten Liebesfähigkeit), Adam Thirlwells ›*Politique*‹ (deutsch: ›*Strategie*‹, Roman einer Dreiecksbeziehung).[559]

Zu Beginn liegt Ismaël auf der linken Bildseite, Julie in der Mitte und Alice auf der rechten Seite – bis Ismaël meint: »Ich glaube, wir liegen falsch.«[560] Der junge Mann begibt sich in die Mitte, ehe es abermals zu einer Umgruppierung kommt und Alice das Zentrum einnimmt.

Somit wird nicht nur die ›Sitzordnung‹ immer wieder neu arrangiert, sondern auch die Reihenfolge der Bücher – wodurch sich erkennen lässt, dass das Motiv des Liebesdreiecks verschiedene narrative Konstruktionen ermöglicht: Die Risse im ›perfekten Glück‹ eines Paares (= Salter) können etwa am Anfang stehen, und das Glück kann anschließend *zurückerlangt* werden (= Kennedy), durch eine Liebe *zu dritt* (= Thirlwell), wie dies zum Beispiel in DREI der Fall ist – oder eine Dreiecksliebe kann die Harmonie eines Duos zertrümmern, ehe das Glück *zu zweit* am Ende wiederhergestellt wird (wie in LES AMOURS IMAGINAIRES, in welchem sich sodann aber schon die *nächste* Dreiecksliebe ankündigt).

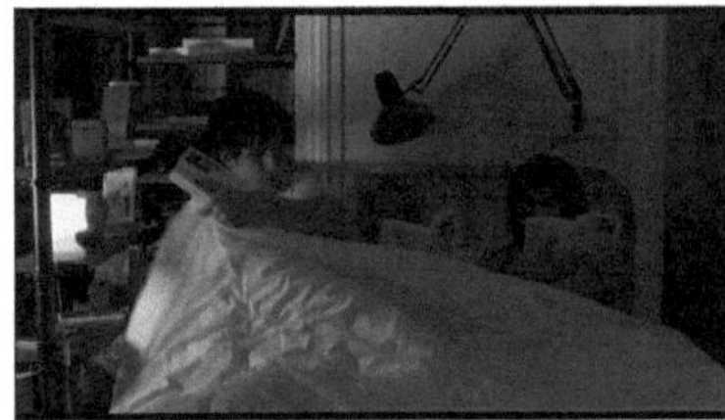

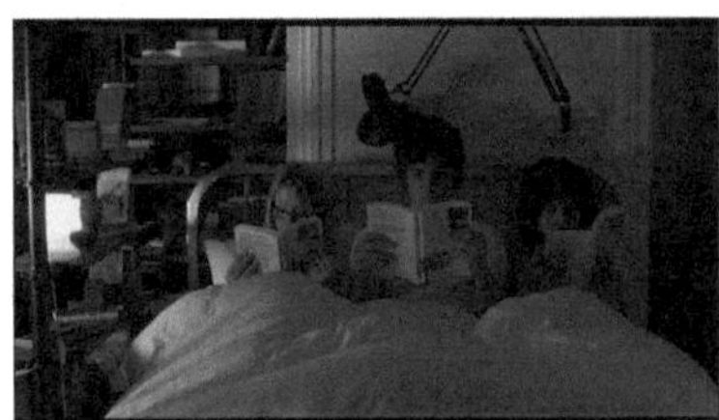

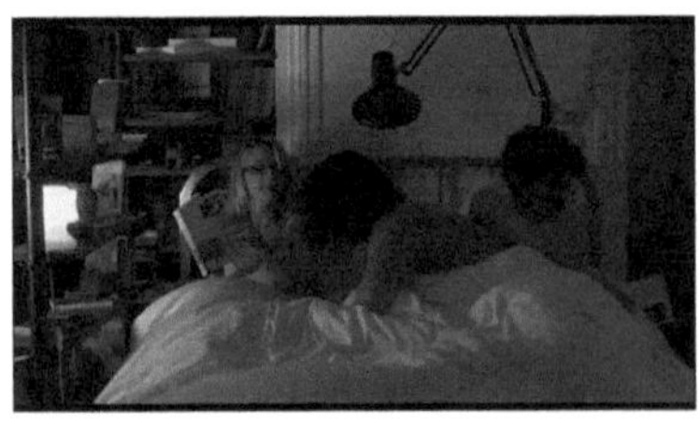

Abb. 99 bis 101: Umgruppierung (LES CHANSONS D'AMOUR).

In der beschriebenen Sequenz aus LES CHANSONS D'AMOUR werden ›entspanntes Erleben‹ und ›Spaß‹ *zu dritt* durch die Alberei und die liebevoll-harmlosen Querelen untereinander sinnfällig gemacht; die Harmonie entsteht, weil sich *alle drei* Personen einander verbunden fühlen – wobei die sexuelle Ambivalenz des Dreiecks die Gelegenheit zu den mehrmaligen Umgruppierungen im Bett bietet.

559 Groh, Thomas / Knörer, Ekkehard: *Mega-Wunscherfüllungsmaschine*. 2008. http://www.perlentaucher.de/im-kino/mega-wunscherfuellungsmaschine.html (Zugriff am 26.10.2013), o. P.

560 Als Grundlage für die Zitate aus LES CHANSONS D'AMOUR dienen die Untertitel der deutschen DVD von Pro-Fun Media.

Zur Sprache gebracht sei in diesem Zusammenhang noch Paul Mazurskys BOB & CAROL & TED & ALICE (USA 1969). Darin gibt es eine Aufnahme, in welcher die Ehepaare Bob / Carol (Robert Culp / Natalie Wood) und Ted / Alice (Elliott Gould / Dyan Cannon) nebeneinander im Bett sitzen: ›*Consider the Possibilities*‹ lautet der Spruch, mit dem das Werk beworben wird – gleichwohl sind die Möglichkeiten (der Liebe sowie der Figurenorganisation in besagter Einstellung) dadurch, dass die Erzählung strikt im Rahmen der Heterosexualität bleibt, deutlich begrenzter, als sie es im Falle einer sexuell ambivalenten Konstellation wären.

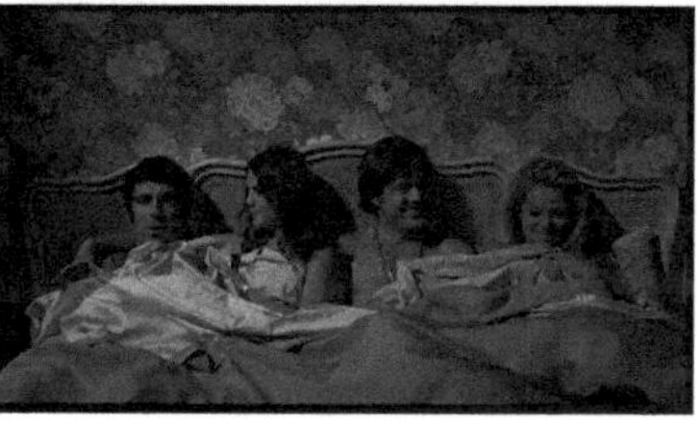

Abb. 102: Begrenzte Möglichkeiten (BOB & CAROL & TED & ALICE).

6.4 Der unsichtbare Dritte

6.4.1 (Dis)Pleasure in looking

Scarlett (Vivien Leigh) liebt Ashley (Leslie Howard) – doch dieser liebt Melanie (Olivia de Havilland). Wie Georg Seeßlen zutreffend feststellt, ist Victor Flemings GONE WITH THE WIND / VOM WINDE VERWEHT (USA 1939) »eigentlich nicht *ein* Melodram, sondern deren mindestens *sechs*«[561] – und *eines* davon behandelt jenes (*nicht* geschlossene, *nicht*-ambivalente) Beziehungsdreieck. In einer Sequenz blickt Scarlett aus dem Fenster und sieht das sich küssende Paar; der Blick der jungen Frau lässt dabei ihre tiefe Traurigkeit – und zugleich ihre Eifersucht – erkennen.

Glück zu zweit und einsames Unglück im Schuss-Gegenschuss: eine naheliegende Bildfolge in Filmen, die von einer Dreiecksliebe erzählen. Hier sollen nun drei Situationen aus Primärwerken dieser Arbeit betrachtet werden, in welchen ein Dritter / eine Dritte zwei Figuren beobachtet. Welche Abweichungen vom beschriebenen Muster sind in der szenischen Auflösung möglich?

561 Seeßlen 1980, S. 95, Herv. d. Verf.

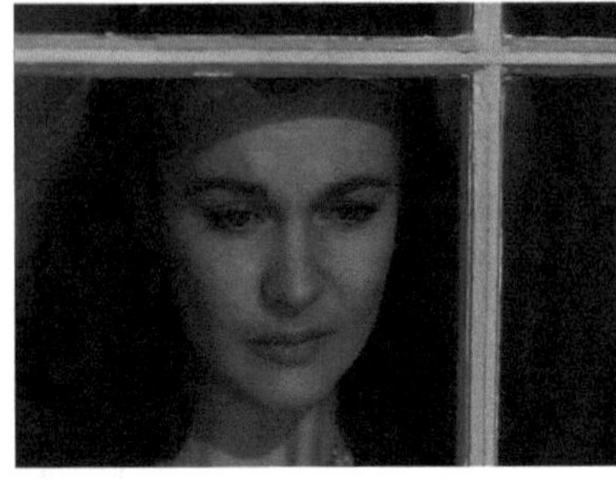
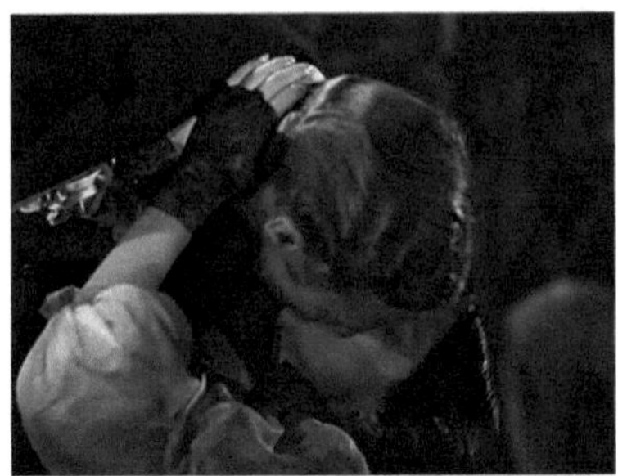

Abb. 103 und 104: Glück zu zweit / einsames Unglück (Gone with the Wind).

In The Doom Generation wird Jordan unbemerkt Zeuge des Liebesakts zwischen seiner Freundin Amy und dem Dritten Xavier. Als antagonistisch gezeichnetes ›Paar‹ befolgen Amy und Xavier gewissermaßen die ›Spielregeln‹ des Kinos, indem sie – auf hergebrachte Weise – zueinanderfinden: »Er und sie, die sich am Anfang *anfauchen* und am Ende *in den Armen liegen*«[562] (wie Hellmuth Karasek es in seiner Rezension zu Ivan Reitmans Legal Eagles / Staatsanwälte küsst man nicht [USA 1986] formuliert). Da dem kindhaft-liebenswürdigen Jordan das Gefühl der Eifersucht völlig fremd ist, wird der *in flagranti*-Moment *nicht* melodramatisch, sondern komödiantisch-frivol ausgestaltet. Wie in der weiter oben bereits analysierten Sequenz, in welcher sich Amy und Jordan sexuell nähern und Xavier als Voyeur zum *Teil* des ›Spektakels‹ wird, wird die Beobachterfigur auch hier vermittelst Montage ins libidinöse Treiben miteinbezogen. Während die um einen dritten ›Teilnehmer‹ erweiterte Standardsituation der Intimität in jener Szene jedoch als *erotic spectacle* inszeniert wird, animiert die Gestaltung *hier* durch das extreme Grimassieren der drei Schauspieler sowie durch die lärmende Musik und den herunterbaumelnden Jo-Jo in Jordans Hand eher zum Lachen.

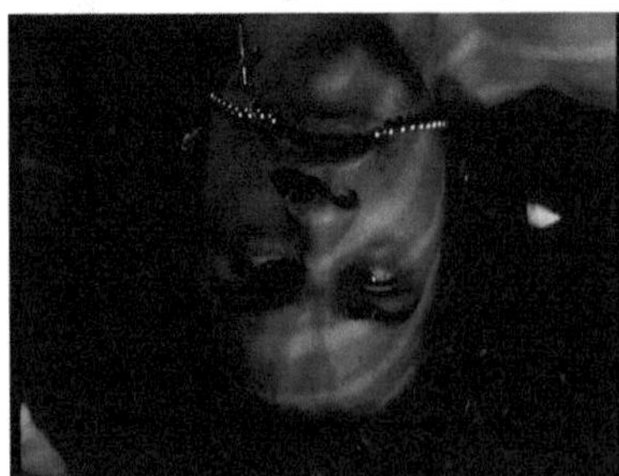

Abb. 105: Komödiantisch ausgestaltet (The Doom Generation).

Indem Gregg Araki den Beobachter / ›Betrogenen‹ mit einer Resistenz gegen Eifersucht sowie mit sexueller Ambivalenz (die das Vergnügen am Anblick *beider* ›Be-

562 Karasek, Hellmuth: *Feuerfestes Traumpaar.* 1986. http://www.spiegel.de/spiegel/print/d-13521273.html (Zugriff am 26.10.2013), o. P., Herv. d. Verf.

trachtungsobjekte‹ gewährleistet) ausstattet und indem er den (Re)Aktionen sämtlicher Figuren eine Slapstick-Anmutung verleiht, verlässt der Autor / Regisseur die Pfade, die bei der Umsetzung einer *in flagranti*-Situation für gewöhnlich eingeschlagen werden.

In einer Passage aus HOME vollzieht sich *im Laufe* der Beobachtung eine *Wandlung* des Gefühls der Beobachterfigur. Als Clare Bobby und Jonathan miteinander tanzend auf der Veranda des zu viert bewohnten Hauses erblickt, ist *nicht* die Scarlett'sche Betrübnis, sondern Rührung in ihrem Gesicht zu erkennen. Ihre Miene lässt an die Wortschöpfung ›*frubbly*‹ denken, welche in Zusammenhang mit dem Konzept einer polyamorösen Beziehung erwähnt wurde: Die Freude daran, dass die beiden geliebten Menschen sich *ebenfalls* lieben, scheint Clare zu erfüllen. Plötzlich tritt in ihrem Blick jedoch etwas Ängstliches, Verletztes hervor: »They may have loved one another more than they loved me. They may have been using me without quite knowing it«[563], heißt es in Michael Cunninghams Roman. Obzwar die Liebe in HOME ohne Frage ›in alle Richtungen‹ geht (da sich *jeder* zu *jedem* hingezogen fühlt), bezweifelt Clare nach der Beobachtung jener harmonisch wirkenden Paarsituation zwischen den beiden Männern, dass sich die Innigkeit *aller* Beziehungen innerhalb des Liebestrios *gleicht*. Alsbald nimmt Clare – gemeinsam mit ihrer kleinen Tochter – Abschied von Bobby und Jonathan.

Eine bemerkenswerte Variante der Situation eines beobachtenden Dritten lässt sich in THREESOME entdecken. Darin verfolgt Eddy einen unbeschwert-fröhlichen Moment zwischen Alex und Stuart im Badezimmer. Auch hier ist nicht die Eifersucht die vorherrschende Emotion; aus dem *off* ist zu hören: »If Alex and Stuart were genetically merged into one person, he or she would've been the love of my life.« Eddy richtet einen sexuell ambivalenten ›Doppelblick‹ auf zwei Personen – und sieht den *einen* Menschen, den er liebt. Dies lässt an Edmond Rostands *Cyrano de Bergerac / Cyrano von Bergerac* (1897) denken, in welchem der rede- und schreibgewandte (aber unattraktiv-großnasige) Protagonist und der schöne (aber einfältige) Christian von Neuvillette zunächst (nur) »[z]u zweit [...] ein ganzer Liebesheld« für die Figur ›Roxane‹ zu sein

563 Cunningham 1998, S. 280.

scheinen: Cyrano fungiert dabei als ›Geist‹, indem er in Christians Namen Briefe an Roxane verfasst und dem jungen Mann im Verborgenen souffliert; Christian bietet wiederum seine Schönheit auf, um Cyranos poetischen Worten eine »lockende Gestalt«[564] zu geben. Doch während Roxane letztlich *doch* lediglich »*[e]in einzig* Wesen«[565] liebt – »[d]enn in *mir* liebt sie nur *deine* Seele«[566], wie Christian im Gespräch mit Cyrano beklagt –, sind die (Dreiecks-)Gefühle in THREESOME komplexer verstrickt. Hier ergibt sich *tatsächlich* (nur) aus der *Kombination* von A und B / B und C / C und A der ›ganze Liebesheld‹ beziehungsweise die ›ganze Liebesheldin‹ für C / A / B – weshalb *jede* der drei Figuren die ›Liebe ihres Lebens‹ *ausschließlich* in einem ›Doppelblick‹ *vollständig* erfassen kann.

Erwähnt sei in diesem Zusammenhang noch das sexuell ambivalente Dreieck Lotte / Maxine / John Malkovich (Cameron Diaz / Catherine Keener / John Malkovich) in BEING JOHN MALKOVICH von Spike Jonze. Hier nutzt Lotte eine Pforte in den Körper des Schauspielers Malkovich – und wird (während sie sich *in* jenem Körper befindet) mit Maxine intim. »I'm smitten with you«, meint Maxine an einer Stelle des Films zur verliebten Lotte – »[b]ut only when you're in Malkovich.« In der Sequenz, in welcher sich Maxine lasziv dem Blick Malkovichs präsentiert, kommt es zu einer Verqueerung des männlich-heterosexuellen Blicks auf die weibliche Gestalt – da eine *Frau* durch die Augen des Mannes sieht: *Lotte* ist die Adressatin des *erotic spectacle* (wie ein Versprecher Maxines verdeutlicht); eine Aufnahme am Ende der Sequenz – nachdem Lotte (wie üblich) wieder aus dem Körper des Schauspielers herausgeschleudert wurde – weist die Frau im Nachhinein als Subjekt des vermeintlich männlich-heterosexuellen Blicks aus.

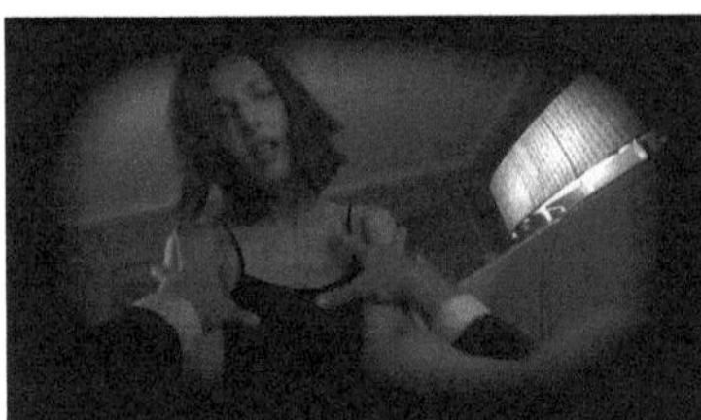

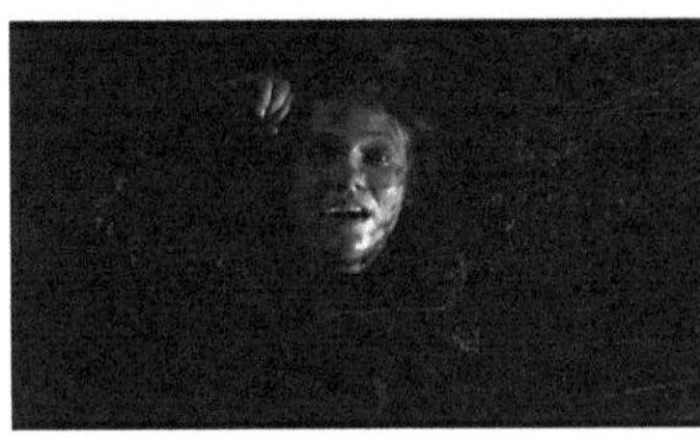

Abb. 106 und 107: Verqueerung des männlich-heterosexuellen Blicks (BEING JOHN MALKOVICH).

564 Beide Zitate: Rostand, Edmond: *Cyrano von Bergerac*. 2010. http://gutenberg.spiegel.de/buch/3075/1 (*Projekt Gutenberg*. Übersetzer: Ludwig Fulda) [Zugriff am 26.10.2013], Kapitel 4.
565 Ebd., http://gutenberg.spiegel.de/buch/3075/1, Kapitel 7, Herv. d. Verf.
566 Ebd., http://gutenberg.spiegel.de/buch/3075/1, Kapitel 6, Herv. d. Verf.

Doch auch Lotte ist (zunächst) *nur* in Verbindung mit Malkovich ein ›ganzer Liebesheld‹ beziehungsweise eine ›ganze Liebesheldin‹ für Maxine.

6.4.2 In absentia

In Bryan Singers Superman Returns (USA 2006) gibt es eine Passage, an welcher sich die Münder von Superman und Lois (Brandon Routh und Kate Bosworth) beinahe zum Kuss finden, während das Paar auf dem Dach eines Hochhauses in Metropolis steht. Im letzten Augenblick weicht Lois jedoch bekümmert zurück und sagt: »Richard's a good man.« Richard (James Marsden) ist der Gatte von Lois – und hat in Singers Film die narrative Aufgabe zu erfüllen, die (Wieder-)Vereinigung des stählernen Mannes und der Journalistin zu verkomplizieren. In der beschriebenen Situation ist er der ›unsichtbare‹ Dritte, der trotz physischer Abwesenheit ›anwesend‹ ist: als Hindernis, welches Lois ein schlechtes Gewissen bereitet. In Werken mit geschlossenen und/oder sexuell ambivalenten Dreiecksbeziehungen kann dem / der ›unsichtbaren‹ Dritten hingegen eine *andere* Funktion zukommen.

Ein Mann, eine Frau – und eine große *Lücke*: In Drei machen Tom Tykwer und Kameramann Frank Griebe in einem *two-shot*, der Hanna und Simon voneinander abgewandt im Bett liegend zeigt, sinnfällig, dass ein Dritter ins Leben des Paares getreten ist – und dass *beide* Figuren diesen Dritten nicht mehr aus ihren Köpfen und Herzen kriegen. Die Lücke zwischen ihnen lässt erkennen, dass in der filmischen Einstellung *und* in der Beziehung von Hanna und Simon noch ausreichend ›Platz‹ ist.

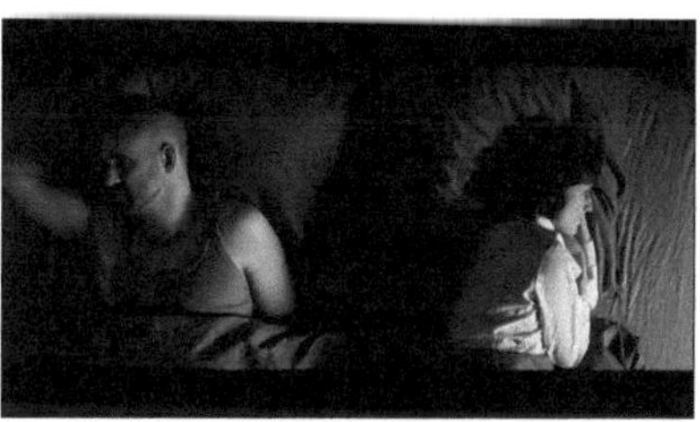

Abb. 108: Lücke (Drei).

Zwar könnte diese Aufnahme den Eindruck erwecken, dass sich Hanna und Simon durch Adam voneinander *entfernen* – doch folgen schon bald darauf Momente, die das Gegenteil nahelegen: »Du siehst aber gut aus«, stellt Hanna überrascht fest, als Simon gerade von einem sexuellen Erlebnis mit Adam zurückkehrt. Als das Paar kurze Zeit später miteinander schläft, ist Adam – die *gemeinsame* Affäre – ›anwesend‹:

> Hanna: Du riechst anders.
>
> Simon: Wonach denn?
>
> Hanna: Weiß ich nicht. Lecker.

Der ›unsichtbare‹ Dritte wirkt in DREI wie ein belebendes Elixier auf Hanna und Simon; ihre Lust (auch *aufeinander*) entfacht neu. Eine ›Liebesszene‹ aus John Duigans HEAD IN THE CLOUDS schließt ebenfalls eine ›unsichtbare‹ dritte Figur mit ein: Hier treffen sich Guy und Mia (Stuart Townsend und Penélope Cruz), die im Spanischen Bürgerkrieg als Interbrigadist beziehungsweise Krankenschwester dienen. *Beide* führten einst eine Beziehung mit Gilda (Charlize Theron) – und lebten eine Zeit lang *zu dritt* in einer Wohnung. In der Sequenz des Treffens, in welcher Guy und Mia gegen Ende konventionell als harmonisches Paar in einem *two-shot* kadriert sind, ist Gilda als Erinnerung ›anwesend‹: »Gilda once said that *we two* should have a child«, erzählt Guy. Es kommt zu einem Kuss – und Mia stellt fest: »She'd be pleased.« Da das Figurenpaar im Folgenden die Nacht miteinander verbringt, wirkt Gilda hier als ›unsichtbare‹ Dritte bei der Durchführung dessen mit, was Carsten Moll als eine der ›Lieblingsbeschäftigungen‹ des US-amerikanischen Mainstream-Kinos ausmacht: Sie hilft – anders als der ›Kussunterbrecher‹ Richard in SUPERMAN RETURNS – beim ›Verkuppeln‹. Aus der Ferne ›arrangiert‹ sie die Paarbildung und sorgt gewissermaßen für die geforderten ›Bilder trauter Zweisamkeit‹. Gleichwohl ist das Glück – wie in vielen *romantic dramas* – nur von kurzer Dauer: Am darauffolgenden Morgen kommt Mia zu Tode.

Das Motiv der zwei Figuren unterschiedlichen Geschlechts, die durch eine *gemeinsam* geliebte dritte Figur sexuell zueinanderfinden, lässt an zwei Aussagen aus Tennessee Williams' Theaterstück *Cat on a Hot Tin Roof / Die Katze auf dem heißen Blechdach* (1955) denken. Bei diesen Aussagen handelt es sich um Musterbeispiele ›dialogischer Promiskuität‹, da sie die Standardsituation der ›Beichte‹ eines Seitensprungs verqueeren: »Skipper and I made love, if love you could call it, because it made both of us feel a little bit closer to you«, gesteht

Maggie ihrem Gatten Brick – und ergänzt: »[W]e made love to each other to dream it was you, both of us!«[567] In Gregor Jordans Bret-Easton-Ellis-Adaption The Informers (USA / D 2008) findet sich hingegen eine Verqueerung der Standardsituation des Liebesabenteuer-*Vorwurfs*. Es ›stresse‹ ihn, dass sie nicht nur mit *ihm*, sondern auch mit *Martin* (Austin Nichols) schlafe, äußert der junge Graham (Jon Foster) hier an einer Stelle klagend gegenüber seiner Freundin Christie (Amber Heard) – woraufhin diese zu bedenken gibt: »We're *both* sleeping with Martin. And if *I'm* cool with that…« Tennessee Williams und Gregor Jordan gelingt es somit, durch die Geschlossenheit und die sexuelle Ambivalenz des Figurendreiecks einen neuen Faden in das jeweilige, (allzu) bekannte Muster zu weben.

Des Weiteren gilt es in diesem Unterkapitel noch Anne Fontaines Werk Nathalie… und dessen Remake – Atom Egoyans Chloe – zu nennen. In Nathalie… fungiert Catherine (Fanny Ardant) – ähnlich wie Gilda in der Passage aus Head in the Clouds – als Initiatorin der Paarbildung, indem sie eine junge Frau (Emmanuelle Béart) damit beauftragt, ihren Ehemann (Gérard Depardieu) zu verführen. Als ›unsichtbare‹ Dritte steckt sie hinter der *boy meets girl*-Situation (zwischen dem Gatten und der Verführerin), welche – wie im Liebesfilm üblich[568] – im öffentlichen Raum (in einem Café) herbeigeführt wird. Dadurch, dass Catherine die junge Frau, die sich ihr als Marlène vorstellt, in Nathalie ›umtauft‹ – und sie für ›Nathalie‹ gar ein paar biografische Eckpunkte erfindet (»Sie besuchen Sprachkurse, um Dolmetscherin zu werden«[569]) –, betätigt sich die Figur gleichsam als ›Autorin‹ romantischer Fiktion. In den sexuellen Berichten, die die junge Frau ihrer ›Auftraggeberin‹ nach jedem (vermeintlichen) Treffen mit dem Ehemann gibt, ist wiederum der *Mann* der ›unsichtbare‹ Dritte – wohingegen Catherine und Marlène / ›Nathalie‹ in einer der Berichtsequenzen (in der Gaststätte) als einander zugeneigtes ›Paar‹ in einem *two-shot* gefilmt werden.

In Chloe – in welchem die erotischen Schilderungen (anders als in Nathalie…) zum Teil mit *Bildern* des angeblichen Ehebruchs versehen werden –

567 Beide Zitate: Williams, Tennessee: *Cat on a Hot Tin Roof*. New York 1955 (*A New Directions Book*), S. 39.

568 Vgl. Kaufmann 2007, S. 103.

569 Als Grundlage für die Zitate aus Nathalie… dient die Synchronfassung der deutschen DVD von Concorde Home Entertainment.

finden sich zwei Sequenzen, die in Zusammenhang mit der körperlich abwesenden, aber dennoch ›anwesenden‹ dritten Figur von Bedeutung sind. Zum einen ist David (Liam Neeson) – der ›untreue‹ Gatte von Catherine (Julianne Moore) – in der ›Liebesszene‹ zwischen Catherine und Chloe (Amanda Seyfried) ›anwesend‹, da Erstere David hier als Bezugspunkt ihres Vorgehens nimmt: »How does he do it?«, fragt Catherine Chloe, ehe es zur sexuellen Interaktion kommt. Zum anderen ist *Catherine* in der ›Liebesszene‹ zwischen Chloe und Catherines Sohn Michael (Max Thieriot) – im elterlichen Schlafzimmer – der Bezugspunkt für *Chloe*: Trotz Michaels wiederholtem Bitten, ihn anzusehen (»Look at me!«), lässt Chloe ihren Blick im Zimmer umherschweifen, ehe dieser auf Catherines hochhackigen Schuhen (im geöffneten Kleiderschrank) haften bleibt. Amanda Seyfried macht mit ihrem erregten Gesichtsausdruck unmissverständlich klar, dass es der Anblick der High Heels ist, der die Lust ihrer Figur auslöst. Die Schuhe sind somit ›geweihte Objekte‹, wie Roland Barthes sie in Bezug auf Lottes blassrotes Schleifchen in *Die Leiden des jungen Werther* charakterisiert: »Jedes vom Körper des geliebten Wesens berührte Objekt wird Bestandteil dieses Körpers«. Ein solches Objekt könne, wie Barthes erläutert, auch ein *Mensch* – ein *Dritter* beziehungsweise eine *Dritte* – sein:

> [W]enn Werther, weil er Lotte nicht besuchen kann, ihr seinen Bedienten schickt, so wird eben dieser Bediente, auf dem Lottens Blick geruht hat, für Werther zu einem Teil ihrer selbst (›Ich hätte ihn gern beim Kopfe genommen und geküßt, wenn ich mich nicht geschämt hätte‹).[570]

So kann auch Catherines Sohn als ›geweihtes Objekt‹ begriffen werden – was in erster Linie auf der Dialogebene vermittelt wird; nach der erotischen Begegnung mit Michael teilt Chloe Catherine mit: »I felt you in him.« Dieser Satz – der an die Aussagen Maggies in *Cat on a Hot Tin Roof* erinnert – ist ohne Zweifel ein weiteres Musterbeispiel ›dialogischer Promiskuität‹.

570 Beide Zitate: Barthes 1988, S. 178.

6.5 Die Liebesszene

Die ›Liebesszene‹ sei – so Anette Kaufmann – »eine der zentralen Standardsituationen«[571] des Liebesfilms, deren Darstellung sich in fünf Phasen einteilen lasse: in die ›Enthüllung‹ und das ›Vorspiel‹ (= das ›Davor‹), den Akt, den Orgasmus sowie das ›Danach‹.[572]

Im Anschluss an die in Unterkapitel 6.3 (›Die traute Dreisamkeit‹) beschriebene Sequenz aus Les Biches, in welcher eine ›Liebesszene‹ (*zu dritt*) von Frédérique verhindert wird, schleicht Why zur Tür des Schlafzimmers von Frédérique und Paul; es kommt nun zu einer ›Liebesszene‹ – vom ›Vorspiel‹ bis zum ›Danach‹ –, die für viele unterschiedliche Deutungen offen ist. Zu sehen ist einerseits die junge Frau vor der Tür, andererseits das Paar, das miteinander schläft – wobei Frédériques Bildanteil in den Aufnahmen des Paares deutlich überwiegt. Einzelne Bewegungen Frédériques rufen (wie die Montage suggeriert) eine Reaktion bei Why hervor – als spüre diese beispielsweise, wie Frédérique ihr über die Wange streicht.

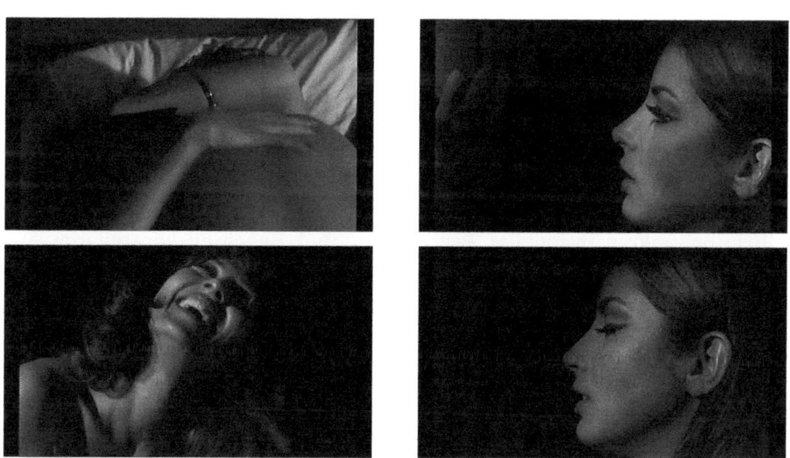

Abb. 109 bis 112: Vieldeutig (Les Biches).

571 Kaufmann 2007, S. 118.
572 Vgl. ebd., S. 119.

Insbesondere der letzte Punkt legt die Interpretation nahe, dass Whys Begehren *Frédérique* gilt. Gleichwohl ließe sich ebenso gut argumentieren, dass die zahlreichen Bilder Frédériques – darunter viele Aufnahmen ihres Gesichts – zum Ausdruck bringen, dass Why sich mit Frédérique *identifiziert* und sich in deren Rolle (als Frau an Pauls Seite) träumt. Eine dritte Variante – die sich aus der Geschlossenheit und der sexuellen Ambivalenz des hier arrangierten Liebesdreiecks ergibt – ist, dass nicht ein ›Entweder / Oder‹, sondern vielmehr ein ›Sowohl / Als auch‹ zutrifft: dass also Begehren und Identifikation miteinander *korrespondieren*. Die von Jackie Stacey in ihrem Aufsatz *Desperately Seeking Difference* kritisierte »rigid distinction between *either* desire *or* identification«[573] (auf welche die Autorin in Zusammenhang mit dem »desire between women in narrative cinema«[574] eingeht) würde im Falle dieser Lesart aufgehoben werden. Eine vierte Deutungsmöglichkeit ist wiederum, dass sämtliche Bilder des Paares, die dem Zuschauer / der Zuschauerin präsentiert werden, der Imagination Whys entstammen. Dies würde Why (in Abgrenzung zu Mulvey) zur ›Sinnproduzentin‹ machen – und das Paar zu den ›Spielfiguren‹ ihrer romantischen Fiktion, die *ihren* Wünschen nachkommen, statt einem *eigenen* Begehren zu folgen.

Das in dieser Sequenz genutzte Prinzip der Parallelmontage, bei welchem zwei räumlich disparate Handlungssegmente parallelisiert und durch Kreuzschnitt zu einer Einheit verbunden werden,[575] sowie der *match cut* – der (wie bei jener vermeintlichen Wangenberührung) eine Kontinuität von Bewegungen erzeugt[576] – können als Strategien ›visueller Promiskuität‹ erfasst werden, da sie die Einbeziehung einer dritten Figur in eine Paarsituation und somit die Verbildlichung unkonventioneller Beziehungs- und Begehrenskonstellationen ermöglichen. In einem Interview meint Claude Chabrol:

> You can do a lot of things with a sexual triangle and, at the same time, it's very simple – everybody knows what it is: the woman makes a phone call and hastily hangs up when her husband enters. Everyone understands that.[577]

573 Stacey 1987, S. 61, Herv. i. O.
574 Ebd., S. 48.
575 Vgl. Schössler, Daniel: *Parallelmontage*. In: Koebner, Thomas (Hg.): *Reclams Sachlexikon des Films*. Stuttgart 2002, S. 435f., hier S. 435.
576 Vgl. Keutzer, Oliver: *Match Cut*. In: Koebner, Thomas (Hg.): *Reclams Sachlexikon des Films*. Stuttgart 2002b, S. 372f., hier S. 372.
577 Chabrol, zitiert in Yakir 1979, S. 8.

Indem er und sein Co-Autor Paul Gégauff in Les Biches jedoch *kein* übliches *sexual triangle* (*husband / wife / lover*) konstruieren – sondern ein geschlossenes, sexuell ambivalentes –, erzielt der Regisseur eine vieldeutige Inszenierung, auf welche die Aussage ›*It's very simple*‹ *nicht* zutrifft.

Dass bereits der Wegfall des Kriteriums ›Geschlossenheit‹ die Zahl der Interpretationswege entschieden verringert, kann an der ›Liebesszene‹ aus Mark Rydells D.-H.-Lawrence-Verfilmung The Fox aufgezeigt werden. Darin stößt ebenfalls ein Mann namens Paul (Keir Dullea) zu einem Frauen-Liebespaar – Jill und Ellen (Sandy Dennis und Anne Heywood) – hinzu. Paul bekundet alsbald Interesse an Ellen; die beiden kommen einander körperlich näher. In der Gestaltung der ›Liebesszene‹ verfährt Rydell ähnlich wie Chabrol: Das Prinzip der Parallelmontage wird angewandt, indem die sexuelle Begegnung zwischen Paul und Ellen per Kreuzschnitt mit der Suche Jills nach Ellen (im Wald) kombiniert wird; in Ansätzen finden sich *match cuts*: wenn Bewegungen Ellens in den Jill-Segmenten andeutungsweise aufgegriffen werden. Überdies ist auch hier der Bildanteil der *Frau* in den Paaraufnahmen wesentlich höher. Da sich die Beziehung zwischen Paul und Jill in erster Linie durch die Konkurrenz um die Gunst Ellens auszeichnet, entfallen in der geschilderten Sequenz die Deutungsoptionen ›Identifikation‹ (mit Ellen) sowie ›Begehren *und* Identifikation‹ (nach *und* mit Ellen). Die Gefühle Jills werden noch vereindeutigt, indem Jill mehrmals verzweifelt den Namen (genauer: den Nachnamen) ihrer Freundin ruft. Hier lässt sich sagen: *Everyone understands that.*

Zu ›Liebesszenen‹ *zu dritt* – beziehungsweise zu *Ansätzen* solcher ›Liebesszenen‹ – kommt es in The Doom Generation, Threesome, Dare, Glue und Drei (wobei die sexuelle Vereinigung in Letzterem mit dem *Finale* zusammenfällt und daher in Unterkapitel 6.7.2 [›Das Bestehen des Liebesdreiecks‹] betrachtet werden soll). Die Einstellung, in welcher Gregg Araki den (beginnenden) Liebesakt des Trios Amy / Jordan / Xavier filmt, kann abermals als visuelle Umsetzung der Erkenntnis verstanden werden, dass die konven-

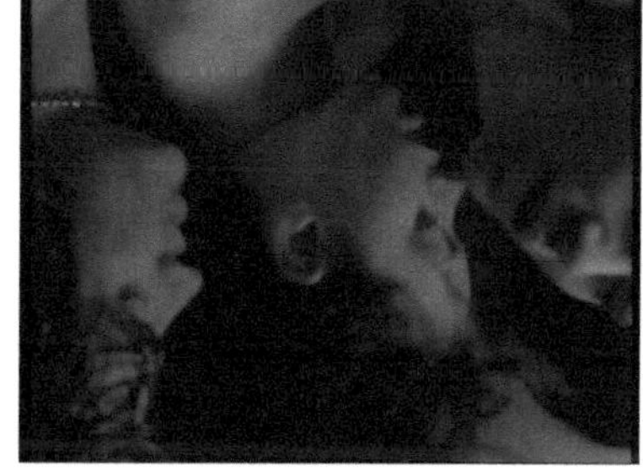

Abb. 113: Dicht gedrängt (The Doom Generation).

tionellen kinematografischen Darstellungsmuster die drei Figuren im Ausagieren ihrer amourösen und libidinösen Bedürfnisse beengen. David Martin-Jones merkt an:

> The threesome is predominantly filmed from one camera angle, with the three characters' faces uncomfortably crammed into a single shot, again deliberately queering the construction of the two-shot.[578]

Die sexuellen Ausdrucksformen einer Dreiecksliebe – die Amy, Jordan und Xavier in der wenig anheimelnden Atmosphäre einer Scheune zu ergründen versuchen – verlangen (so lässt sich Arakis Botschaft deuten) eine *neue* Filmsprache.

Andrew Fleming und Kameramann Alexander Gruszynski verwenden in THREESOME verschiedene Einstellungsgrößen bei der Ausgestaltung der ›Liebesszene‹ – es wird dabei mit zahlreichen Schnitten (die zum Teil Auslassungen erzeugen) gearbeitet. Stets sind die Körper – beziehungsweise Teile der Körper – *aller drei* Protagonisten im Bild zu sehen. Im Laufe der Sequenz gibt es nur *eine* Umgruppierung: Überwiegend befindet sich Alex in der Mitte, Stuart auf der linken und Eddy auf der rechten Seite des Filmbildes; in der letzten Aufnahme liegt Alex auf Stuart, während sich Eddy – der Alex' Rücken abküsst – weiterhin auf der rechten Bildseite aufhält. Die Verbindung zwischen Stuart und Eddy wird vor allem über einen Blickwechsel hergestellt, nachdem Stuart die Hand seines zögerlichen Freundes ergriffen und auf seinem Körper platziert hat. Neben jener finalen ›Liebesszene‹ findet sich in THREESOME noch eine erotische Annäherung des Trios zu einem früheren Zeitpunkt: an einem Bergsee, an welchem Stuart, Alex und Eddy (nach gemeinsamem Schwimmen) entkleidet auf einer großen Decke liegen und sich zu küssen beginnen – ehe sie von einer lachenden Kindergruppe (samt Priester) unterbrochen werden. So wird der sich anbahnende Bruch mit den Liebesfilmkonventionen (*one man, one woman*) zunächst komisch abgefedert und als Gag ausgespielt. Obendrein gilt es eine Sequenz zu nennen, welche noch einmal verdeutlicht, dass Stuart und Eddy nur *zu zweit* ein ›ganzer Liebesheld‹ für Alex sind: Während Eddy (am Telefon) auf geistiger Ebene mit diversen »really big words« (*Symbiotic*! *Concupiscence*!) se-

578 Martin-Jones 2009, S. 229.

xuell stimulierend auf Alex wirkt, deckt Stuart (der sich zu Alex ins Bett legt) den körperlichen Aspekt ab.

In DARE mutet die sich abzeichnende ›Liebesszene‹ *zu dritt* äußerst verquält an: Obgleich die Sequenz vielverheißend mit Johnnys Bekenntnis »I love you« beginnt – und es dadurch zu einer Verqueerung jener Drei-Worte-Standardsituation kommt, da mit ›*you*‹ *sowohl* Alexa *als auch* Ben gemeint ist –, wird rasch klar, dass Alexa und Ben *nicht* bereit sind, den Möglichkeitsraum zu betreten, den Johnnys Worte eröffnet haben. Die Absichten der drei Protagonisten gehen auseinander, weshalb sich *kein* zärtliches Miteinander einstellt – und der Ansatz einer ›Liebesszene‹ *direkt* in eine Streitsequenz mündet. Adam Salky und Kameramann Michael Fimognari nutzen – wie Fleming und Gruszynski in THREESOME – unterschiedliche Einstellungsgrößen; zuweilen ist die Kamera ganz nah an den Gesichtern der Figuren. Die zum Einsatz kommenden *single shots* und *two-shots* haben etwas Beklemmendes. Erstere fangen den Verdruss einer der drei Personen über das Ausgeschlossen-Sein ein, Letztere wirken – aufgrund der mit Eifersucht aufgeladenen Atmosphäre – ›ausgrenzend‹: Das ›Fehlen‹ der jeweiligen dritten Figur lässt das Paarbild ›unvollständig‹ erscheinen. Die *three-shots* sind wiederum von missbilligenden oder unzufriedenen Blicken Alexas oder Bens sowie von einem wenig Übereinstimmung zeigenden Hin-und-her-Zerren geprägt.

Darüber hinaus trägt das Kostümdesign dazu bei, dass es der ›Liebesszene‹ an einer gewissen ›Gefühlsechtheit‹ mangelt: Da Alexa und Ben von Alexas Freundin Courtney (Rooney Mara) für die Hausparty als ›Verführerin‹ beziehungsweise ›Verführer‹ ausstaffiert wurden, nehmen sich die beiden – im roten

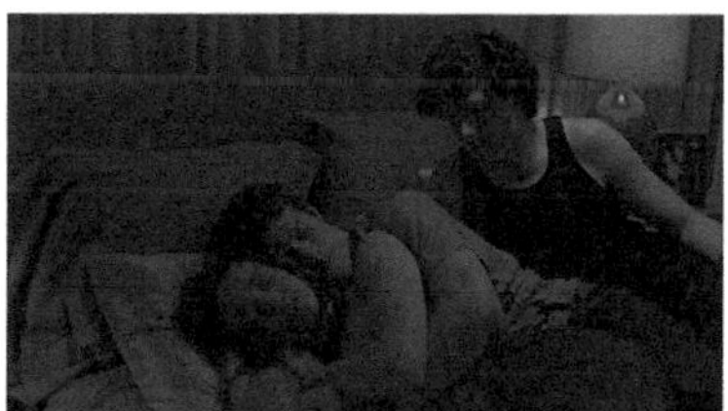

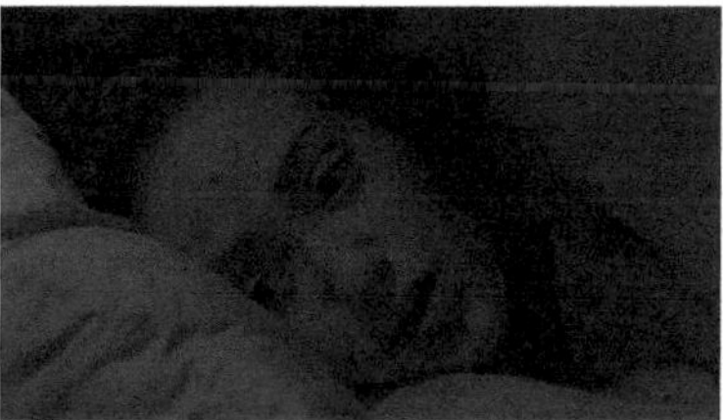

Abb. 114 und 115: Verquält (DARE).

Kleid und in Netzstrümpfen (Alexa) beziehungsweise im schwarzen Muscle-Shirt und in schwarzen Jeans mit Nietengürtel (Ben) – wie verkleidet aus.

Entschieden harmonischer ist die Präsentation der ›Liebesszene‹ in GLUE: Nachdem es Lucas, Nacho und Andrea gelungen ist, ihre Scheu (die ihrer Liebe zu dritt zunächst recht hinderlich war) zu überwinden, beginnen die drei sich zu berühren und zu küssen. Die Kamera geht dabei dicht an die Figuren heran. Es entstehen wackelige Aufnahmen; zudem kommt es zu Unschärfen und zu *jump cuts* – einem »assoziativ[en], bruchstückhaft[en], ungewöhnlich[en]«[579] Schnitt. Es wird im Laufe der Sequenz *nicht* versucht, stets *alle drei* Protagonisten zu erfassen: Lucas, Nacho und Andrea werden sowohl zu dritt als auch in allen erdenklichen Zweierkonstellationen gezeigt. Dennoch vermittelt die Absenz einer Figur in einem bestimmten Bild dank der eifersuchtsfreien Stimmung nicht den Eindruck, als sei diese Figur aus dem Geschehen ausgeschlossen. Die Liebe der drei Teenager entspricht der Stendhal'schen *amour-passion* (der Liebe aus *Leidenschaft*), die in Unterkapitel 3.1 (›Das trianguläre Begehren‹) skizziert wurde. Es findet ein *gegenseitiges* Schauen zwischen allen drei Protagonisten statt – jenes (in Zusammenhang mit Jim, Judy und Plato aus REBEL WITHOUT A CAUSE erwähnte) *mutual gazing*, fernab von Subjekt / Objekt-Gegensätzen. Die ›Wackelkamera‹-Optik und die assoziative Montage spiegeln die ekstatischen Gefühle und die flirrende Energie zwischen den Verliebten wider; womöglich ist jene Ästhetik die adäquateste Filmsprache für eine Liebessituation, die *nicht* ›in vollkommener Übereinstimmung mit der übrigen Gesellschaft‹ steht (um erneut das Marcel-Proust-Zitat von der impulsiven Jugendzeit heranzuziehen).

Genannt sei noch die ›Liebesszene‹ *zu dritt* aus Alfonso Cuaróns Y TU MAMÁ TAMBIÉN. Darin ist abermals der Tanz die ›Vorstufe der körperlichen Intimität‹: Nach einem libidinös aufgeladenen ›*Pas de trois*‹ in einer Strandbar ziehen sich Tenoch, Julio und Ana (Diego Luna, Gael García Bernal und Ana López Mercado) in ihren Bungalow zurück. Tenoch und Ana fangen an sich zu küssen – was den auf dem Bett sitzenden Julio erst einmal zum Beobachter einer Standardsituation des Liebesfilms macht. Alsbald beginnt Julio aber am erotischen

579 Reisz / Millar, zitiert in Keutzer, Oliver: *Jump Cut*. In: Koebner, Thomas (Hg.): *Reclams Sachlexikon des Films*. Stuttgart 2002a, S. 276.

Treiben zu partizipieren, indem auch *er* Ana abküsst und entkleidet. Zunächst befindet sich Ana zwischen den beiden jungen Männern – ehe sie sich dann jedoch langsam nach unten bewegt. Die Handkamera nähert sich Tenoch und Julio: Nun sind *sie* es, die sich küssen. Während Ana dem Blickfeld des Zuschauers / der Zuschauerin entzogen wurde, werden die beiden *buddies* als Liebespaar in einem *twoshot* gezeigt.

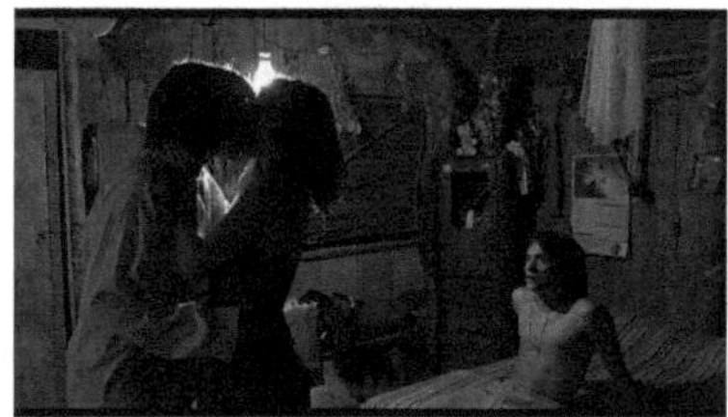

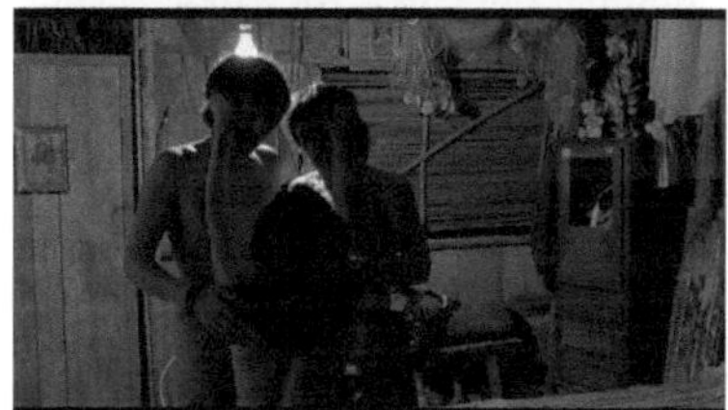

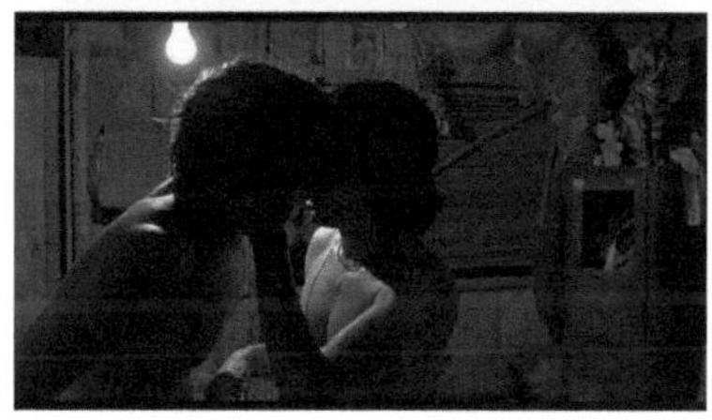

Abb. 116 bis 118: Male traffic in women (Y TU MAMÁ TAMBIÉN).

Es kommt dadurch zu einer (über)deutlichen Illustrierung des *male traffic in women*, welchen Eve Kosofsky Sedgwick in den *erotic triangles* der *English Literature* ausmacht. Einerseits geht Cuarón hier in der Inszenierung weiter, als Andrew Fleming dies in THREESOME tut, da in dessen Werk in der ›Liebesszene‹ *kein* Kuss zwischen den beiden Männern Stuart und Eddy zu sehen ist; andererseits kommt der Polyamory-Aspekt bei Fleming wesentlich stärker zum Tragen, weil in der THREESOME-Sequenz eine Verbindung zwischen *allen drei* Figuren hergestellt wird – während Ana in Y TU MAMÁ TAMBIÉN in dem beschriebenen Moment letztlich nur eine ›Funktionsrolle‹ einnimmt.

6.6 Die Auseinandersetzung

Im Themenkomplex ›Irritation / Zerwürfnis‹ nennt Anette Kaufmann diverse Punkte, die im Liebesfilm zu Spannung(en) führen können: etwa das ›Missverständnis‹ oder den ›Betrug‹.[580] Hier sollen nun einige Situationen der Irritation betrachtet werden, insbesondere der ›Streit‹ – also die »offen geführte Auseinandersetzung, in der gegensätzliche Meinungen aufeinanderprallen.«[581] Welche Rolle kann der / die Dritte einnehmen, ›wenn zwei sich streiten‹? Und welche kinematografischen Möglichkeiten tun sich auf, wenn *drei* Figuren in eine Irritation verstrickt sind?

6.6.1 Wenn zwei sich streiten…

> Es gibt gar keine Gemeinschaft zu Dreien, von der Unterhaltung einer Stunde bis zum Familienleben, in der nicht bald diese, bald jene zwei in einen Dissens gerieten, harmloser oder zugespitzter, momentaner oder dauernder, theoretischer oder praktischer Natur – und in der nicht der Dritte vermittelnd wirkte.[582]

In seinem Werk *Soziologie: Untersuchungen über die Formen der Vergesellschaftung* (1908) arbeitet Georg Simmel drei Typen des Dritten (in der Situation des Streits zwischen zwei Parteien) heraus: Neben jenem im obigen Zitat erwähnten Typus des ›Vermittlers‹ charakterisiert der Soziologe den ›*Tertius gaudens*‹ (= *den ›lachenden Dritten‹*) sowie die Figur des ›*Divide et impera*‹ (= ›*Stifte Unfrieden unter denen, die du beherrschen willst*‹). In der Streitsequenz aus LES AMOURS IMAGINAIRES, in welcher das passiv-aggressive Zufügen verbaler Nadelstiche zwischen dem Protagonistenpaar Francis und Marie in Handgreiflichkeiten und Geschrei umschlägt, nimmt sich Nicolas wie der Simmel'sche *Tertius gaudens* aus: Er hat »eine beherrschende, sozusagen auf einer idealen Höhe thronende Stellung und jenen äußeren Vorteil, den in jeder Komplikation der nicht

580 Vgl. Kaufmann 2007, S. 124–130.
581 Ebd., S. 125.
582 Simmel, Georg: *Soziologie. Untersuchungen über die Formen der Vergesellschaftung.* Frankfurt am Main 1992 (*Georg Simmel Gesamtausg.*, Bd. 11), S. 128.

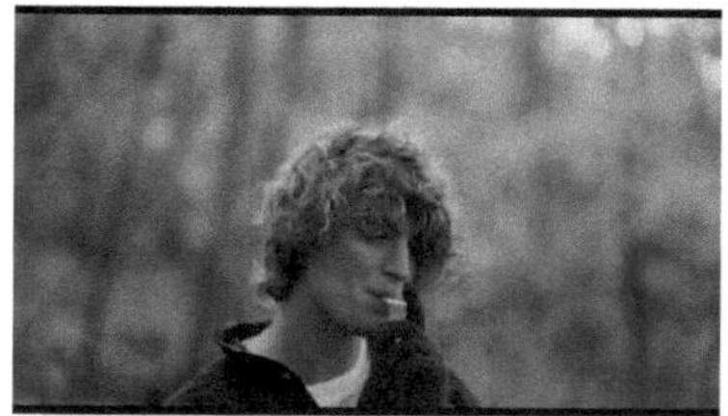
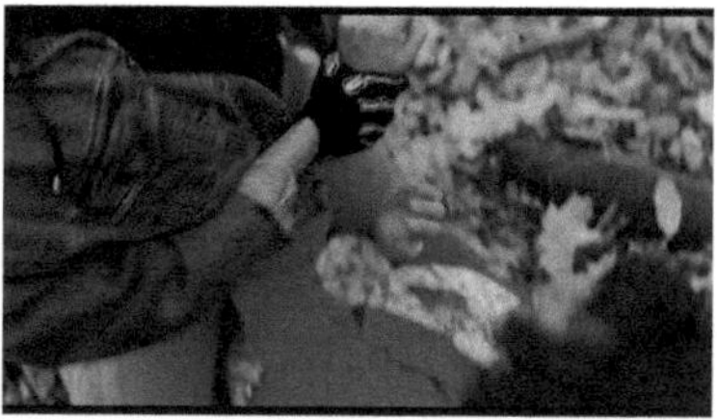

Abb. 119 und 120: Tertius gaudens (LES AMOURS IMAGINAIRES).

gefühlsmäßig Beteiligte besitzt.«[583] Xavier Dolan und Kamerafrau Stéphanie Weber-Biron lassen den Aufnahmen der eskalierenden Auseinandersetzung zwischen Francis und Marie (auf dem Waldboden) eine Einstellung folgen, in welcher Nicolas genüsslich an seiner Zigarette zieht; der Anblick der sich Raufenden dient seinem Amüsement und lässt ihn ins leicht spöttische Lächeln fallen.

Es sind nun *Francis und Marie*, die als Spektakel *für Nicolas* zur Schau gestellt werden – wobei Letzterer als *screen surrogate* des Zuschauers / der Zuschauerin fungiert (um den Gedanken von Laura Mulvey wieder aufzunehmen, welcher in Unterkapitel 4.2 [›LES AMOURS IMAGINAIRES‹] skizziert wurde). Das im Laufe des Films überwiegend suggerierte Blick(kontroll-)verhältnis zwischen dem Protagonistenpaar und dem Dritten wird durch das Bild von Nicolas' süffisanter Miene infrage gestellt: Die Einstellung entspricht *nicht* dem visuellen *point of view* der Begehrenden; sie zeigt, dass Nicolas im wahrsten Wortsinn den ›*Über*-Blick‹ hat. Nicolas nutzt als Dritter in dieser ›Wenn zwei sich streiten...‹-Situation seine überlegene Stellung aus, um sich daran zu delektieren, wie dem Duo die mühevoll vorgetäuschte Gelassenheit sowie die augenzwinkernde Distinguiertheit gänzlich abhandenkommen. Eine ›*Divide et impera*‹-Figur ist er indes *nicht*: Zwar bleibt unklar, welche Motive Nicolas genau antreiben – ob er also womöglich *intentional* ›Unfrieden stiftet‹ –, doch legt der weitere Handlungsverlauf nahe, dass er *kein* Interesse daran hat, Francis und Marie zu ›beherrschen‹. Er zeigt sich den beiden in späteren Momenten – in denen diese (jeweils in einem Gespräch *zu zweit*) ihre Gefühle verbalisieren – frostig-distanziert und bricht den Kontakt zu ihnen alsbald ab.

Bemerkenswert ist, wie Dolan die Rauferei der zwei zu Gegenspielern gewordenen Freunde präsentiert: Während der Fever-Ray-Song *Keep the Streets*

583 Ebd., S. 143.

Empty For Me die Schreie der Streitenden übertönt, geben die beiden ein ausgesprochen klägliches Bild ab. Dieses lässt sich wohl am besten mit den Worten beschreiben, welche in der Kolumne *Das Streiflicht* der Süddeutschen Zeitung Verwendung finden, um das Handgemenge (»die kleine, tollpatschige Cousine der Schlägerei«) zu kennzeichnen: Bei einem Handgemenge werde »geschubst, gehauen, an den Haaren gezogen, gekratzt und gekniffen«; »[s]tatt gezielter Schüsse und wohlplatzierter Faustschläge« komme es zu »unkoordiniertem Herumpatschen mit der flachen Hand« – »meist streckt der Patscher dabei ängstlich den Kopf möglichst weit nach hinten und kneift die Augen zu. Heroisch sieht das nicht aus.«[584] Die von Dolan gewählte komödiantisch-alberne Ausgestaltung der Standardsituation des Zweikampfs findet sich zwar durchaus auch in einigen Liebesfilmen mit konventionelleren Liebesdreiecken (so ist beispielsweise die tätliche Auseinandersetzung zwischen Mark und Daniel [Colin Firth und Hugh Grant], die in Sharon Maguires BRIDGET JONES'S DIARY / BRIDGET JONES – SCHOKOLADE ZUM FRÜHSTÜCK [UK / IRE / F 2001] um die Gunst der von Renée Zellweger gespielten Titelheldin rivalisieren, ebenfalls als komische Nummer inszeniert), doch illustriert die ›Duell‹-Passage hier, dass Francis und Marie *unlikely rivals* sind. Die Bezeichnung ›*unlikely rivals*‹ lehnt sich an den von Thomas E. Wartenberg definierten Ausdruck ›*unlikely couple film*‹ an: Der *unlikely couple film* handle von einer romantischen Beziehung zwischen zwei Menschen, die die Gesellschaft als »inappropriate for one another«[585] ansehe – so etwa Garry Marshalls PRETTY WOMAN (USA 1990), in welchem sich ein Geschäftsmann und eine Prostituierte (Richard Gere und Julia Roberts) ineinander verlieben. In LES AMOURS IMAGINAIRES – und ebenso auch in DARE, HOME und weiteren Werken mit sexuell ambivalenten Liebesdreiecken – sind nun nicht die potenziellen *Liebespaare* (Marie / Nicolas oder Francis / Nicolas) *unlikely*, sondern die *Rivalen*.

Diese *unlikeliness* der Rivalen gilt umso mehr, wenn das im Film verhandelte sexuell ambivalente Liebesdreieck *nicht* geschlossen ist (zwischen den Rivalen also *nicht* zugleich eine gegenseitige Verbundenheit besteht): In Agnieszka Hollands TOTAL ECLIPSE muten der ungestüme, mittellose Junglyriker Arthur Rimbaud (Leonardo DiCaprio) und die vornehme, aus gutem Hause kommende

584 Alle fünf Zitate: SZ (= Süddeutsche Zeitung): *Das Streiflicht*. In: Süddeutsche Zeitung Nr. 135 (14. Juni 2012), S. 1.

585 Wartenberg, Thomas E.: *Shopping Esprit: Pretty Woman's Deflection of Social Criticism*. In: Desser, David / Jowett, Garth S. (Hg.): *Hollywood Goes Shopping*. Minneapolis 2000 (*Commerce and Mass Culture Series*), S. 309–329, hier S. 309.

Mathilde (Romane Bohringer) als Rivalen um die Gunst einer dritten Figur (David Thewlis als Paul Verlaine) ebenso kurios an wie der mürrische Polizist Alex (Daniel Auteuil) und die souverän auftretende Philosophieprofessorin Marie (Catherine Deneuve), die in André Téchinés LES VOLEURS Kontrahenten im Kampf um die Liebe einer Dritten (Laurence Côte als Juliette) sind. In einer gängigen *boy meets girl*-Geschichte könnten jene *unlikely rivals* wiederum ein antagonistisch gezeichnetes *unlikely couple* bilden, das im Sinne des Sprichwortes ›Gegensätze ziehen sich an‹ zu der aus THE BIG SLEEP bekannten Einsicht kommt: *I guess I am in love with you.*

Während Nicolas in LES AMOURS IMAGINAIRES als ›*nicht* gefühlsmäßig Beteiligter‹ an der Kollision zwischen Francis und Marie sein Vergnügen finden kann, gerät Johnny in der Streitsequenz aus DARE in die von Simmel geschilderte »diffizilere und oft tragische Lage«[586] des Dritten, »der durch Liebe oder Pflicht, durch Schicksal oder Gewöhnung mit jedem von beiden gleichmäßig innig verknüpft ist« und der deshalb »durch den Konflikt *zerrieben* werden«[587] kann. Im Anschluss an die unterbrochene ›Liebesszene‹ bricht ein Disput zwischen Alexa und Ben los, welcher damit beginnt, dass die beiden Johnny jeweils an einem Arm packen, um ihn (im wörtlichen *und* im übertragenen Sinne) auf die jeweils *eigene* Seite zu ziehen.

In der emotional extrem aufgeladenen Situation kommt es zu Vorhaltungen und schweren Kränkungen zwischen dem Freundespaar (Alexa zu Ben: »You're being disgusting, do you know that? You're acting like a total fag!«), die der gefühlsmäßig beteiligte Johnny unterbinden will (»OK, just stop!«). Als Alexa schließlich ihre neu ersonnenen Pläne für die Zukunft offenbart (»I'm going to New York. I'm gonna be an actress.«), versucht Johnny, seine polyamoröse Vorstellung zu kommunizieren. »Let's just go to New York together«, schlägt er Alexa vor: Da das Vassar College (welches Ben zu besuchen gedenkt) in New York sei, könne Ben an den Wochenenden zu ihnen kom-

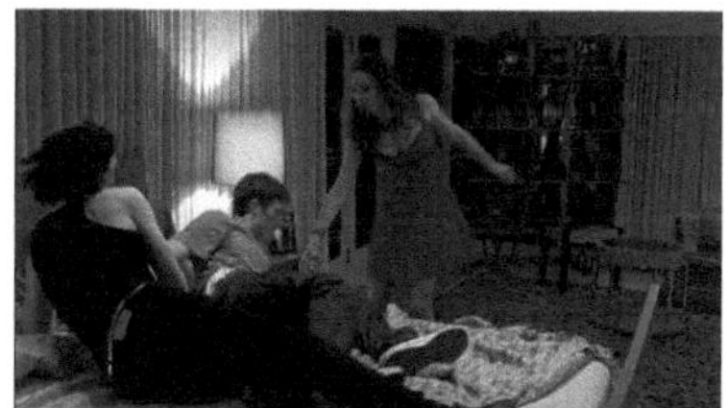

Abb. 121: Der gefühlsmäßig Beteiligte (DARE).

586 Simmel 1992, S. 130.
587 Beide Zitate: Ebd., S. 131, Herv. i. O.

men – »and we can all just… be together«, wie Johnny meint. Doch während es in Les amours imaginaires das *Duo* ist, dessen Hoffnungen zertrümmert werden, ist es in Dare der *Dritte*, dem eine Enttäuschung beziehungsweise ›Ent-Täuschung‹ widerfährt, weil *er* hier erkennen muss, dass er die ausgesendeten Zeichen fehlgedeutet hat. Das Verhalten von Alexa und Ben legt die Vermutung nahe, dass die beiden Johnny in erster Linie zur Selbstfindung benutzt haben – und sie es zunächst in Kauf genommen haben, dass sich Johnny dabei wiederum immer mehr *verliert*. Gleichwohl zeichnen Adam Salky und Drehbuchautor David Brind Alexa und Ben nicht etwa als ‚eiskalte Engel' mit Cruel Intentions, wie Roger Kumble dies in seiner Teenagervariante (USA 1999) des Briefromans *Les Liaisons dangereuses* (1782) von Choderlos de Laclos macht. Die zwei Freunde haben Johnny *nicht* in eine wohlüberlegte, vorbereitete ›Falle‹ gelockt – denn sie wissen eigentlich gar nicht, was sie tun. Johnnys ernsthafte Absichten, die dieser hier in Blicken und Worten enthüllt, frappieren und überfordern Alexa und Ben; der geäußerte Gedanke, *zu dritt* als »big happy family« zu leben (wie Alexa es ausdrückt), kommt den beiden völlig absurd vor. »That's not gonna happen«, sagt Alexa irritiert – und weht damit jeden Hauch von Hoffnung für Johnny davon.

Beim Vergleich zwischen Les amours imaginaires und Dare gilt es noch anzumerken, dass in Ersterem *alle drei* Figuren in sexuell *eindeutigen* Kategorien zu denken scheinen (wiewohl Nicolas als der ›Ganz andere‹ *nicht* wie eine sexuell eindeutige Figur anmutet). »Wie kommst du darauf, dass ich schwul bin?«, fragt Nicolas Francis etwa, als dieser ihm letztendlich seine Liebe und seinen Beziehungswunsch gesteht. Und das Glück, das sich Francis und Marie jeweils erträumen, ist ein Glück *zu zweit*, welches stets dann in Gefahr erachtet wird, wenn sich Nicolas aufgrund seiner Aussagen oder Taten *nicht* als *eindeutig* heterosexuell beziehungsweise als *eindeutig* schwul einordnen lässt: So sieht sich Marie beispielsweise angesichts der Marshmallow-Aktion (die ein *schwules* Begehren zu bedeuten scheint) aus dem Felde geschlagen, wohingegen Francis an anderer Stelle glaubt, Marie unterlegen zu sein, da Nicolas die Schauspielerin Audrey Hepburn als »[d]ie Frau meines Lebens« bezeichnet (und somit ein *heterosexuelles* Begehren auszudrücken scheint). In Dare entfaltet sich indes bei *einer* Figur tatsächlich ein queeres / verqueerendes Denken und Fühlen, welches allerdings keine Erwiderung findet. So wünscht man der Figur ›Johnny‹, sie würde Charakteren wie Lucas, Nacho und Andrea aus GLUE begegnen.

Drei weitere Streitszenarien sollen in diesem Unterkapitel noch in Augenschein genommen werden. Zum einen die Passage aus TENUE DE SOIRÉE, in welcher sich Bob, Antoine und Monique in einer – selbstverständlich unbefugt betretenen – Villa eine ausgiebige Mahlzeit gönnen. Es kommt zu einer Situation der Auseinandersetzung, die an Sigmund Freuds Ausführungen zum ›tendenziösen Witz‹ denken lässt. Der ›tendenziöse Witz‹ brauche, so Freud, drei Personen:

> außer der, die den Witz macht, eine zweite, die zum Objekt der feindseligen oder sexuellen Aggression gemacht wird, und eine dritte, an der sich die Absicht des Witzes, Lust zu erzeugen, erfüllt.[588]

Die dritte Person (welcher der Lustgewinn zufällt) ist in besagter Situation Monique; Bob ist der ›Witzemacher‹ – und Antoine die Person, auf deren Kosten der Witz geht. Bob drangsaliert Antoine hier mit anzüglichen Gesten und Bemerkungen, macht ihn zum Gespött und bringt ihn in Verlegenheit. In der Ausgestaltung der Sequenz wird abermals die Dynamik des Liebesdreiecks sinnfällig gemacht – denn so, wie die Beziehungen zwischen Bob, Antoine und Monique im Verlauf des Films einer permanenten Neuordnung unterzogen werden, positionieren sich die drei Figuren im Verlauf dieser Sequenz auch ständig neu im Bild, sodass sich *keine eindeutige* Aussage über ihr Verhältnis zueinander treffen lässt. Die Inszenierung sowie die Sprache und die Darbietungsweise von Gérard Depardieu, Michel Blanc und Miou-Miou lassen indessen den *sense of revolt* des *théâtre de l'absurde* erkennen. Sue Harris entdeckt hier eine »Beckettian quality«[589]: sowohl im bewegungsbetonten Spiel mit den hohen Roll-Barhockern, welches die Autorin mit der *hat swapping*-Szene aus Samuel Becketts *En attendant Godot / Warten auf Godot* (1952) in Verbindung bringt, als auch in den obszönen – und paradoxerweise *zugleich* poetischen – Wortspielen von Bob.[590] Die Passage bestätigt die in Unterkapitel 4.1 (›TENUE DE SOIRÉE‹) zitierte Konstatierung von Harris, dass der Regisseur und Drehbuchautor Bert-

588 Freud, zitiert in Fischer 2010, S. 201f.
589 Harris 2001, S. 76.
590 Vgl. ebd., S. 75f.

rand Blier in seiner Arbeit – ganz im Sinne des *théâtre de l'absurde* – auf psychologische Tiefe in der Charakterisierung der Figuren verzichtet: Während die durch den ›Ganz anderen‹ ausgelöste Sinnverwirrung und Sinnberückung etwa in NETTOYAGE À SEC zu einer existenziellen Krise des (sich selbst [bis dato] als heterosexuell verstehenden) Protagonisten führt und als tragischer Konfliktstoff ausgespielt wird, lässt Blier den Antoine-Interpreten Blanc die Identitätskrise mit einer slapstickhaften Verzweiflungskomik präsentieren; Miou-Miou reagiert als Monique wiederum zuerst seltsam ungerührt, und sodann übertrieben erheitert auf das frivole Treiben. Gegen Ende der Auseinandersetzung zwischen Antoine und Bob wandelt sich Monique vom *Tertius gaudens* zur Konfliktunterbrecherin. Sie verfolgt dabei jedoch in erster Linie egoistische Ziele: »Unser einziger Freund ist Bob«, erklärt sie ihrem Gatten, der sich von jenem ›Freund‹ sexuell bedrängt fühlt –

> [e]r hat unser Leben mit seinem Zauberstab auf einen Schlag verändert. Das wirst du doch nicht aufs Spiel setzen wollen. Für 'ne Empfindlichkeit, die bei dir an der falschen Stelle sitzt.

Das zweite Streitszenario, das es zu betrachten gilt, ist die in Unterkapitel 4.1 (›TENUE DE SOIRÉE‹) bereits beschriebene Begegnungssituation, in welcher Bob die zänkische Monique ohrfeigt und mit einem ›Geldregen‹ zum Schweigen bringt. Bob tritt als (irritierender) Streitunterbrecher auf; man könnte ihn als ›Schiedsrichter‹ bezeichnen – welcher allerdings *nicht*, wie üblich, *gewählt* wurde.[591] Er entscheidet zugunsten Antoines, was er zum einen mit Taten (der Ohrfeige), zum anderen mit Worten ausdrückt: »Das darfst du dir nicht gefallen lassen, dass jemand so auf dir 'rumtritt, mein Lieber!«, erklärt Bob dem von seiner Frau Abqualifizierten; »[d]u bist 100 000-mal besser als die!«

Die Sequenz ist ein treffendes Beispiel dafür, dass eine dritte Figur gewissermaßen die Wünsche des Filmbetrachters / der Filmbetrachterin ausagieren und dessen / deren Gedanken aussprechen kann: Bob greift in eine Zweiersituation ein, in welcher eine Figur von der anderen erniedrigt wird, ohne sich zu verteidigen. Während es dem Zuschauer / der Zuschauerin *nicht* möglich ist, für den Erniedrigten einzutreten, kann der hinzukommende Dritte diese Aufgabe auf der Leinwand übernehmen – wobei Bob hier drastischer zu Werke geht, als es

591 Vgl. Simmel 1992, S. 131f.

der Zuschauer / die Zuschauerin vermutlich tun würde. Die Krudität von Bobs Handeln steht wiederum ganz in der Tradition des *théâtre de l'absurde.*

In The Doom Generation ist die Figur ›Jordan‹ der Konfliktunterbrecher. Jordan verfolgt dabei weder rein egoistische Interessen (wie Monique im erstgenannten Streitszenario), noch sorgt er damit für Irritation (wie Bob in der Eröffnungspassage aus Tenue de soirée); vielmehr ist er ein Vermittler, der »die Gruppeneinheit aus der Gefahr der Sprengung retten«[592] will. Die rüden Wortgefechte, die Amy und Xavier – jeweils mit ein paar kräftigen Beleidigungen ›bewaffnet‹ – austragen (und die zuweilen auch in Handgreiflichkeiten umschlagen), werden von Jordan beendet, indem dieser beispielsweise seine Freundin durch gutes Zureden besänftigt (»Don't worry, Amy!«; »It's alright, Amy!«). Dass das harmonische Liebespaar Amy und Jordan *nicht* in Streit gerät, als Xavier Jordan die sexuelle Begegnung zwischen Amy und ihm verrät, liegt indes wieder in Jordans Eifersuchtsresistenz begründet: »Whatever, Amy«, meint Jordan gelassen, als Amy sich zu erklären versucht. Auf Amys wegwerfende Äußerungen über Xavier reagiert Jordan gar mit verständnisvoll-einfühlsamen Worten für seinen (vermeintlichen) Gegenspieler: »He's sorta like us… lost… like he doesn't fit in.« Interessant ist, dass sich die Sätze, mit denen Amy den befürchteten Beziehungsschaden beheben will, wie hohle Phrasen aus einem allzu schematischen Liebesfilmdrehbuch ausnehmen: »Even if I *did* get together with him, and this isn't saying I *did* anything, but *if* I *did*… you know that it wouldn't actually mean anything. I mean, you know that I really only love *you*, right?« An anderer Stelle bringt Amy lediglich Satzfragmente hervor: »You know, just because he and I – It doesn't mean I'm really like all that – Whatever.« Jordans Replik macht deutlich, dass es nicht notwendig ist, die begonnenen Phrasen auszuformulieren: »I know«, sagt er lächelnd und küsst Amy. Diese schiebt Xavier – welcher schlafend neben ihr im Bett liegt – ein Stück zur Seite, damit sich Jordan zu ihnen gesellen kann.

592 Ebd., S. 134.

6.6.2 Wenn drei sich streiten...

»Das Gefühl einer Häufung von Liebeskümmernissen zerbirst in dem Aufschrei: ›Es kann nicht, es kann nicht so bleiben‹«[593], merkt Roland Barthes unter dem Stichwort ›Unerträglich‹ an und bezieht sich dabei auf eine Feststellung der Figur ›Lotte‹ in Johann Wolfgang von Goethes *Die Leiden des jungen Werther*. An einem solchen Punkt der ›Häufung von Liebeskümmernissen‹ befinden sich auch Clare, Jonathan und Bobby in der Streitsequenz aus HOME. Beachtenswert sind hier die wechselnden Stadien der Auseinandersetzung: Während es zunächst Jonathan ist, der Bobby Vorwürfe macht – und Clare als Schlichterin zu fungieren versucht (»Jonathan, stop it!«) –, wandelt sich die Situation alsbald dahingehend, dass Clare gegenüber Jonathan Anschuldigungen erhebt und Bobby nun als Vermittler ins Bild tritt. Der ›Trialog‹ erreicht seinen Höhepunkt, als Clare verkündet, dass sie schwanger ist. Die Reaktion der Männer wird in einem *two-shot* eingefangen. Es folgt eine freudige Umarmung *zu dritt*, sodass der Streit mit einer direkten Versöhnung beendet wird. Der Blick zwischen Bobby und Jonathan (im Verlauf der Umarmung des Trios) bringt indes eine innige Verbundenheit zum Ausdruck, die Clare in gewissem Grade ausgrenzt: Clares Blick ist *außerhalb* des Dreiecks (und bleibt auch dem Zuschauer / der Zuschauerin verborgen, da Clare der Kamera den Rücken zukehrt). Zwar kalmiert die Aussicht, ge-

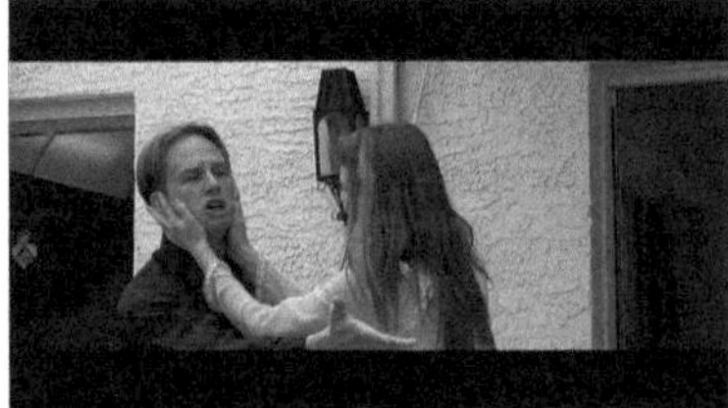

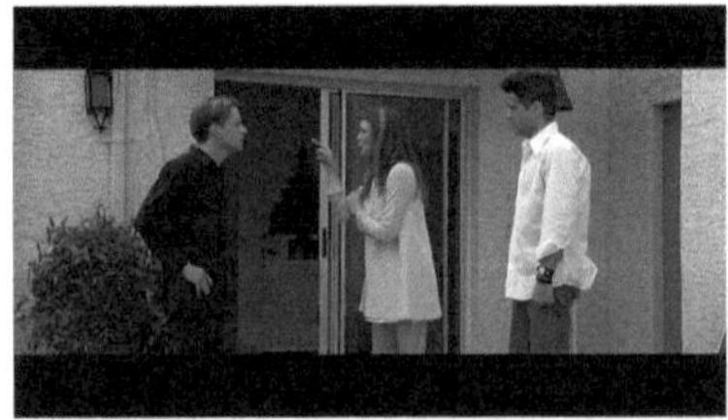

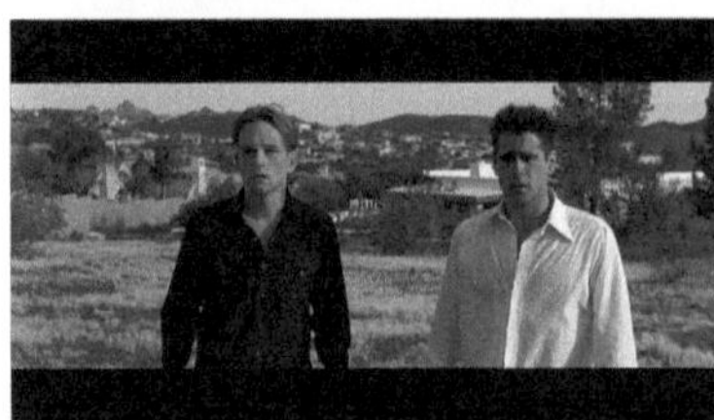

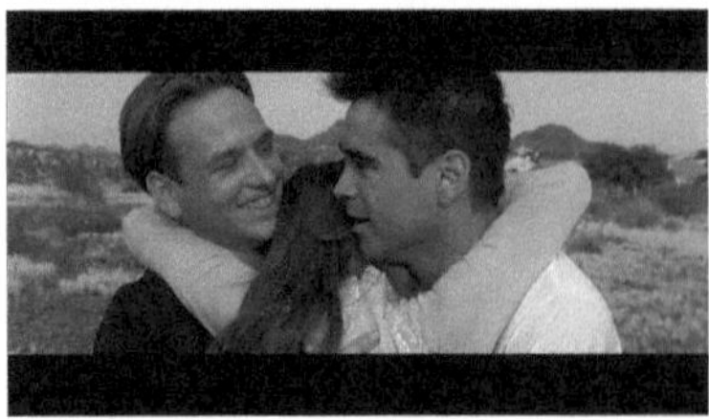

Abb. 122 bis 125: Trialog (A HOME AT THE END OF THE WORLD).

593 Barthes 1988, S. 220.

meinsam als »funny family« noch einmal neu anzufangen, die Krise vorläufig, doch existieren im Verhältnis der drei nach wie vor ›Eifersuchtsfallen‹, die ein *happy ending* – ein ewiglich währendes Lebens- und Liebesglück – verhindern können (und verhindern *werden*).

Eine Möglichkeit, die hier *nicht* wahrgenommen wird, sich in einer vergleichbaren Streitsequenz jedoch anbieten würde, wäre es, in einem *two-shot* zwei gänzlich unterschiedliche Reaktionen auf die Verkündung der Schwangerschaft festzuhalten und somit – wie in jener in Unterkapitel 6.2.2 (›A trifft B trifft C trifft A‹) geschilderten *Boy meets girls*-Passage aus VICKY CRISTINA BARCELONA – *zwei* Auflösungsmöglichkeiten einer Standardsituation *in einem* abzubilden. Wie eine solche filmische Gelegenheit in einem *in flagranti*-Moment genutzt werden kann, sei anhand einer Sequenz aus Gregg Arakis NOWHERE demonstriert, in welcher die Teenager Dark und Lucifer (James Duval und Kathleen Robertson) ihre gemeinsame Freundin Mel (Rachel True) auf einer Party beim heftigen Flirt mit den Zwillingsbrüdern Surf und Ski (Keith Brewer und Derek Brewer) ertappen – wobei es zu erwähnen gilt, dass Mel ihr Verhalten *selbst* keineswegs als Betrug an Dark und Lucifer versteht (so erklärt sie Dark in einem Gespräch etwa: »Just because I make it with other guys and girls, has no effect with so ever for my feelings for you«). Entscheidend ist in diesem Fall jedoch, dass Mels Verhalten von Dark und Lucifer als Verletzung beziehungsweise Betrug empfunden wird und der Moment dementsprechend als *in flagranti*-Situation funktioniert.

In einer *in flagranti*-Situation gibt es – pauschal gesagt – ebenfalls zwei Reaktionsmöglichkeiten und somit zwei Wege, die Situation szenisch aufzulösen. Die erste Reaktions- und Auflösungsmöglichkeit kann anhand einer Stelle aus Peter Howitts SLIDING DOORS / SIE LIEBT IHN – SIE LIEBT IHN NICHT (UK / USA 1998) exemplarisch gezeigt werden. Als die Protagonistin Helen (Gwyneth Paltrow) ihren Freund Gerry (John Lynch) bei ihrer verfrühten Heimkehr in die gemeinsame Wohnung mit einer anderen Frau (Jeanne Tripplehorn als Lydia) im Bett vorfindet, führt diese Entdeckung – nach einigen sarkastischen Kommentaren – zu einer aggressiven Reaktion der Betrogenen; Helen schlägt auf den untreuen Gerry ein und beschimpft diesen wüst (»Du Mistkerl! Du verdammter, verdammter Mistkerl!«[594]).

594 Als Grundlage für die Zitate aus SLIDING DOORS dient die Synchronfassung der deutschen DVD von

Die Alternative zur rabiaten Handlungsweise ist die völlige Passivität, deren Inszenierung sich an einer Passage aus BROKEBACK MOUNTAIN (USA / CDN 2005) nachvollziehen lässt. In Ang Lees Werk existiert die geläufige Konstellation ›Ehemann / Ehefrau / Geliebter‹ gleich doppelt – wobei hier jeweils der Ehe*mann* den Geliebten hat: Da Ennis und Jack (Heath Ledger und Jake Gyllenhaal) ihre Gefühle füreinander zunächst zu unterdrücken versuchen, haben beide eine Frau geheiratet (Michelle Williams als Alma / Anne Hathaway als Lureen); sie führen ihre Liebesbeziehung aber alsbald im (vermeintlich) Geheimen fort. Als Alma Augenzeuge eines Kusses zwischen ihrem Gatten und Jack wird, lässt sich die Verstörung auf ihrem Gesicht (in Großaufnahme) ablesen. Anders als Helen in SLIDING DOORS agiert Alma ihren Schmerz allerdings *nicht* aus, sondern entfernt sich unbemerkt. Neben der zurückhaltenden Art der Figur liegt dies auch in der Zeit und dem Ort des Geschehens begründet: BROKEBACK MOUNTAIN spielt (überwiegend) in den Sechziger- / Siebzigerjahren im US-Bundesstaat Wyoming. Da Ennis' Affäre mit einem *Mann* in diesem Setting etwas Unsagbares, gar Undenkbares ist (im Gegensatz zu Gerrys Liaison mit Lydia im London der Neunzigerjahre in SLIDING DOORS), scheint eine Reaktion im Stile Helens für Alma schlicht unmöglich zu sein.

Während sich Helen und Alma jeweils in einer monogamen (und heterosexuellen) Partnerschaft wähnen, wissen Dark und Lucifer in NOWHERE, dass Mel auch mit der jeweils anderen Person eine sexuelle Beziehung unterhält. Das Liebesdreieck ist sexuell ambivalent, jedoch *nicht* geschlossen; die drei Figuren gehören allerdings demselben Freundeskreis an und verbringen Zeit miteinander. Als es auf der Party zu der beschriebenen *in flagranti*-Situation kommt, zeigt ein *two-shot* die beiden ›Betrogenen‹ Dark und Lucifer. Die zwei sich bietenden Reaktions- und Auflösungsmöglichkeiten werden nun parallel durchgespielt: Der passiv-melancholische Dark hält sich fern und nimmt einen großen Schluck aus seinem Trinkbecher; die aufbrausende Lucifer greift durch, indem sie Mels liebesabenteuerliches Vergnügen mit energi-

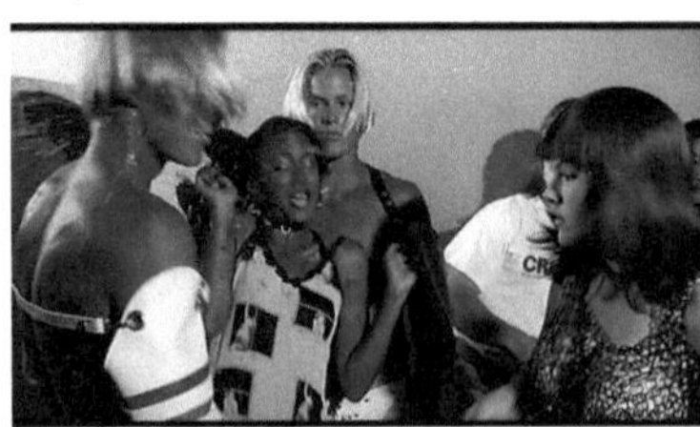

Abb. 126: In flagranti (NOWHERE).

Kinowelt Home Entertainment.

schen Gesten unterbricht und die Beziehung unmittelbar darauf theatralisch-entschlossen beendet.

So können zum einen *zwei* dramaturgische und inszenatorische Abzweigungen *zugleich* genommen werden, und zum anderen können Dark und Lucifer (ähnlich wie Vicky und Cristina in VICKY CRISTINA BARCELONA) als charakterliche Gegensätze gekennzeichnet werden.

Die Irritationspassage aus DREI ist hingegen eine reizvolle Variation der *in flagranti*-Standardsituation, die – wie in BROKEBACK MOUNTAIN, jedoch aus anderen Gründen – eine gewisse ›Sprachnot‹ mit sich bringt und daher ebenfalls zu einer (weitgehend) passiven Reaktion führt. Als Hanna Simon spärlich bekleidet in Adams Wohnung vorfindet, kann sie nur ungläubig fragen: »Was machst du denn da?« Gerade eben hat sie Adam erzählt, dass sie schwanger ist – und auch Simon hat das gehört. »Was machst *du* denn hier?«, gibt der von Hanna Angesprochene zurück. In einer Dreiecksgeschichte gehe es (so Philipp Brunner) um »das Risiko, entdeckt zu werden«; es gebe für gewöhnlich »zwei Schuldige und ein Opfer.«[595] DREI schafft indes eine Situation, in welcher »*alle* mit einem ausgeglichenen Maß an Schuld und Vorwurf umgehen müssen«[596], wie Tom Tykwer es in einem Interview formuliert. Der Betrüger / die Betrügerin ist hier zugleich der / die Betrogene, und es ist derselbe Mann, mit welchem dieser Betrug begangen wurde – wobei dieser Mann wiederum beiden seine ›Zweitbeziehung‹ verschwiegen hat. Zwischen die Aufnahmen von Hanna und Simon, die einander entsetzt anblicken (aber kaum imstande sind, miteinander verbal zu kommunizieren), werden Bilder von Adam geschnitten. Der Dritte ist gewissermaßen wieder *screen surrogate* des Zuschauers / der Zuschauerin: Er verfolgt jenen ungewöhnlichen Moment der doppelten Entdeckung zwischen dem Paar, zieht daraus allerdings – anders als Nicolas in der von ihm beobach teten Auseinandersetzung zwischen Francis und Marie in LES AMOURS IMAGINAIRES – *keinen* Lustgewinn. Der *mit beiden Personen gleichmäßig innig verknüpfte* Adam nimmt – wie sich in seinem bestürzten Gesichtsausdruck bekundet – *Anteil* am Konflikt zwischen Hanna und Simon, *ohne* dabei jedoch ›zwischen die Fronten‹

595 Beide Zitate: PB (= Brunner, Philipp) 2012, http://filmlexikon.uni-kiel.de/index.php?action=lexikon&tag=det&id=5595, o. P.

596 Tykwer, zitiert in Weixlbaumer, Robert / Zwirner, Heiko: *Ein Interview mit Tom Tykwer.* 2010. http://www.tip-berlin.de/kino-und-film/ein-interview-mit-tom-tykwer (Zugriff am 26.10.2013), S. 1, Herv. d. Verf.

zu geraten, wie dies bei Johnny in DARE der Fall ist. Da er die Lage (das heißt: das Verhältnis, in welchem Hanna und Simon zueinander stehen) nicht sofort zu erfassen vermag, ist es Adam *nicht* möglich, als *Unterbrecher der konflikthaften Eskalation* wirksam zu sein, wie Albrecht Koschorke dies in Bezug auf die *Institutions*möglichkeit des Dritten darlegt. Nachdem Hanna die Wohnung panikartig verlassen hat, fragt Adam Simon: »Kannst du mir das irgendwie kurz mal erklären?« Aber auch Simon stürmt davon, sodass der Dritte – außerordentlich konsterniert – allein zurückbleibt.

Als Beispiel für ›dialogische Promiskuität‹ in einer *in flagranti*-Situation sei noch eine Zeile aus Roger Avarys THE RULES OF ATTRACTION angeführt: »I only had sex with her because I'm in love with you«, heißt es darin, als Lauren (Shannyn Sossamon) ihren Bekannten Sean (James Van Der Beek) mit ihrer Mitbewohnerin und Freundin Lara (Jessica Biel) ›auf frischer Tat‹ ertappt.

6.7 Das (un)happy ending

Während das *happy ending* in der *romantic comedy* zu den Verabredungen mit dem Publikum gehöre, die ein Film nur selten breche, sei (so Anette Kaufmann) im *romantic drama* sowohl der glückliche als auch der unglückliche Ausgang eine denkbare Option.[597] Beim *unhappy ending* könne es zur Setzung des »prosaischsten Schlusspunkt[s]« kommen – der »Trennung aufgrund erloschener Gefühle oder gänzlich inkompatibler Lebenskonzepte«[598] –, aber auch zum schmerzlichen ›Verzicht‹ oder zum ›Tod‹.[599] Thomas Christen geht in seinem Aufsatz *Happy Ending* auf die Gestaltung und Wirkung der *glücklichen* Schlussfindung ein und gibt eine ›stereotype Konstellation‹ an:

> Die Schlussbilder zeigen das Paar – Mann und Frau –, das sich nach allerlei Irrungen und Wirrungen doch noch oder wieder gefunden hat, das sich umarmt, das sich küsst, das glücklich ist. Das Glück erscheint personifiziert in dieser Normkonstellation, in diesem gesellschaftlichen Modell, zu dessen Propagierung und Festigung der Film beiträgt.[600]

597 Vgl. Kaufmann 2007, S. 130.
598 Beide Zitate: ebd., S. 133.
599 Vgl. ebd., S. 133–135.
600 Christen 2009, S. 197f.

Von Belang ist in diesem Zusammenhang auch die von Ewan Kirkland festgehaltene Tatsache, dass die finale Umarmung des Protagonistenpaares (in der *romantic comedy*) häufig »in highly public spaces« stattfindet: »Frequently this public consummation occurs before a cheering gathering of anonymous onlookers.« Jene namenlose, jubelnde Menschenansammlung (wie sie etwa in Frank Coracis THE WEDDING SINGER / EINE HOCHZEIT ZUM VERLIEBEN [USA 1998] oder in Roger Michells NOTTING HILL [UK / USA 1999] zu sehen ist) repräsentiere die Gesellschaft und lasse einen »enthusiastic approval of heterosexual romance«[601] erkennen.

Welche Schlussbilder – so gilt es nun zu fragen – werden in Werken über sexuell ambivalente, geschlossene Liebesdreiecke gewählt? Wo findet die finale Umarmung / der finale Kuss / das finale Glücklich-Sein (*zu dritt*) statt? Und welche Gründe für ein *unhappy ending* bringt die Erzählung vor?

6.7.1 Die Zerstörung des Liebesdreiecks

Claude Chabrol, Gregg Araki und Anne Fontaine treiben die Dreiecksgeschichte jeweils in die Katastrophe; je einer der drei Protagonisten wird getötet. Die Filme schließen somit mit der »endgültige[n], irreversible[n] Form der Trennung«[602] des jeweiligen Trios. Bei Chabrol und Fontaine sind es Verbrechen aus Leidenschaft, jeweils begangen von einer Figur *innerhalb* des Liebesdreiecks; bei Araki ist es ein von Außenstehenden verübtes Verbrechen aus Hass, das wiederum zu Gegengewalt führt.

Im Finale von LES BICHES folgt auf eine Liebeserklärung (welche das *happy ending* einläuten könnte) eine harsche Zurückweisung. »Du widerst mich an«, sagt Frédérique zu Why, nachdem diese sie in der Stadtwohnung aufgesucht und ihr dort ihre Liebe erklärt hat; sie präzisiert: »*Deine Liebe* widert mich an.« Whys vorausgegangenes Gefühlsbekenntnis lässt – wie Johnnys Erklärung in der ›Liebesszene‹ sowie dessen Vorschlag in der Streitsequenz aus DARE – eine polyamoröse Vorstellung und ein queeres / verqueerendes Denken und Empfin-

601 Alle drei Zitate: Kirkland 2007, o. P.
602 Kaufmann 2007, S. 133.

den erkennen: »Ich will bei euch bleiben. Bei dir und Paul«, erläutert sie Frédérique, und offenbart: »Ich liebe euch beide. Dich so sehr wie ihn.« Da Frédérique dies, wie sie meint, als »[e]ntsetzlicher Gedanke« erscheint und sie Why unverblümt mitteilt, dass sie ›nur stört‹, nimmt Why den vergifteten Dolch in Gebrauch, der sich in ihrer Handtasche befindet (und den sie zuvor aus Frédériques Landsitz in Saint-Tropez entwendet hat). Sie sticht Frédérique damit in den Rücken. Kurz darauf – als Paul anruft – gibt sich Why als Frédérique aus, indem sie deren Stimme imitiert. Die Konstellation ›*Zwei* Frauen, ein Mann‹ hat sich in ›*Eine* Frau, ein Mann‹ gewandelt – allerdings ist die *eine* Frau (wie bereits in Unterkapitel 5.1 [›Les Biches‹] dargelegt) die ›zweite‹, die zur ›ersten‹ Frau *geworden* ist. Das Schlussbild zeigt einen Mann (Paul), der die Wohnung einer Frau betritt, um mit dieser »ganz allein« zu sein. Da die ›Irrungen und Wirrungen‹ bei der Wiedervereinigung des Paares hier jedoch keineswegs überwunden sind, wird es wohl *kein happy ending zu zweit* – *kein* Umarmen, *kein* Küssen, *kein* Glücklich-Sein – geben.

Die Wendung des melodramatisch angelegten Werks zum Thriller vollzieht sich mit dem Einsatz von *suspense* (lateinisch *suspendere* ›in Unsicherheit schweben lassen‹): Whys Handtasche – in welcher der Filmbetrachter / die Filmbetrachterin den Dolch vermutet – wird mehrmals ins Objektiv genommen. Claude Chabrol und sein Kameramann Jean Rabier treiben ein Spiel mit den Erwartungen des Zuschauers / der Zuschauerin; sie ermöglichen ihm / ihr einen Wissens- beziehungsweise ›Ahnungsvorsprung‹ gegenüber Frédérique, die sich einer möglichen Bedrohung ihres Lebens nicht im Mindesten bewusst ist und sich deshalb im Verbalisieren ihrer Abscheu in keiner Weise zurückhält.

Was den finalen Umgang (des Films beziehungsweise der Figuren) mit nicht-heterosexuellem Begehren betrifft, gilt es das Produktionsjahr von Les Biches – 1968 – zu berücksichtigen. So schreibt Vito Russo etwa über das Kino der Sechzigerjahre: »Gay relationships continued to be shown as inherently violent.«[603] Das Verrücken amouröser Grenzen beziehungsweise Normen führt hier offenbar *unweigerlich* zur ›Verrücktheit‹ – zu Psychopathie und Mord. Die queer / verqueerend denkende und fühlende Why scheint ihren Verstand am Ende eingebüßt zu haben – sie spricht von ›Schreien‹ in ihrem Kopf; und die zu Beginn als nicht-heterosexuelle Person gezeigte Frédérique verliert ihr Leben,

603 Russo 1981, S. 164.

wie so viele sexuell *nicht* eindeutige Filmcharaktere in Werken aus den Sechzigerjahren.[604] Die Präsentation der Figur ›Frédérique‹, die im Schlussakt den ›Höhepunkt‹ hinsichtlich ihrer Blasiertheit, Kälte und Härte erreicht, lässt wiederum an Russos Kennzeichnung der »presentation of lesbianism as an alien state of being«[605] denken – wiewohl sich der Autor hier *nicht* auf die Darstellung lesbischer Frauen in Filmen der *Sechziger-*, sondern der *Fünfziger*jahre bezieht: »[T]hey were seen as women trying to be men while in reality needing a man«[606]. Frédériques ›Falkenblick‹ sowie ihre Machtdemonstration mittels Geld oder mittels Gesten und Äußerungen (wie dem Kopfstreichen und den unaufhörlichen ›Aufträgen‹ an Why) illustrieren den ersten Teil von Russos Kennzeichnung (*trying to be men*) – wobei die Übernahme der »masculine role as bearer of the gaze and initiator of the action«[607], die hier stattfindet, zu der von E. Ann Kaplan konstatierten Wesensart der begehrenden, handlungsbestimmenden Frau zu führen scheint: »She is [...] cold, driving, ambitious, manipulating, just like the men whose position she has usurped.«[608] Derweil legt der Handlungsverlauf von LES BICHES nahe, dass auch der zweite Teil der Russo'schen Kennzeichnung (*in reality needing a man*) auf Frédérique zutrifft: »Das, was ich tue, ist ein Versuch«, erklärt Frédérique Why, als sie die Beziehung mit Paul eingeht – und schon einige Tage darauf (nach dem gemeinsamen Parisaufenthalt) verkündet sie ihrer Freundin, dass sie »wahnsinnig verliebt« in Paul ist. Am Ende des (in Unterkapitel 6.3 [›Die traute Dreisamkeit‹] beschriebenen) abendlichen Beisammenseins des Trios deutet Frédériques Blick auf eine definitive Entscheidung *gegen* eine Liebe *zu dritt* und somit *gegen* eine Abweichung von der (Hetero-)Norm hin – was nun im Finale offen ausgesprochen wird. In gewissem Sinne erfüllt sich Frédériques Wunsch nach einer stereotypen ›Mann / Frau‹-Endkonstellation letztlich – jedoch *ohne sie* und *ohne* eine Zukunftsperspektive für das Paar.

Das Schlussbild aus NETTOYAGE À SEC zeigt ein Paar – Mann und Frau –, und auch hier ist es die Eliminierung der dritten Figur, die eine (Wieder-)Herstellung der Zweisamkeit bewirkt. Anders als in der finalen Sequenz aus LES BICHES,

604 Vgl. ebd., S. 156.
605 Ebd., S. 99.
606 Ebd., S. 100.
607 Kaplan 1983, S. 318.
608 Ebd., S. 319.

in welcher das Mitführen des vergifteten Dolches den Eindruck vermittelt, dass Why die Tötung Frédériques (für den Fall, dass das Gespräch nicht wunschgemäß verläuft) durchaus *beabsichtigt* hat, kommt es in Anne Fontaines Werk zu einer gänzlich *ungeplanten* Gewalttat. Diese trägt sich im Keller der Reinigung zu, in welchem Loïc den arbeitenden Jean-Marie aufsucht. »Was machst du da?«, fragt Jean-Marie den jungen Mann, als dieser sich ruhig an einen Balken lehnt. Loïcs Antwort – »Nichts. Ich seh' dich an« – macht deutlich, dass eine endgültige ›Blickbemächtigung‹ stattgefunden hat. Während die Subjekt / Objekt-Trennung in der Blickbeziehung zwischen den Kunstlers und dem Dritten zu Beginn völlig klar ist (»Es sieht uns doch niemand zu«, meint Nicole amüsiert lachend zu ihrem Gatten, als sich die beiden – nach dem von ihnen aufmerksam verfolgten Auftritt von Loïc und dessen Schwester – auf die Tanzfläche wagen), geht Loïcs sukzessive Entfaltung als blickendes und begehrendes Subjekt in der Kellerpassage der Vollendung entgegen: »Ich hab‹ Lust auf dich«, sagt Loïc und nähert sich Jean-Marie auf aggressive Weise. Bei Jean-Marie scheint dies ein existenzielles Unbehagen zu verursachen. Seine widerstreitenden Empfindungen führen zunächst zu einer zwischen Abwehr und Hingabe schwankenden Reaktion, ehe die Abwehr im inneren Kampf des Protagonisten obsiegt – und sodann wohl kaum brutaler vollzogen werden könnte: Jean-Marie erschlägt Loïc mit einem Bügeleisen. Ist es in Les Biches die *Täter*figur, deren queeres / verqueerendes Liebesbedürfnis unbefriedigt bleibt, sind hier die letzten Worte des kurz darauf *Getöteten* eine erfolglos bleibende Aufforderung, sich zu einer Liebe jenseits der (Hetero-)Norm zu bekennen (»Sag' schon, dass du mich liebst!«).

Anette Kaufmann schildert in Zusammenhang mit der Erzählformel ›Ehebruch‹, dass ein Verbrechen in einigen Liebesfilmen den Fortbestand der Ehe des Protagonistenpaares sichert. So begreife beispielsweise die von Diane Lane gespielte Ehebrecherin in Adrian Lynes Unfaithful / Untreu (USA 2002) die von ihrem Gatten (Richard Gere) im Affekt begangene Tötung ihres Liebhabers (Olivier Martinez) als Liebesbeweis.[609] Auch in Nettoyage à sec deutet sich an, dass die Bande zwischen den Eheleuten Jean-Marie und Nicole im Anschluss an die Gewalttat wieder enger wird. Nicole beseitigt – nach rascher Überwindung des Schocks – die Leiche und verwischt die (Blut-)Spuren. Anne Fontaine und

609 Vgl. Kaufmann 2007, S. 66.

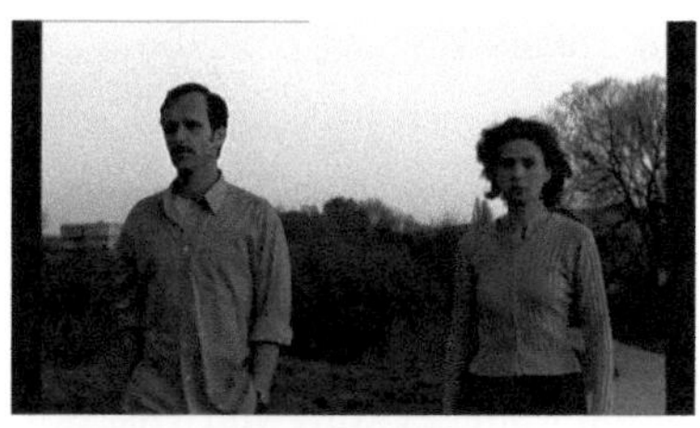

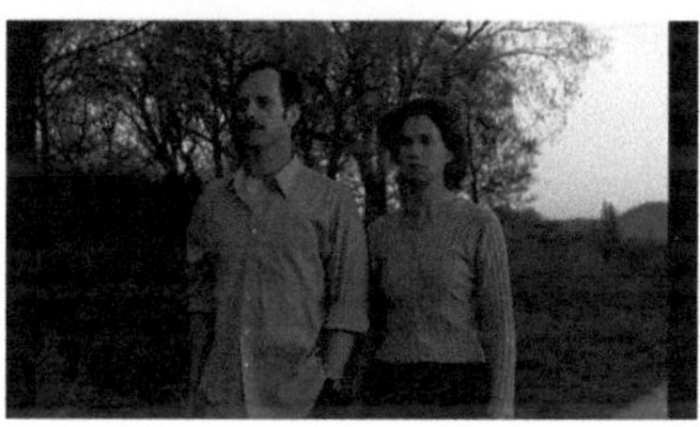

Abb. 127 und 128: Wiederherstellung (Nettoyage à sec).

Kamerafrau Caroline Champetier zeigen das Paar abschließend – in einem *two-shot* – auf einer Landstraße, wie es schweigend nebeneinanderher läuft. Die anfängliche Distanz der Figuren zueinander verringert sich allmählich; Nicole scheint Jean-Maries Nähe zu suchen.

Zwar wird hier *kein* sich umarmendes und sich küssendes, glückliches Liebespaar präsentiert; da aber die zu Beginn der finalen Einstellung allzu auffällige Lücke zwischen Jean-Marie und Nicole geschlossen wird, indem sich die Frau langsam auf ihren Mann zubewegt, lassen Fontaine und Champetier erkennen, dass der Dritte aus der Beziehung herausgedrängt wurde: Zwischen dem Ehepaar ist nun – anders als etwa zwischen Hanna und Simon in Drei – kein ›Platz‹ mehr. Gewissermaßen findet durch die Figurenbewegung das *Gegenteil* einer *two-shot*-›Sprengung‹ statt: Hier tritt nicht *eine* Figur zur linken und *eine* zur rechten Seite aus dem Kader; vielmehr schreiten Jean-Marie und Nicole (als gestärktes ›Team‹, als *partners in crime*) *Seit' an Seit'* aus dem Bild. Wo der gemeinsam eingeschlagene Weg hinführen wird – ob das Paar sein Leben womöglich bald schon wieder in den gewohnten Bahnen weiterleben wird –, bleibt ungewiss. Nicoles Verhalten und die Bewegung ihres Körpers lassen vermuten, dass sie beim Blick in Jean-Maries ›Abgrund‹ etwas entdeckt hat, wovon sie sich (auch im wörtlichen Sinne) *angezogen* fühlt. Jean-Marie hat ihr letztlich *das* gegeben, was sie sich zuvor von *Loïc* versprochen hatte: dass in ihrem Leben etwas ›passiert‹.

Während sich die zerstörerischen Gewalteruptionen in Les Biches und in Nettoyage à sec im *Inneren* der Beziehungsdreiecke ereignen, wird die Liebeserfüllung in The Doom Generation durch die *Außenwelt* brutal verhindert. Die Außenwelt – das heißt: deren Bewertung der ›Liebe in alle Richtungen‹ sowie deren (möglicher) Einfluss auf das Glück des Trios – wird in vielen Primärwerken dieser Arbeit nahezu gänzlich *unberücksichtigt* gelassen. Nennenswerte Ansätze der Thematisierung einer Be- oder *Ver*urteilung der Dreiecksbeziehung *von außen* finden sich in NETTOYAGE À SEC, THREESOME und DARE. So meint etwa Jean-Maries Mutter (Nanou Meister) in NETTOYAGE À SEC: »Die ganze Stadt redet schon darüber«; und auch ein Freund erwähnt im Gespräch mit Jean-Marie das Gerede »böse[r] Zungen«, als es um das Verhältnis der Kunstlers zu Loïc geht.

Im Collegesetting von THREESOME wird die Liebe des Trios – »[t]he oddity of our happy little enclave«, wie Eddy es ausdrückt – von der Umwelt ebenfalls als Skandal empfunden: »All I wanna know is who's doing who«, erklärt Renay (Martha Gehman) ihrem *eindeutig* als schwul verorteten besten Freund Dick (Alexis Arquette), während die beiden Stuart, Alex und Eddy beobachten. Jene *oddity* – das Queere / Verqueerende – der Dreiecksbeziehung gibt dem Duo Anlass zu kruden Thesen (»the guys are gay, and she's their fag hag«) und Werturteilen (»Oh, my God. It's total S & M«). Dass Stuart, Alex und Eddy mit ihrer *ménage à trois* Anstoß erregen, hat hier allerdings – dem Genre entsprechend – eher komische Auswirkungen. Die fassungslosen Gesichter und Empörungsbekundungen der als Knallchargen angelegten Randfiguren animieren zum einen den Zuschauer / die Zuschauerin zum Lachen, und veranlassen zum anderen das Hauptfigurentrio dazu, das Entsetzen durch anzügliche Witze und provokative Gesten noch zu steigern.

Adam Salky und Drehbuchautor David Brind streifen in DARE indes – ähnlich wie Anne Fontaine und Co-Autor Gilles Taurand in NETTOYAGE À SEC (aber in einem völlig anderen Milieu) – die sozialdramatischen Gehalte ihres Handlungsentwurfs. In DARE kann die unkonventionelle Beziehung der drei Protagonisten vom Umfeld zwar *nicht* kommentiert werden (da die kurz anhaltende Dreiecksliebe weitgehend *nicht* ins Bewusstsein des Umfeldes gebracht wird) – die *high-school*-Welt wird jedoch als wenig tolerant gezeichnet: Die Nebenfiguren Gabby und Josh (Brianne Berkson und Chris Riggi), die Alexa als »freak« beziehungsweise Ben als »faggot« titulieren, verkörpern hier exemplarisch einen sozialen Rahmen, in den keinerlei Normabweichung passt. Ein geschlossenes, sexuell ambivalentes Liebesdreieck hätte in den Korridoren dieser Schule mutmaßlich zu Ausgrenzung und Mobbing geführt – wobei Johnnys beherzte Verteidigung Bens gegen die Beleidigungen von Josh darauf hindeutet, dass *er* (der ›Ganz andere‹) wohl dazu bereit gewesen wäre, mit James-Dean'scher Wut gegen die Intoleranz und Bösartigkeit anzukämpfen, um die ›Liebe in alle Richtungen‹ (aus)leben zu können.

In The Doom Generation ist jener Kampf gegen Intoleranz und Bösartigkeit ein tödlicher. Wie in Unterkapitel 6.3 (›Die traute Dreisamkeit‹) dargelegt, schlägt dem Trio immer wieder der blanke Hass der Umwelt entgegen: Amy, Jordan und Xavier werden von vermeintlichen Ex-Freunden (und einer vermeintlichen Ex-*Freundin*) Amys angefeindet und attackiert. Die Begründung dieser Figuren, Amy töten zu ›müssen‹ (›*If I can't have you, no one will*‹), lässt eine Liebesvorstellung erkennen, die einen scharfen Gegensatz zum Polyamory-Konzept bildet: Eine »*besitzergreifende* Konzentration des Verlangens auf *eine* Person«[610] (wie der Altphilologe K. J. Dover das Sich-Verlieben definiert) führt hier dazu, dass jene ›Stalker‹-Gestalten Amy lieber tot sehen würden, als in den Armen eines *anderen* – beziehungsweise eines anderen *und zudem noch* eines ›*Ganz* anderen‹.

Dass eine polyamoröse Beziehung sowie eine *un*eindeutige (männliche) Sexualität von der Außenwelt *nicht* toleriert werden, zeigt sich im finalen Blutbad. Amy, Jordan und Xavier werden in der Scheune, deren Verlassenheit zunächst ein Refugium für die Dreiecksliebe (sowie für das sexuelle Erleben dieser Liebe) zu bieten schien, von drei Faschisten (Dewey Weber / Khristofor Rossianov / Paul Fow) angegriffen. Die drei Männer – darunter einer von Amys angeblichen Ex-Geliebten – tragen jeweils ein rotes Hakenkreuz auf dem Oberkörper und beschimpfen Jordan und Xavier als »faggots« sowie Amy als »slut«. Sie schlagen Xavier nieder, breiten eine Flagge der Vereinigten Staaten aus, lassen die US-Nationalhymne spielen und rezitieren den *Pledge of Allegiance*, ehe sie Amy vergewaltigen und Jordan töten.

Im barbarisch anmutenden Schlussakt manifestiert sich noch einmal das ›Politische‹, das Robin Wood dem Werk des *New Queer Cinema*-Vertreters Gregg Araki zuschreibt. The Doom Generation (der zusammen mit Totally F***ed Up [USA 1993] und Nowhere die *Teenage Apocalypse Trilogy* ergibt) bringt – ganz im Sinne des von Norbert Grob charakterisierten ›Autorenfilms‹ – Arakis »persönliche[n] Blick« und seine »Vorstellungen von der Welt«[611] zum Ausdruck. »In America, only the heterosexual couple is condoned. A sexuality that's

610 Dover, zitiert in Bergmann 1994, S. 55, Herv. d. Verf.
611 Beide Zitate: Grob, Norbert: *Autorenfilm*. In: Koebner, Thomas (Hg.): *Reclams Sachlexikon des Films*. Stuttgart 2002a, S. 46–50, hier S. 46.

unconventional must be destroyed«[612], äußert der Regisseur und Autor (in einem Interview) in Bezug auf die von ihm wahrgenommene Gesinnung in den Vereinigten Staaten der Neunzigerjahre. Er führt dem Zuschauer / der Zuschauerin vor Augen, wie erschreckend gewaltsam sich die (Hetero-)Norm durchsetzt: Einer Frau, die nicht nur *einen* Mann (sondern gleich *zwei* Männer) liebt, und zwei Männern, die nicht *eindeutig heterosexuell* sind (sondern sich auch *zueinander* hingezogen fühlen), stehen in der hier entworfenen US-amerikanischen Gesellschaft *keine* Lebens(t)räume zu. Araki und Kameramann Jim Fealy verdeutlichen diese Weltsicht auch visuell. Nachdem es Amy gelungen ist, die drei Angreifer zu überwältigen, zeigen Araki / Fealy das davongekommene Duo Amy und Xavier, wie es am nächsten Tag in Amys Wagen sitzt. Die beiden Figuren werden in einem *two-shot* präsentiert – gleichsam als *heterosexual couple*. Wie in REBEL WITHOUT A CAUSE, in welchem die Möglichkeit einer *queered shot composition* durch den Tod Platos *genommen* wird, bleibt hier am Ende ebenfalls ein konventionell kadriertes (wenn auch unglückliches, ›unvollständiges‹) Mann / Frau-Paar zurück, das das Führen einer heteronormativen Beziehung zumindest prätendieren kann und daher weniger Gefahr läuft, von seiner Umgebung als Affront empfunden und attackiert zu werden.

David Martin-Jones sieht die symbolischen Nachnamen der Hauptfiguren – (Xavier) Red, (Jordan) White und (Amy) Blue – als Anzeichen dafür, dass die drei Teenager eine »potentially new US national identity« repräsentieren. Da sich das vorhandene Potenzial letztlich *nicht* entfalte, nehme sich der Film »somewhat pessimistically«[613] aus. Gleichwohl kann das Pessimistische – die Auffassung, dass die US-amerikanische Gesellschaft gegenüber Abweichungen von der Heteronormativität *intolerant* und *bösartig-brutal* ist – lediglich als ein *Teil* des Weltbildes von Araki bezeichnet werden. »Für das, was man zeigt, muss man sich interessieren. Entweder mit Zorn oder mit Zärtlichkeit. Oder mit einer Mischung aus beidem«[614], erläutert Georg Seeßlen. Auf Araki trifft Letzteres – die ›Mischung‹ aus Zorn und Zärtlichkeit – zu. Während sich in der endzeitlichen Grundstimmung von THE DOOM GENERATION sowie in den (stets mit erkennbar billigen Splatter-Spezialeffekten einhergehenden) ›Stalker‹-Attacken

612 Araki, zitiert in Moran, James M.: *Three for the road.* 1995. http://www.filmmakermagazine.com/issues/fall1995/doom.php (Zugriff am 26.10.2013), o. P.
613 Beide Zitate: Martin-Jones 2009, S. 229.
614 Seeßlen, Georg: *(No) Passion, oder zehn Bemerkungen eines melancholischen de-Palma-Bewunderers.* In: Strandgut 05 / 2013, S. 4.

und dem quälerisch-grausamen Finale der *Zorn* bekundet, ist die *Zärtlichkeit* in der Liebesdarstellung zu spüren: Denn inmitten des dunkel-dämonischen Infernos erweist sich die Suche des Trios nach jener *utopian idea of love and connection* (welche Araki – wie in Unterkapitel 6.3 [›Die traute Dreisamkeit‹] zitiert – als wiederkehrendes Motiv in seinen Filmen ausmacht) tatsächlich als erfolgreich. Die ›Liebe in alle Richtungen‹ ist hier – bis zum Moment der Zertrümmerung *von außen* – intakt. »The world sucks« (wie Amy feststellt), *nicht* jedoch die Beziehung der drei Protagonisten.

In fünf der verbleibenden sieben Primärwerke ist dies – wie schon in Les Biches und Nettoyage à sec – anders. »I just want to get on to the next part of my life«, meint Alex gegen Ende in Threesome – und fügt hinzu: »This part sucks.« Auf die ›Liebesszene‹ *zu dritt* folgen in Andrew Flemings Film Trübsal, Einsamkeit und Entfremdung: Stuart, Alex und Eddy werden jeweils *allein* (auf der Dachterrasse, unter der Dusche beziehungsweise in der Mensa) gezeigt; der Zuschauer / die Zuschauerin erfährt aus einem Dialog, dass die drei in den Wochen nach dem gemeinsamen sexuellen Erlebnis kaum miteinander gesprochen haben. Als Alex für kurze Zeit glaubt, schwanger zu sein, kommt es zu obiger Aussage. Mit dem Ende des Semesters setzt sodann auch das Weiterziehen ein. »I wondered how some people could be such a necessary part of one's life one day, and simply vanish the next. Isn't it supposed to last?«, fragt sich Eddy im abschließenden *off*-Kommentar.

Ehe Threesome mit Bildern aus den verschiedenen Stadien der Dreiecksbeziehung endet, fangen Andrew Fleming und Kameramann Alexander Gruszynski jeweils in einem *three-shot* ein, wie sich das Trio bei der College-Abschlussfeier noch einmal begegnet und wie es sich im darauffolgenden Jahr zum Lunch in einem Restaurant trifft. Eddys Bilanz dieser Begegnungen – »[i]t was nice to see them, but it wasn't like the old days« – legt nahe, dass die Liebe, die die drei Protagonisten zu *deviants* machte, erloschen ist. Jener zuvor erwähnte (gegen Ende der *zu dritt* verbrachten Zeit geäußerte) Wunsch von Alex, zum *nächsten* Teil ihres Lebens übergehen zu können, lässt die Dreiecksliebe gar als Krisenepisode erscheinen – als gelte es, das queere / verqueerende Denken und Fühlen zu überwinden, um zu einem erwachsenen Menschen werden zu können, dem das Einfügen in die Gesellschaft möglich ist. Die finale Restaurantaufnahme sowie die Abschlussinformationen und das Endfazit von Eddy (aus dem *off*) suggerieren, dass ein solches Einfügen auch tatsächlich vonstattengegangen ist. Stuart (der in der Restauranteinstellung im Businessanzug zu sehen ist) führt inzwischen eine monogame Beziehung (mit einem »girl«), Eddy hat einen »boyfriend« – und die beim Wiedersehen überaus schick gekleidete Alex ist vorerst Single geblieben (womit sie sich zumindest auf keine weiteren sogenannten »doomed relationships« wie jene Dreiecksbeziehung eingelassen hat). In seinen Schlusssätzen vergleicht Eddy die Liebeserfahrung *zu dritt* mit einem »wrong turn« oder einer »detour« im Verlauf einer Reise, wobei er jener (amourösen / libidinösen) ›Verirrung‹ beziehungsweise jenem ›Umweg‹ immerhin zugesteht, letztlich der »best part of the whole trip« gewesen zu sein – was die drastische ›*This part sucks*‹-Aussage von Alex doch noch abmildert. Festzuhalten gilt es, dass Flemings Werk – bei welchem es sich (trotz der ernsteren Tonart in den letzten Filmminuten) fraglos um eine *romantic comedy* handelt – die von Anette Kaufmann geschilderte *happy ending*-Verabredung *bricht*. Für Geschichten über die in dieser Arbeit erforschte Form der *Abweichung* von der Heteronorm – das geschlossene, sexuell ambivalente Liebesdreieck – scheint besagte Verabredung *keine* Gültigkeit zu haben.

In HOME scheitert das Lebens- und Liebesmodell des Protagonistentrios ebenfalls – wobei dies im Rahmen der melodramatischen Erzählung weniger *un*gewöhnlich ist. »Love you!«, heißt es hier im letzten Moment *zu dritt*; und wie in Johnnys Bekenntnis aus DARE sind mit ›*you*‹ gleich *zwei* Personen gemeint. Doch während Johnny mit jener Liebeserklärung seiner (schon bald enttäuschten) *Hoffnung*, mit Alexa und Ben (*als Trio*) glücklich zu werden, Ausdruck verleiht, verwendet Clare die verqueerte Formel als *Abschiedsgruß* an Bobby und Jonathan. Nachdem sie die beiden Männer – wie in Unterkapitel 6.4.1 (›[Dis]Pleasure in looking‹) beschrieben – beim gemeinsamen Tanz auf der Veranda beobachtet hat, schleicht sich Clare zu nächtlicher Stunde in Jonathans Zimmer, um mit ihrem ›Seelenverwandten‹ zu reden. »Bobby is the love of your life«, stellt sie fest – und bricht am nächsten Tag mit ihrer Tochter auf, um nie wieder ins ›Zuhause am Ende der Welt‹ zurückzukehren.

Erwähnt sei, dass die Situation in Michael Cunninghams Roman entschieden komplizierter ist. Michael Mayers Verfilmung (dessen Drehbuch wiederum von Cunningham selbst stammt) lässt kaum eine andere Interpretation des Verhaltens von Clare zu als deren obsiegende Eifersucht – wohingegen in der Literaturvorlage Clares Sorge um ihr Kind besonders herausgestellt wird. Mit der Figur ›Erich‹ (einem Freund von Jonathan, der infolge einer HIV-Infektion im Sterben liegt) gibt es in Cunninghams Buch einen zusätzlichen Bewohner im Haus; überdies weiß Clare hier – anders als im Film –, dass Jonathan erkrankt ist. Und so fragt sie sich in Bezug auf ihre Tochter:

> What if she came into her full consciousness as Erich died and Jonathan started to get sick? What would it do to her if her earliest memories revolved around the decline and eventual disappearance of the people she most adored?[615]

Clares Motiv, ihre Tochter davor zu bewahren, allzu früh mit dem Tod (von ihr nahestehenden Menschen) konfrontiert zu werden, ist in der Filmversion *nicht* angelegt – was zur Folge hat, dass Clares Unzufriedenheit (über ihre Position im Liebesdreieck) die einzig erkennbare Triebfeder zu ihrem Aufbruch bleibt.

Da die von Clare zweimal gestellte Frage »Do you wanna come with us?« von Bobby wiederholt verneint wird, zeigen die Schlussbilder von HOME *kein* Mann / Frau-Paar (mit Kind). Bobby und der inzwischen sichtlich erkrankte Jonathan verstreuen in der finalen Sequenz die Asche von Jonathans verstorbenem Vater im Wind – in der Nähe ihres (Zu-)Hauses. »Here we are. It's our place«, meint Jonathan über jenen Ort. Durch eine kurze Rückblende in die gemeinsame Jugendzeit von Bobby und Jonathan wird der melodramatische Gestus des Endes noch verstärkt.

Ähnlich wie THREESOME schließen DARE und LES AMOURS IMAGINAIRES mit einer Art ›Abgesang‹ – einer Negativvariante des ›*happily ever after*‹-Epilogs.[616] Wie in Unterkapitel 6.6.1 (›Wenn zwei sich streiten…‹) beschrieben, kommt es am Ende beider Werke zu einer Zertrümmerung gehegter Hoffnungen: In Adam Salkys Film bleibt Johnny (dem Dritten / ›Ganz anderen‹) die Erfüllung des Wunsches nach *Dreisamkeit* versagt; bei Xavier Dolan wird das Freundespaar Francis und Marie von Nicolas in die Tiefen der Schmach gestürzt, als dieser

615 Cunningham 1998, S. 322.
616 Vgl. Kaufmann 2007, S. 140.

ihre jeweilige Liebe mit kalter Arroganz abweist und damit die jeweilige Sehnsucht nach *Zweisamkeit* zunichtemacht.

In DARE erfolgt nach der Streitsequenz ein Zeitsprung; der ›Abgesang‹ zeigt Alexa und Ben, die in einem Restaurant mit ihren Müttern (Suzanne Savoy und Ana Gasteyer) den *high school*-Abschluss feiern. Eine kurze Unterhaltung zwischen den einst besten Freunden bringt zutage, dass die beiden seit ihrer Auseinandersetzung kein Gespräch mehr miteinander geführt haben. Zudem erfährt der Zuschauer / die Zuschauerin, dass Alexa ihre Pläne, nach New York zu gehen, vorerst *nicht* verwirklichen wird. Als Alexa das Restaurant für kurze Zeit verlässt (um Münzen in die Parkuhr einzuwerfen), erblickt sie plötzlich in der Ferne Johnny, zu dem sie (ebenso wie Ben) keinerlei Kontakt mehr hatte – und über den es in den Schulfluren hieß, er sei in einer *mental institution* gelandet. Sie folgt Johnny, woraufhin es in einer Seitenstraße zu einem stockenden Wortwechsel kommt, der keine Versöhnung mit sich bringt. Als Johnny schließlich fortgeht und durch den Hintereingang ein Gebäude betritt, bemerkt Alexa, dass es sich dabei um ein kleines Theater handelt, in welchem gerade Proben stattfinden. »So who are you supposed to be?«, fragt ein aus dem Gebäude heraustretender Schauspielkollege von Johnny (Michael Braun) die überraschte Alexa – und spricht damit die letzten Worte des Films. Alexas ratloses Gesicht (und die ausbleibende Antwort) stehen mit der Aussage von Ronald B. Tobias in Widerspruch, dass der *maturation plot* – die *coming of age story* – »strongly optimistic« sei: »There are lessons to learn, and those lessons may be difficult, but in the end the character becomes (or will become) a better person for it.«[617] Am Ende von DARE steht (noch) *keine* erfolgreiche Individuation; der kurze Dialog zwischen Alexa und Ben sowie Alexas Unvermögen, die Frage des Schauspielers zu beantworten, legen die Vermutung nahe, dass die beiden Teenager nach dem Erlebnis der Dreiecksliebe ›so klug wie zuvor‹ sind. Der Johnny-Darsteller Zach Gilford lässt in seinem Spiel in jener letzten Sequenz erkennen, dass besagtes Erlebnis (beziehungsweise die enttäuschte Hoffnung) seiner Figur tiefe seelische Verwundungen beigebracht hat. Die Tatsache, dass Johnny sein Talent (welches ihm von dem Profi Grant Matson [Alan Cumming] bereits im ersten Filmdrittel bescheinigt wurde) nun zu nutzen versucht, veranlasst jedoch (ansatzweise) zu jenem Optimismus, der dem *maturation plot* laut

617 Beide Zitate: Tobias 1993, S. 160.

Tobias inhärent sei – denn die in Johnny erweckte Ambition kann als Beginn einer Persönlichkeitsentwicklung gewertet werden.

Auch in LES AMOURS IMAGINAIRES findet ein Zeitsprung (ins Jahr nach der Haupthandlung) statt. Zuvor kommt es hier aber zu einem geglückten Versuch von Marie, die Freundschaft zu Francis wieder zu kitten. Nach der unrühmlichen Rauferei auf dem Waldboden – und nachdem *beide* (unabhängig voneinander) von Nicolas zurückgewiesen wurden –, lädt Marie Francis zum *afternoon tea* ein: Die einstmals besten Freunde parlieren ein wenig, blättern (pseudo-)interessiert in einem Bauhaus-Band und informieren sich gegenseitig (möglichst beiläufig) darüber, dass sie jeweils keinen Kontakt mehr mit Nicolas haben. Als das Duo später durch den Regen läuft, wird es von Kamerafrau Stéphanie Weber-Biron in der Rückenansicht (in einem *two-shot*) eingefangen – so, wie die beiden Figuren bereits zu Beginn des Werks (in dem Moment, als die *folie à deux* sie ergreift) gefilmt werden. Doch während in der ersten (in den Unterkapiteln 4.2 [›LES AMOURS IMAGINAIRES‹] und 6.2.1 [›Paar trifft X‹] beschriebenen) ›Rückeneinstellungen‹ gezeigt wird, dass der mit einer doppelten Vermittlung (nach René Girard) stets einhergehende Konkurrenzkampf der Begehrenden seinen Anfang nimmt, wird in der ähnlichen Aufnahme gegen Ende eine Wiederannäherung festgehalten: Langsam bewegt Marie darin ihren Regenschirm in Richtung ihres durchnässten Freundes – eine Geste, mindestens so liebenswert wie die leicht auslaufende Pagodenform des dunkelroten ›Hipster‹-Schirms.

Im darauffolgenden Jahr sind Francis und Marie wieder *a cinematic match made in heaven*. Das emotionale Elend ist vorüber; die beiden Figuren werden als ausgelassen-glückliche ›*party people*‹ präsentiert. Ihre gegenseitigen Blicke im Schuss-Gegenschuss zeugen von einer (wiedererlangten) engen Verbundenheit – welche sodann auch bei dem wenig herzlichen Wiedersehen zwischen dem Paar und dem Dritten zum Tragen kommt. Die neue Dynamik in der Figurenbeziehung verläuft gemäß den Ausführungen Georg Simmels:

> Die begünstigte Stellung des Dritten verschwindet also überhaupt in dem Augenblick, in dem die beiden andern zu einer Einheit zusammengehen, d.h. die Gruppierung sich in der grade fraglichen Beziehung aus der Dreier- in die Zweierkombination zurückbildet.[618]

618 Simmel 1992, S. 141.

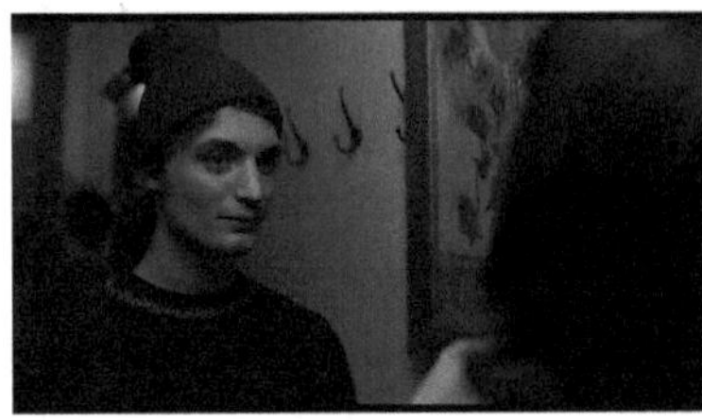

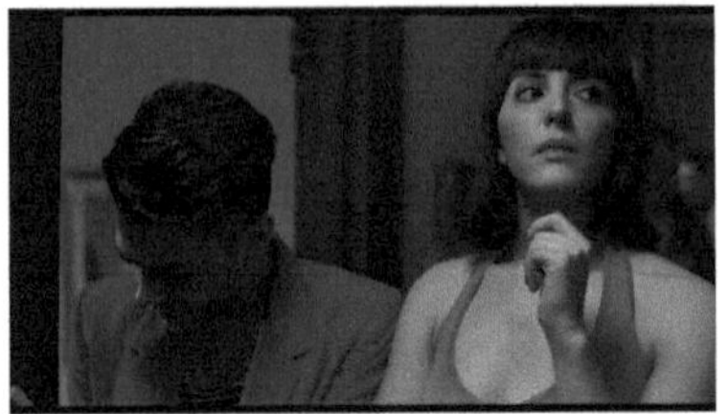

Abb. 129 und 130: Abwendung des Blicks (Les amours imaginaires).

Als Nicolas auf der Hausparty eintrifft und das Duo erblickt, kommt er auf Francis und Marie zu und bringt (nach einem Augenblick peinlicher Stille) ein paar Worte hervor. Francis wendet seinen Blick jedoch alsbald ab; er übertönt Nicolas' Worte mit grotesken Lauten – und auch Marie wendet ihren Blick von dem ›Blondschopf‹ weg. Somit wird der ›Blickfang‹ Nicolas nun *nicht mehr länger angeblickt*; das Protagonistenpaar nutzt ihn nicht mehr länger als Projektionsfigur. Augenfällig ist, dass der ›Ganz andere‹ hier betont *un*glamourös (mit violetter Wollmütze über dem gelockten Haar sowie einem grauen Strickpullover) ausstaffiert wurde – und dadurch plötzlich ›ganz gewöhnlich‹ erscheint.

Les amours imaginaires endet schließlich damit, dass sich Francis und Marie noch am selben Abend einem *neuen* gemeinsamen Objekt (gespielt von Louis Garrel) zuwenden. Xavier Dolan äußert hierzu in einem Interview:

> [I]ch wollte den Film mit einer Szene abschliessen [sic] lassen, die so süss [sic] und bitter wie das Leben selber ist. Und die vor allem auf humorvolle Weise zeigt, dass es keinen Fortschritt in der Liebe gibt. Das Leiden an ihr geht immer wieder von vorne los...[619]

Im Audiokommentar nennt der Autor und Regisseur (sowie Produzent / Kostümbildner / Art Director / Cutter und Francis-Darsteller) zwei Sprüche »qui peuvent illustrer ce fait«[620] (≈ *die jene Tatsache illustrieren können*): Zum einen ›*Chassez le naturel, il revient au galop*‹ (≈ *Vertreibt das Natürliche, es kommt im Nu zurück*), zum anderen ›*Plus ça change, plus c'est pareil*‹ (≈ *Je mehr sich die Dinge ändern, desto mehr bleiben sie gleich*). So könnte es sein, dass sich die Rivalität der beiden Freunde an jenem ›neuen Dritten‹ abermals entfacht und dass es damit zu einem weiteren ›Liebesduell‹ kommt. Diese Befürchtung wird auch auf musikalischer Ebene erweckt, indem das Leit- beziehungsweise *Leid*motiv

619 Dolan, zitiert in Rothe 2011, http://www.bernerzeitung.ch/kultur/kino/In-der-Liebe-gibt-es-keinen-Fortschritt/story/21130472, o. P.
620 Dolan, im Audiokommentar der deutschen DVD von Kool, 94. Min.

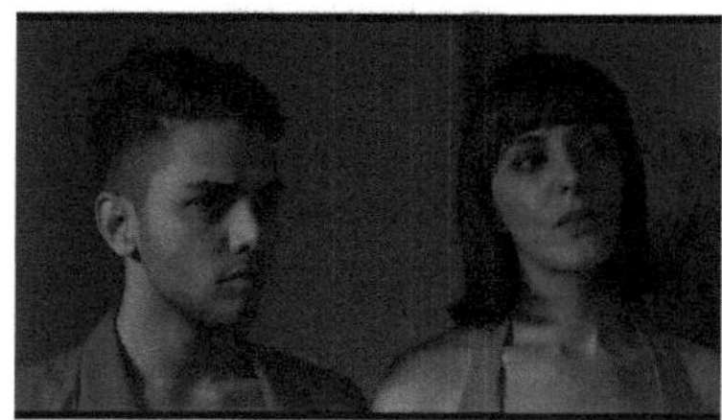
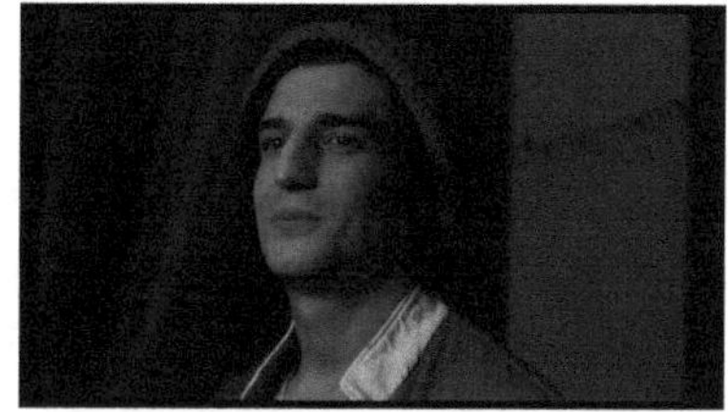

Abb. 131 und 132: Neues Objekt (LES AMOURS IMAGINAIRES).

der Geschichte – Dalidas Version von *Bang Bang* – noch einmal erklingt. Jenes Lied kommt im Laufe des Films immer dann zum Einsatz, wenn sich Francis und Marie auf ein Treffen mit Nicolas vorbereiten: wenn sie sich in einen feinen Anzug / einen Edel-Dress werfen, sich mit Parfum einwolken / die Haare auftürmen – nur um dann letztlich allzu *über*adrett mit dem lässig-elegant gekleideten Nicolas in einem Café zu sitzen, durch den Forst zu wandeln oder auf einer legeren Party aufzulaufen und dabei stets traurig festzustellen, dass das Liebesobjekt gänzlich im *Un*verbindlichen zu bleiben gedenkt.

Gleichwohl finden sich in der finalen Situation auch Indizien für einen *Fortschritt* – dass es also *nicht* ›wieder von vorne losgeht‹. Denn während die Liebesfindung *zu Beginn* dadurch gekennzeichnet ist, dass Francis und Marie *nacheinander, heimlich-verstohlen* in Richtung Nicolas schauen, kommt es *am Ende* des Werks zu einem selbstbewussten (sexuell ambivalenten) ›Doppelblick‹. Das Freundespaar erscheint als (Blick-)Einheit; der Comet-Gain-Song *Love Without Lies* (welcher den Abschlussmoment einleitet, ehe *Bang Bang* ertönt) könnte darauf hindeuten, dass Francis und Marie ihr gemeinsames Begehren nicht mehr länger voreinander verbergen, und dass sie ihre Freundschaft dadurch nicht mehr länger mit Unaufrichtigkeit, Eifersucht und spitzen Bemerkungen ›vergiften‹. Darüber hinaus zwinkert der ›neue Dritte‹ den beiden vielsagend zu – wirft also *ebenfalls* einen ›Doppelblick‹ auf das Duo, statt sich nur *dessen* ›Doppelblick‹ darzubieten – und wird (mutmaßlich *nicht* rein zufällig) von einem ›Liebesdreieck-erfahrenen‹ Schauspieler verkörpert.

Denn Louis Garrel trat vor LES AMOURS IMAGINAIRES etwa in Bernardo Bertoluccis THE DREAMERS / DIE TRÄUMER (UK / F / I 2003) und in Christophe Honorés LES CHANSONS D'AMOUR auf – weshalb das Publikum mit ihm eventuell ein gewisses *star image*[621] verbindet. In Honorés Werk interpretiert Garrel eine

621 Vgl. Hickethier, Knut: *Star / Starsystem*. In: Koebner, Thomas (Hg.): *Reclams Sachlexikon des*

Figur, die sich auf ein *geschlossenes* Liebesdreieck (mit zwei Frauen) eingelassen hat und die zudem *sexuell ambivalent* angelegt ist (da sie sich im Laufe des Films – nach der Zerstörung der Dreiecksbeziehung durch einen Todesfall – in einen Mann [Grégoire Leprince-Ringuet als Erwann] verliebt). Die Besetzung der Rolle des ›neuen Dritten‹ mit einem derart ›vorbelasteten‹ Darsteller lässt also durchaus eine optimistische Lesart zu: dass jener ›Ganz andere‹ *kein* indifferenter HERZENSBRECHER wie Nicolas ist – und dass die nächste (Dreiecks-)Liebe von Francis und Marie *nicht nur* IMAGINAIRE bleibt.

Der Schluss von TENUE DE SOIRÉE ist wiederum ein besonderer Fall. Würde man die Frage, ob das Liebestrio eines Films am Ende *vereint* ist oder nicht, zum alleinigen Kriterium für die *happy / unhappy ending*-Zuordnung machen, dann müsste das Finale von Bertrand Bliers Werk nicht in *diesem*, sondern im *nächsten* Unterkapitel (6.7.2 [›Das Bestehen des Liebesdreiecks‹]) besprochen werden – denn nach zahlreichen dramaturgischen ›Verstiegenheiten‹ sind Antoine, Monique und Bob tatsächlich wieder *beisammen*. Doch *glücklich* beziehungsweise *ineinander verliebt* wirken die drei hier keineswegs (mehr). Nachdem Monique von Bob an einen Zuhälter (Michel Creton als Pedro) verkauft wurde, kommt es einige Zeit darauf zu einem ersten Wiedersehen in einer Großraum-Disco: Antoine – der sich Bob zuliebe als Frau verkleidet hat und sich ›Antoinette‹ nennen lässt – ersticht den aggressiven Zuhälter von Monique (die inzwischen ›Dolores‹ heißt) und bedroht später Bob mit einer Waffe, da dieser seine ganze Aufmerksamkeit einem anderen, jüngeren Mann (Jean-Yves Berteloot) schenkt. Auf eine Entführungspassage (samt Autodiebstahl) folgt die abschließende Sequenz *zu dritt*: Mit eher geringem Erfolg widmet sich das Trio nun der Prostitution; Bob und Antoine sind ge- beziehungsweise *über*schminkt, tragen Perücken und ›Frauenkleider‹. Der Zuschauer / die Zuschauerin erfährt, dass Antoine einen Sohn hat, der jedoch nicht bei ihm lebt. Unklar bleibt, ob Monique die leibliche Mutter des Jungen ist (und dieser in einer Pflegefamilie untergebracht wurde) oder ob Antoine das Kind mit einer Figur *außerhalb* des Dreiecks gezeugt hat. Bob weist sich indessen als »Patentante« des Jungen aus.

Films. Stuttgart 2002, S. 587–591, hier S. 589f.

Sue Harris bezeichnet Bliers Filme als »ultimately frustratingly inconclusive for the spectator who would make sense of the ›story‹.«[622] Dieser Aussage kann angesichts des aberwitzig anmutenden Schlussaktes (der *wenig* erklärt und *viele* Fragen offenlässt) uneingeschränkt zugestimmt werden. Überdies wird das Tragische der Lebenssituation von Antoine, Monique und Bob in eine burleske Komik von großer Bitternis gezogen – worin sich noch einmal der *sense of revolt* des *théâtre de l'absurde* zeigt.

Wie in Kapitel 4 (›Filmische Liebesdreiecke I: 2 + 1‹) dargelegt, löst der ›Ganz andere‹ bei dem jeweiligen Protagonistenpaar eine Sinn*verwirrung* und Sinn*berückung* aus. Was sich etwa in NETTOYAGE À SEC zur ›Tragödie‹ oder in DREI zum *Glück zu dritt* entwickelt, endet in TENUE DE SOIRÉE in der *théâtre de l'absurde*-typischen *collision of tragic and comic genres*. Pier Paolo Pasolini nennt das Resultat der Begegnung mit dem ›Ganz anderen‹ (hier bezogen auf den Gast in seinem Roman *Teorema oder Die nackten Füße*) »[d]ie Zerstörung der Selbsteinschätzung«: »Und was hast du in mir zerstört? Nichts mehr und nichts weniger als – mit meinem ganzen vergangnen Leben – die Meinung, die ich seit eh und je von mir selber gehabt.«[623] Bertrand Blier und sein Kameramann Jean Penzer treiben diese ›Zerstörung‹ auf die Spitze, indem sie einfangen, wie sich Antoine inzwischen ganz und gar in die ›Frauenrolle‹ gefügt hat: Er pudert sein Gesicht und zieht sich die Lippen nach, während die Kamera ihn in einem langsamen Aufwärtsschwenk als *erotic spectacle* präsentiert. Da Antoine beziehungsweise der Schauspieler Michel Blanc dabei allerdings mehrmals *direkt* in die Kamera blickt (und spöttisch grinst), wird offenkundig, dass man die hier dargestellte ›Zerstörung der Selbsteinschätzung‹ nicht (allzu) ernst nehmen sollte.

Erwähnt sei abschließend noch das ›*Finale furioso*‹ aus John Hustons REFLECTIONS IN A GOLDEN EYE, in welchem für die Komplexität des darin thematisierten Dreiecksverhältnisses eine eindrucksvolle filmische Form gefunden wird – sodass sich die (Gefühls-)Konfusionen der Figuren quasi bis in die letzte Kinoreihe übertragen. Das Beziehungsgeflecht gestaltet sich hier wie folgt: Major Weldon Penderton (Marlon Brando) ist sexuell von dem Soldaten L. G. Williams (Robert Forster) besessen; dieser hegt hingegen eine erotische Obsession für

622 Harris 2001, S. 20.
623 Beide Zitate: Pasolini 1990, S. 99.

Pendertons Ehefrau Leonora (Elizabeth Taylor). Huston zeigt – wie in Zusammenhang mit Laura Mulvey bereits beschrieben –, wie Williams Leonora im Schlaf beobachtet. Ferner wird zur Darstellung gebracht, wie Penderton dem Soldaten nach einer Boxveranstaltung (auf welcher er einen Blick von Williams, der Leonora galt, auf *sich* bezogen hat) bis zu dessen Quartier nachgeht – und wie er später ein von Williams fallen gelassenes Schokoladenpapier als Fetisch in eine Schachtel legt. Gegen Ende des Films sieht Penderton nun, wie Williams in stürmischer Nacht im Garten vor seinem Haus umherschleicht. Als er erkennen muss, dass seine anfängliche Annahme, vom Objekt seiner Besessenheit in seinem Haus aufgesucht zu werden, ein Irrtum ist, betritt er bewaffnet das Schlafzimmer seiner Gattin. Er schaltet das Licht ein und schießt auf Williams, der abermals eingedrungen ist, um Leonora zu betrachten. Diese schreckt aus ihrem Schlaf auf – und im Folgenden schwenkt die Kamera etliche Male zwischen dem zunächst in der Pose des Schießenden verharrenden, dann zunehmend entsetzten Penderton, der gellend schreienden Leonora und dem tot am Boden liegenden Williams hin und her.

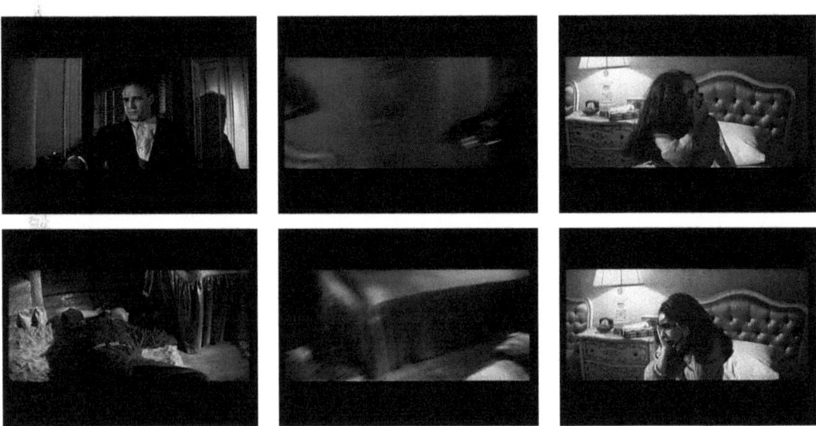

Abb. 133 bis 138: Reißschwenks (Reflections in a Golden Eye).

Nach einigen dieser Reißschwenks tritt hinter Penderton zudem noch Morris Langdon (Brian Keith) in Erscheinung, mit welchem Leonora eine Affäre hat.

John Huston habe – so schreibt Wolfgang Tietze – immer wieder betont, dass die Kamera für ihn ein *Akteur* ist.[624] Angesichts der Verstrickungen, die hier im Schlussakt in vollem Umfang sichtbar werden und die in vielerlei Hinsicht von der üblichen Dreiecksgeschichte (*boy / girl / wrong partner[s]*) abweichen, scheint besagter Akteur schlicht nicht zu wissen, wo er hinblicken und was er tun soll; womöglich schüttelt er auch ungläubig und heftig den Kopf – oder droht, gleich seiner Ko-Akteure, dem Wahnsinn anheimzufallen. Die wilden Reißschwenks können an dieser Stelle als Beispiel ›visueller Promiskuität‹ festgehalten werden.

6.7.2 Das Bestehen des Liebesdreiecks

> Simon: Ich hab' dich vermisst.
>
> Hanna: Ich dich auch. (Pause) Ich vermisse auch Adam.
>
> Simon: Ich auch.

Bündiger als in diesem Wortwechsel – der ein großartiges Beispiel für ›dialogische Promiskuität‹ ist – lässt sich das Phänomen ›Polyamory‹ kaum auf den Punkt bringen. Während die in der Einleitung der Arbeit zitierte Aussage ›Ihn liebe ich auch‹ in Ya lyublyu tebya von Olga Stolpovskaja und Dmitry Troitsky zu Irritation führt, marschieren Hanna und Simon im Anschluss an obige Zwiesprache direkt über die Oberbaumbrücke zu ihrer gemeinsamen Liebe Adam – geradewegs ins *happy ending zu dritt*.

Wie Sandra Schuppach in ihrem Werk über Tom Tykwer feststellt, erzählen dessen Filme »immer wieder aufs Neue von der Liebe.«[625] Drei bildet hierbei fraglos keine Ausnahme. Gleichwohl stellt der Film in anderer Hinsicht ein Novum dar: Sexualität und Liebe, so Schuppach, seien im Kosmos von Tykwer »schwer vereinbar«[626] – das eine verursache die Negation des anderen.[627] In

624 Vgl. T., W. (= Tietze, Wolfgang): *African Queen*. In: Koebner, Thomas (Hg.): *Filmklassiker*. Bd. 2: 1946–1962. Stuttgart 2006, 5., überarbeitete und erweiterte Aufl., S. 169–172, hier S. 171.
625 Schuppach, Sandra: *Tom Tykwer*. Mainz 2004, S. 83.
626 Ebd., S. 103.
627 Vgl. ebd., S. 103.

DREI hingegen kommt der Sexualität eine tragende Rolle zu, und so ist auch die finale Sequenz der *Ansatz* einer ›Liebesszene‹ – der ersten *zu dritt*, wohlgemerkt.

Die Abschlusspassage findet in Adams Wohnung statt. Die hochschwangere Hanna steht mit Simon und Adam unbekleidet um eine Matratze herum, ehe sich das Trio hinkniet, umarmt und gegenseitig zu küssen beginnt. Es setzen langsame, von Schnitten unterbrochene Kreisbewegungen der Kamera (um die Figuren) ein; wie in der ›Liebesszene‹ aus GLUE lässt sich ein *gegenseitiges* Schauen zwischen *allen drei* Protagonisten erkennen. Durch die Zärtlichkeit der Bewegungen kommt eine *Harmonie zu dritt* zum Ausdruck; auch wirkt das Trio hier *nicht*, als sei es in einer zu engen Einstellung eingezwängt, wie dies in THE DOOM GENERATION der Fall ist. Als Hanna, Simon und Adam gemeinsam auf die weiß bezogene Matratze sinken, erfolgt eine Aufsicht auf die drei, die eng umschlungen nebeneinanderliegen und zufrieden die Augen schließen. Adam befindet sich in der Mitte, Simon auf der linken und Hanna auf der rechten Bildseite. Die Kamera steigt schließlich in die Höhe, entfernt sich immer weiter, das Schlafzimmer wird zu einem hellen, unendlichen Raum – und das Bett zu einem winzigen Punkt in dieser ›Unendlichkeit‹. Letztlich zeigt sich, dass jener ›Punkt‹ in einer Petrischale schwimmt, welche von einer großen Hand aus dem Bild genommen wird (ehe es zur Abblende kommt). Die Dreieckskonstellation lässt sich dadurch als *Experiment* (des Autors / Regisseurs) begreifen – und zwar durchaus als ein gelungenes.

Die Schlussbilder des Werks zeigen kein (Mann / Frau-)Paar, sondern ein (Mann / Frau / Mann-)Trio; es ergibt sich eine Erweiterung des »klassischen boy-gets-girl-/girl-gets-boy-Schluß[es]«[628] (wie Julia Margarita Gerdes ihn in Bezug auf Blake Edwards' BREAKFAST AT TIFFANY'S / FRÜHSTÜCK BEI TIFFANY

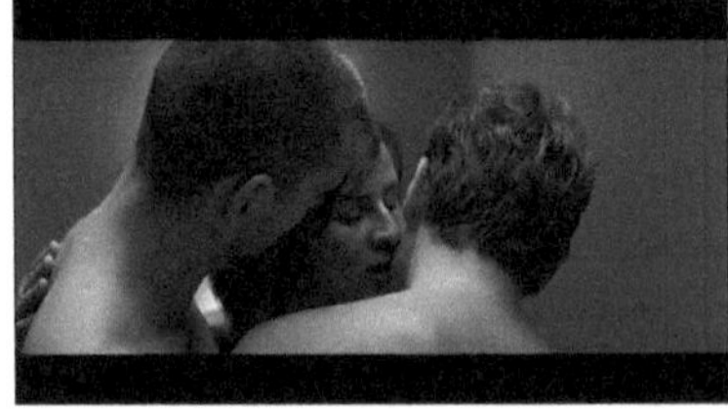
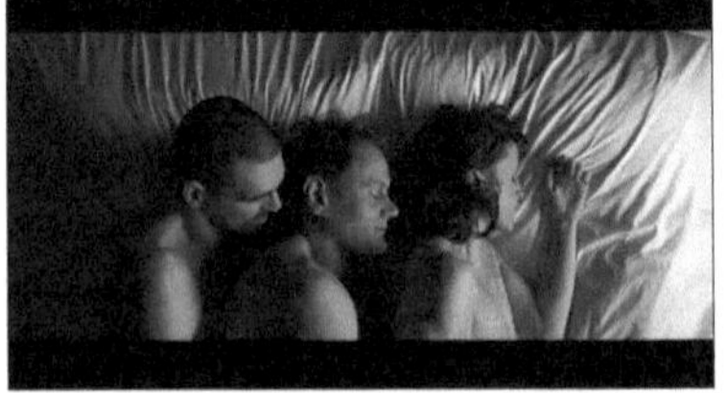

Abb. 139 und 140: Harmonie zu dritt (DREI).

628 G., J. M. (= Gerdes, Julia Margarita): *Frühstück bei Tiffany*. In: Koebner, Thomas (Hg.): *Filmklassiker*. Bd. 2: 1946–1962. Stuttgart 2006, 5., überarbeitete und erweiterte Aufl., S. 525–528, hier S. 527.

[USA 1961] beschreibt). Das *girl* bekommt hier gleich *zwei boys*, und diese bekommen nicht ›nur‹ das *girl*, sondern auch den *jeweils anderen boy*. Anette Kaufmann erläutert, dass das *Erzählziel* in Ehebruchplots – denen der Plot von DREI zugerechnet werden kann (da Hanna und Simon im Laufe des Films heiraten und bereits zuvor eine eheähnliche Beziehung führen) – üblicherweise die Formierung des neuen (ehebrecherischen) Paares ist *oder* die Wiedervereinigung des alten (verheirateten) Paares *oder* die Gefahrenabwehr (wie zum Beispiel die Verteidigung [der Familie] gegen die Attacken der verschmähten Geliebten des Ehemanns und Vaters in Adrian Lynes FATAL ATTRACTION).[629] Am Ende von Tykwers Werk *folgt* jedoch auf die *Wiedervereinigung* des alten (inzwischen verheirateten) Paares Hanna und Simon die *Neuformierung*: Die ehebrecherischen Paare Hanna und Adam sowie Simon und Adam finden sich *ebenfalls* (gleichzeitig) – wodurch sich letztlich das Trio Hanna / Simon / Adam zur Einheit formiert. Eine Gefahr in der Gestalt eines Menschen (wie jener »Amok laufenden Single-Frau«[630] Alex [Glenn Close] in FATAL ATTRACTION) gilt es hier *nicht* abzuwehren – die Gefahr der *Unehrlichkeit* wird indes in dem zu Beginn dieses Unterkapitels zitierten Dialog abgewehrt, in welchem sich Hanna und Simon *voreinander* zu den Gefühlen für *zwei Menschen zugleich* bekennen und somit die Verheimlichung ihres *un*gewöhnlichen Begehrens aufgeben. Das *happy ending* verlangt den drei Figuren *keine* Anpassung an die (Hetero-)Norm ab; gleichwohl kann die Besiegelung der Dreiecksliebe mit dem anstehenden Nachwuchs als konventionell erachtet werden. So bezeichnet die Filmkritikerin Carolin Ströbele den Schluss in ihrer Rezension etwa als »zutiefst konservativ.«[631]

Da DREI zu den Werken gehört, die die Bewertung und den möglichen Einfluss der Außenwelt gänzlich unberücksichtigt lassen, birgt die Geschichte *nach* diesem *happy ending* durchaus noch Erzählpotenzial. Die ›Liebesszene‹, die das *Ende* der Geschichte des Tykwer Films ist, könnte also der *Anfang* einer neuen Geschichte sein: etwa einer solchen, wie Coline Serreau sie in POURQUOI PAS! erzählt – über den Alltag von drei ineinander verliebten Menschen und die Konfrontation mit ›Außenstehenden‹.

629 Vgl. Kaufmann 2007, S. 65f.
630 Ebd., S. 66.
631 Ströbele, Carolin: *Bei ›Drei‹ ist alles zuviel.* 2012. http://www.zeit.de/kultur/film/2010-12/tykwer-film-drei (Zugriff am 26.10.2013), S. 2.

Erwähnt sei an dieser Stelle noch der Schlussakt von Xavier Villaverdes El sexo de los Ángeles. Das Werk, dessen Drehbuch von Ana Maroto stammt (nach einer Idee von Villaverde sowie von José Antonio Vitoria), schildert ebenfalls eine ›2 + 1‹-Geschichte, die zu einem *happy ending* gebracht wird. Doch während es in Drei die Bekenntnisse des *Paares* (›Ich vermisse auch Adam‹ / ›Ich auch‹) sind, die zur finalen Erfüllung der Dreiecksliebe führen, ist es in El sexo de los Ángeles die Verbalisierung der polyamorösen Gefühle des *Dritten* (Álvaro Cervantes als Rai), die das Glück *zu dritt* einleitet (wiewohl noch ein dramaturgischer Umweg genommen wird, ehe die Schlussbilder das vereinte Trio zeigen): »Liebst du Bruno? Oder Carla? Wen liebst du?«, wird Rai hier gegen Ende von einer Freundin (Julieta Marocco als Maria) gefragt; und er antwortet: »Beide. Ich liebe sie beide.«[632]

Auch das Ende von Glue kann als *happy ending* gewertet werden – allerdings mutet es eher schwebend an. In Drei (und ebenso in El sexo de los Ángeles) müssen die drei Protagonisten ›Mut zur Liebe‹ beweisen: Sie müssen »die eigenen Ängste und Vorbehalte«[633] überwinden (wie Anette Kaufmann es bezüglich der ›Mut zur Liebe‹-Erzählformel ausdrückt) und dementsprechende Lebensveränderungen vornehmen. Da den Trios aus den Werken von Tom Tykwer und Xavier Villaverde dies *gelingt* (im Gegensatz etwa zu Frédérique aus Les Biches, Jean-Marie aus Nettoyage à sec oder Clare aus Home), stellen diese Filme ihren ›romantischen Helden‹ und ›Heldinnen‹ ein *happily ever after* in Aussicht.

Zwar zeigen auch Lucas, Nacho und Andrea in Glue zweifelsohne ›Mut zur Liebe‹, indem sie die Abweichung von der (Hetero-)Norm wagen und die Möglichkeiten einer Liebe *zu dritt* zu erforschen beginnen – doch ist die *Dimension* der Dreiecksbeziehung (und deren Auswirkung auf das weitere Leben der adoleszenten Figuren) noch nicht absehbar. Das Ende der Geschichte ist offen – offen für all das, was sich zwischen Lucas, Nacho und Andrea noch entwickeln *könnte*. In der Passage, mit welcher das Werk von Alexis Dos Santos ausklingt, sind die drei Teenager mit ihren Fahrrädern unterwegs; sie reden über Freundschaft, Familie und mehr, ehe man sie (zu *Blister in the Sun* von den Violent Femmes) ausgelassen herumalbern sieht. Es gibt keine ausdeutbaren Schlussbil-

632 Als Grundlage für die Zitate aus El sexo de los Ángeles dienen die Untertitel der deutschen DVD von Pro-Fun Media.

633 Kaufmann 2007, S. 86.

der – sondern einfach ein paar letzte Einstellungen, die es als Momentaufnahmen zu begreifen gilt. Vielleicht wird die ›Liebe in alle Richtungen‹ – ähnlich wie in THREESOME – nur ein Zwischenspiel im Leben der Protagonisten bleiben; doch ohne Frage wird der *maturation plot* hier optimistischer erzählt als in DARE – da Lucas, Nacho und Andrea im Laufe der Handlung langsam aufblühen und die drei ihren polyamorösen Gefühlen gefolgt sind, ohne dabei im Endeffekt Blessuren davongetragen zu haben. Auf die Frage ›*So who are you supposed to be?*‹ wüsste wohl auch das junge GLUE-Trio (noch) keine Antwort – aber es hatte entschieden mehr Spaß bei der Suche danach. Sollte es also tatsächlich bei einem kurzen Intermezzo bleiben, kann das Trio eines Tages (anders als Alexa, Ben und Johnny aus DARE) bei einer Lebensrückschau im Stile des Helden aus Gustave Flauberts Roman *L'Éducation sentimentale / Die Erziehung der Gefühle* (1869) sagen: »C'est là ce que nous avons eu de meilleur!«[634] (≈ *Das war doch das Schönste, was wir erlebt haben!*).

In Unterkapitel 6.7 (›Das [un]happy ending‹) wurde kurz zur Sprache gebracht, dass sich die finale Umarmung des Liebespaares (in der *romantic comedy*) oft *in highly public spaces* zuträgt, vor den Augen einer jubelnden Menschenansammlung. In DREI und EL SEXO DE LOS ÁNGELES ereignet sich die letztendliche Vereinigung der drei Liebenden hingegen im privaten beziehungsweise im weitgehend isolierten Raum (und auch in GLUE endet die [bisherige] Zusammenführung der drei Figuren in der Abgeschiedenheit der steppenartigen Ebenen von Patagonien). Das Liebestrio aus DREI findet in Adams Wohnung zueinander – wodurch jene Wohnung (wie die Abschlusssequenz suggeriert) zu einem Ort wird, an welchem sich die drei Protagonisten der heteronormativen (Film-)Wirklichkeit gänzlich entziehen können: einem überirdisch anmutenden Raum, dessen Grenzen indes die Ränder der Petrischale sind, in der sich das ›Liebesexperiment‹ vollzieht. In EL SEXO DE LOS ÁNGELES kommt es wiederum zu einem *showdown* am Waldesrand; die letzten Aufnahmen zeigen Bruno (Llorenç González), Carla (Astrid Bergès-Frisbey) und Rai schließlich ebenfalls in einer zu dritt bewohnten Wohnung. Als bemerkenswerte Einstellung gilt es den *three-shot* (in der Waldsequenz) zu nennen, in welchem ein *Kuss zu dritt* einge-

634 Flaubert, Gustave: *L'Éducation sentimentale. Histoire d'un jeune homme*. Paris 1923 (*Œuvres complètes de Gustave Flaubert*), S. 612.

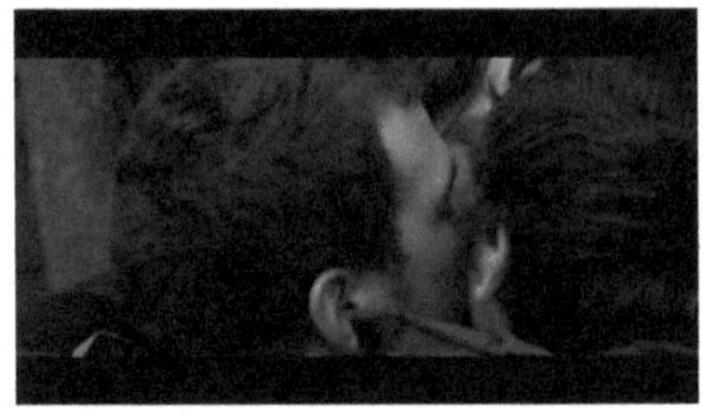

Abb. 141: Kuss zu dritt (El sexo de los Ángeles).

fangen wird. Was in der Cabaret-Situation, die in Unterkapitel 6.3 (›Die traute Dreisamkeit‹) geschildert wurde, lediglich als Möglichkeit aufschimmert, geschieht hier: *Drei Münder* finden sich zum Kuss; drei Menschen leben ihre polyamorösen Gefühle aus.

Ein ›Dreiecks-Film‹, dessen Finale der von Ewan Kirkland beschriebenen Schlussfindung mit öffentlicher Umarmung entspricht, ist Randal Kleisers Summer Lovers von 1982 – wobei das darin dargestellte Liebesdreieck *kaum* sexuell ambivalent ist. Der Gedanke, mit einer Person des gleichen Geschlechts zu schlafen, wird an einer Stelle des Werks mit den Worten »Life is complicated enough« verworfen. Die Beziehung, die das Paar Michael und Cathy (Peter Gallagher und Daryl Hannah) mit Lina (Valerie Quennessen) eingeht, kann aber fraglos als *geschlossen* bezeichnet werden; denn die ›freundschaftliche‹ Liebe, die sich zwischen Cathy und Lina entwickelt, hat – sowohl für die Figuren als auch für die Erzählung – einen ebenso hohen Stellenwert wie die ›romantische‹ Liebe zwischen Michael und Cathy sowie zwischen Michael und Lina. Nach einer Trennung im dritten Akt kommt es am Ende zu einer ›2 + 1‹-Wiedervereinigung; Lina (die sich zurückgezogen hatte) taucht wieder auf und hält das Paar in letzter Minute davon ab, die Insel zu verlassen. Jene Wiedervereinigung spielt sich an einem *public space* – dem Flughafen Santorin – ab; das Trio, das einander innig und freudig umarmt, ist von Reisenden umgeben. Diese geraten zwar nicht ins Jubeln – dennoch wird hier (in der Dramaturgie und Inszenierung) unverkennbar eine *romantic comedy*-Konvention der finalen *Paar*bildung aufgegriffen und auf die finale *Trio*bildung übertragen.

7. Fazit und Ausblick

Ob man nicht nur *einen*, sondern zwei von den Millionen von Leibern lieben kann, denen man begegnet (und von denen man einige Hundert begehrt) – um den einleitenden Gedanken von Roland Barthes wieder aufzunehmen –, konnte (und sollte) in dieser Arbeit natürlich *nicht* beantwortet werden. Es konnten jedoch Möglichkeiten aufgezeigt werden, wie sich dieses Phänomen kinematografisch erkunden lässt.

Um der Frage nachzugehen, welche narrativen und ästhetischen Potenziale Filme über geschlossene, sexuell ambivalente Dreiecksbeziehungen bergen, wurden zehn Primärwerke zunächst jeweils im Hinblick auf zwei Aspekte analysiert: zum einen im Hinblick auf die Anlage und Darstellung der drei Hauptfiguren; zum anderen im Hinblick auf die Gestaltung der Beziehungsdynamiken im Liebesdreieck. Die Werke wurden dabei jeweils einer von zwei möglichen Konstellationen zugeordnet: entweder der Konstellation ›2 + 1‹, in welcher ein (Ehe- oder Freundes-)Paar einer dritten Figur begegnet, oder der Konstellation ›A + B + C‹, in welcher drei Figuren aufeinandertreffen.

In Filmen mit der Konstellation ›2 + 1‹ erwiesen sich die Dritten – die ›Ganz anderen‹ – als bemerkenswerte Gestalten, die die Protagonistenpaare nachhaltig in amouröse sowie libidinöse Verwirrung und zugleich Berückung stürzen und dadurch oft auch deren Selbstbilder ›zum Wackeln bringen‹. Am Beispiel der Figur ›Bob‹ aus Bertrand Bliers TENUE DE SOIRÉE wurde untersucht, wie ein Dritter jenen Effekt in erster Linie durch ein von der (Hetero-)Norm abweichendes *Verhalten* erzielt: Der von Gérard Depardieu gespielte Charakter wurde etwa mit dem *trickster* in Verbindung gebracht – einem Dritten, der (bewusst) für *Irritation* sorgt. Anhand der Figur ›Nicolas‹ aus Xavier Dolans LES AMOURS IMAGINAIRES wurde wiederum dargelegt, wie sich die aus dem ›Heimlichen‹ herausfallende und in gleichem Maße faszinierende Wirkung des ›Ganz anderen‹ aus einer *androgynen Erotik* ergibt, und wie sich diese androgyne Erotik *filmisch präsentieren* (also ins Bild setzen) lässt – wobei hier der Unterschied zur gängigen filmischen Präsentation männlicher Personen im Film herausgearbeitet wurde. Während sich die Figuren ›Xavier‹ (aus Gregg Arakis THE DOOM

Generation) und ›Loïc‹ (aus Anne Fontaines Nettoyage à sec) dadurch auszeichnen, dass sie *gender trouble* verursachen, handelt es sich bei der Figur ›Johnny‹ (aus Adam Salkys Dare) um eine explizit *queere Version* des James-Dean'schen *angry, alienated teen rebel*-Stereotyps. In Bezug auf die Figur ›Bobby‹ (aus Michael Mayers A Home at the End of the World) ist indes vor allem deren ›*amouröse Bereitschaft*‹ hervorzuheben – und in Bezug auf die Figur ›Adam‹ (aus Tom Tykwers Drei) deren *Vielseitigkeit.*

In drei ›2 + 1‹-Werken (Home, Dare und Les amours imaginaires) entspricht das Protagonistenduo dem von Amy Aronson und Michael Kimmel beschriebenen *gay man-straight woman model pairing*; die ›Liebe in alle Richtungen‹ geht hier mit starken Rivalitätsgefühlen einher und macht aus den Freunden recht ungewöhnliche sexuelle Gegenspieler. Die Paare aus Tenue de soirée, Nettoyage à sec und Drei sind wiederum verheiratet (beziehungsweise heiraten im Verlauf der Handlung). Indem eine dritte Figur hinzutritt (und indem *allen drei* Figuren beziehungsweise allen Figuren*beziehungen* eine *gleichwertige* Rolle zukommt), können in den Filmen zwei Dinge *nebeneinander* behandelt werden: zum einen der Reiz des Neuen, zum anderen der Ehealltag (jedoch auch dessen Wandel). Im siebten ›2 + 1‹-Werk (The Doom Generation) steht ein Teenagerpärchen im Mittelpunkt – was einer der Gründe dafür sein könnte, dass jenes Werk den filmsprachlichen Konventionen mit besonders viel Verve ›den Mittelfinger entgegenstreckt‹. In The Doom Generation (ebenso aber auch in Tenue de soirée und Dare) finden sich *queered shot compositions*: Einstellungen, mit denen die *established ways of representing heterosexual norms* (wie David Martin-Jones es formuliert) hinterfragt werden können.

Da das Medium Film im Kern »ein Kommunikationsmittel [ist], mit dem sich eine Gesellschaft über Welt- und Menschenbilder sowie ihre moralischen Standards verständigt«[635] (so Horst Peter Koll), kann die Überführung einer von der Norm abweichenden Liebesweise in eine filmische Form dazu beitragen, Alternativen zur Norm ins allgemeine Bewusstsein zu bringen. Als weitere bildgestalterische Besonderheit neben der *queered shot composition* sei der sexuell ambivalente ›Doppelblick‹ genannt, welcher in zwei Varianten – als Blick *einer* Figur auf *zwei* begehrte Figuren oder als Blick *zweier* Figuren auf eine *gemeinsam* begehrte Figur – auftreten kann. Zwar kann der Aussage des Filmkritikers Till

635 Koll, Horst Peter: *Der Kampusch-Hype.* In: film-dienst 6 /2013, S. 3.

Kadritzke, »dass man nicht zwei Menschen zur selben Zeit tief in die Augen sehen kann«[636], nicht widersprochen werden; dennoch werden etwa in DARE, LES AMOURS IMAGINAIRES oder dem ›A + B + C‹-Werk THREESOME Blicksituationen geschaffen, über die sich ein ›mehrdimensional gedachtes‹ Begehren transportieren lässt.

In THREESOME (von Andrew Fleming) und GLUE (von Alexis Dos Santos) kommt es zu einer expliziten Verqueerung der *buddy*-Konstellation. Fleming verfolgt einen weitgehend komödiantischen Ansatz; im dritten ›A + B + C‹-Film LES BICHES (von Claude Chabrol) wird hingegen eine melodramatische Herangehensweise an die Dreiecksliebe der Protagonisten gewählt.

Welchen Einfluss die Genrezugehörigkeit (und auch das Entstehungsland sowie -jahr) auf den Verlauf der (Beziehungs-)Geschichte hat, zeigte sich in der (an Anette Kaufmann angelehnten) Untersuchung der (liebes-)filmischen Standardsituationen. Hier wurden Wege der ›visuellen‹ und ›dialogischen Promiskuität‹ aufgespürt, mit denen »das Narrativ der Paarbildung«[637] unterlaufen werden kann – beispielsweise indem ein ›*I love you*‹ plötzlich ›Ich liebe *euch*‹ bedeutet. Reizvoll zu sehen war in der Analyse der Standardsituationen nicht zuletzt, welche Möglichkeiten das Kino – »die emotionalste Kunstform von allen«[638] – bietet (und wagt), um eine ›Liebesszene‹ zwischen drei ineinander verliebten Menschen umzusetzen. Die Parallelmontage sowie der *match cut* (zur Integration einer dritten Figur), vor allem aber die von jeglicher Statik befreite ›Wackelkamera‹ sowie der assoziative Schnitt zeigten sich hier als wirkungsvolle Methoden.

Abschließend soll nun ein Ausblick gegeben werden, wie sich die in dieser Arbeit angestellte Forschung noch vertiefen beziehungsweise fortsetzen ließe.

Es wäre beispielsweise möglich, das Thema weiter zu fassen, indem auf die Geschlossenheit des sexuell ambivalenten Liebesdreiecks als zwingendes Kriterium verzichtet wird – oder auch die Existenz weiterer zentraler Figuren (und, damit einhergehend, die Entstehung weiterer Beziehungsdreiecke innerhalb der

636 Kadritzke, Till: *Un Amor – Eine Liebe fürs Leben. Die Unmöglichkeit der Dreisamkeit.* 2013. http://www.critic.de/film/un-amor-eine-liebe-fuers-leben-5003/ (Zugriff am 26.10.2013), o. P.

637 Kniebe 2013, S. 12.

638 Vahabzadeh, Susan: *Manchmal besser als Hollywood.* 2013. http://www.sueddeutsche.de/kultur/kino-in-frankreich-und-deutschland-manchmal-besser-als-hollywood-1.1579354 (Zugriff am 26.10.2013), S. 2.

filmischen Erzählung) nicht länger als Ausschlusskriterium gilt. Auf diesem Wege könnten einige hochinteressante Filme, deren Konstellationen hier allenfalls kurz gestreift wurden, intensiver berücksichtigt werden – etwa John Hustons REFLECTIONS IN A GOLDEN EYE, Philip Kaufmans HENRY & JUNE oder so manches Werk von André Téchiné. Nach der Fertigstellung des Hauptteils dieser Arbeit erschien überdies der für eine weitere Untersuchung gewiss ergiebige Roadmovie- / Melodram-Mix MORE THAN FRIENDSHIP (D 2013) von Timmy Ehegötz auf DVD, in welchem die Twens Mia, Jonas und Lukas (Michèle Fichtner, Holger Foest und Jakob Philipp Graf) ein Liebestrio bilden. Wie in Coline Serreaus POURQUOI PAS! erzählt der Film allerdings nicht die Entstehung dieser Dreiecksliebe, sondern setzt zu einem späteren Punkt im Leben der Figuren ein (wobei die Anfänge der Beziehung in Gesprächen sowie in deklamierten Tagebucheinträgen thematisiert werden).

Bezüglich der Figur des Dritten und der Art und Weise, wie jene Figur in den hier untersuchten sieben Primärfilmen mit der Konstellation ›2 + 1‹ jeweils inszeniert wird, wäre es eventuell aufschlussreich, die Rollenbiografien der sieben Schauspieler, die als Dritte auftreten, mit einzubeziehen. Dies könnte sowohl bei einem Star mit etablierter filmischer *persona*, wie etwa Gérard Depardieu (Bob in TENUE DE SOIRÉE) oder Colin Farrell (Bobby in HOME), als auch bei einem weniger bekannten Schauspieler, wie etwa Johnathon Schaech (Xavier in THE DOOM GENERATION) oder Stanislas Merhar (Loïc in NETTOYAGE À SEC), interessant sein.

So stellte beispielsweise Stanislas Merhar circa drei Jahre, nachdem er als sexuell ambivalente Figur in den Alltag eines Ehepaars eingebrochen war, zwei gänzlich anders angelegte Figuren dar. In Richard Beans Thriller FRANCK SPADONE (F 2000) verkörpert er einen professionellen Taschendieb, der einer Stripteasetänzerin (Monica Bellucci) verfällt, während ihm in Chantal Akermans Marcel-Proust-Adaption LA CAPTIVE / DIE GEFANGENE (F / B 2000) eine Rolle zukommt, die Anklänge an James Stewart in Alfred Hitchcocks VERTIGO (USA 1958) erkennen lässt: die Rolle des obsessiv Liebenden, der das Objekt seiner Begierde (Sylvie Testud) unentwegt verfolgt. Zu analysieren wäre nun etwa, inwiefern Merhars ambige Wirkung in NETTOYAGE À SEC auch in diesen Filmen – trotz diametral entgegengesetzter Figurenanlage – vorhanden ist. Es ließen sich Gemeinsamkeiten und Unterschiede in NETTOYAGE À SEC und den Filmen Beans und Akermans hinsichtlich Merhars Mimik, Gestik und Proxemik sowie hinsichtlich Maske, Kostüm, Umgang mit Requisiten et cetera herausarbeiten, um die unterstützenden (oder erst erzeugenden?) Faktoren jener Wirkung tiefer zu ergründen. Falls jene Wirkung in FRANCK SPADONE und/oder LA CAPTIVE gänzlich *fehlen* sollte, ließe sich wiederum untersuchen, inwiefern sie dort möglicherweise eingeschränkt / kaschiert wird, um die von Merhar gespielte(n) Figur(en) im Gegensatz zu Loïc in NETTOYAGE À SEC sexuell *eindeutig* lesbar zu machen.

Ob solche Strategien der sexuellen Disambiguierung einer Figur beziehungsweise der Wirkung des interpretierenden Darstellers angewandt werden, ließe sich auch anhand von Auftritten der übrigen sechs Schauspieler in anderen Filmen prüfen – etwa anhand von Johnathon Schaechs Auftritt im *romantic drama* HOW TO MAKE AN AMERICAN QUILT / EIN AMERIKANISCHER QUILT (USA 1995, R: Jocelyn Moorhouse) als *love interest* für die von Winona Ryder gespielte Protagonistin, den Schaech absolvierte, bevor er noch im gleichen Jahr als hochambivalenter Charakter in THE DOOM GENERATION das Gefühls- und Sexualleben eines Teenagerpaares in Aufruhr versetzte; darüber hinaus spielte er zum Beispiel in HUSH / EISIGE STILLE (USA 1998, R: Jonathan Darby) an der Seite Gwyneth Paltrows einen Ehemann.

Am Beispiel des Stars Colin Farrell ließe sich dagegen untersuchen, ob sich jene Zartheit, die er in HOME aufweist, auch in den Actionfilmen, die sein *image* einst begründeten (etwa S.W.A.T. / S.W.A.T. – DIE SPEZIALEINHEIT [USA 2003] von Clark Johnson) ansatzweise finden lässt. All dies – die vermittelst schauspielerischer und inszenatorischer Methoden vorgenommene Herstellung oder Steigerung oder Bemäntelung einer bestimmten Wirkung, welche die gängigen Geschlechterbilder herausfordert – ließe sich letztlich wieder auf Judith Butler beziehen.

Als beachtlich erwies sich die in den Filmen vorgefundene Vielzahl von Möglichkeiten, drei Figuren in einer Einstellung anzuordnen und vermittelst dieser Anordnung die Beziehung(en) des gezeigten Trios zu charakterisieren. Jene Anordnungsmöglichkeiten ließen sich fortführend untersuchen, indem neben weiteren Filmen mit *erotischen* Dreiecken (etwa Douglas Sirks WRITTEN ON THE WIND / IN DEN WIND GESCHRIEBEN [USA 1956] oder Anthony Minghellas THE

English Patient / Der englische Patient [USA / UK 1996]) auch Filme miteinbezogen würden, die *andere* Dreieckskonstellationen reflektieren – so etwa die Triade Vater / Mutter / Kind, welche in Arie Posins The Chumscrubber / Glück in kleinen Dosen (USA / D 2005) in einer grandiosen Einstellung eingefangen wird. Darin tritt qua Figurenarrangement ein System zu Tage, in dem die Mitglieder der Familie nicht *mit*einander, sondern lediglich nebeneinander her beziehungsweise übereinander hinweg reden und in dem die Mitteilungsversuche Einzelner, wie hier des Sohnes Dean (gespielt von Jamie Bell), unterdrückt werden. In solchen Fällen gelingt es der Regie und Kamera, einen Film beziehungsweise das darin behandelte Beziehungsdreieck in einem einzigen *three-shot* auf seine Essenz zu kondensieren – ein Phänomen, das womöglich einer tieferen Betrachtung lohnen würde.

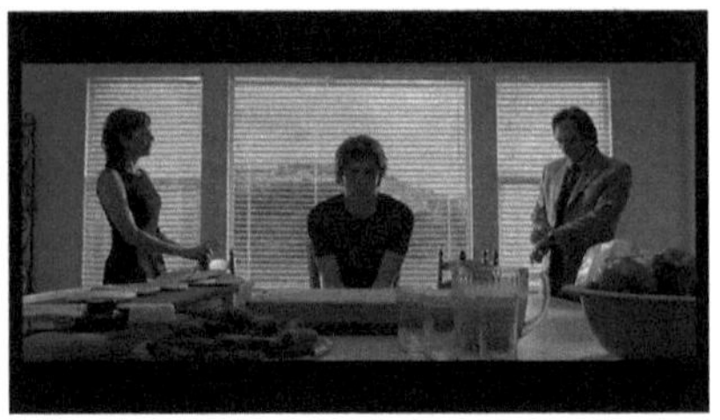

Abb. 142: Triade Vater / Mutter / Kind (The Chumscrubber).

Da in einigen der analysierten Filme Einstellungen oder Einstellungsfolgen ermittelt wurden, welche den Handlungsverlauf beziehungsweise bestimmte Entwicklungen innerhalb der Dreiecksbeziehung antizipieren – wie etwa in Tenue de soirée, Dare oder The Doom Generation –, böte sich auch hier eine weiterführende Untersuchung an, die zusätzliche Filme mit einschließen würde. So wird beispielsweise in Sean Durkins Martha Marcy May Marlene (USA 2011) die gänzliche Vereinnahmung einer jungen Frau in einem *three-shot* vorweggenommen. Martha (Elizabeth Olsen) befindet sich darin in der Mitte des Bildkaders, zwischen Zoe (Louisa Krause) auf der linken und Patrick (John Hawkes) auf der rechten Seite; bei Patrick handelt es sich um einen Sektenführer, bei Zoe um Marthas weibliche Bezugsperson innerhalb der Sekte – und alsbald wird Marthas Leben, wie der *three-shot* bereits visualisiert, von jener Sekte regelrecht absorbiert sein.

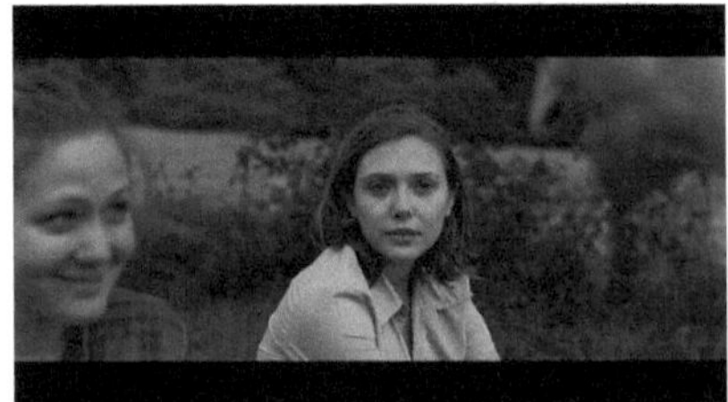

Abb. 143: Antizipation mittels three-shot (Martha Marcy May Marlene).

8. Anhang

8.1 Literaturverzeichnis

American Film Institute: *AFI's 100 Years... 100 Passions*. 2002. http://www.afi.com/100years/passions.aspx (Zugriff am 26.10.2013).

Aronson, Amy / Kimmel, Michael: *The Saviors and the Saved. Masculine Redemption in Contemporary Films*. In: Lehman, Peter (Hg.): *Masculinity. Bodies, Movies, Culture*. New York 2001 (*AFI Film Readers*), S. 43–50.

Attanasio, Paul: ›*Ménage*‹ *(R)*. 1986. http://www.washingtonpost.com/wp-srv/style/longterm/movies/videos/mnagerattanasio_a0ad73.htm (Zugriff am 26.10.2013).

Barthes, Roland: *Fragmente einer Sprache der Liebe*. Frankfurt am Main 1988 (Übersetzt von Hans-Horst Henschen).

Barton, Sabrina: ›*Crisscross*‹*: Paranoia and Projection in* Strangers on a Train. In: Penley, Constance / Willis, Sharon (Hg.): *Male Trouble*. Minneapolis 1993 (*A camera obscura book*), S. 235–260.

Beauvoir, Simone de: *Das andere Geschlecht. Sitte und Sexus der Frau*. Reinbek bei Hamburg 1986, 316.–330. Tausend (Übertragung aus dem Französischen von Eva Rechel-Mertens [Erstes Buch] und Fritz Montfort [Zweites Buch]).

Kab (= Behrendsen, Katharina): *Kein Mittel gegen Liebe*. 2011. http://www.kulturnews.de/knde/film_review.php?id=20305&title=Kein%20Mittel%20gegen%20Liebe (Zugriff am 26.10.2013).

Benshoff, Harry M.: *(Broke) Back to the Mainstream. Queer Theory and Queer Cinemas Today*. In: Buckland, Warren (Hg.): *Film Theory and Contemporary Hollywood Movies*. New York 2009 (*AFI Film Readers*), S. 192–213.

Benshoff, Harry / Griffin, Sean: *Queer Cinema, The Film Reader. General Introduction*. In: Dies. (Hg.): *Queer Cinema, The Film Reader*. New York / Abingdon 2004 (*In Focus: Routledge Film Readers*), S. 1–15.

Benshoff, Harry M. / Griffin, Sean: *Queer Images. A History of Gay and Lesbian Film in America*. Lanham (u.a.) 2006 (*Genre and Beyond. A Film Studies Series*).

Bergmann, Martin S.: *Eine Geschichte der Liebe. Vom Umgang des Menschen mit einem rätselhaften Gefühl*. Frankfurt am Main 1994 (Aus dem Amerikanischen von Reiner Stach).

Binotto, Johannes: *Abgrund der Oberfläche. The Real Eighties – Amerikanisches Kino 1980–89*. In: Filmbulletin 4.13, S. 12–21.

Bordwell, David: *Narration in the Fiction Film*. Madison 1985.

Bordwell, David / Staiger, Janet / Thompson, Kristin: *The Classical Hollywood Cinema. Film Style & Mode of Production to 1960*. London 1985.

Braidt, Andrea B.: *Film-Genus. Gender und Genre in der Filmwahrnehmung.* Marburg 2009.

Branigan, Edward: *Point of View in the Cinema. A Theory of Narration and Subjectivity in Classical Film.* Berlin (u.a.) 1984 (*Approaches to Semiotics*, 66).

Brauerhoch, Annette: *Sein und Schein. Zur Differenz männlicher und weiblicher Schönheit im Film.* In: Karpf, Ernst / Kiesel, Doron / Visarius, Karsten (Hg.): *›Bei mir bist Du schön‹. Die Macht der Schönheit und ihre Konstruktion im Film.* Marburg 1994 (*Arnoldshainer Filmgespräche*, Bd. 11), S. 33–60.

Brenner, Frank: *Dorian Blues.* In: Filmstart 09 / 06, S. 57.

PB (= Brunner, Philipp): *Dreiecksgeschichte.* 2012. http://filmlexikon.uni-kiel.de/index.php?action=lexikon&tag=det&id=5595 (Zugriff am 26.10.2013).

Büchner, Georg: *Sämtliche Werke und Briefe. Historisch-kritische Ausgabe mit Kommentar.* Hamburg 1967 (Hamburger Ausg. in vier Bänden. Erster Bd. *Dichtungen und Übersetzungen mit Dokumentationen zur Stoffgeschichte*) [Herausgegeben von Werner R. Lehman].

Butler, Judith: *Das Unbehagen der Geschlechter.* Frankfurt am Main 1991 (Aus dem Amerikanischen von Kathrina Menke) [*Gender Studies. Vom Unterschied der Geschlechter*].

Butler, Judith: *Bodies That Matter. On the Discursive Limits of ›Sex‹.* New York 1993.

Butler, Judith: *Körper von Gewicht. Die diskursiven Grenzen des Geschlechts.* Berlin 1995 (Aus dem Amerikanischen von Karin Wördemann).

Butler, Judith: *Gender Trouble. Feminism and the Subversion of Identity.* New York / London 1999.

Butler, Judith: *Imitation und die Aufsässigkeit der Geschlechtsidentität* (Aus dem Amerikanischen von Claudia Brusdeylins). In: Kraß, Andreas (Hg.): *Queer denken. Gegen die Ordnung der Sexualität (Queer Studies).* Frankfurt am Main 2003, S. 144–168.

Chang, Chris: *Absorbing Alternative.* In: Film Comment, September / October 1994, S. 47–53.

Christen, Thomas: *Happy Ending.* In: Brütsch, Matthias (u.a.) (Hg.): *Kinogefühle. Emotionalität und Film.* Marburg 2009, 2. Aufl. (*Züricher Filmstudien*), S. 189–203.

Chyn, Stina: *Dare.* 2010. http://www.filmthreat.com/reviews/20630 Zugriff am 26.10.2013).

Cohan, Steven: *Masquerading As the American Male in the Fifties: Picnic, William Holden and the Spectacle of Masculinity in Hollywood Film.* In: Penley, Constance / Willis, Sharon (Hg.): *Male Trouble.* Minneapolis 1993 (*A camera obscura book*), S. 203–232.

Cunningham, Michael: *A Home at the End of the World.* New York 1998.

Cuntz, Vera: *Kalkulierter Schrecken. Standardsituationen in der* Alien*-Filmreihe.* Remscheid 2007 (*Filmstudien*, Bd. 55).

De Maupassant, Guy: *Bel-Ami.* Paris 1928 (*Œuvres Complètes de Guy de Maupassant*).

De Maupassant, Guy: *Bel-Ami.* München 2001 (Aus dem Französischen und mit einem Nachwort von Hermann Lindner).

Degele, Nina: *Männlichkeit queeren.* In: Bauer, Robin / Hoenes, Josch / Woltersdorff, Volker (Hg.): *Unbeschreiblich männlich. Heteronormativitätskritische Perspektive.* Hamburg 2007, S. 29–42.

Degele, Nina: *Gender / Queer Studies. Eine Einführung.* Paderborn 2008 (*Basiswissen Soziologie*).

Doane, Mary Ann: *Film and the Masquerade: Theorizing the Female Spectator.* In: Screen*: The Sexual Subject. A* Screen *Reader in Sexuality.* London (u.a.) 1992, S. 227–243.

Doane, Mary Ann / Mellencamp, Patricia / Williams, Linda: *Feminist Film Criticism: An Introduction.* In: Dies. (Hg.): *Re-Vision. Essays in Feminist Film Criticism.* Frederick 1984 (*The American Film Institute Monograph Series*, Vol. 3), S. 1–17.

Dössel, Christine: *Mehr Action als Ahnung. Wiens Festwochenchef Luc Bondy inszeniert die Uraufführung von Peter Handkes ›Die schönen Tage von Aranjuez‹.* In: Süddeutsche Zeitung Nr. 114 (18. Mai 2012), S. 11.

Dyer, Richard: *Don't Look Now: The Male Pin-up.* In: Screen*: The Sexual Subject. A* Screen *Reader in Sexuality.* London (u.a.) 1992, S. 265–276.

Dyer, Richard: *The Matter of Images. Essays on representations.* London (u.a.) 1993.

Eder, Jens: *Dramaturgie des populären Films. Drehbuchpraxis und Filmtheorie.* Hamburg 1999 (*Beiträge zur Medienästhetik und Mediengeschichte*, Bd. 7).

Eichele, Klaus-Peter: *Freunde mit gewissen Vorzügen.* 2011. http://www.tagblatt.de/Home/kino/kino-aktuell_filmid,3682.html (Zugriff am 26.10.2013).

Engel, Antke: *Gefeierte Vielfalt. Umstrittene Heterogenität. Befriedete Provokation. Sexuelle Lebensformen in spätmodernen Gesellschaften.* In: Bartel, R. (u.a.) [Hg.]: *Heteronormativität und Homosexualitäten.* Innsbruck 2008 (*transblick. Sozialwissenschaftliche Reihe*, 3), S. 43–63.

Eßlinger, Eva (u.a.): *Vorwort.* In: Dies. (u.a.) [Hg.]: *Die Figur des Dritten. Ein kulturwissenschaftliches Paradigma.* Berlin 2010, S. 7f.

Everschor, Franz: *Teorema – Geometrie der Liebe.* In: film-dienst 51 / 68, S. 6f.

Felix, Jürgen: *Liebesfilm.* In: Koebner, Thomas (Hg.): *Reclams Sachlexikon des Films.* Stuttgart 2002, S. 345–349.

Fischer, Joachim: *Der lachende Dritte. Schlüsselfigur der Soziologie Simmels.* In: Eßlinger, Eva (u.a.) [Hg.]: *Die Figur des Dritten. Ein kulturwissenschaftliches Paradigma.* Berlin 2010, S. 193–207.

Fischer, Lucy: *Shot / Countershot. Film Tradition and Women's Cinema.* Basingstoke / London 1989 (*British Film Institute Cinema Series*).

Flaubert, Gustave: *L'Éducation sentimentale. Histoire d'un jeune homme.* Paris 1923 (*Œuvres complètes de Gustave Flaubert*).

Foucault, Michel: *Überwachen und Strafen. Die Geburt des Gefängnisses.* Frankfurt am Main 1998, 12. Aufl. (Übersetzt von Walter Seitter).

Friedrich, Otto: *Liebe in jeder Beziehung.* 2011. http://www.furche.at/system/downloads.php?do=file&id=1930 (Zugriff am 26.10.2013).

Fritzsche, Bettina: *Das Begehren, das nicht eins ist. Fallstricke beim Reden über Bisexualität.* In: Hartmann, Jutta (u.a.) [Hg.]: *Heteronormativität. Empirische Studien zu Geschlecht, Sexualität und Macht.* Wiesbaden 2007 (*Studien Interdisziplinäre Geschlechterforschung*, Bd. 10), S. 115–131.

DG (= Gaertner, David): *Bonnie und Clyde.* In: Müller, Jürgen (Hg.): *Filme der 60er.* Köln 2004, S. 406–409.

Gansera, Rainer: *Am meisten schmerzt die Eifersucht.* 2011. http://www.sueddeutsche.de/kultur/im-kino-herzensbrecher-am-meisten-schmerzt-die-eifersucht-1.1116907 (Zugriff am 26.10.2013).

Genschel, Corinna (u.a.): *Anschlüsse.* In: Jagose, Annamarie: *Queer Theory. Eine Einführung.* Berlin 2005a, 2. Aufl. (Übersetzung und Herausgabe: Corinna Genschel, Caren Lay, Nancy Wagenknecht, Volker Woltersdorff), S. 167–194.

Genschel, Corinna (u.a.): *Vorwort.* In: Jagose, Annamarie: *Queer Theory. Eine Einführung.* Berlin 2005b, 2. Aufl. (Übersetzung und Herausgabe: Corinna Genschel, Caren Lay, Nancy Wagenknecht, Volker Woltersdorff), S. 7–12.

Gerdes, Julia / Koebner, Thomas: *Einstellungsgrößen.* In: Ders. (Hg.): *Reclams Sachlexikon des Films.* Stuttgart 2002, S. 138–142.

G., J. M. (= Gerdes, Julia Margarita): *Frühstück bei Tiffany.* In: Koebner, Thomas (Hg.): *Filmklassiker.* Bd. 2: 1946–1962. Stuttgart 2006, 5., überarbeitete und erweiterte Aufl., S. 525–528.

Gevers, Jessica / sk: *Die Befreiung des Subjekts von seinem autonomen Wesen. Interview mit Martha Zapata Galindo über die emanzipatorische Wirkung der ›Dekonstruktion‹.* 2000. http://www.trend.infopartisan.net/trd0500/t060500.html (Zugriff am 26.10.2013).

G., G. (= Giesenfeld, Günter): *...denn sie wissen nicht, was sie tun.* In: Koebner, Thomas (Hg.): *Filmklassiker.* Bd. 2: 1946–1962. Stuttgart 2006, 5., überarbeitete und erweiterte Aufl., S. 274–278.

Girard, René: *Figuren des Begehrens. Das Selbst und der Andere in der fiktionalen Realität.* Wien / Berlin 2012, 2. Aufl. (Mit einem Nachwort von Wolfgang Palaver. Aus dem Französischen von Elisabeth Mainberger-Ruh) [*Beiträge zur mimetischen Theorie. Religion – Gewalt – Kommunikation – Weltordnung*, Bd. 8].

Glawion, Sven: *Sauberkeit und Sozialismus. Heteronormativität, Männlichkeit und die DDR: Ein Blick in Siegfried Schnabls* Mann und Frau intim. In: Bauer, Robin / Hoenes, Josch / Woltersdorff, Volker (Hg.): *Unbeschreiblich männlich. Heteronormativitätskritische Perspektive.* Hamburg 2007, S. 75–89.

Glitre, Kathrina: *Hollywood Romantic Comedy. States of the Union, 1934–65.* Manchester / New York 2006.

Goethe, Johann Wolfgang: *Die Leiden des jungen Werther.* Stuttgart 2001, durchgesehene Ausg.

Greene, Naomi: *Pier Paolo Pasolini. Cinema as Heresy.* Princeton 1990.

Grindon, Leger: *The Hollywood Romantic Comedy. Conventions, History, Controversies.* Malden (u.a.) 2011 (*New Approaches to Film Genre*).

Grob, Norbert: *Auch das Schöne ist nur ein Effekt. Stars und Glamour im frühen Hollywood.* In: Karpf, Ernst / Kiesel, Doron / Visarius, Karsten (Hg.): *›Bei mir bist Du schön‹. Die Macht der Schönheit und ihre Konstruktion im Film.* Marburg 1994 (*Arnoldshainer Filmgespräche*, Bd. 11), S. 19–32.

Grob, Norbert: *The Lavender Blonde. Kim Novak.* In: Marschall, Susanne / Grob, Norbert (Hg.): *Ladies, Vamps, Companions. Schauspielerinnen im Kino. Drittes Symposium* (1999). St. Augustin 2000 (*Filmstudien*, Bd. 15), S. 91–109.

Grob, Norbert: *Autorenfilm.* In: Koebner, Thomas (Hg.): *Reclams Sachlexikon des Films.* Stuttgart 2002a, S. 46–50.

Grob, Norbert: *New Hollywood.* In: Koebner, Thomas (Hg.): *Reclams Sachlexikon des Films.* Stuttgart 2002b, S. 418–423.

Grob, Norbert: *Lovers on the Run. Gangsterpärchen.* In: Ders. / Klein, Thomas: *Road Movies.* Mainz 2006 (*Genres / Stile* #2), S. 67–88.

Groh, Thomas / Knörer, Ekkehard: *Mega-Wunscherfüllungsmaschine.* 2008. http://www.perlentaucher.de/im-kino/mega-wunscherfuellungsmaschine.html (Zugriff am 26.10.2013).

Haas, Daniel: *Der beste schlechte Schauspieler der Welt.* 2012. http://www.spiegel.de/kultur/kino/hollywood-star-nicolas-cage-der-beste-schlechte-schauspieler-der-welt-a-819464.html (Zugriff am 26.10.2013).

Hamdorf, Wolfgang Martin: *Poetische Ambivalenz. Der Filmemacher Alexis Dos Santos.* 2009. http://www.dradio.de/dkultur/sendungen/profil/918248 (Zugriff am 26.10.2013).

Hansen, Miriam: *Ambivalence, Identification: Valentino and Female Spectatorship.* In: Cinema Journal, Vol. 25, No. 4 (Summer 1986), S. 6–32.

Harris, Sue: *Bertrand Blier.* Manchester (u.a.) 2001 (*French Film Directors*).

Hartmann, Jutta / Klesse, Christian: *Heteronormativität. Empirische Studien zu Geschlecht, Sexualität und Macht – eine Einführung.* In: Hartmann, Jutta (u.a.) [Hg.]: *Heteronormativität. Empirische Studien zu Geschlecht, Sexualität und Macht.* Wiesbaden 2007 (*Studien Interdisziplinäre Geschlechterforschung*, Bd. 10), S. 9–15.

Haschemi Yekani, Elahe: *Transgender-Begehren im Blick. Männliche Weiblichkeiten als Spektakel im Film.* In: Bauer, Robin / Hoenes, Josch / Woltersdorff, Volker (Hg.): *Unbeschreiblich männlich. Heteronormativitätskritische Perspektive.* Hamburg 2007, S. 264–278.

Haskell, Molly: *From Reverence to Rape. The Treatment of Women in the Movies.* Chicago / London 1987, 2. Aufl.

Hesse, Hermann: *Die Gedichte.* Frankfurt am Main 2002 (*Hermann Hesse. Sämtliche Werke*, Bd. 10).

Hickethier, Knut: *Star / Starsystem.* In: Koebner, Thomas (Hg.): *Reclams Sachlexikon des Films.* Stuttgart 2002, S. 587–591.

Hoff, Dagmar von: *Performanz / Repräsentation.* In: Braun, Christina von / Stephan, Inge (Hg.): *Gender @ Wissen. Ein Handbuch der Gender-Theorien.* Köln 2005, S. 162–179.

Jaeger, Frédéric: *Freunde mit gewissen Vorzügen.* 2011. http://www.critic.de/film/freunde-mit-gewissen-vorzuegen-2780 (Zugriff am 26.10.2013).

Jagose, Annamarie: *Queer Theory. Eine Einführung.* Berlin 2005, 2. Aufl. (Übersetzung und Herausgabe: Corinna Genschel, Caren Lay, Nancy Wagenknecht, Volker Woltersdorff).

Jahn-Sudmann, Andreas: *Der Widerspenstigen Zähmung? Zur Politik der Repräsentation im gegenwärtigen US-amerikanischen Independent-Film.* Bielefeld 2006.

Jösting, Sabine: *Einarbeitungsprozesse männlicher Jugendliche in die heterosexuelle Ordnung.* In: Hartmann, Jutta (u.a.) [Hg.]: *Heteronormativität. Empirische Studien zu Geschlecht, Sexualität und Macht.* Wiesbaden 2007 (*Studien Interdisziplinäre Geschlechterforschung*, Bd. 10), S. 151–169.

Kadritzke, Till: *Un Amor – Eine Liebe fürs Leben. Die Unmöglichkeit der Dreisamkeit.* 2013. http://www.critic.de/film/un-amor-eine-liebe-fuers-leben-5003 (Zugriff am 26.10.2013).

Kaplan, E. Ann: *Is the Gaze Male?* In: Snitow, Ann / Stansell, Christine / Thompson, Sharon: *Powers of Desire. The Politics of Sexuality.* New York 1983 (*New Feminist Library*), S. 309–327.

Karasek, Hellmuth: *Feuerfestes Traumpaar.* 1986. http://www.spiegel.de/spiegel/print/d-13521273.html (Zugriff am 26.10.2013).

Katz, Jonathan Ned: *The Invention of Heterosexuality.* Chicago / London 2007.

Kaufmann, Anette: *Der Liebesfilm. Spielregeln eines Filmgenres.* Konstanz 2007.

Keutzer, Oliver: *Jump Cut.* In: Koebner, Thomas (Hg.): *Reclams Sachlexikon des Films.* Stuttgart 2002a, S. 276.

Keutzer, Oliver: *Match Cut.* In: Koebner, Thomas (Hg.): *Reclams Sachlexikon des Films.* Stuttgart 2002b, S. 372f.

Kiefer, Bernd: *Actors Studio.* In: Koebner, Thomas (Hg.): *Reclams Sachlexikon des Films.* Stuttgart 2002, S. 15–17.

K., B. (= Kiefer, Bernd): *Teorema – Geometrie der Liebe.* In: Koebner, Thomas (Hg.): *Filmklassiker.* Bd. 3: 1963–1977. Stuttgart 2006, 5., überarbeitete und erweiterte Aufl., S. 208–212.

Kirkland, Ewan: *Romantic Comedy and the Construction of Heterosexuality.* In: Scope. An Online Journal of Film Studies, Iss. 9 (October 2007).

Kluge, Friedrich: *Etymologisches Wörterbuch der deutschen Sprache.* Berlin / New York 1995, 23., erweiterte Aufl.

Kniebe, Tobias: *Wehmut und Widerstand.* In: Süddeutsche Zeitung Nr. 122 (29. / 30. Mai 2013), S. 12.

Knörer, Ekkehard: *Glue.* 2008. http://www.filmzentrale.com/rezis/glueek.htm (Zugriff am 26.10.2013).

Knörer, Ekkehard: *Wie sie die Angeln werfen.* 2011. http://www.taz.de/!64180 (Zugriff am 26.10.2013).

Koebner, Thomas: *Buddy-Film.* In: Ders. (Hg.): *Reclams Sachlexikon des Films.* Stuttgart 2002a, S. 86f.

Koebner, Thomas: *Dramaturgie.* In: Ders. (Hg.): *Reclams Sachlexikon des Films.* Stuttgart 2002b, S. 130–133.

Koebner, Thomas: *Kanon / Wertung*. In: Ders. (Hg.): *Reclams Sachlexikon des Films*. Stuttgart 2002c, S. 287–290.

Koebner, Thomas: *Von Caligari führt kein Weg zu Hitler. Zweifel an Siegfried Kracauers ›Master‹-Analyse*. In: Ders. (Hg.): *Diesseits der ›Dämonischen Leinwand‹. Neue Perspektiven auf das späte Weimarer Kino*. München 2003, S. 15–38.

Koebner, Thomas: *Einleitung*. In: Ders. / Felix, Jürgen (Hg.): *Filmgenres. Melodram und Liebeskomödie*. Stuttgart 2007 (*Filmgenres*), S. 9–18.

Koll, Horst Peter: *Der Kampusch-Hype*. In: film-dienst 6 / 2013, S. 3.

König, Frederik: *Das Gegenteil von Liebe*. 2010. http://www.schnitt.de/202,6536,01.html (Zugriff am 26.10.2013).

Koschorke, Albrecht: *Institutionentheorie*. In: Eßlinger, Eva (u.a.) [Hg.]: *Die Figur des Dritten. Ein kulturwissenschaftliches Paradigma*. Berlin 2010, S. 49–64.

Kothenschulte, Daniel: *Die äußere und die innere Schönheit*. 2011. http://www.fr-online.de/film/filme-von-xavier-dolan-die-aeussere-und-die-innere-schoenheit,1473350,8636548.html (Zugriff am 26.10.2013).

Kraß, Andreas: *Queer Studies – eine Einführung*. In: Ders. (Hg.): *Queer denken. Gegen die Ordnung der Sexualität (Queer Studies)*. Frankfurt am Main 2003, S. 7–28.

K., K. (= Kreimeier, Klaus): *Tote schlafen fest*. In: Koebner, Thomas (Hg.): *Filmklassiker*. Bd. 2: 1946–1962. Stuttgart 2006, 5., überarbeitete und erweiterte Aufl., S. 27–32.

Krutnik, Frank: *The Faint Aroma of Performing Seals: The ›Nervous‹ Romance and the Comedy of the Sexes*. In: Velvet Light Trap 26 (Fall 1990), S. 57–72.

Kuhlbrodt, Dietrich: *Abendanzug*. In: epd Film 2 / 87, S. 28f.

Küpper, Beate: *Sind Singles anders als die anderen? Ein Vergleich von Singles und Paaren*. 2000 (Bochum, Ruhr-Univ., Inaug.-Diss.). http:/d-nb.info/962287725/34 (Zugriff am 26.10.2013).

Laplanche, Jean / Pontalis, Jean-Bertrand: *Das Vokabular der Psychoanalyse*. Frankfurt am Main 1992, 11. Aufl.

Lévi-Strauss, Claude: *Strukturale Anthropologie I*. Frankfurt am Main 1978 (Übersetzt von Hans Naumann).

Leweke, Anke: *›Ankommen finden wir scheiße‹*. 2010. http://www.taz.de/!63014 (Zugriff am 26.10.2013).

Lüdemann, Susanne: *Ödipus oder* ménage à trois. *Die Figur des Dritten in der Psychoanalyse*. In: Eßlinger, Eva (u.a.) [Hg.]: *Die Figur des Dritten. Ein kulturwissenschaftliches Paradigma*. Berlin 2010, S. 80–93.

Mackenzie Hoover, Travis: *The Doom Generation vs. Pulp Fiction. Walk the Earth vs. Eat My Fuck*. 2006. http://www.reverseshot.com/article/doom_generation_pulp_fiction (Zugriff am 26.10.2013).

Marschall, Susanne: *Screwball Comedy*. In: Koebner, Thomas (Hg.): *Reclams Sachlexikon des Films*. Stuttgart 2002, S. 541–545.

Martin-Jones, David: *Demystifying Deleuze. French Philosophy Meets Contemporary U.S. Cinema*. In: Buckland, Warren (Hg.): *Film Theory and Contemporary Hollywood Movies*. New York 2009 (*AFI Film Readers*), S. 214–233.

Medovoi, Leerom: *Rebels. Youth and the Cold War Origins of Identity.* Durham / London 2005 (*New Americanists*).

Messias, Hans: *Nettoyage à sec.* In: film-dienst 21 / 00, S. 35.

Mesquita, Sushila: *Heteronormativität und Sichtbarkeit.* In: Bartel, R. (u.a.) [Hg.]: *Heteronormativität und Homosexualitäten.* Innsbruck 2008 (*transblick. Sozialwissenschaftliche Reihe,* 3), S. 129–147.

Moll, Carsten: *Stuck in Love.* 2013. http://www.critic.de/film/stuck-in-love-5390 (Zugriff am 26.10.2013).

Moran, James M.: *Three for the road.* 1995. http://www.filmmakermagazine.com/issues/fall1995/doom.php (Zugriff am 26.10.2013).

Mulvey, Laura: *Afterthoughts on ›Visual Pleasure and Narrative Cinema‹ inspired by* DUEL IN THE SUN *(King Vidor, 1946).* In: Framework, 15 / 16 / 17 (1981), S. 12–15.

Mulvey, Laura: *Visual and Other Pleasures.* Basingstoke (u.a.) 2009 (*Language, discourse, society*), 2. Aufl.

Neale, Steve: *The Big romance or Something Wild?: romantic comedy today.* In: Screen, Vol. 33, Iss. 3 (Autumn 1992), S. 284–299.

Neale, Steve: *Prologue. Masculinity as Spectacle. Reflections on men and mainstream cinema.* In: Cohan, Steven / Hark, Ina Rae (Hg.): *Screening the Male. Exploring masculinities in Hollywood cinema.* London (u.a.) 1993, S. 9–20.

Neumann, Kerstin-Luise: *Production Code.* In: Koebner, Thomas (Hg.): *Reclams Sachlexikon des Films.* Stuttgart 2002, S. 468f.

Nowlan, Bob: *Queer Theory, Queer Cinema.* In: Juett, JoAnne C. / Jones, David M.: *Coming Out to the Mainstream. New Queer Cinema in the 21st Century.* Newcastle 2010, S. 2–19.

Oberländer, Jan: *Rank und krank.* 2011. http://www.tagesspiegel.de/kultur/kino/romantische-komoedie-rank-und-krank/3703854.html (Zugriff am 26.10.2013).

O., K. (= Oplustil, Karlheinz): *Picknick.* In: Koebner, Thomas (Hg.): *Filmklassiker.* Bd. 2: 1946–1962. Stuttgart 2006, 5., überarbeitete und erweiterte Aufl., S. 282–286.

Otto, Rudolf: *Das Heilige. Über das Irrationale in der Idee des Göttlichen und sein Verhältnis zum Rationalen.* München 1991, Nachdruck der ungekürzten Sonderausg. 1979 (*Beck'sche Reihe*; 328).

Pasolini, Pier Paolo: *Teorema oder Die nackten Füße.* München 1990, 5. Aufl. (*Serie Piper,* Bd. 200) [Aus dem Italienischen von Heinz Riedt].

Prechtl, Markus / Schenk, Martina: *Schau mir in die Augen, Kleiner! Blickkonstellationen im Jugendfilm.* In: Gaugele, Elke / Reiss, Kristina: *Jugend, Mode, Geschlecht. Die Inszenierung des Körpers in der Konsumkultur.* Frankfurt am Main 2003, S. 151–165.

Preston, Catherine L.: *Hanging on a Star: The Resurrection of the Romance Film in the 1990s.* In: Dixon, Wheeler Winston (Hg.): *Film Genre 2000. New Critical Essays.* Albany 2000 (*The SUNY Series. Cultural Studies in Cinema / Video*), S. 227–243.

Proust, Marcel: *À la recherche du temps perdu. À l'ombre des jeunes filles en fleurs.* Paris 1949 (*Œuvres de Marcel Proust,* Bd. IV).

Proust, Marcel: *Auf der Suche nach der verlorenen Zeit 2. Im Schatten junger Mädchenblüte*. Frankfurt am Main 1995 (*Marcel Proust*. Frankfurter Ausg. Herausgegeben von Luzius Keller. *Werke* II, Bd. 2) [Aus dem Französischen übersetzt von Eva Rechel-Mertens].

Rauscher, Andreas: *Trash*. In: Koebner, Thomas (Hg.): *Reclams Sachlexikon des Films*. Stuttgart 2002, S. 624–625.

Rebhandl, Bert: *Liebe zu dritt*. 2008. http://www.taz.de/!26689 (Zugriff am 26.10.2013).

Remsperger, Daniel: *Arthur Penn*. In: Koebner, Thomas (Hg.): *Filmregisseure – Biographien, Werkbeschreibungen, Filmographien*. Stuttgart 2002, 2., durchgesehene und aktualisierte Aufl., S. 531–533.

Rich, Adrienne: *Compulsory Heterosexuality and Lesbian Existence*. In: Signs, Vol. 5, No. 4 (Summer 1980), S. 631–660.

Rich, B. Ruby: *New Queer Cinema*. In: Aaron, Michele (Hg.): *New Queer Cinema. A Critical Reader*. New Brunswick 2004, S. 15–22.

Rilke, Rainer Maria: *Prosa und Dramen*. Frankfurt am Main / Leipzig 1996 (*Rainer Maria Rilke. Werke*. Kommentierte Ausg. in vier Bänden. Herausgegeben von Manfred Engel [u.a.], Bd. 3).

Rodek, Hanns-Georg: *Sophie Rois und ihre zwei sich liebenden Männer*. 2010. http://www.welt.de/kultur/kino/article11759027/Sophie-Reis-und-ihre-zwei-sich-liebenden-Maenner.html (Zugriff am 26.10.2013).

Rösener, Ringo: *Endstation Sehnsucht*. O. J. http://www.sissymag.de/texte/1101_dare.html (Zugriff am 26.10.2013).

Rostand, Edmond: *Cyrano von Bergerac*. 2010. http://gutenberg.spiegel.de/buch/3075/1 (*Projekt Gutenberg*. Übersetzer: Ludwig Fulda) [Zugriff am 26.10.2013].

Rothe, Marcus: *›In der Liebe gibt es keinen Fortschritt‹*. 2011. http://www.bernerzeitung.ch/kultur/kino/In-der-Liebe-gibt-es-keinen-Fortschritt/story/21130472 (Zugriff am 26.10.2013).

Rothöhler, Simon: *Cockfighter. Zu ›Magic Mike‹ von Steven Soderbergh*. 2012. http://www.cargo-film.de/blog/2012/jul/05/cockfighter (Zugriff am 26.10.2013).

Rubinfeld, Mark D.: *Bound to Bond. Gender, Genre, and the Hollywood Romantic Comedy*. Westport 2001.

Russo, Vito: *The Celluloid Closet. Homosexuality in the movies*. New York (u.a.) 1981.

Sander, Daniel: *Hip, aber herzlich*. 2011. http://www.spiegel.de/kultur/kino/0,1518,772697,00.html (Zugriff am 26.10.2013).

Sartre, Jean-Paul: *Huis clos suivi de Les Mouches*. Paris 1971 (*Œuvres de Jean-Paul Sartre*).

Schneider, Gisela / Laermann, Klaus: *Augen-Blicke. Über einige Vorurteile und Einschränkungen geschlechtsspezifischer Wahrnehmung*. In: Kursbuch 49 (Oktober 1977), S. 36–58.

Schnelle, Josef: *Die große Liebe meines Lebens*. In: Koebner, Thomas / Felix, Jürgen (Hg.): *Filmgenres. Melodram und Liebeskomödie*. Stuttgart 2007a (*Filmgenres*), S. 139–142.

Schnelle, Josef: *Schlaflos in Seattle*. In: Koebner, Thomas / Felix, Jürgen (Hg.): *Filmgenres. Melodram und Liebeskomödie*. Stuttgart 2007b (*Filmgenres*), S. 335–339.

Schössler, Daniel: *Parallelmontage*. In: Koebner, Thomas (Hg.): *Reclams Sachlexikon des Films*. Stuttgart 2002, S. 435f.

Schroedter, Thomas / Vetter, Christina: *Polyamory. Eine Erinnerung*. Stuttgart 2010 (*Reihe theorie.org*).

Schulz, Hans (u.a.): *Deutsches Fremdwörterbuch*. Band 4: *da capo – Dynastie*. Berlin / New York 1999, 2., völlig neubearbeitete Aufl.

Schuppach, Sandra: *Tom Tykwer*. Mainz 2004.

Schüttpelz, Erhard: *Der Trickster*. In: Eßlinger, Eva (u.a.) [Hg.]: *Die Figur des Dritten. Ein kulturwissenschaftliches Paradigma*. Berlin 2010, S. 208–224.

Schweizerhof, Barbara: *Star Trek Into Darkness*. In: epd Film 6 / 13, S. 43.

Sedgwick, Eve Kosofsky: *Between Men. English Literature and Male Homosocial Desire. With a new preface by the author*. New York / Chichester 1985 (*Gender and Culture*).

Sedgwick, Eve Kosofsky: *Epistemologie des Verstecks*. In: Kraß, Andreas (Hg.): *Queer denken. Gegen die Ordnung der Sexualität (Queer Studies)*. Frankfurt am Main 2003, S. 113–143.

Seeßlen, Georg: *Kino der Gefühle. Geschichte und Mythologie des Film-Melodrams*. Reinbek bei Hamburg 1980 (*Grundlagen des populären Films*, Bd. 6).

Seeßlen, Georg: *Herzensbrecher. Die Unvernunft der Liebe*. 2011. http://www.strandgut.de/2011/H1107/inhalt/fifk_004.htm (Zugriff am 26.10.2013).

Seeßlen, Georg: *(No) Passion, oder zehn Bemerkungen eines melancholischen de-Palma-Bewunderers*. In: Strandgut 05 / 2013, S. 4.

Seeßlen, Georg / Weil, Claudius: *Ästhetik des erotischen Kinos. Eine Einführung in die Mythologie, Geschichte und Theorie des erotischen Films*. München 1978 (*Grundlagen des populären Films*, Bd. 4).

Severson, Matthew L.: *Young, Beautiful, and F***ed:* The Doom Generation. *1995*. http://www.brightlightsfilm.com/15/araki.php (Zugriff am 26.10.2013).

Shumway, David R.: *Screwball Comedies: Constructing Romance, Mystifying Marriage*. In: Grant, Barry Keith (Hg.): *Film Genre Reader* II. Austin 1995, S. 381–401.

Sievers, W. David: *Most Famous of Streetcars*. In: Miller, Jordan Y. (Hg.): *Twentieth Century Interpretations of A Streetcar Named Desire. A Collection of Critical Essays*. Englewood Cliffs 1971 (*A Spectrum Book*), S. 90–93.

Simmel, Georg: *Soziologie. Untersuchungen über die Formen der Vergesellschaftung*. Frankfurt am Main 1992 (*Georg Simmel Gesamtausg.*, Bd. 11).

Sontag, Susan: *Against Interpretation and Other Essays*. New York 1969, 4. Aufl.

Springer, Claudia: *James Dean Transfigured. The Many Faces of Rebel Iconography*. Austin 2007.

Stacey, Jackie: *Desperately Seeking Difference. Jackie Stacey considers desire between women in narrative cinema*. In: Screen, Vol. 28, Iss. 1 (Winter 1987), S. 48–61.

Sterneborg, Anke: *Fast verheiratet*. In: epd Film 7 / 2012, S. 50f.

Stiglegger, Marcus: *Splatterfilm*. In: Koebner, Thomas (Hg.): *Reclams Sachlexikon des Films*. Stuttgart 2002, S. 571f.

Stiglegger, Marcus: *Ritual & Verführung. Schaulust, Spektakel & Sinnlichkeit im Film*. Berlin 2006.

Ströbele, Carolin: *Bei ›Drei‹ ist alles zuviel*. 2012. http://www.zeit.de/kultur/film/2010-12/tykwer-film-drei (Zugriff am 26.10.2013).

SZ (= Süddeutsche Zeitung): *Das Streiflicht*. In: Süddeutsche Zeitung Nr. 135 (14. Juni 2012), S. 1.

Taszman, Jörg: *Love and Other Drugs*. 2011. http://www.dradio.de/dkultur/sendungen/fazit/1364003 (Zugriff am 26.10.2013).

T., W. (= Tietze, Wolfgang): *African Queen*. In: Koebner, Thomas (Hg.): *Filmklassiker*. Bd. 2: 1946–1962. Stuttgart 2006, 5., überarbeitete und erweiterte Aufl., S. 169–172.

Tobias, Ronald B.: *20 Master Plots (And How to Build Them)*. Cincinnati 1993.

Truffaut, François: *Erinnerungen an Henri-Pierre Roché*. In: Elmar Elling (u.a.): *François Truffaut. Jules und Jim*. Filmprotokoll. München 1981 (*Schriftenreihe François Truffaut*, Bd. 1), S. 3–11.

Vahabzadeh, Susan: *Manchmal besser als Hollywood*. 2013. http://www.sueddeutsche.de/kultur/kino-in-frankreich-und-deutschland-manchmal-besser-als-hollywood-1.1579354 (Zugriff am 26.10.2013).

Vahland, Kia: *Was hindert uns noch? In der Renaissance sollten kluge Männer weinen und Frauen cool sein. So veränderlich sind Geschlechterklischees*. In: Süddeutsche Zeitung Nr. 81 (5. / 6. April 2012), S. 13.

Vassilieva, Ekaterina: *Der erste Übermensch*. 2010. http://www.schnitt.de/202,6482,01.html (Zugriff am 26.10.2013).

Villa, Paula-Irene: *Sexy Bodies. Eine soziologische Reise durch den Geschlechtskörper*. Wiesbaden 2006, 3., aktualisierte Aufl. (*Geschlecht und Gesellschaft*, Bd. 23).

Vossen, Ursula: *Melodram*. In: Koebner, Thomas (Hg.): *Reclams Sachlexikon des Films*. Stuttgart 2002, S. 377–381.

Wagenknecht, Peter: *Was ist Heteronormativität? Zu Geschichte und Gehalt des Begriffs*. In: Hartmann, Jutta (u.a.) [Hg.]: *Heteronormativität. Empirische Studien zu Geschlecht, Sexualität und Macht*. Wiesbaden 2007 (*Studien Interdisziplinäre Geschlechterforschung*, Bd. 10), S. 17–34.

Waldron, Darren: *Queering Contemporary French Popular Cinema. Images and Their Reception*. New York 2009 (*Framing Film The History & Art of Cinema*, Vol. 9).

Wartenberg, Thomas E.: *Shopping Esprit: Pretty Woman's Deflection of Social Criticism*. In: Desser, David / Jowett, Garth S. (Hg.): *Hollywood Goes Shopping*. Minneapolis 2000 (*Commerce and Mass Culture Series*), S. 309–329.

Weixlbaumer, Robert / Zwirner, Heiko: *Ein Interview mit Tom Tykwer*. 2010. http://www.tip-berlin.de/kino-und-film/ein-interview-mit-tom-tykwer (Zugriff am 26.10.2013).

Wenders, Wim: *Emotion Pictures. Essays und Filmkritiken 1968–1984*. Frankfurt am Main 1986.

Westphal, Sascha: *Narzissten unter sich.* 2011. http://www.sissymag.de/texte/1102_herzensbrecher.html (Zugriff am 26.10.2013).

Williams, Linda: *When the Woman Looks.* In: Grant, Barry Keith: *The Dread of Difference. Gender and the Horror Film.* Austin 1996, S. 15–34.

Williams, Tennessee: *Cat on a Hot Tin Roof.* New York 1955 (*A New Directions Book*).

Winkler, Thomas: *Coming-of-Age-Filme. Zusehen, wie andere erwachsen werden.* 2008. http://film.fluter.de/de/244/film/6526 (Zugriff am 26.10.2013).

Witte, Karsten: *Fetisch-Messen. Notiz zu Kenneth Anger.* In: Frauen und Film, Heft 38 (1985), S. 72–78.

Wittig, Monique: *The Straight Mind. And Other Essays.* Boston 1992.

Wood, Robin / Walker, Michael: *Claude Chabrol.* London 1970.

Wood, Robin: *Responsibilities of a gay film critic.* In: Film Comment, January / February 1978, S. 12–17.

Wood, Robin: *Sexual Politics and Narrative Film. Hollywood and Beyond.* New York / Chichester 1998.

Wu, Harmony H.: *Queering L.A.: Gregg Araki's Homo-Pomo Cinema-City.* In: Spectator, Vol. 18, No. 1 (Fall / Winter 1997), S. 59–69.

Yakir, Dan: *The Magical Mystery World of Claude Chabrol: An Interview.* In: Film Quarterly, Vol. 32, No. 3 (Spring 1979), S. 2–14.

Young, Damon: ›*A Vessel of Imagery*‹: *An Interview with Gregg Araki.* 2006. http://www.sensesofcinema.com/?p=2926 (Zugriff am 26.10.2013).

Ziegler, Meinrad: *Einleitung: Heteronormativität und die Verflüssigung des Selbstverständlichen – theoretische Kontexte.* In: Bartel, R. (u.a.) [Hg.]: *Heteronormativität und Homosexualitäten.* Innsbruck 2008 (*transblick. Sozialwissenschaftliche Reihe*, 3), S. 13–23.

Žižek, Slavoj: *Lacan. Eine Einführung.* Frankfurt am Main 2008, 2. Aufl. (Aus dem Englischen von Karen Genschow und Alexander Roesler).

8.2 Filmverzeichnis

Verzeichnet sind sämtliche Filme, aus denen direkt / indirekt zitiert wurde und/oder aus denen Screenshots entnommen wurden.

A Home at the End of the World / Ein Zuhause am Ende der Welt. USA 2004. R: Michael Mayer. B: Michael Cunningham (Roman & Drehbuch). K: Enrique Chediak. Deutsche DVD von EuroVideo.

Being John Malkovich. USA 1999. R: Spike Jonze. B: Charlie Kaufman. K: Lance Acord. Deutsche DVD von Universal Pictures International Limited.

Bob & Carol & Ted & Alice. USA 1969. R: Paul Mazursky. B: Paul Mazursky und Larry Tucker. K: Charles F. Lang. Deutsche DVD von Sony Pictures Home Entertainment.

Bonnie and Clyde / Bonnie und Clyde. USA 1967. R: Arthur Penn. B: David Newman und Robert Benton, Robert Towne (*uncredited*). K: Burnett Guffey. Deutsche DVD von Warner Home Video (*Classic Collection. Meisterwerke der Filmgeschichte*).

Cabaret. USA 1972. R: Bob Fosse. B: Christopher Isherwood (Geschichten), Joe Masteroff (Stück *Cabaret*), John Van Druten (Stück *I Am a Camera*), Jay Allen (Drehbuch). K: Geoffrey Unsworth. Deutsche DVD von EuroVideo.

Casablanca. USA 1942. R: Michael Curtiz. B: Murray Burnett und Joan Alison (Stück), Julius J. und Philip G. Epstein und Howard Koch (Drehbuch), Casey Robinson (*uncredited*). K: Arthur Edeson. Deutsche DVD von Warner Home Video Germany (*Special Edition 2-Disc Set*).

Chloe. USA / CDN / F 2009. R: Atom Egoyan. B: Anne Fontaine (Nathalie...), Erin Cressida Wilson (Drehbuch). K: Paul Sarossy. Deutsche DVD von Kinowelt Home Entertainment.

Dare / Dare – Hab' keine Angst, tu's Einfach! USA 2009. R: Adam Salky. B: David Brind. K: Michael Fimognari. Deutsche DVD von Pro-Fun Media.

Design for Living / Serenade zu dritt. USA 1933. R: Ernst Lubitsch. B: Noel Coward (Stück), Ben Hecht (Drehbuch), Samuel Hoffenstein (Drehbuch, *uncredited*). K: Victor Milner. Deutsche DVD von Universum Film u.a. (*Hollywood Highlights*).

Dorian Gray / Das Bildnis des Dorian Gray. UK / I / BRD 1970. R: Massimo Dallamano. B: Oscar Wilde (Roman), Marcello Coscia, Massimo Dallamano, Günter Ebert. K: Otello Spila. Italienische DVD von Minerva Pictures Group.

Drei. D 2010. R & B: Tom Tykwer. K: Frank Griebe. Deutsche DVD von Warner Home Video Germany.

El sexo de los ángeles / The Sex of Angels. SP / BR 2012. R: Xavier Villaverde. B: Xavier Villaverde, José Antonio Vitoria (Idee), Ana Maroto (Drehbuch). K: Sergi Gallardo. Deutsche DVD von Pro-Fun Media.

Female Trouble. USA 1974. R & B & K: John Waters. Britische DVD von Entertainment in Video.

GLUE. RA / UK 2006. R & B: Alexis Dos Santos. K: Natasha Braier. Deutsche DVD von Salzgeber & Co.

GONE WITH THE WIND / VOM WINDE VERWEHT. USA 1939. R: Victor Fleming, George Cukor (*uncredited*), Sam Wood (*uncredited*). B: Margaret Mitchell (Roman), Sidney Howard (Drehbuch), Oliver H.P. Garrett, Ben Hecht, Jo Swerling, John Van Druten (Drehbuch, *uncredited*). K: Ernest Haller, Lee Garmes (*uncredited*). Deutsche DVD von Warner Home Video Germany.

HEAD IN THE CLOUDS / DIE SPIELE DER FRAUEN. UK / CDN 2004. R & B: John Duigan. K: Paul Sarossy. Deutsche DVD von Universum Film u.a. (Vermietversion).

HENRY & JUNE. USA 1990. R: Philip Kaufman. B: Anaïs Nin (Buch), Philip Kaufman & Rose Kaufman (Drehbuch). K: Philippe Rousselot. Deutsche DVD von Universal Studios.

JULES ET JIM / JULES UND JIM. F 1962. R: François Truffaut. B: Henri-Pierre Roché (Roman), François Truffaut & Jean Gruault (Drehbuch). K: Raoul Coutard. Deutsche DVD von Kinowelt Home Entertainment.

LA RÈGLE DU JEU / DIE SPIELREGEL. F 1939. R: Jean Renoir. B: Jean Renoir, Carl Koch. K: Jean-Paul Alphen, Jean Bachelet, Jacques Lemare, Alain Renoir. Britische DVD von bfi.

LES AMOURS IMAGINAIRES / HERZENSBRECHER. CDN 2010. R & B: Xavier Dolan. K: Stéphanie Weber-Biron. Deutsche DVD von Kool.

LES CHANSONS D'AMOUR / CHANSON DER LIEBE. F 2007. R & B: Christophe Honoré. K: Rémy Chevrin. Deutsche DVD von Pro-Fun Media.

LES BICHES / ZWEI FREUNDINNEN. F / I 1968. R: Claude Chabrol. B: Paul Gégauff & Claude Chabrol. K: Jean Rabier. Deutsche DVD von FilmConfect Home Entertainment.

LES ROSEAUX SAUVAGES / WILDE HERZEN. F 1994. R: André Téchiné. B: Olivier Massart, Gilles Taurand, André Téchiné. K: Jeanne Lapoirie. Deutsche VHS-Kassette von Arthaus Video.

MARTHA MARCY MAY MARLENE. USA 2011. R & B: Sean Durkin. K: Jody Lee Lipes. Deutsche DVD von Twentieth Century Fox Home Entertainment (*cine Project*).

NATHALIE... / NATHALIE – WEN LIEBST DU HEUTE NACHT?. F / SP 2003. R: Anne Fontaine. B: Philippe Blasband (Originaldrehbuch), Jacques Fieschi und Anne Fontaine (Buch & Dialoge), François-Olivier Rousseau (Unterstützung). K: Jean-Marc Fabre. Deutsche DVD von Concorde Home Entertainment.

NETTOYAGE À SEC / EINE SAUBERE AFFÄRE. F / SP 1997. R: Anne Fontaine. B: Anne Fontaine, Gilles Taurand. K: Caroline Champetier. Deutsche DVD von Pro-Fun Media.

NOWHERE / NOWHERE – EINE REISE AM ABGRUND. USA / F 1997. R & B: Gregg Araki. K: Arturo Smith. Deutsche DVD von Pro-Fun Media.

PICNIC / PICKNICK. USA 1955. R: Joshua Logan. B: William Inge (Stück), Daniel Taradash (Drehbuch). K: James Wong Howe. Deutsche DVD von Sony Pictures Home Entertainment.

REBEL WITHOUT A CAUSE / ...DENN SIE WISSEN NICHT, WAS SIE TUN. USA 1955. R: Nicholas Ray. B: Nicholas Ray (Story), Irving Shulman (Adaption), Stewart Stern (Drehbuch). K: Ernest Haller. Deutsche DVD von Warner Home Video (*Special Edition 2-Disc Set*).

REFLECTIONS IN A GOLDEN EYE / SPIEGELBILD IM GOLDENEN AUGE. USA 1967. R: John Huston. B: Carson McCullers (Roman), Chapman Mortimer und Gladys Hill (Drehbuch). K: Aldo Tonti, Oswald Morris (*uncredited*). Spanische DVD von Impulso Records.

Sleepless in Seattle / Schlaflos in Seattle. USA 1993. R: Nora Ephron. B: Jeff Arch (Story), Nora Ephron und David S. Ward und Jeff Arch (Drehbuch). K: Sven Nykvist. Deutsche DVD von Sony Pictures Home Entertainment (*Collector's Edition*).

Sliding Doors / Sie liebt ihn – sie liebt ihn nicht. UK / USA 1998. R & B: Peter Howitt. K: Remi Adefarasin. Deutsche DVD von Kinowelt Home Entertainment.

Spring Breakers. USA 2012. R & B: Harmony Korine. K: Benoît Debie. Deutsche DVD von Universum Film.

Star Trek Into Darkness. USA 2013. R: J.J. Abrams. B: Roberto Orci, Alex Kurtzman, Damon Lindelof, Gene Roddenberry (Fernseherie Star Trek). K: Daniel Mindel. Deutsche DVD von Paramount Home Entertainment.

Summer Lovers. USA 1982. R & B: Randal Kleisers. K: Timothy Galfas. Australische DVD von Umbrella Entertainment.

Superman Returns. USA 2006. R: Bryan Singer. B: Jerry Siegel, Joe Shuster (Charaktere), Bryan Singer, Michael Dougherty, Dan Harris (Story), Michael Dougherty, Dan Harris (Drehbuch). K: Newton Thomas Sigel. Deutsche DVD von Warner Home Video.

Tenue de soirée / Abendanzug. F 1986. R & B: Bertrand Blier. K: Jean Penzer. Deutsche DVD von Tobis Home Entertainment u.a. (*Gérard Depardieu Edition Nr. 1*).

Teorema / Teorema – Geometrie der Liebe. I 1968. R: Pier Paolo Pasolini. B: Pier Paolo Pasolini (Roman & Drehbuch). K: Giuseppe Ruzzolini. Britische DVD von bfi.

The Big Sleep / Tote schlafen fest. USA 1946. R: Howard Hawks. B: Raymond Chandler (Roman), William Faulkner, Leigh Brackett, Jules Furthman (Drehbuch). K: Sidney Hickox. Deutsche DVD von Turner Entertainment und Warner Home Video (Vermietversion).

The Celluloid Closet / The Celluloid Closet – Gefangen in der Traumfabrik. F / UK / D / USA 1995. R: Rob Epstein, Jeffrey Friedman. B: Vito Russo (Buch), Rob Epstein und Jeffrey Friedman und Sharon Wood (Story), Armistead Maupin (Erzählung). Deutsche DVD von Pro-Fun Media (*Special Edition*).

The Chumscrubber / Glück in kleinen Dosen. USA / D 2005. R: Arie Posin. B: Arie Posin (Story), Zac Stanford (Drehbuch). K: Lawrence Sher. Deutsche DVD von e-m-s new media.

The Doom Generation. USA / F 1995. R & B: Gregg Araki. K: Jim Fealy. Australische DVD von Twentieth Century Fox Home Entertainment.

The Informers. USA / D 2008. R: Gregor Jordans. B: Bret Easton Ellis (Roman), Bret Easton Ellis & Nicholas Jarecki (Drehbuch). K: Petra Korner. Deutsche DVD von Universum Film.

The Rules of Attraction / Die Regeln des Spiels. USA / D 2002. R: Roger Avary. B: Bret Easton Ellis (Roman), Roger Avary (Drehbuch). K: Robert Brinkmann. Britische DVD von Warner Home Video.

Threesome / Einsam, zweisam, dreisam. USA 1994. R & B: Andrew Fleming. K: Alexander Gruszynski. Deutsche DVD von Tristar Pictures.

Vicky Cristina Barcelona. SP / USA 2008. R & B: Woody Allen. K: Javier Aguirresarobe. Deutsche DVD von Concorde Home Entertainment.

Warnung vor einer heiligen Nutte. BRD / I 1971. R & B: Rainer Werner Fassbinder. K: Michael Ballhaus. Französische DVD von cinéart (*Collection R.W. Fassbinder*, Partie 3).

XX/XY / Coles und die Frauen. USA 2002. R & B: Austin Chick. K: Uta Briesewitz. Britische DVD von Optimum Releasing.

Y tu mamá también. MEX 2001. R: Alfonso Cuarón. B: Alfonso Cuarón, Carlos Cuarón. K: Emmanuel Lubezki. Deutsche DVD von Twentieth Century Fox Home Entertainment (*cine Project*).

Ya lyublyu tebya / Das Herz will, was es will... RUS 2004. R: Olga Stolpovskaja, Dmitry Troitsky. B: Olga Stolpovskaja, Alisa Tanskaya, Dmitry Troitsky. K: Aleksandr Simonov. Deutsche DVD von Pro-Fun Media.

Zelig. USA 1983. R & B: Woody Allen. K: Gordon Willis. Deutsche DVD von Twentieth Century Fox Home Entertainment (*Woody Allen Collection*).

8.3 Abbildungsverzeichnis

Abb. 35: Integraler Bestandteil der Komposition (Rebel Without a Cause). Timecode: 00:52:40. Deutsche DVD von Warner Home Video (*Special Edition 2-Disc Set*).

Abb. 36 und 37: Die Gegenwart des Rivalen (Dare). Timecodes: 00:54:04 + 00:54:03. Deutsche DVD von Pro-Fun Media.

Abb. 38: ›Dreifachblick‹ auf Hal (Picnic). Timecode: 00:11:42. Deutsche DVD von Sony Pictures Home Entertainment.

Abb. 39 und 42: Sexuell ambivalenter ›Doppelblick‹ auf Jim I (Rebel Without a Cause). Timecodes: (39) 00:34:20, (40) 00:34:21, (41) 00:45:53, (42) 00:46:15. Deutsche DVD von Warner Home Video (*Special Edition 2-Disc Set*).

Abb. 43: Sexuell ambivalenter ›Doppelblick‹ auf Jim II (Rebel Without a Cause). Timecode: 01:20:04. Deutsche DVD von Warner Home Video (*Special Edition 2-Disc Set*).

Abb. 44 und 45: Sexuell ambivalenter ›Doppelblick‹ auf Dorian (Dorian Gray). Timecodes: 00:17:43 + 00:16:48. Italienische DVD von Minerva Pictures Group.

Abb. 46 und 47: Sexuell ambivalenter ›Doppelblick‹ auf June (Henry & June). Timecodes: 01:49:52 + 01:50:00. Deutsche DVD von Universal Studios.

Abb. 48 und 49: Johnny on display (Dare). Timecodes: 01:07:41 + 01:07:43. Deutsche DVD von Pro-Fun Media.

Abb. 50 und 51: Sexuell ambivalenter ›Doppelblick‹ auf Alexa und Ben (Dare). Timecodes: 00:05:57 + 00:05:59. Deutsche DVD von Pro-Fun Media.

Abb. 52 und 53: Sexuell ambivalenter ›Doppelblick‹ auf Bobby (A Home at the End of the World). Timecodes: 00:31:46 + 00:31:47. Deutsche DVD von EuroVideo.

Abb. 54 und 55: Two-shots – Harmonie / Antagonismus (The Doom Generation). Timecodes: 00:07:10 + 00:07:21. Australische DVD von Twentieth Century Fox Home Entertainment.

Abb. 56: ›Fehler‹ in der Filmgrammatik I (The Doom Generation). Timecode: 00:08:11. Australische DVD von Twentieth Century Fox Home Entertainment.

Abb. 57 bis 59: ›Fehler‹ in der Filmgrammatik II (The Doom Generation). Timecodes: (57) 00:23:07, (58) 00:23:19, (59) 00:23:29. Australische DVD von Twentieth Century Fox Home Entertainment.

Abb. 60 bis 63: Teil des Spektakels (The Doom Generation). Timecodes: (60) 00:18:22, (61) 00:18:23, (62) 00:18:52, (63) 00:18:54. Australische DVD von Twentieth Century Fox Home Entertainment.

Abb. 64 und 65: ›Doppelblicke‹ auf Loïc und Marylin (Nettoyage à sec). Timecodes: 00:02:40 + 00:03:22. Deutsche DVD von Pro-Fun Media.

Abb. 66: Performativität der Geschlechtsidentität (Nettoyage à sec). Timecodes: 00:11:40. Deutsche DVD von Pro-Fun Media.

Abb. 67 bis 69: Subjekte (Drei). Timecodes: (67) 00:04:09, (68) 00:09:39, (69) 00:51:01. Deutsche DVD von Warner Home Video Germany.

Abb. 70 bis 73: Two-shot-Sprengung (Drei). Timecodes: (70) 01:25:58, (71) 01:26:02, (72) 01:26:14, (73) 01:26:18. Deutsche DVD von Warner Home Video Germany.

Abb. 74: ›Falkenblick‹ (Les Biches). Timecode: 00:02:53. Deutsche DVD von FilmConfect Home Entertainment.

Abb. 116 bis 118: Male traffic in women (Y TU MAMÁ TAMBIÉN). Timecodes: (116) 01:29:28, (117) 01:30:14, (118) 01:30:38. Deutsche DVD von Twentieth Century Fox Home Entertainment (*cine Project*).

Abb. 119 und 120: Tertius gaudens (LES AMOURS IMAGINAIRES). Timecodes: 01:02:54 + 01:02:59. Deutsche DVD von Kool.

Abb. 121: Der gefühlsmäßig Beteiligte (DARE). Timecode: 01:15:09. Deutsche DVD von Pro-Fun Media.

Abb. 122 bis 125: Trialog (A HOME AT THE END OF THE WORLD). Timecodes: (122) 00:55:55, (123) 00:56:27, (124) 00:57:37, (125) 00:58:35. Deutsche DVD von EuroVideo.

Abb. 126: In flagranti (NOWHERE). Timecode: 00:57:50. Deutsche DVD von Pro-Fun Media.

Abb. 127 und 128: Wiederherstellung (NETTOYAGE À SEC). Timecodes: 01:29:24 + 01:30:01. Deutsche DVD von Pro-Fun Media.

Abb. 129 und 130: Abwendung des Blicks (LES AMOURS IMAGINAIRES). Timecodes: 01:33:15 + 01:33:33. Deutsche DVD von Kool.

Abb. 131 und 132: Neues Objekt (LES AMOURS IMAGINAIRES). Timecodes: 01:34:34 + 00:34:41. Deutsche DVD von Kool.

Abb. 133 bis 138: Reißschwenks (REFLECTIONS IN A GOLDEN EYE). Timecodes: (133) 01:43:24, (134) 01:43:25, (135) 01:43:26, (136) 01:43:28, (137) 01:43:28, (138) 01:43:29. Spanische DVD von Impulso Records.

Abb. 139 und 140: Harmonie zu dritt (DREI). Timecodes: 01:50:10 + 01:50:44. Deutsche DVD von Warner Home Video Germany.

Abb. 141: Kuss zu dritt (EL SEXO DE LOS ÁNGELES). Timecode: 01:36:45. Deutsche DVD von Pro-Fun Media.

Abb. 142: Triade Vater / Mutter / Kind (THE CHUMSCRUBBER). Timecode: 01:20:44. Deutsche DVD von e-m-s new media.

Abb. 143: Antizipation mittels shot (MARTHA MARCY MAY MARLENE). Timecode: 00:13:03. Deutsche DVD von Twentieth Century Fox Home Entertainment (*cine Project*).

Weitere Titel im Verlagsprogramm:

Moritz Rosenthal: *Das Monster im Blick. Repräsentationen des Weiblichen im Horrorfilm*.
96 Seiten, einige Abbildungen.
E-Book: 9,99 Euro; Print: 12,90 Euro.

Seit den Anfängen des Horrorfilms bahnen sich Monster blutige Schneisen durch weibliche Körper. Egal ob mit Fangzähnen, Schraubenziehern oder motorisierten Kettensägen: Die Werkzeuge sind variabel, ihr Wirken identisch. Das weibliche Geschlecht scheint als Leinwand für Grausamkeiten herhalten zu müssen.
Doch ist der Horrorfilm tatsächlich bloß ein blutiges Körperspektakel mit eindeutiger Rollenverteilung? Wird im Horrorfilm die Frau unweigerlich degradiert? Oder ist die Figur des Monsters mehr als ein reiner Verteidiger des Patriarchats? Wie konstituiert sich überhaupt der Horrorfilm und warum übt er eine solche Faszination auf uns aus?

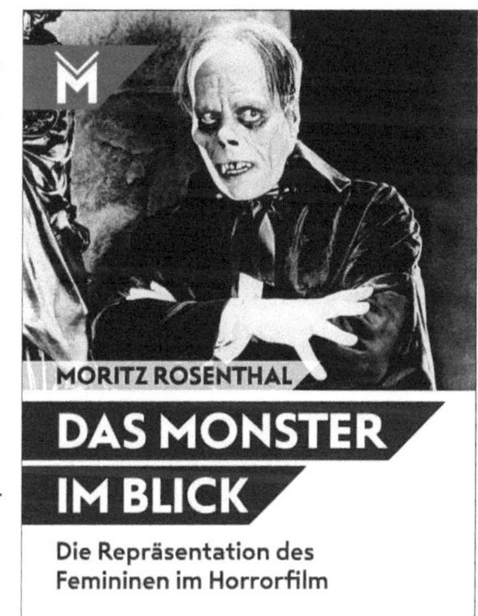

In *Das Monster im Blick: Die Repräsentation des Femininen im Horrorfilm* diskutiert Moritz Rosenthal diese Fragen von Genre und Gender, fasst gängige Theorien anschaulich zusammen – und wendet sie beispielhaft auf Peter Jacksons Kultfilm BRAINDEAD an. Damit kann dieser Band auch als Einführung in die Thesen von Laura Mulvey, Linda Williams, Carol J. Clover, Julia Kristeva und Barbara Creed dienen.

Über den Autor:

Moritz Rosenthal, geboren 1988, wuchs in Wuppertal auf und studierte Medien- und Kulturwissenschaften in Düsseldorf. Sein Interesse für das Medium Film entstand im örtlichen Programmkino. Bald wurde aus Leidenschaft Wissenschaft und er wandte sich dem Spannungsfeld der Gender- und Film-Studies zu. Darauf folgte die Anwendung des akademischen Wissens als freiberuflicher Drehbuchlektor. Zurzeit absolviert er seinen Master der Editions- und Dokumentwissenschaft an der Bergischen Universität Wuppertal und engagiert sich für die Kulturliste Düsseldorf im Bereich der Öffentlichkeitsarbeit.

Henriette Nagel: ***Zukunft war gestern. Zeitreisemodelle im Film.***
100 Seiten, einige Abbildungen, viele Schaubilder.
E-Book: 9,99 Euro; Print: 12,90 Euro.

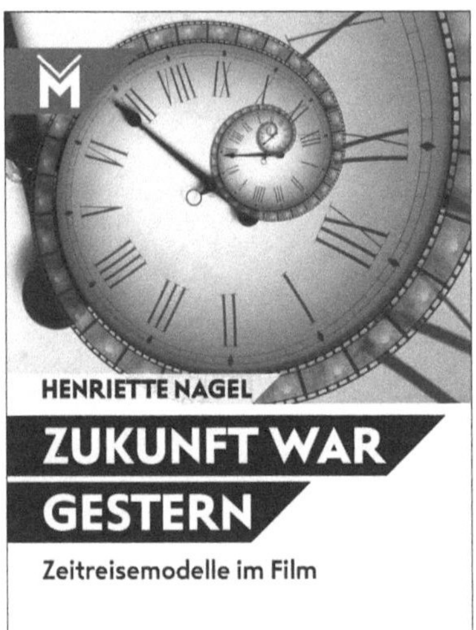

Was haben Schwarze Löcher, Gendefekte, Sportwagen und Telefonzellen gemeinsam? Sie alle ermöglichen Reisen durch die Zeit – zumindest auf der Kinoleinwand. In diesem Buch treffen Filmwissenschaft und Astrophysik aufeinander. An einer Vielzahl klassischer Zeitreisefilme zeigt Medienwissenschaftlerin Henriette Nagel auf, welchen Einfluss die Erkenntnisse von Albert Einstein, Stephen Hawking & Co. auf die lange Tradition des Zeitreisekinos haben – unter anderem an Beispielen von DIE ZEITMASCHINE und PLANET DER AFFEN über ZURÜCK IN DIE ZUKUNFT, TWELVE MONKEYS und DONNIE DARKO bis hin zu BUTTERFLY EFFECT, HARRY POTTER UND DER GEFANGENE VON ASKABAN und STAR TREK.

Denn was geschieht mit der Gegenwart, wenn die Vergangenheit im Nachhinein geändert wird? Zwischen Parallelwelten und selbstkonsistenten Universen erfahren Sie, warum Marty McFly sich beinahe in Luft aufgelöst hätte, wieso Captain Kirk ohne seinen Vater aufwachsen musste und wie Harry Potter sich während einer Zeitreise selbst das Leben retten konnte.

Über die Autorin:

Henriette Nagel erwarb ihr Abitur im Jahr 2008 und absolvierte im Anschluss ein Freiwilliges Soziales Jahr im Wallraf-Richartz-Museum & Fondation Corboud in Köln. Den Schwerpunkt ihres darauf folgenden Studiums der Medien- und Kulturwissenschaften an der Heinrich-Heine-Universität Düsseldorf legte sie auf Filmforschung sowie Kinder- und Jugendliteratur. Seit ihrem Studienabschluss im Jahr 2012 arbeitet Henriette Nagel als freischaffende Autorin, Fotografin und Grafikdesignerin.